Antike Beschreibung von Türbildern

Vergil Georgica 3, Properz 2, 31, Vergil Aeneis 6,
Ovid met. 2, Valerius Flaccus 5 und Silius Italicus 3

von

Esther Wedeniwski

Tectum Verlag
Marburg 2006

Wedeniwski, Esther:
Antike Beschreibung von Türbildern.
Vergil Georgica 3, Properz 2, 31, Vergil Aeneis 6,
Ovid met. 2, Valerius Flaccus 5 und Silius Italicus 3.
/ von Esther Wedeniwski
- Marburg : Tectum Verlag, 2006
Zugl.: Gießen, Univ. Diss. 2005
ISBN 978-3-8288-8994-1

© Tectum Verlag

Cover: Vaticanus latinus 3225, Folio 45v,
© Biblioteca Apostolica Vaticana (Vatican)
Achates, Äneas und Sibylle vor dem Apollotempel in Cumae
Aen. 6,45-50

Tectum Verlag
Marburg 2006

Inhaltsverzeichnis

1 Einleitung   5

2 Grundlagen   7
  2.1 Gegenstand und Methodik der Arbeit 7
  2.2 Thesen 8

3 Die außerepischen Türbildekphraseis   19
  3.1 Vergil *georg.* 3 19
    3.1.1 Text, Inhaltsübersicht und Einordnung in den Kontext 21
    3.1.2 Narrative Funktionalisierung 25
    3.1.3 Selbstreferentielle Inszenierung des Dichters . . . 27
      3.1.3.1 Das Proömium als Sphragis 27
      3.1.3.2 Der Tempel als Teil dichterischen Triumphes 28
      3.1.3.3 Dichterischer Sieg über frühere Dichter 33
      3.1.3.4 Der Tempel als Ausdruck einer öffentlichen Dichterrolle und als Gegenleistung für ein Patronat 42
      3.1.3.5 Tempel und Türbilder als Ausblick auf neue Dichtung 44
      3.1.3.6 Tempel und Türbilder als Ausdruck dichterischer Konstruktivität und Inszenierung 52
    3.1.4 Politische Bedeutungsaufladung 56
      3.1.4.1 Octavian als Frieden bringender Triumphator und Kosmokrator 56
      3.1.4.2 Octavian als Euerget und Stadtgründer 60
      3.1.4.3 Divinisierung Octavians 65
      3.1.4.4 Italien als Keimzelle des goldenen Zeitalters mit Octavian als Garant 71

- 3.2 Properz 2,31 75
  - 3.2.1 Text und Inhaltsübersicht 76
  - 3.2.2 Narrative Funktionalisierung 77
  - 3.2.3 Selbstreferentielle Inszenierung des Dichters ... 79
  - 3.2.4 Politische Bedeutungsaufladung 81

4 Die epischen Türbildekphraseis mit verschiedenen Funktionsebenen 85

- 4.1 Vergil *Aen.* 6 85
  - 4.1.1 Text, Inhaltsübersicht und Einordnung in den Kontext 89
  - 4.1.2 Narrative Funktionalisierung 90
    - 4.1.2.1 Funktion der Türbilder im engeren Kontext 90
    - 4.1.2.2 Funktion der Türbilder im weiteren Kontext 93
    - 4.1.2.3 Funktion des Ortes Cumae 102
  - 4.1.3 Politische Bedeutungsaufladung 111
    - 4.1.3.1 Apollo, Trivia und Sibylle 111
    - 4.1.3.2 Dädalus, Äneas und Augustus 113
    - 4.1.3.3 Die Türbilder als poetische Geschichtsdeutung 116
    - 4.1.3.4 Cumae als religiöse Keimzelle Roms .. 116
  - 4.1.4 Selbstreferentielle Inszenierung des Dichters ... 124
- 4.2 Ovid *met.* 2 127
  - 4.2.1 Text, Inhaltsübersicht und Einordnung in den Kontext 129
  - 4.2.2 Narrative Funktionalisierung 132
    - 4.2.2.1 Funktion der Türbilder im engeren Kontext 132
    - 4.2.2.2 Funktion der Türbilder im weiteren Kontext 139
    - 4.2.2.3 Türbildekphrasis als Alternative zur Schildbeschreibung 143
  - 4.2.3 Politische Bedeutungsaufladung 146

		4.2.3.1	Herrschaft und ihre kosmische Einordnung 146
		4.2.3.2	Palatinischer Baukomplex 148
		4.2.3.3	Augustus und *pax Augusta* 152
		4.2.3.4	Genre und hellenistische Stilisierung . . 153
	4.2.4	Selbstreferentielle Inszenierung des Dichters . . . 158	

5 Die epischen Türbildekphraseis mit dem Schwerpunkt narrativer Funktionalisierung   161

   5.1   Valerius Flaccus 5 161
       5.1.1   Text, Inhaltsübersicht und Einordnung in den Kontext 163
       5.1.2   Narrative Funktionalisierung 167
             5.1.2.1   Funktion der Türbilder im engeren Kontext 167
             5.1.2.2   Funktion der Türbilder im weiteren Kontext 172
             5.1.2.3   Intertextuelle Kommentierung der Türbilder 179
             5.1.2.4   Die Türbilder als episches Rezeptionsphänomen 188
       5.1.3   Politische Bedeutungsaufladung 194
       5.1.4   Selbstreferentielle Inszenierung des Dichters . . . 197
   5.2   Silius Italicus 3 200
       5.2.1   Text, Inhaltsübersicht und Einordnung in den Kontext 202
       5.2.2   Narrative Funktionalisierung 205
             5.2.2.1   Funktion der Türbilder im engeren Kontext 205
             5.2.2.2   Funktion der Türbilder im weiteren Kontext 209
             5.2.2.3   Der Ort und sein Kult 218
       5.2.3   Politische Bedeutungsaufladung 228
       5.2.4   Selbstreferentielle Inszenierung des Dichters . . . 233

6 Schlussbetrachtung 237
6.1 Zusammenfassung der Einzelergebnisse 237
6.2 Entstehen und Verschwinden eines Motivs 240

7 Anhang 245
7.1 Tür und Türbilder in der archäologischen Überlieferung 245
7.2 Tür und Türbilder in der literarischen Überlieferung . . 259

8 Nachweis der benutzten Quellen 285
8.1 Lexika, Textausgaben und Kommentare 285
8.2 Sekundärliteratur 303
8.3 Abbildungsverzeichnis 331

1 Einleitung

Die vorliegende Arbeit ist meine um Zusammenfassungen ergänzte Dissertation zur Erlangung des Doktorgrades der Philosophie des Fachbereiches der Geschichts- und Kulturwissenschaften der Justus-Liebig-Universität Gießen, die ich extern unter der Betreuung von Herrn Prof. Dr. Helmut Krasser in den Jahren 2001 und 2004 erarbeitet habe; das Korreferat hat Herr Prof. Dr. Manfred Landfester übernommen. Ziel der Arbeit ist es, jene sechs Beschreibungen von szenischen Türbildern, die aus der griechisch-römischen Antike erhalten sind, vorzustellen und unter den Gesichtspunkten einer narrativen Funktionalisierung, einer poetologischen Bedeutungsebene und einer politischen Aufladung zu untersuchen. Zusätzlich werden für die jeweilige Interpretation und Beurteilung der Entwicklung des Ekphrasismotivs die Assoziationsräume, die sich durch die Lokalisierung der Bilder auf Türen und an den jeweiligen Gebäudetypen eröffnen, sowie übergeordnete semantische Prinzipien fruchtbar gemacht.

Kapitel 2 stellt das nötige Instrumentarium für die Untersuchung bereit, die im Hauptteil (Kapitel 3-5) in chronologischer Reihenfolge der Testimonien erfolgt. Kapitel 6 fasst die Einzelergebnisse zusammen und versucht eine Entwicklung des Motivs aufzuzeigen. Die Materialsammlung zur archäologischen und literarischen Überlieferung von Türen und Türbildern im Anhang (Kapitel 7) ergänzt die Studie; hier werden im Unterkapitel 7.2 auch die im Zentrum der Arbeit stehenden Textpassagen von ähnlichen Belegen abgegrenzt. Kapitel 8 bietet den Nachweis der benutzten Quellen.

Bibliographische Angaben werden entsprechend der Unterteilung des Literaturverzeichnisses in drei Formen gemacht: Lexika und Standardwerke sind abgekürzt zitiert, z. B. „LTUR 4, S. 105", was für „Lexicon Topographicum Urbis Romae Band 4, S. 105" steht; die Auflösung der Siglen befindet sich im ersten Teil des Quellennachweises. Kommentarliteratur zu einzelnen Autoren ist z. B. als „BESCHORNER, S. 185" genannt und unter den Textausgaben der jeweiligen Autoren aufgeführt;

Sekundärliteratur ist in alphabetischer Reihenfolge und durchnummeriert im letzten Teil des Literaturverzeichnisses nachgewiesen und innerhalb der Arbeit z. B. als „SCHMIDT in [302], S. 15" zu finden. Schließlich ist auf die Abkürzung „V" hinzuweisen, die für „Vers(e)" steht, so dass also z. B. „V 7-17" „Verse 7-17" meint, sowie auf die unterschiedliche Schreibweise von Eigennamen je nach griechischem oder lateinischem Kontext, also z. B. „Apollo" und „Apollon".

2 Grundlagen

2.1 Gegenstand und Methodik der Arbeit

Innerhalb des weitgespannten und vieldiskutierten Forschungsfeldes der Technik und Funktion ekphrastischer Texte in antiker Literatur konzentriert sich die vorliegende Arbeit auf einen eng umrissenen Teilbereich, nämlich die Beschreibung von Türbildern. Ausgangspunkt dafür war, dass durch Prop. 2,31 bekannt ist, dass der palatinische Apollotempel Türbilder zur Vertreibung der Kelten aus Delphi und zur Tötung der Niobiden gehabt hat. Neben dieser Beschreibung sind jene fünf aus der griechisch-römischen Antike zum Hauptgegenstand der Arbeit gemacht worden, die ebenfalls szenische Darstellungen aufweisen. Da diese poetischen Ekphraseis[1] innerhalb von Verg. *georg.* 3, Prop. 2,31, Verg. *Aen.* 6, Ov. *met.* 2, Val. Fl. 5 und Sil. 3 in einen größeren Beschreibungszusammenhang eingebunden sind, also außerdem das Gebäude, zu dem die Türen mit ihren Bildern gehören, sonstiger Schmuck oder der Ort beschrieben sind, ist die Untersuchung hierauf ausgeweitet.

Im Zentrum der Dissertation stehen damit genaue Textanalysen, die von fünf Perspektiven geleitet werden: Das besondere Aussagepotential, das der Bildträger „Tür" bzw. das Gebäude eröffnen, die narrative Funktionalisierung des Motivs, seine politische Aufladung, seine poetologische Instrumentalisierung sowie die semantische Ebene, die von Zitaten und Beschreibungselementen über den reinen Inhalt hinaus generiert wird.

Türbilder sind als Motivgruppe bisher nicht in den Fokus wissen-

---

[1] Zu den *argumenta*, die Cic. *Verr.* 2,4,124 summarisch an den Türen des Minervatempels von Syrakus nennt, ohne den Schmuck weiter auszuführen, und Einzelfiguren oder Symbole im Eingangsbereich oder an undefinierten Gebäudeteilen siehe die Materialsammlung im Anhang 7.2. Diese Motive gehören durch ihre Ähnlichkeit in den Kontext der gewählten Materialbasis und erweitern ihr Spektrum, sprengen jedoch den Fokus der Dissertation.

schaftlicher Diskussion getreten. Die Einzeltexte sind, zumal es sich z. T. um sehr prominente Textpassagen handelt, Gegenstand zahlreicher Interpretationen, welche diese meist in das jeweilige Gesamtwerk einzuordnen versuchen.[2] Auf Ekphrasis spezialisierte Untersuchungen sind oft autoren- oder werkzentriert.[3] Wenn eine Gruppe von Ekphraseis wie z. B. hellenistische herausgegriffen wird, so reicht das Spektrum von Kultstatuen bis zu einem Becher oder Korb.[4] Gleichzeitig leitet häufig ein Aspekt die Untersuchung, z. B. ein poetologischer.[5]
Die Besonderheit meiner Dissertation ist also der motivische Ansatz, der mit der Erarbeitung des semantischen Bedeutungspotentials des Bildträgers „Tür" bzw. „Tempel" einhergeht. Darüberhinaus zeichnet sie sich durch die Kombination verschiedener Perspektiven auf die Beschreibungen aus.

2.2 Thesen

Den verschiedenen Zugriffsweisen auf die Texte liegen fünf Thesen zugrunde:

1. These: Der Bildträger bietet ein spezielles semantisches Aussagepotential für die Ekphrasis.
Die Ekphraseis bilden in ihrer Bildplatzierung eine homogene Gruppe, die sich eindeutig von anderen in der antiken Literatur beschriebenen Bildträgern unterscheidet: Alle Texte nennen Türflügel als Anbringungsort, fünf lokalisieren sie explizit an einem Tempel, Ov. *met.* 2 assoziiert deutlich einen Tempelkontext. Damit werden bestimmte Assoziationsräume aufgerufen, wie sich in den Interpretationen gezeigt hat:
Grundlegend für einen Tempel ist der göttliche Kontext, welcher der

---

[2] Z. B. ERDMANN in [89].
[3] Z. B. PASCHALIS in [261] oder PUTNAM in [279].
[4] Vgl. MANAKIDOU in [225].
[5] Vgl. LAUSBERG in [208] und ähnlich LEACH in [210]; aufgenommen und erweitert von SPAHLINGER in [320]. Für einen politischen Ansatz siehe z. B. NEWLANDS in [244].

Beschreibung das Schlagwort „Sakralität" oder *pietas* unterlegt, eventuell ihrem Inhalt sogar besondere Autorität verleiht, vergleichbar z. B. einem Orakelspruch. Des Weiteren ist durch die Monumentalität der Architektur ein entsprechender Anspruch in der Wahrnehmung gegeben, so dass auf diese Weise Örtlichkeiten in besonderer Weise markiert, gleichsam „Landmarken" gesetzt werden können. Hierhin gehört auch, dass ein Tempel meist dem öffentlichen Raum zuzurechnen ist[6] und sich darin deutlich vom privaten Kontext z. B. eines Bechers oder Mantels unterscheidet, die ebenfalls innerhalb der Beschreibungstradition als Bildträger genutzt worden sind.[7] Gleichzeitig strahlt das Gebäude Dignität aus, da nur eine begrenzte Personengruppe überhaupt in der Lage ist, ein derartiges Monument zu weihen. Tempel werden darüber hinaus gerne nach einem (militärischen) Sieg geweiht, was ihnen die Konnotation verleiht, Zeichen für eine siegreich vollbrachte Leistung, ggf. auch für eine daraus resultierende Apotheose zu sein. Und schließlich ist ein Tempel Medium zur Selbstdarstellung und Inszenierung, Raum für Sinnstiftung und typischer Träger von Bild-Programmatik; vom Giebel über Fries bzw. Metopen, Wandmalereien und Statuen bis zu Bildern jeglicher Art im Innenraum stellt ein Tempel geradezu einen Bilderspeicher dar.

Bilder speziell auf (Tempel-)Türen stehen für Erlesenheit und Rarität; sie liegen zwar, wie die Bilder am palatinischen Apollotempel und die Materialsammlung in 7.1 zeigen, im Erfahrungshorizont zeitgenössischer Rezipienten der Ekphraseis, doch sind sie sehr selten und ist davon auszugehen, dass die epischen Beschreibungen in der Menge und Komplexität der imaginierten Bilder weit über die vorhandenen Testimonien hinausgehen.[8] Grundsätzlich knüpfen sie an den Brauch an,

---

[6] Nach NEWLANDS in [245], S. 175 mit Anm. 58 ist das Theater des Balbus, das zwischen 19 und 13 v. Chr. anlässlich seines afrikanischen Sieges errichtet wurde, das letzte öffentliche Monument, das von einer Person ohne Verbindung zur Herrscherfamilie errichtet wurde.

[7] Vgl. z. B. den Becher des Ziegenhirten Theokr. 1,27-60 und den Mantel des Jason Apoll. Rhod. 1,721-68.

[8] Vergleichbar an Möglichem anknüpfend, aber dies weit hinter sich lassend sind die Decke im Peleus-Epyllion Catull. 64,50-266 oder die Bilder am Schiffsrumpf der Argo Val. Fl. 1,129-48; zu Letzterem siehe den Hinweis bei SCHMITZER in [305],

im Eingangsbereich Insignien bzw. Leistungsdarstellungen anzubringen wie Spolien oder auch die *res gestae* am Augustusmausoleum,[9] so dass sie in Art einer Synekdoche auf den Gebäudeinhaber verweisen. Innerhalb der typischen Platzierungen für Bildprogrammatik an einem Tempel und für die Einbindung einer Ekphrasis in einen Erzählzusammenhang bieten Türbilder außerdem den Vorteil, dass sie zentral und für einen textimmanenten Betrachter augenfällig positioniert sind. Hinzu kommt die metaphorische Bedeutung von Türen, ein Bild für Übergang zu sein, für Eröffnung bzw. Anfang oder Abschluss von etwas, das man hinter sich lässt, oder auch für perspektivische Rahmung von noch Kommendem.[10] Und berücksichtigt man schließlich, dass Türen geschlossen sein müssen, damit Bilder auf ihren Flügeln deutlich wahrgenommen werden können, ist mit dem Türmotiv darüber hinaus ein Stehenbleiben oder Stau der Handlung ins Bild geholt, der – salopp formuliert – wie ein Stoppschild für Innehalten, Retardation und Möglichkeit zur Reflexion (der Ekphrasisrezipienten) steht.[11]

2. These: Das Motiv ist für den Kontext der Ekphraseis narrativ funktionalisiert.

Die von dieser These geleitete Analyse bildet den Schwerpunkt der Arbeit, da zwei Drittel der Texte epischem Kontext entstammen und nur die beiden ersten Belege innerhalb eines Binnenproömiums in einem Lehrgedicht oder innerhalb eines kurzen Einzelgedichtes platziert sind.

Moderne Forscher[12] haben drei Konzepte entwickelt, um die in

---

Anm. 244 auf ein Schiffsrelief, das statt des üblichen Auges einen Triton zeigt.

[9] Vgl. Suet. *Aug.* 101,4, BUCHNER in [43], S. 167f. zur archäologische Befundlage und ELSNER in [84], der den symbolischen Wert des Textes als monumentale Inschrift hervorhebt; siehe ebenfalls hierzu weiter unten in 7.1 S. 248 mit Anm. 829.

[10] Diese Konnotation des Öffnens/Schließens setzt Bilder auf Türen pointiert z. B. von Giebeln als typischem Ort für Bildprogrammatik ab.

[11] Natürlich passen Türen an einem Tempel auch insgesamt in das epische Repertoire an Möglichkeiten, überhaupt einen Bildträger sinnvoll einzubauen; doch liegt der Mehrwert dieses Motivs gegenüber anderen potentiellen Lösungen wie z. B. Felsenzeichnungen oder Bildern auf Schiffssegeln gerade in den vorgestellten Assoziationsräumen.

[12] Antike Überlegungen zur Beschreibung gibt es in dichtungstheoretischen (siehe

allen Gattungen und mit unterschiedlichster Thematik überlieferte Fülle[13] antiker Beschreibungen kategorisierend zu erfassen: Erstens eine formale Erfassung (unselbständige/selbständige Beschreibungen), zweitens eine Unterscheidung nach ihrer Herkunft (literarischer/poetischer Kontext) und drittens eine inhaltliche Gliederung (Kunstwerkbeschreibung/andere Thematik).[14] Für die in dieser Arbeit zentralen Texte sind dabei zwei grundsätzliche Erkenntnisse wichtig: Erstens, dass eine Ekphrasis ein typisch episches Element ist, z. B. um bei einem Neueinsatz der Erzählung in die Szenerie einzuführen.[15] Und zweitens, dass es zwei Grundformen gibt,[16] nämlich zum einen die mit der epischen Handlung verbundenen Ekphraseis, die sich inhaltlich internen Veweisen wie Prophezeiungen annähern, indem sie die Handlung aufnehmen und ggf. ausweiten,[17] zum anderen autonome Ekphraseis wie Homers Schildbeschreibung Il. 18 ohne eine Verbindung zur Handlung. Für die Art des im Folgenden angenommenen Bezugs einer Ekphrasis zum umgebenden Text und zu ihrer Funktion gibt es viele Einzelüber-

---

Anm. 31) und v. a. rhetorischem Kontext; zusammenfassend für diesen Komplex und mit den wichtigsten antiken Textstellen siehe z. B. LAUSBERG in [207], S. 399-407 § 810-9. Da die in diesem Zusammenhang betonte Funktion der Ekphrasis, dass sie neben ihrer Imaginationskraft eine Möglichkeit bietet, Rezipienten emotional zu beeinflussen, (vgl. z. B. Quint. *inst.* 6,2,32f.; zur ἐνάργεια als besondere Leistung einer Ekphrasis siehe z. B. Dion. Hal. *Lys.* 7.) für die Fragestellungen der vorliegenden Arbeit wenig hilfreich ist, bleiben diese Definitionen im Folgenden unberücksichtigt.

[13] Umfangreiche Materialsammlungen und Besprechungen bieten z. B. GEISSLER in [116], FRIEDLÄNDER in [100], S. 1-103 und PALM in [255].

[14] Die vorgestellten Gliederungspunkte sind als unterschiedliche Blickwinkel zu verstehen, unter denen man das Phänomen „Beschreibung" beleuchten kann und die sich ergänzen. Als Abhandlungen mit vorwiegend einem der drei Aspekte als Schwerpunkt sind z. B. zu nennen für die Darstellung des formalen Ansatzes GRAF in [129], für den rhetorischen Kontext HALSALL in [144] und [145] und für die inhaltliche Gliederung DOWNEY in [72]; als neueren Überblick siehe ELSNER in [85].

[15] Gerne mit Formeln wie Ov. *met.* 3,407 *fons erat inlimis* oder Verg. *Aen.* 8,597 *est ingens gelidum lucus* oder Hom. *Il.* 13,32 ἔστι δέ τι σπέος εὐρύ; vgl. ausführlicher HILL zu Ovid, S. 174, GRANSDEN zu Vergil, S. 158 und ZARNEWSKI in [369], S. 34f.

[16] Hinweis bei SCHMITZER in [305], S. 157f.

[17] So z. T. Hom. *Il.* 3,120f. (Gewebe der Helena), erstmals ausgeprägt in der ΕΥΡΩΠΗ des Moschos und mit dem Paradebeispiel *Aen.* 8 (Schild).

legungen,[18] aus denen die Ergebnisse von BARTSCH[19] hervorzuheben sind: Bei den von ihr untersuchten Texten ist die Ekphrasis sowohl für den augenblicklichen Handlungsmoment als auch für vergangene und folgende Ereignisse wichtig. Als konkrete Funktionen nennt sie z. B., im Bild einprägsam ein komplexes Geschehen zu symbolisieren, also ein Pendant zur momentanen Handlung, eine Vorschau oder eine Rückblende zu bieten,[20] die Möglichkeit, einzelne Elemente zu betonen, also eine Hervorhebung von Bisherigem oder Motivation von Neuem (protreptische Funktion), und die psychologische Hilfestellung zur Deutung der Handlung, was bei Personen einer Charakterzeichnung ähnlich sei; auf diese Weise werde die gedankliche Beschäftigung des Rezipienten mit dem Werk gefördert, z. T. auch eine Identifikation mit dem handlungsimmanenten Betrachter des Beschriebenen stimuliert. BARTSCH hat zwar ihre Erkenntnisse durch Untersuchungen der Beschreibungen im Roman des Heliodor und Achilleus Tatios gewonnen, doch ist anzunehmen, dass diese sich von dort aus auch auf andere Autoren und Gattungen verallgemeinern lassen.

Insbesondere das Ergebnis, dass eine Ekphrasis sich an Rezipienten der Literatur wendet (und damit weniger an vorhandene oder auch nur suggerierte Betrachter des Beschriebenen), ist für die vier epischen Türbildbeschreibungen wichtig. Alle befinden sich strukturell auf einer

---

[18]Z. B. PÖSCHL in in [271], S. 181 und in [270], S. 119: Mittel der Konzentration und Auswahl, Extremform des Epyllions, GRAF in [129], S. 151: Fokussierung der Handlung, HEINZE in [150], S. 400 Anm. 1 und S. 402: Ruhepunkt der Handlung.
[19]Siehe BARTSCH in [22], S. 144-70, bes. auch für Beispiele der im Folgenden zusammengefassten Aussagen. Ähnlich nennt SPAHLINGER in [320], S. 320 zwei Rollen der (ovidischen) Kunstwerkbeschreibungen: „Entweder ist die Rolle eines Kunstwerkes eng auf den unmittelbaren Kontext beschränkt, dann ist es ein – gegebenenfalls auch rhetorisches – Handwerksinstrument...oder aber es fungiert als hermeneutisches Mittel, indem es die handelnden Personen in den Stand setzt, ein Geschehen zu deuten..., unbesehen, ob die handelnden Personen von diesem Medium Gebrauch machen oder nicht." Vgl. auch S. 321: „Der Künstler zeigt nicht unbedingt auf, wie etwas gewesen ist, sondern wie etwas hätte sein können, und deutet so Wirklichkeit."
[20]Von ihr je nach Zusammenhang als Metapher, Symbol oder Stimmungsbild charakterisiert.

der Handlung untergeordneten Ebene, zu der es während der gesamten Ekphrasis keine Verbindung gibt; sie sind damit einem Kommentar ähnlich, der den Handlungsfortgang, z. T. auch dessen Chronologie unterbricht.[21] Gerade der dadurch entstehende Handlungsstopp eröffnet aber Rezipienten einen Reflexionsraum, in dem das Präsentierte in Bezug zu Bisherigem gesetzt und mit ihm abgeglichen werden kann, wodurch sich die Erwartungshaltung für das Kommende ggf. bestätigt oder ändert. Der Weg, auf dem die Anreize dazu gegeben werden, ist ein Text-Text-Bezug, d. h. ein je nach Vorwissen der Rezipienten unterschiedlich reicher. Um eine Auswahl von Assoziationsfeldern bei jeder Ekphrasis vorstellen zu können, welche die durch sprachliche Signale auffällig gelenkten Bezüge präsentiert, hat es sich als nützlich erwiesen, auf Überlegungen zur Markierung und unterschiedlichen Klassifizierung derartiger Referenzen zurückzugreifen, wie sie im Rahmen der Intra-/Intertextualitäts-Debatte entwickelt worden sind.[22]

3. These: Das Motiv ist politisch aufgeladen.
Zu dieser These führt die Beobachtung, dass in unmittelbar zeitlicher Nachbarschaft zu den ersten beiden Ekphraseis Türen im politischen Rom eine wichtige Rolle spielen: 28 v. Chr. wird in engem Bezug zu Octavians Leistungen der palatinische Apollotempel geweiht, dessen Türen mit der Abbildung von Taten des Gottes eine Sensation darstellen; ein Jahr zuvor werden das erste Mal seit langer Zeit die Türen des Janustempels geschlossen.[23] In diesen Kontext gehören aber

---

[21] Grundlegend zu diesem erzähltheoretischen Bereich, dessen Differenzierung und Problematisierung jedoch den Rahmen der hier verfolgten Fragestellung sprengen und daher nicht weiter einbezogen wird, sind z. B. LÄMMERT in [206], GENETTE in [117] oder [119] und auf der Grundlage von Apollonios Rhodios FUSILLO in [104].

[22] Aus der überreichen Literatur greife ich als Beispiele GENETTE in [118] und BROICH/PFISTER in [37], bes. S. 1-47 sowie CONTE in [59] und THOMAS in [334] heraus.

[23] Die Türen des Janus-Tempels sind in ihrer Funktion derart wichtig, dass auf das gesamte Gebäude häufig nur mit ihnen verwiesen wird; vgl. z. B. Verg. Aen. 7,607 *geminae belli portae* oder Plut. *Numa* 20 πύλη πολέμου, *templum* z. B. Serv. Aen. 7,607, für eine Zusammenstellung der Bezeichnungen siehe PLATNER/ASHBY in [269], S. 278-80. Eine Auseinandersetzung mit den literarischen Zeugnissen bes. im Umfeld der *Aeneis* bietet FOWLER in [97], mit den z. T. sich auf mehrere Gebäude

auch zwei weitere Aspekte: Erstens sind zur selben Zeit Monumentalität, Sakralität und Siegeskontext, die für das Beschreibungsmotiv „Tempeltüren" Assoziationsräume bereitstellen, politisch besetzt, wie z. B. das Programm der religiösen Erneuerung und die augusteische Restaurationswelle der Tempel sowie besonders der Dreifach-Triumph vom 13.-15.8.29 zeigen.[24] Und zweitens stehen die Türbildbeschreibungen im Assoziationsfeld von Panegyrik eines Euergeten, wie sie von den verstärkt aus dem Hellenismus belegten Kunstwerkekphrasen bekannt ist.[25] Hierauf verweist nicht nur die Einbettung der Türbilder auf dem Palatin, da die gesamte Anlage mit Wohnhaus-Tempel-Bibliothek[26] deutlich Bezug nimmt auf Baukomplexe, wie sie in Pergamon noch fassbar, in Alexandria zu vermuten sind,[27] sondern auch das Interesse an Besonderheit, künstlerisch-technischer Leistung und dem einer Tür inneliegenden Mechanismus der Rahmung von Dahinterliegendem bzw. Vorgabe einer Perspektive.[28]

---

beziehenden Bezeichnungen und vermutlichen Lokalisierungen TORTORICI in [337]. Zur Schließung der Türen siehe CIL 1^2, *p.* 230 oder z. B. Verg. *Aen.* 1,293-7, Suet. *Aug.* 22 und Liv. 1,19,3; nach Liv. 1,19,2f. und Varro *ling.* 5,165 war der Tempel nur 235 v. Chr. (nach dem 1. Punischen Krieg) und wohl zur Zeit seiner Errichtung unter Numa geschlossen worden.

[24] Vgl. auch z. B. Cass. Dio 51,21 und Verg. *Aen.* 8,714-28.

[25] Diese dienten als Auftragsarbeiten u. a. der Luxusdemonstration und Herrscherlegitimation, später auch neben der Panegyrik zu (philosophisch geprägter) Luxuskritik; vgl. z. B. Athen. 5,197f-200b den Festzug des Ptolemaios Philadelphos in Alexandreia oder Pol. 12,13 den Schneckenwagen bei der Dionysosprozession des Demetrios von Phaleron 308 v. Chr. sowie VON HESBERG in [154], WISEMAN in [359] und EGELHAAF-GAISER in [79], Sp. 948; für Interpretationen ohne diese Einbettung siehe z. B. MANAKIDOU in [225].

[26] Zur öffentlichen Bibliothek in Nachfolge der von Caesar geplanten, dann von Asinius Pollio im *atrium Libertatis* realisierten Einrichtung, in der Literatur systematisiert und kanonisiert wurde, vgl. BALENSIEFEN in [16] sowie als antikes Zeugnis Ov. *trist.* 3,1,59-68 bzw. V 69-72 und 3,14.

[27] Siehe z. B. ZANKER in [366], S. 24-7 und HOEPFNER in [165], S. 41-55 sowie für Alexandria ORRU in [252], S. 31-8 und GLOCK in [126].

[28] Vgl. z. B. die in dieser Tradition stehende römische Villenarchitektur mit z. B. DRERUP in [73] oder die Terrassenanlagen von Kos und Lindos mit z. B. NIELSEN in [248], NÜNNERICH-ASMUS in [250], VON HESBERG in [155], ZANKER in [367] und HOEPFNER in [164].

Die politische Aufladung insbesondere der augusteischen Ekphraseis steht in engem Kontakt zur nächsten These:

Nämlich 4.: In der Ekphrasis von Türbildern und Imagination ihres Künstlers liegt eine selbstreferentielle Inszenierung des Dichters vor. Dass Kunstwerkekphraseis ein typischer Ort sind, an dem Dichter über den Blick auf andere Künstler eine Transformation auf sich lancieren, ist seit langem bekannt.[29] Auch die Türbildbeschreibungen bieten diesen Assoziationsraum; so nennen fast alle Ekphraseis einen bildenden Künstler, Verg. *georg.* 3 legt die Rolle sogar dem dichterischen Ich bei. Während hier die Darstellung dichterischer Leistung wesentlicher Bestandteil der Textpassage ist, tritt diese in den epischen Ekphraseis v. a. zu Gunsten der narrativen Funktionalisierung zurück, ist indirekt aber weiterhin über die textimmanente Figur eines bildenden Künstlers, über Topoi bzw. über sprachliche Muster zu fassen.[30]
Ergänzend sei festgehalten, dass eine über den gegenständlichen Bezug hinausgehende dichterische Auseinandersetzung mit den Medien Bildende Kunst/Architektur insgesamt nicht zu beobachten ist;[31] damit

---

[29] Vgl. z. B. LEACH in [210], S. 102 „they offer the artist an opportunity to speak *in propria persona* and to make us aware of the self-consciousness of his art through his attention to the fictional artistry of some other creator" oder zu hellenistischer Poesie MANAKIDOU in [225], S. 270: „Daraus ergibt sich, daß die Beschreibung in bildhafter Form die Poetik, d.h. die Theorie des Dichters über seine eigene Kunst zusammenfaßt" sowie WHEELER in [350], S. 117, SPAHLINGER in [320] und BERNSDORFF in [28], S. 20.

[30] Vgl. z. B. SZANTYR in [327], PALM in [255], S. 158, VON ALBRECHT in [5], LAUSBERG in [207], S. 40-6, KRIEGER in [203], S. 55 und EGELHAAF-GAISER in [79]. Letztere betont Sp. 948 die Leistungen einer Ekphrasis im Gegensatz zu einem Werk der bildenden Kunst, was durch die grundsätzlichen Unterschiede und Gemeinsamkeiten der beiden Medien, wie sie z. B. MITCHELL in [242] darlegt, ergänzt werden kann.

[31] Antike Überlegungen zum Verhältnis Dichtung–Bildende Kunst hier darzustellen, führt zu weit vom Thema weg; verwiesen sei aber auf Plat. *Ion* 533d-534e, *Phaidr.* 245a, *leg.* 2,653d-663d, 7,801 sowie *rep.* 3,395c-398b und Buch 2 und 10, Aristot. *poet.* 6,16-21 sowie die Kapitel 1-5, 9, 13-5 und 23-6, Simonides bei Plut. *mor.* 346F bzw. Hor. *ars* 361; für einen Überblick über ihre Positionen siehe z. B. auch RÖSLER in [288] und FUHRMANN in [103] und für die Begriffe „Mimesis – Imitatio – Nachahmung" PETERSEN in [265].

ist eine weitere Auseinandersetzung mit dem Thema der Intermedialität für die vorliegende Arbeit zurückzuweisen.[32]

Statt einer konkurrierenden Auseinandersetzung lassen sich jedoch gemeinsame übergeordnete Prinzipien von Bild und Dichtung wahrnehmen und für eine Interpretation fruchtbar machen, was in einer weiteren These formuliert wird:

5. These: Die Zitate und die Auswahl der jeweiligen Beschreibungselemente eröffnen den Ekphraseis aus augusteischer Zeit zumindest teilweise ein semantisches Potential über die rein inhaltliche Ebene hinaus.

Diese Beobachtung bietet Anknüpfungspunkte zu Konzepten von bildender Kunst, wie sie TONIO HÖLSCHER in seiner Abhandlung „Römische Bildsprache als semantisches System" 1987 aufgezeigt hat. Gemeint ist damit, dass in Rom besonders zur Zeit des Augustus bestimmte Szenentypen und Stile griechischer Vorbilder für bestimmte Themen und Aussagen Vorbildcharakter haben, so dass ihr Zitat schlagwortartige Aussagen über das konkrete Kunstwerk hinaus transportiert.[33] In diesem vielschichtigen Verfahren, das er über Hilfskategorien wie Szenentypus, Figurentypus und Detailform fassbar zu machen versucht, wird z. B. zur Verdeutlichung der *virtus* einer Person dieselbe im Szenentypus einer Schlacht oder eines Triumphzuges gezeigt, betont ein Kultbild *maiestas* und *pondus* des Gottes und verkörpert das hoch-

---

[32] Vgl. auch den Hinweis von WOLF in [361], S. 284, dass die Beschreibung eines Gemäldes in einer literarischen Ekphrasis der verdeckten Intermedialität zuzurechnen sei, bzw. die von EICHER angedeutete Übertragung der von PFISTER entwickelten Kriterien intertextueller Bezüge auf intermediale Referenzen in [82], S. 25f., nach denen ein ähnliches Ergebnis erzielt wird.

[33] HÖLSCHER in [161], ein Kurzüberblick auch in [162]. Ähnliche semantische Ansätze für die Bedeutung einzelner Stilelemente in der römischen Gesellschaft finden sich z. B. bei WALLACE-HADRILL in [344] und ZANKER in [367], bes. die Kapitel „Die sakrale Bedeutung der archaischen Form", S. 244-7 und „Der Symbolwert des Zitats", S. 255-63. Dass dieser Ansatz durchaus seine Verankerung in antiken Äußerungen über die Rezeption von bildender Kunst hat, zeigt beispielsweise Quint. *inst.* 12,10; die wichtigsten Belege hierzu hat HÖLSCHER in [161], S. 54-61 zusammengetragen.

klassische und spätarchaische Formenrepertoire besonders treffend die ehrwürdige Tradition von Göttern und Heroen.³⁴ SCHMIDT hat mit Verweis auf HÖLSCHERs Arbeit eine ähnliche Semantik für die horazische Sabinumdichtung und Jambik gezeigt und die Frage gestellt, ob dieses Verfahren nicht „auf die augusteische Dichtung (im weitesten Sinne) begrenzt" und ein „dem geschichtlichen Selbstverständnis der Autoren verdanktes Charakteristikum" sei,³⁵ was ich in dem Sinne verstehe, dass sich die Autoren bewusst sind, Erbe zweier Kulturen zu sein, die synchron auf diachron Entstandenes zugreifen und auswählen können, um es für die Gegenwart fruchtbar zu machen.³⁶

Mit den vorgestellten fünf Aspekten ist ein nützliches Instrumentarium bereitgestellt, mit dem die Ekphraseis, die eine Zeitspanne von gut 130 Jahren abdecken, einerseits insgesamt betrachtet werden können und in gewissem Maße untereinander vergleichbar sind, das andererseits aber noch genügend Raum zur Einzelinterpretation der Textpassagen lässt, die inhaltlich und durch ihren unterschiedlichen

---

[34] An dieser Stelle sei des Weiteren lediglich verwiesen auf ähnliche Zusammenhänge zwischen rhetorischen Stilurteilen und der Durchsetzung von Kunstrichtungen, siehe dazu z. B. PREISSHOFEN in [275], und die zur Verbreitung der gefällten Stilurteile notwendigen, das Reich einenden Mechanismen, wie sie z. B. für die Bildsprache der Provinz und Hauptstadt Rom VON HESBERG in [156] und für die bildende Kunst allgemein WREDE in [362] gezeigt haben; die Ausweitung des Klassizismus in der römischen bildenden Kunst von einer Stil- und Kunstrichtung zu einem kulturmorphologischen Phänomen beleuchtet darüber hinaus z. B. ZANKER in [365].

[35] Vgl. SCHMIDT in [301], hier S. 467 bzw. in [302]. Vgl. auch HÖLSCHERs Äußerung in [162], S. 85: „Die Bildkunst steht mit diesem Phänomen nicht isoliert. Ähnlich werden in der Literatur der Kaiserzeit die verschiedenen Stile und Gattungen der griechischen Tradition nicht nur als Rückverweise auf historische Vorbilder, sondern als angemessene Formen für spezifische Themen und Aussagen genutzt"; ZANKER in [367], S. 244 weist darüber hinaus mit Cic. *de orat.* 3,153 und Quint. *inst.* 8,3,24f. darauf hin, dass es auch über die Rezeption von Literatur antike Überlegungen gibt.

[36] In diesem Kontext erhält der 1930 von KLINGNER in [193], S. 136 über Vergil und sein Verhältnis zu Naevius und Ennius viel enger gefasste berühmte Schlusssatz auch eine neue Weite: „Sein Dichten ist vielleicht die größte Verwirklichung bewahrender Erneuerung im Bereiche der Dichtung, die gewaltigste dichterische Ausformung der Idee einer geistigen *restauratio*."

Hintergrund stark differieren. Auf dieser Basis lassen sich darüber hinaus die Ekphraseis derart differenzieren, dass sich dadurch eine Gliederung der Arbeit ergibt: Die narrative Funktionaliserung der Türbilder ist besonders bei den vier epischen Texten ausgeprägt, von denen die beiden ersten nichtepischen Verg. *georg.* 3,26-33 und Prop. 2,31,13f. getrennt werden können (Kapitel 3). Die epischen Zeugnisse differieren des Weiteren stark untereinander hinsichtlich der Eröffnung zusätzlicher Bedeutungsebenen: Während Verg. *Aen.* 6,20-33 und Ov. *met.* 2,5-18 durch das Assoziationspotential von Tempel und Tür, die Darstellung dichterischer Leistung, den Ausdruck übergeordneter semantischer Prinzipien und die politische Aufladung eine enorme Vielschichtigkeit der Texte erreicht wird (Kapitel 4), tritt dies bei Val. Fl. 5,415-54 und Sil. 3,32-44 bei weiterhin starker narrativer Funktionalisierung in den Hintergrund (Kapitel 5). Die Anbindung der ersten beiden Türbildbeschreibungen an die anderen bleibt jedoch dadurch erhalten, dass sie sich in ähnlicher Weise wie die beiden mittleren Ekphraseis durch hohes Assoziationspotential auszeichnen. Da zudem die Darstellung dichterischer Leistung *georg.* 3 und Prop. 2,31 wichtig ist, während sie in den epischen Texten eine untergeordnete Rolle spielt, ist ihre Analyse in Kapitel 3 noch vor die Analyse der politischen Bedeutungsaufladung gestellt.

3 Die außerepischen Türbildekphraseis

Als Kurzcharakteristik der ersten beiden Türbildbeschreibungen können folgende Punkte dienen:
Beide Ekphraseis eines Tempels und seiner Türbilder sind Teil einer geschlossenen Einheit innerhalb eines größeren Textzusammenhanges (Proömium/Einzelgedicht), die sich nicht aus dem Werkduktus entwickelt; die narrative Funktionalisierung des Motivs ist daher wenig ausgeprägt. Beide Textpassagen sind stattdessen stark mit politisch-panegyrischem und dichterischem Selbstreflexionsgehalt aufgeladen.

3.1 Vergil *georg.* 3

Der Beginn von *georg.* 3 ist Paradebeispiel dafür, wie das Ekphrasismotiv instrumentalisiert wird, um dichterische Leistung selbstreflexiv darzustellen. Deutliches Indiz hierfür ist, dass Verg. *georg.* 3 die Rolle des bildenden Künstlers, über den typischerweise der Blick auf den Dichter suggeriert wird, sogar dem dichterischen Ich beilegt: Über fast 40 Verse kündigt er an, nachdem er die Musen vom Helikon als Beute geholt habe, der Stadt Mantua einen Tempel am Mincius zu errichten und Octavian in sein Zentrum zu stellen; er werde einen Triumphzug mit Wagenrennen u. ä. veranstalten und Türbilder gestalten, welche die Siege des Octavian feiern würden.
Der Tempel mit seinen Türbildern ist hier monumentaler Ausdruck eines triumphalen dichterischen Sieges und gleichzeitig deutliche Octavianpanegyrik. Die Inszenierung des Dichters erfolgt dabei auf mehreren Ebenen:
Erstens wird ein Sieg sowohl durch einen Kriegszug mit anschließendem Triumph und Tempelweihung als auch durch einen erfolgreichen musischen Wettkampf formuliert; Letzteres geschieht v. a. über Zitate

prominenter Werke, wie Epinikien des Pindar und Dichtungen des Kallimachos und Ennius. Gleichzeitig wird gerade durch die Anknüpfung an die Rolle eines triumphierenden Feldherrn sowie die eines Siegers in einem musischen Agon öffentlicher Raum okkupiert und damit eine entsprechende Dichterrolle formuliert. Zweitens wird nicht irgendein Ort, sondern Vergils Geburtsstadt als dichterische Landmarke durch den dortigen Tempelbau und die Monumentalität des Projektes markiert und gefeiert. Auf die Dignität des Stifters weisen darüber hinaus der Sieg, Umfang der Triumphfeier und die erlesenen Materialien für den Tempel und seine Türbilder hin. Drittens ist eine Inszenierung deutlich durch den Theaterkontext assoziiert, den eine Drehbühne und ein Bühnenvorhang direkt vor der Türbildekphrasis evozieren; die Türbilder erscheinen so als Akt innerhalb einer szenischen Darbietung, deren Regie das dichterische Ich übernimmt. Und schließlich ist eine konstruktive Leistung des Dichters besonders durch die Architekturmetapher und die futurischen Verbaussagen formuliert, welche die Architektur im gegenwärtigen Moment imaginieren.

Grundlegend für den Sphragis-Charakter der Textpassage sind zudem folgende Punkte:
Die Positionierung der Ekphrasis gerade in einem Binnenproömium als einer typischen Sphragisstelle stellt eine starke Verankerung des Motivs im Selbstreflexionsthema dar. Darüber hinaus ist jegliche narrative Funktionalisierung der Beschreibung vermieden: V 3-48 stellen eine inhaltliche Pause im Werkduktus dar, es gibt also weder thematisch noch wörtlich bedeutsame Referenzen auf andere Stellen der *Georgica*; und auch strukturell ist das Motiv vom Kontext gelöst, da es eben innerhalb einer geschlossenen Einheit und dort wieder auf einer eigenen Beschreibungsebene platziert ist. Hinzu kommt, dass der dichterische Tempelbau als Gegenleistung für ein Patronat und als Ankündigung eines Epos assoziiert werden kann. Dies steht sowohl in vergilischer Rechtfertigungstradition als auch in deutlicher Nachfolge von Pind. *O.* 1 und besonders *P.* 6, die konkrete Vorlage zur Funktionalisierung einer Gebäudefront als zukünftige preisende Dichtung ist.

Mit der Instrumentalisierung des Ekphrasismotivs als panegyrische
Fläche ist eng seine politische Aufladung verbunden, denn es sind – außer dem Dichter – Octavian und Italien, die gepriesen werden:
So ist es möglich, ihn als siegreichen Feldherrn sowie die dreitägige Triumphfeier und Weihung des palatinischen Apollotempels im Jahr 28 v. Chr. zu assoziieren, wenn der Begriff *Caesar* genannt wird und der siegreiche Feldzug, der anschließende großartige Triumphzug und die Tempelweihung durch die Formel *iam nunc* mit gegenwärtigen Ereignissen verbunden werden. Die Rolle eines Kosmokrators wird auf den Türbildern formuliert, die durch die Darstellung von Besiegten und Grenzen Herrschaft und deren Ausdehnung visualisieren. Im Habitus eines Euergeten erscheint Octavian durch Referenzen auf M. Fulvius Nobilior und die *aedes Herculis Musarum* sowie den palatinischen Apollotempel mit seiner angeschlossenen Bibliothek; als Stadtgründer und Stifter eines Neuanfangs ist er durch die Nennung des *Troiae Cynthius auctor*, des Quirinus sowie die Assoziation der *Parilia* präsent. Und göttliche Akzente leuchten auf, wenn es u. a. von ihm V 16 wie von einer Kultstatue heißt *in medio...Caesar erit templumque tenebit*, er innerhalb der Textpassage ausschließlich mit dem Namen des bereits vergöttlichten Caesar bezeichnet wird und das Proömium mit der Ankündigung endet, seinen Namen unsterblich zu machen. Diese Verherrlichung wird insgesamt in einen größeren Zusammenhang eingeordnet, indem durch Zitate der *laudes Italiae* und intertextuelle Verweise auf *ecl.* 5 (Daphnis) und Lucr. 5 (*Invidia*) Italien als Überrest und Keimzelle des goldenen Zeitalters präsent ist, als dessen Garant Octavian fungiert.

3.1.1 Text, Inhaltsübersicht und Einordnung in den Kontext

Die Beschreibung der Tempeltürbilder in Vergils *Georgica* steht innerhalb des Proömiums des dritten Buches. Mit diesem beginnt die zweite Hälfte des insgesamt vier Bücher umfassenden Gesamtwerkes, in dessen Mitte es damit steht.³⁷ Nach einem Buch über den Ackerbau sowie einem über Bäume und Sträucher samt den berühmten *laudes Italiae* ist das Thema des dritten Buches die Tierhaltung einschließlich der norischen Viehseuche am Ende, bevor das vierte und letzte Buch mit der Bienenzucht und dem Aristaeus-Epyllion schließt.

Der Schluss des vorangehenden zweiten Buches wird vom „Lob des Landlebens" (*georg.* 2,458ff.) gebildet, das dem goldenen Zeitalter (*aureus...Saturnus* 2,538) aus Roms Frühzeit wesensverwandt ist und dem (gegenwärtigen) Zeitalter des Eisens, der Verrohung und Kriege entgegensteht (2,536f. und 2,539f.). Seinen Abschluss und Ruhepunkt finden das zweite Buch und die erste Werkhälfte mit V 541f. in dem Bild, dass der Dichter nach langer Wegstrecke nun seinen Pferden das Joch vom dampfenden Nacken nimmt.³⁸

> 1 *Te quoque, magna Pales, et te memorande canemus*
> *pastor ab Amphryso, vos, silvae amnesque Lycaei.*
> *cetera, quae vacuas tenuissent carmine mentes,*
> *omnia iam vulgata; quis aut Eurysthea durum*
> 5 *aut inlaudati nescit Busiridis aras?*
> *cui non dictus Hylas puer et Latonia Delos*
> *Hippodameque umeroque Pelops insignis eburno,*
> *acer equis? temptanda via est, qua me quoque possim*
> *tollere humo victorque virum volitare per ora.*
> 10 *primus ego in patriam mecum, modo vita supersit,*
> *Aonio rediens deducam vertice Musas;*
> *primus Idumaeas referam tibi, Mantua, palmas,*
> *et viridi in campo templum de marmore ponam*

---

³⁷ Auch von den Verszahlen her ergibt sich ein fast vollkommen ausgeglichenes Verhältnis: 1056 Verse Buch 1 + 2, 1132 Verse Buch 3 + 4; die exakte Mitte wäre nach *georg.* 3,38, kurz bevor Vergil einen neuen Anlauf nimmt, sich mit *interea Dryadum silvas saltusque sequamur* V 40 dem Thema des dritten Buches zuzuwenden.

³⁸ Der im Folgenden zitierte lateinische Text entspricht dem von MYNORS; von der Interpunktion wird abgewichen V 16 (Punkt statt Doppelpunkt) und V 41 (Semikolon statt Doppelpunkt).

propter aquam, tardis ingens ubi flexibus errat
15 *Mincius et tenera praetexit harundine ripas.*
in medio mihi Caesar erit templumque tenebit.
illi victor ego et Tyrio conspectus in ostro
centum quadriiugos agitabo ad flumina currus.
cuncta mihi Alpheum linquens lucosque Molorchi
20 *cursibus et crudo decernet Graecia caestu.*
ipse caput tonsae foliis ornatus olivae
dona feram. iam nunc sollemnis ducere pompas
ad delubra iuvat caesosque videre iuvencos,
vel scaena ut versis discedat frontibus utque
25 *purpurea intexti tollant aulaea Britanni.*
in foribus pugnam ex auro solidoque elephanto
Gangaridum faciam victorisque arma Quirini,
atque hic undantem bello magnumque fluentem
Nilum ac navali surgentis aere columnas.
30 *addam urbes Asiae domitas pulsumque Niphaten*
fidentemque fuga Parthum versisque sagittis,
et duo rapta manu diverso ex hoste tropaea
bisque triumphatas utroque ab litore gentis.
stabunt et Parii lapides, spirantia signa,
35 *Assarici proles demissaeque ab Iove gentis*
nomina, Trosque parens et Troiae Cynthius auctor.
Invidia infelix Furias amnemque severum
Cocyti metuet tortosque Ixionis anguis
immanemque rotam et non exsuperabile saxum.
40 *interea Dryadum silvas saltusque sequamur*
intactis, tua, Maecenas, haud mollia iussa;
te sine nil alterum mens incohat. en agne segnis
rumpe moras; vocat ingenti clamore Cithaeron
Taygetique canes domitrixque Epidaurus equorum,
45 *et vox adsensu nemorum ingeminata remugit.*
mox tamen ardentis accingar dicere pugnas
Caesaris et nomen fama tot ferre per annos,
Tithoni prima quot abest ab origine Caesar.

Georg. 3,1f. setzt mit der Anrufung der Pales, des Hirtens vom Amphrysus und der Wälder und Flüsse des Lycaeus neu an. Zu erwarten wäre ein dementsprechend inhaltlich glatter Übergang zum Thema Viehzucht; stattdessen schließt sich 46 Verse lang ein von selbstreflexiven Aussagen geprägtes Proömium an, bevor *georg.* 3,49 der eigentliche Buchstoff beginnt.

V 3-9 werden griechisch-mythologische Themen wie Herakles-, Apollo- oder Pelops-Episoden als abgedroschen abgelehnt und es wird daraus abgeleitet, dass ein neuer Weg versucht werden muss, um sich siegreich von anderen abzuheben. Dieser wird V 10-39 mitsamt seinen Folgen umschrieben:

Falls ihm noch genügend Lebenszeit zur Verfügung stehe, werde Vergil[39] als erster Musen vom Helikon mitbringen; als erster werde er einen Sieg seiner Heimatstadt Mantua weihen und am heimischen Mincius-Fluss einen Marmortempel errichten (V 10-5). Dieser Tempel wird konkreter beschrieben: Zentrale Figur und Inhaber dieses Tempels werde Caesar Octavian sein (V 16), an den Türen werde er Bilder militärischer Siege darstellen (V 26-33) und zusätzlich ein Programm von Marmorstatuen mit trojanischen Ahnen samt Apollo entwerfen (V 34-6). Dazwischen eingeschoben ist V 17-25 die Beschreibung von Festspielen, die er für Octavian am Tempel veranstalten werde: Wagenrennen (V 19), Lauf- und Ringwettkämpfe, für die ganz Griechenland seine traditionellen Orte wie Olympia und Nemea verlasssen werde (V 19f.), sowie die Weihung von Gaben, die er selbst, mit einem Olivenkranz geschmückt, vornehmen werde (V 21f.). V 22-5 werfen einen kurzen vergleichenden Blick auf derartige Veranstaltungen in der Gegenwart mit Festzügen, Stieropfern und szenischen Darbietungen. Den Abschluss des gesamten Abschnittes bildet die Darstellung der *Invidia*, wie sie sich in der Unterwelt vor exemplarisch dargestellten Strafen fürchtet (V 37-9).

V 40-5 lenken den Blick zurück auf die vorliegende Arbeit: Bevor Vergil den skizzierten Weg einschlage, werde er unberührte Pfade in Wäldern

---

[39] Die Gleichsetzung des dichterischen Ichs mit dem Dichter Vergil leitet sich aus dem selbstreflexiven Charakter der Textpassage und ihrer Eigenschaft als Sphragis ab; siehe die Analyse weiter unten in 3.1.3.1.

und Bergen betreten, da sowohl Maecenas ihm dies befohlen habe als auch das böotische Grenzgebirge und Epidaurus als Herrin der Pferde laut nach ihm riefen. V 46-8 fassen schließlich das Vorhaben aus V 10-39 zusammen: Bald aber werde er Schlachten besingen und den Namen Caesar Octavians unsterblich machen.

3.1.2 Narrative Funktionalisierung des Motivs

Die Ekphrasis des Tempels und der Türbilder zu Beginn von Buch 3 sind in keiner Weise für den thematischen Kontext der *Georgica* nutzbar gemacht, was sich sowohl auf struktureller als auch inhaltlicher Ebene zeigt.

Betrachtet man die formale Einbindung der Beschreibung, so sind drei Punkte festzuhalten:
1. Die Ekphrasis steht innerhalb eines (Binnen-)Proömiums, wodurch sie strukturell vom Kontext gelöst ist. V 1-48 sind dabei zusätzlich vom Umfeld insofern hervorgehoben, als dass sie überdurchschnittlich stark von Aussagen in der 1. Person geprägt sind;[40] hierzu gehört auch die auffällige Präsenz der Personalpronomina der 1. Person.[41]
2. Innerhalb dieser selbständigen Texteinheit ist die Ekphrasis des Tempels und der Türbilder auf einer wiederum eigenen Ebene platziert, die in konkreten Beispielen den „neuen Weg" darstellt (V 10-39 und V 46-8). Formale Kriterien, die diese inhaltliche Abtrennung unterstützen, sind dabei z. B. der Wechsel vom präsentisch geprägten

---

[40] Von den 24 Hauptsatzprädikaten stehen gut 40% in der 1. Person (HS: achtmal 1. Ps. Sg., zweimal 1. Ps. Pl., einmal Imp. Sg., zwölfmal 3. Ps. Sg., einmal 3. Ps. Pl.); rechnet man noch die acht Nebensatzprädikate hinzu, sind es immerhin noch knapp 35% (NS: einmal 1. Ps. Sg, fünfmal 3. Ps. Sg., zweimal 3. Ps. Pl.).

[41] Sechsmal bzw. siebenmal 1. Ps. (*ego* V 10/17, *mihi* V 16/19, *me* V 8, *mecum* V 10, *ipse* als Verstärkung der 1. Ps. V 21), daneben vier bzw. fünf Anreden an die 2. Person (*tibi* V 12, *te* zweimal V 1 sowie V 42, *tua* V 41) und nur eine Hervorhebung der 3. Person (*illi* V 17).

Beginn zu Aussagen in der 1. Ps. Sg. Ind. Futur V 9/10 und die deutliche Gegenüberstellung *interea* V 40-5/*mox* V 46-8.[42]

3. Die Türbilder sind innerhalb dieser Staffelung besonders betont, da sie durch den direkt vorgeschalteten Ausblick auf gegenwärtige Vergleichsszenarien (*iam nunc* V 22b-25) nochmals vom Vorigen getrennt werden.[43] Darüber hinaus sind sie in der Skizze V 10-39 das Element, welches mit acht Versen den größten Beschreibungsumfang hat.

Ähnlich isolieren die thematischen Referenzen und wörtlichen Zitate die Ekphrasis V 10-39 und V 47-9 innerhalb von *georg.* 3, da in auffälliger Weise nur Elemente der ersten neun Verse wiederaufgenommen werden. So lässt sich die Häufung des Motivs „Pferd" V 7-9 mit der Thematik des Folgenden verbinden, denn zumindest in der ersten Hälfte des dritten Buches nimmt das Pferd die Hauptrolle ein: In *Hippodame* V 7 steckt nicht nur der griechische Ausdruck für das Tier, sondern ihr Mythos ist auch eng mit Pferderennen verbunden, worauf die Nennung ihres Vaters Pelops und *acer equis* V 8 eigens hinweisen; abgerundet wird dies vom Bild des Wagenlenkers, das hinter der Ausdrucksweise von V 9 steckt.[44] Darüber hinaus kann eventuell der mythische Katalog V 3-8a als Folie für den Inhalt des dritten Buches aufgefasst werden, da im Folgenden nicht von Liebe und Leiden der Götter oder Heroen und Könige erzählt wird, sondern von etwas

---

[42] Die Binnengliederung des Proömiums mit formalen Kriterien wie Person, Numerus, Tempus und Modus ist sehr vielschichtig und kompliziert, zumal es jeweils kaum starre Abgrenzungen, sondern meist ineinanderfließende Übergänge gibt; daher wird hierauf nicht weiter eingegangen. Dies gilt z. B. auch für das aus dem präsentischen Beginn herausfallende *canemus* V 1, das über den *Pluralis maiestatis* von *sequamur* V 40 wiederaufgenommen wird.

[43] Eine Verbindung besteht wiederum jedoch darin, dass V 24f. Bühnenvorhänge mit eingewebten Figuren genannt sind, die motivisch den Türbildern V 26ff. ähneln.

[44] Einzelne Hinweise auf diese Pferdebezüge finden sich bei SCHMID in [298], S. 364, GLEI in [123], S. 104 und LUNDSTRÖM in [218], S. 181f. Insbesondere das Bild der Wagenfahrt ist mehrmals aufgenommen, so V 19f., V 49f., V 103-22, V 180f., V 193-5, V 201-4 und V 498; der auf diese Weise ausgedrückte Inhalt, einen neuen Weg zu beschreiten und sich damit zu etwas Höherem aufzuschwingen, kommt nach V 8f. und dem Bezug auf den Dichter nochmals V 77f. mit Bezug auf das Pferd und wörtlichen Parallelen zu V 8-10 vor: *primus* et ire *viam* et *fluvios temptare minacis/ audet*.

dem Menschen sehr Nahem, nämlich der Tierwelt, für die nach *georg.* 3,242-4 gilt: *amor omnibus idem*.[45] Und schließlich wird aus den beiden Einleitungsversen Pales nochmals im Binnenproömium V 294 angerufen und Pan als *deus Arcadiae* V 392 genannt; dass die dritte Gottheit Apollo im weiteren Verlauf ungenannt bleibt,[46] ist bereits ein erster Hinweis auf die politische Bedeutungsebene des Proömiums und der Ekphrasis.

Das Proömium stellt also ab V 3 eine Pause im inhaltlichen Duktus der *Georgica* dar;[47] nach der Götteranrufung V 1f. wird die geschürte Erwartung erst V 49ff. erfüllt.[48] Damit befinden wir uns auf einer vom Kontext getrennten Sprechebene mit entsprechend unterschiedlicher Funktion, die in den folgenden Unterkapiteln analysiert werden soll.

3.1.3 Selbstreferentielle Inszenierung des Dichters

3.1.3.1 Das Proömium als Sphragis

Grundlegend für die Interpretation, dass mit dem Tempel und seinen Türbildern dichterische Leistung ausgedrückt wird, ist die Positionierung innerhalb einer Sphragis:

---

[45]Siehe LUNDSTRÖM in [218], S. 172-4; dort werden zudem sehr konkret Motivparallelen zwischen dem jeweiligen Hauptinhalt der Sagen und dem Inhalt von Buch 3 gesucht.

[46]Indirekt präsent ist Apollo im Binnenproömium bei der Nennung von *Parnasi deserta per ardua dulcis* V 291 und *Castaliam* V 293; dort allerdings weder in der V 2 genannten Funktion als Weidegottheit noch als Stadtgründer wie V 36, sondern als Dichtergott, was wiederum im Proömium zum vierten Buch *georg.* 4,7 mit *auditque vocatus Apollo* aufgenommen wird.

[47]So auch z. B. FLEISCHER in [93], S. 318 und PUTNAM in [277], S. 165.

[48]Dies ist jedoch kein verlässliches Kriterium dafür, unterschiedliche Abfassungszeiten für V 1f./V 49ff./die *Georgica* insgesamt im Gegensatz zu V 3-48 oder gar eine „Umdichtung" zu erschließen, wie es z. B. FLEISCHER in [93], S. 328f. oder GRIMAL in [133], S. 153 tun.

Das Proömium ist, wie oben bereits gezeigt wurde, durch die vielen Aussagen in der 1. Ps. Sg. gekennzeichnet; dies erstreckt sich insbesondere auch auf den Tempel und seine Türbilder, die grammatikalisch vom dichterischen Ich abhängen (*faciam* V 27, *addam* V 30). Nimmt man hinzu, dass der Beginn der zweiten Werkhälfte eine typische Sphragis-Stelle ist und die Lokalisierung des Tempels am Mincius in Mantua (V 13-5) gleichzeitig ein Verweis auf Vergils Heimatstadt ist, wird damit deutlich auf die Möglichkeit hingewiesen, die Aussagen des dichterischen Ichs tatsächlich auf Vergil als Dichter zu beziehen.[49] Mit V 3-9 und der Einleitung *cetera...omnia iam vulgata* beginnt zudem eine literarische Diskussion, die sich auf ein zukünftiges dichterisches Werk bezieht, wie *temptanda via est, qua me...possim tollere humo victorque...volitare*, die anschließenden Futurformen und die Gegenüberstellung von *interea* V 40-5 und *mox* V 46-8 zeigen. Wenn mit V 3 nun eine solche Diskussion angefangen und erst mit V 40 eindeutig unterbrochen wird, bedeutet das, dass unter dieser Perspektive V 10-39 in selbstreflexivem, poetologischen Kontext stehen und damit auch der Tempels mit seinen Türbildern bildlich dieses Werk umschreiben.

3.1.3.2 Der Tempel als Teil dichterischen Triumphes

Der Tempel mit seinen Türbildern ist monumentaler Ausdruck eines triumphalen dichterischen Sieges; diese Assoziation ist möglich, da die Architektur mit ihrem Schmuck in mehrere Ebenen eines Siegeskontextes eingebunden ist: Neben einem allgemeinen Siegesumfeld gibt es Anlehnungen sowohl an einen Kriegszug mit anschließendem militärischem Triumph als auch an einen musischen Wettkampf mit Sieg des Dichters Vergil; der letzte Bedeutungsraum kann dabei nochmals erweitert und konkretisiert werden, indem als Bezugspunkte prominente

---

[49] Auch wenn Mantua eine konkrete Ortsbenennung darstellt und es dort sicherlich Tempel gab, haben wir wegen fehlender direkter und indirekter Testimonien keine Möglichkeit, Bezüge zu dortigen Bauten herzustellen; vgl. SARTORI in [293]. Für die Konnotation von stilistischen Charakteristika bei der Flussnennung des Mincius siehe weiter unten S. 49.

Dichter und Dichtungen über Zitate innerhalb der Sphragis imaginiert werden. Da dies jedoch ein umfangreicher Betrachtungsaspekt ist, wird er in einem eigenen Unterkapitel (3.1.3.3) betrachtet werden.

Dass es um einen Sieger geht, kündigen der Mythos von Pelops und Hippodameia V 7f. sowie *victor* V 9 in allgemeiner Weise an und führen *primus* V 10 und V 12 sowie *victor* V 17 fort. Militärisch akzentuiert wird der Gedanke durch *deducere* im Ausdruck *in patriam mecum...rediens deducam...Musas* V 10f.[50] und *referre* im Ausdruck *Idumeas referam...palmas* V 12,[51] so dass das Bild vom siegreichen Feldherrn entsteht, der aus dem Ausland die Musen als Beute heimbringt. Diese Assoziation wird zudem durch ein Zitat von Lucr. 1,62-79 gestützt, wo innerhalb einer Eulogie Epikurs Leistung, der Macht der *religio* zu trotzen und ihre Weltbeherrschung durch physikalische Theorien zu brechen, ausführlich in kriegerischen Ausdrücken dargestellt wird;[52] die Umschreibung seines Erfolges im Bild eines vom Feldzug zurückkehrenden und triumphierenden Feldherrn Lucr. 1,75 *unde refert nobis victor* sowie das wiederholte *primus* V 67 und V 71 bzw. *primum* V 66 sind dabei Paralellen zur Anapher von *primus georg.* 3,10-2 sowie zu *victor* 3,9 und 3,17.[53]

FLEISCHER und BUCHHEIT haben darüber hinaus gezeigt, wie die im Futur gehaltenen Aussagen ab V 10 im Sinn eines Gelübdes verstanden werden können, das ein ausziehender Imperator ablegt:[54] So erset-

---

[50]Vgl. z. B. Liv. 28,32,7 *quos secum in patriam ad meritum triumphum ducere velit* und Hor. carm. 1,37,31 *privata deduci superbo...mulier* [= Cleopatra] *triumpho*; Hinweis bei BUCHHEIT in [42], S. 100 und HORSFALL in [167], S. 96.

[51]Vgl. Liv. 4,17,8 *hic enim primus...secundo proelio conflixit nec incruentam victoriam rettulit* und Lucr. 1,72-6 *ergo vivida vis animi pervicit, et extra/ processit longe flammantia moenia mundi/ atque omne immensum peragravit mente animoque,/ unde refert nobis victor, quid possit oriri.*

[52]Siehe z. B. *contra/ ...ausus...obsistere contra* V 66f., *acrem/ inritat animi virtutem* V 69f., *effringere ut arta/ ...portarum claustra cuperet* V 70f. oder *vivida vis animi pervicit* V 72. Die hierin auch enthaltenen göttlichen Assoziationen für Epikur auszuführen, führen an dieser Stelle zu weit.

[53]Hinweis z. B. bei WIMMEL in [357], S. 179 und BUCHHEIT in [41], S. 304f. und BAILEY, S. 612 zu dieser Stelle.

[54]Siehe FLEISCHER in [93], S. 307, wo er jedoch das Gelübde erst mit V 16 be-

ze die Gedichtform der *Georgica* die notwendige feierliche Form sowie *victor* V 17 den erforderlichen Bedingungssatz, und das zweimal betonte *ego* V 10 und V 17 gehöre zum Formalstil des Gelübdes; selbst *invidia...metuet* V 37-9 lasse sich hier einordnen als Abwehr von Gegenkräften, so dass das Futur voluntativen Sinn habe.[55]

Unter dieser Perspektive erscheinen auch die Aussagen V 13-22a im Lichte einer Triumphfeier: Tempelbau, Verehrung einer Gottheit, Organisation von Spielen und lorbeergeschmückte Weihung von Geschenken.[56] Triumphalen Schlusspunkt bilden dabei die Türbilder mit ihrer Abbildung militärischer Siege und der effektvoll vorbereitende Einschub V 22b-25: Dieser verweist mit seiner Einleitung *iam nunc* deutlich auf gegenwärtig stattfindende Festzüge, Opfer und szenische Darstellungen. Insgesamt bewirkt dieser Assoziationsraum, dass Vergil als Dichter mit *virtus, pietas* und *dignitas* in Zusammenhang gebracht wird.[57]

Musisch akzentuiert wird der Siegesgedanke in erster Linie durch den Inhalt von V 11f.: Vergil wird *Aonio...vertice* zurückkehren, also vom Helikon, der als Heimat der Musen galt,[58] und wird im Gepäck die Musen haben, was auf den Topos der Dichterinspiration und die Transferleistung der lateinischen Literatur in Bezug auf die griechische anspielt.[59] Dabei unterstützt die Wortwahl *deducam* trotz der vorigen Erweiterung mit *in patriam* den literarischen Kontext, da sie durchaus stilistisch als Hinweis auf einen neoterisch gebildeten Dichter

---

ginnen lässt, und BUCHHEIT in [42], S. 103.

[55] FLEISCHER in [93], S. 315-7.

[56] GALE in [106], S. 189 assoziiert sogar einen Triumphwagen, angeregt durch das Bild am Schluss von *georg.* 2 und *currus georg.* 3,18. Insgesamt zur Deutung dieser Handlungen im Lichte eines Feldherrn siehe auch PÖSCHL in [272], S. 395.

[57] BUCHHEIT in [42], S. 303 erklärt die Anknüpfung dichterischer Leistung an militärischen Triumph damit, dass es um die Legitimation höchsten Ruhmes auch für Literaten gehe; vgl. als Parallelstellen z. B. Cic. *rep.* 5,8 und *Tusc.* 2,5, Lucr. 1,72-6, Hor. *carm.* 4,8 und 4,9 oder Caesar über den Schriftsteller Cicero Cic. *Brut.* 254f. und Plin. *nat.* 7,117. Ein ähnlicher Bezugspunkt im Proömium ist möglicherweise die Staatslenkung; siehe dazu Anm. 201.

[58] Vgl. z. B. SERVIUS zur Stelle oder GLASER, S. 98.

[59] Vgl. PERKELL in [264], S. 61.

bzw. sein in diesem Stil gestaltetes Werk verstanden werden kann.[60] Einen wettkämpferischen Zug im Sinne eines Sieges in einem musischen Agons bei großen panhellenischen Spielen erhält der Gedanke des Weiteren durch die Siegespalme und das Dankgeschenk in Form eines Tempels in der Heimat (V 12f.), unterstützt von V 17-22, die genau dieses Umfeld (wenn auch v. a. mit athletischen Bildern) aus Olympia und Nemea evozieren.[61] Was in diesem Zusammenhang eigens hervorgehoben werden muss, ist das Bewusstsein überragender dichterischer Leistung: Gleich die ersten beiden Worte V 10 *primus ego* meißeln den Originalitätsanspruch als Überschrift über den folgenden Abschnitt. Erster sein zu wollen, ist zwar eine typische Dichteraussage,[62] hier wird sie aber noch mit einem Bild untermauert, das in seiner Toposumkehrung vor Selbstbewusstsein nur so strotzt: Nicht die Musen führen den Dichter an den Ort wahren Dichtens, sondern Vergil selbst führt sie dorthin, wohin er es will. Und da dies konkret in seine Geburtsstadt Mantua meint, sind wir wieder beim Sphragis-Charakter des Proömiums angelangt.[63] Im Übrigen ist Vergil, was die von ihm veranstalteten Spiele betrifft, ebenfalls von ihrer überragenden Bedeutung überzeugt, denn sie werden nach seinen Angaben V 19f. die wichtigsten der panhellenischen Spiele ablösen, da ihre Vertreter an seinen teilnehmen werden.[64]

Mit diesem auf das direkte Dichterumfeld bezogenen Hintergrund ergibt sich die Konsequenz, den Neid V 37-9 auf Vergils Gegner zu be-

---

[60] Vgl. Verg. *ecl.* 6,5 *deductum dicere carmen* und dazu HORSFALL in [167], S. 96, sowie später Hor. *carm.* 3,30,13f.

[61] Musische Agone gab es nach DECKER in [63] und [64] in Nemea seit hellenistischer Zeit, nie aber in Olympia. Vgl. dazu auch weiter unten Anm. 64.

[62] Vgl. z. B. Lucr. 1,117f. und 1,926-30 oder Hor. *carm.* 3,30,13f.

[63] WILKINSON in [354], S. 167: „a proud παραπροσδοκίαν".

[64] Davon unabhängig ist die Bedeutung Olympias als Heiligtum und Veranstaltungsort der Spiele gerade zu Octavians bzw. Augustus' Zeit durch dessen aktive Förderung, wie sie z. B. MALLWITZ in [224], S. 27 hervorhebt: „Olympia und seine Spiele wurden auch dadurch wieder lebhaft ins Bewußtsein der Menschen gerückt, daß man an anderen Orten neue Wettkämpfe veranstaltete. Einer der ältesten Agone dieser Art sind die Actium-Spiele, die Augustus selbst 28 v. Chr. in Nicopolis gründete."

ziehen, wie es auch zahlreiche Kommentatoren getan haben.[65]

Eine Verbindung der militärischen und musischen Ebene ist über die im Hintergrund aufleuchtende Assoziation der *aedes Herculis Musarum* möglich:[66]
Bis zur ersten Nennung von *templum* V 13 baut sich durch den siegreich aus Griechenland heimkehrenden Feldherrn bzw. Dichter mit den Musen als Beute, durch die Musen selbst (V 11) und durch den auffälligen Schwerpunkt der mythischen Themen in Form von Umschreibungen von Herculesepisoden V 4-6 ein Bild auf, das mit der Ortsangabe *viridi in campo.../ propter aquam, tardis ingens ubi flexibus errat* V 13f. konkretisiert wird und geradewegs auf den Herculestempel auf dem *Campus Martius* zuläuft:[67] Dieser liegt ca. 200 m von der Biegung des Tibers entfernt und wurde 187 v. Chr. von M. Fulvius Nobilior nach dessen Sieg über die Aitoler als Tempel für Hercules Musagetes errichtet; in ihm wurden die neun Musen, die vom Feldherrn neben vielen anderen Kunstwerken aus Ambrakia als Beute mitgebracht worden waren,[68] zusammen mit dem leierspielenden Hercules statt des in dieser

---

[65]Vgl. z. B. FLEISCHER in [93], S. 311-7, BÜCHNER in [44], Sp. 270, WIMMEL in [357], S. 178, FLEISCHER in [93], S. 312 und RICHTER, S. 261f.; eine Übersicht über die Vertreter der verschiedenen Auffassungen bis 1977 findet sich bei ROMANO in [289], S. 505f.

[66]Die Ergebnisse zu dieser Assoziation beruhen, sofern nicht anders angegeben, auf grundlegenden Informationen und Beobachtungen von PLATNER/ASHBY in [269], S. 255, VISCOGLIOSI in [341], ELVERS in [86], COURBAUD in [60], S. 319-22, FLEISCHER in [93], S. 304-7, LUNDSTRÖM in [218], S. 174-7 und KRAGGERUD in [201], S. 15f. Zum Tempel und der Bedeutung für zeitgenössische Dichter siehe RÜPKE in [290].

[67]Eventuell lässt sich die Assoziation des Tempels auch über V 13-5 hinaus erweitern, da neben der bekannten Nutzung des Marsfeldes für militärische Übungen Strab. 5,236 auf dem Höhepunkt der Bebauung unter Augustus u. a. die Plätze für Wagenrennen, Theater und Tempel nennt, wie sie V 16-25 assoziiert werden können.

[68]Vgl. Plin. nat. 35,66 *figlina opera, quae sola in Ambracia relicta sunt, cum inde Musas Fulvius Nobilior Romam transferret* und Paneg. 4,7 BAEHRENS (1874) bzw. Paneg. 9,7,3 MYNORS 1964 *aedem Herculis Musarum in circo Flaminio Fulvius ille Nobilior ex pecunia censoria fecit...quod in Graecia cum esset imperator acceperat Heraclen Musagetem esse, id est, comitem ducemque Musarum, idemque primus novem signa [hoc est, omnium] Camenarum ex Ambraciensi oppido trans-*

Rolle bekannteren Apollo aufgestellt. Der Dichter Ennius begleitete ihn damals und stellte diesen Sieg wohl im 15. Buch seiner *Annales* dar, wobei er erstmalig den Hexameter im römischen Epos verwendete und sich daher selbst als „wiedergeborenen Homer" sah. Auf diese Weise schwingt trotz der dichterischen Lokalisierung des Tempels in Mantua und am Mincius bereits V 12-5 die Stadt Rom mit, und Vergil erhält in Personalunion die Rolle des Dichters Ennius, die Erfolge seines Patrons in einem Epos zu besingen, und die Rolle des Beute heimbringenden Feldherrn und Tempelbauers M. Fulvius Nobilior, sich also siegreich griechisches Kulturgut anzueignen, es zu bewahren und als Vermittler in römisches Umfeld zu integrieren.

Betrachtet man das Verhältnis der beiden Bedeutungsebenen zueinander, so lässt sich innerhalb der Sphragis eine Akzentverschiebung wahrnehmen: Durch die Exposition V 3-9 hat zunächst der literarisch-musische Assoziationsraum stärkeres Gewicht; neben diesen tritt aber schnell die militärische Konnotation, die ab dem Einschub V 22b-15 vorherrscht und mit dem Tempelschmuck ihren Höhepunkt erreicht.

3.1.3.3 Dichterischer Sieg über frühere Dichter

Das Proömium schafft sich durch Zitate früherer Dichtungen Referenzpunkte, die sowohl durch den allgemeinen *primus*-Kontext als auch durch ihre jeweils spezifische Einbettung in *georg.* 3,1-48 dem dichterischen Ich bzw. Vergil die Möglichkeit bieten, sich siegreich von seinen Vorgängern abzusetzen; dies soll an Beispielen des Pindar, Kallimachos, Ennius und Lukrez gezeigt werden.
Auf einer allgemeineren Ebene liegt die Funktion der intertextuellen Bezüge darin, die Beherrschbarkeit von literarischer Tradition zu inszenieren und damit dem Dichter das Attribut von *dignitas* beizulegen;

---

lata sub tutela fortissimi numinis consecravit, ut res est, quia mutuis opibus et praemiis iuvari ornarique deberent: Musarum quies defensione Herculis et virtus Herculis voce Musarum.

er ist fähig, die Dichtung früherer Autoren zu überblicken, daraus auszuwählen und auf diesem Weg die literarische Tradition formend zu lenken.

Vor den beiden ersten konkreten Zitaten soll als Hinführung zunächst ein Gattungszitat vorgestellt werden:
Das Proömium assoziiert durch seinen imaginierten Anlass und die damit verbundenen Motive ein Epinikion, wie es für seine Abfassung von griechischen Zeugnissen her bekannt ist.[69] Konkret meint dies die Wagenrennen mit Viergespannen (V 18), Olympia und Nemea als typische Orte für sportliche Wettkämpfe (V 19), Lauf- und Ringkampf als Beispiel für athletische Disziplinen (V 20), Griechenland im Zusammenhang mit den Agonen (V 20), den Olivenkranz und die Weihung von Gaben (V 21f.), den Festzug mit Stierschlachtung und szenischen Darbietungen (V 22-5) sowie die Feier an einem Tempel zu Ehren eines Gottes (V 16-8) insgesamt, aber auch bereits die Erringung eines Sieges im „Ausland" und die siegreiche Rückkehr in die Heimat (V 10f.), die Betonung von *primus* (V 10 und V 12) und *victor* (V 17), die (Sieges-)Palmen (V 12) sowie den Preis der Geburtsstadt Mantua[70] und die Weihung des Sieges ihr zu Ehren (V 12).[71] Auffällig ist, dass diese Evozierung von Anlass und Umfeld eines Epinikions mit Bezug auf den Sieger Vergil erfolgt. Erst danach gibt es Motive, die aufgrund des gerade aufgezeigten Assoziationsfeldes auf die eigentliche Gestaltung eines Siegesliedes bezogen werden können und die sich dadurch, dass sie mit Verweis auf Octavian als Sieger und dementsprechend Vergil als Epinikiendichter präsentiert werden, vom vorigen Komplex

---

[69] Die Assoziation begründet sich also nicht auf den der Gattung eigenen Regeln zu Aufbau (Strophenform), Inhalt (die drei obligatorischen Komponenten Anlass des Liedes und Personalien des Siegers, Bezug eines Mythos darauf, Gnomik) oder Versmaß.

[70] Dieser Punkt wird bereits von BUCHHEIT in [42], S. 157 genannt, und zwar mit konkretem Bezug auf Pindar als Vorlage.

[71] Die Möglichkeit, *templum* auch in dem Sinne zu verstehen, dass der Sieger ein Schatzhaus errichten will, um seine Leistungen zu dokumentieren, würde zwar gut in den Kontext passen, doch ist *templum* in dieser Bedeutung nicht belegt. Zu einer anderen Verbindung Schatzhaus – Tempel siehe aber die Analyse weiter unten S. 44.

abheben. Zu diesem Bereich gehört der Enkomiencharakter der Leistungsaufzählung (V 26-33), der Mythos mit seiner genealogischen und sinngebenden Funktion (V 3-8a bzw. V 34-6)[72] und die Technik seiner nur kurzen Nennung, da er dem Publikum bekannt war; des Weiteren gehören hierhin das Motiv des Fortlebens der gepriesenen Person und seiner Taten im Lied (V 46-8), der göttliche Schimmer, der auf dem Sieger liegt (V 16),[73] das Motiv des Musenwagens (V 9), das Bewusstsein der virtuosen Beherrschung der Dichtkunst (V 8f.) sowie das Selbstbewusstsein des Dichters, dass seine Leistung auf einer Stufe mit der des Bedichteten steht;[74] hinzu kommt das Bewusstsein der Dichterberufung (Musenanrufe V 1f.) und die Darstellung als Auftragsarbeit (V 41) – obwohl es sich nicht auf das zukünftige Preislied bezieht, sondern auf die vorliegenden *Georgica*, steht es im unmittelbaren Umfeld des Preisliedes bzw. wird in dieses eingeschoben, so dass es als Gedanke vorhanden ist und von Rezipienten assoziativ auch darauf bezogen werden kann.

Die zahlreichen Motivparallelen weisen deutlich auf ein Epinikion hin, keinesfalls aber auf einen spezifischen Autor. Trotzdem lassen sie sich bereits funktionalisieren: Die evozierte griechische Siegeskultur bei athletischen Wettkämpfen schürt die Erwartung eines ebensolchen Siegers; stattdessen bietet der Text einen *victor ego* V 17, der vorher bereits als militärischer Triumphator und dichterischer Sieger gezeigt wurde. Dieses Auseinanderklaffen von Erwartungshaltung und Realisierung lässt im momentanen Kontext zwei Schlüsse zu: Entweder ist der dichterische Sieger mit seinen Versen über griechische Siegesstätten auch siegreich über entsprechende griechische Siegesdichtung und suspendiert sie damit, d. h. man überträgt den Siegesgedanken ernsthaft in

---

[72]Dieser Punkt wird bereits von BUCHHEIT in [42], S. 157f. genannt; zu den anderen Punkten allgemein, ohne Bezug auf die vergilische Textpassage, siehe z. B. MAEHLERS Kommentarband zu Bakchylides, S. 1-5.

[73]HIer wird der göttliche Schimmer zwar nicht durch die aristokratische Auffassung erzeugt, dass ein (sportlicher) Sieg die Erfüllung menschlicher ἀρετή darstelle und ein von Gott gesandtes Geschenk sei, sondern wird u. a. durch das Motiv des Tempelinhabers bewirkt, ist aber dennoch als Idee in der Ekphrasis vorhanden.

[74]Vgl. z. B. Bakchyl. 9,78-87: τό γέ τοι καλὸν ἔργον/ γνησίων ὕμνων τυχόν/ ὑψοῦ παρὰ δαίμοσι κεῖται.

eine weitere Kategorie; oder man hört im Text eher die Betonung der trennenden Bereiche, einen Spagat, der karikiert und mit seinem literarischen Triumphgestus die griechische Siegeskultur bagatellisiert.

Pindar und Kallimachos
Konkretisieren lassen sich die allgemeinen Epinikienkonnotationen an jeweils einem pindarischen und kallimacheischen Beispiel:
Aussschlaggebend für einen Hinweis auf Pindars erste olympische Ode ist *georg.* 3,7 *umero...insignis eburno*, was Pind. *O.* 1,27 ἐλέφαντι φαίδιμον ὦμον κεκαδμένον wörtlich übersetzt.[75] Beide Male ist Pelops Bezugswort, und das Zitat unterscheidet sich lediglich darin, dass im lateinischen Text die Bedeutung von φαίδιμον und κεκαδμένον in dem einen Attribut *insignis* zusammengefasst ist. Eine derartig genaue Übersetzung ist ein sehr starkes Indiz, das zudem durch die Positionierung der Referenz gleich zu Beginn des vergilischen Proömiums die Funktion eines „Spotlight" auf den Text übernimmt. Dieser Lichtkegel wird noch im selben Vers dadurch heller, dass die hohe Gewichtung des Pelops-Mythos bei Vergil, der im Vergleich zu den anderen aufgezählten mythischen Episoden mit anderthalb Versen einen verhältnismäßig großen Raum einnimmt und durch seine Endstellung hervorgehoben ist, sich in ihrer Ausführlichkeit und in den bei Vergil genannten Teilaspekten Hippodame – Schulterstück – Wagenfahrt ebenfalls in der ersten olympischen Ode wiederfindet.[76] Mit dieser Perspektive ist es

---

[75] Hinweis z. B. bei WILKINSON in [355], S. 288. Mit ROBBINS in [286] liegt darüber hinaus eine Autoreneinschränkung bereits in der Themenaufzählung V 3-6, da diese zum Umfeld des Herakles gehöre, der die Hauptperson in den mythischen Erzählungen der Epinikien des Pindar und Bakchylides sei. Die Aussagekraft dieser Behauptung ist jedoch eingeschränkt, da wir nur von diesen beiden Dichtern eine größere Anzahl von Epinikien haben; vgl. ansonsten Sim. *fr.* 1-14 bzw. 506-19 PAGE, Eur. *fr.* 1f. bzw. 755f. PAGE sowie die weiter unten vorgestellte *Victoria Berenices* des Kallimachos.

[76] Wichtig ist die relative Bedeutung des Mythos in den beiden Texten, nicht die absolute: Der Pelops-Mythos einschließlich der Geschichte seines Vaters Tantalos nimmt bei Pindar zwei Drittel der insgesamt 117 Verse ein und ist damit natürlich absolut gesehen eine wesentlich ausführlichere Darstellung als bei Vergil. Vgl. zu dieser Referenz LUNDSTRÖM in [218], S. 169, der zudem darauf hinweist, dass der

nun möglich, weitere Ähnlichkeiten zwischen den beiden Texten zu finden,[77] so z. B. für die dichterische Wagenfahrt zu größerem Ruhm *georg.* 3,8f. auf *O.* 1,109-12 und für *modo vita supersit georg.* 3,10 auf den Gedanken *O.* 1,108 εἰ δὲ μὴ ταχὺ λίποι (θεός) zu verweisen,[78] und auch die Skizzierung der dichterischen Situation zu vergleichen:[79] Sowohl *O.* 1 als auch *georg.* 3,1-48 beginnen und enden mit Aussagen zur Themenwahl und dem dichterischen Schaffen und geben damit ihren Texten einen poetologischen Rahmen. Beide Dichter nehmen das jetzige Lied zum Anlass, auf zukünftige Dichtung zu verweisen, die für den Besungenen wie für sie selbst noch ruhmvoller werden wird;[80] beide beanspruchen für ihre siegreichen Herrscher und für sich selbst als Dichter jeweils den ersten Rang[81] und beide stellen sich jeweils hinsichtlich ihrer dichterischen Leistung auf dieselbe Stufe wie ihre Herrscher.[82] Vergil knüpft damit zwar an Pindar an, doch gibt er gleich-

---

Mythos nie wieder so ausführlich wie Pind. *O.* 1 dargestellt worden sei, und davon vermutlich die Prominenz dieses Epinikions bzw. dessen Prädestination als Vorlage ableitet; VON GEISAU in [115] nennt Pind. *O.* 1 sogar den ältesten Bericht über Pelops' Wettfahrt um Hippodame. Einfacher Verweis auf die gemeinsame Verwendung des Mythos z. B. auch BUCHHEIT in [42], S. 150.

[77]Einen Hinweis wert ist auch die mit dieser Referenz gegebene Lösung des Problems, dass Neptun, der in der Götteranrufung im Proömium zu *georg.* 1 noch neben Pan und Apollo den Inhalt von Buch 3 repräsentierte, namentlich im Proömium zu Buch 3 nicht mehr auftaucht; da der Gott Pind. *O.* 1 (als Liebhaber des Tantalos V 25-7 und V 36-42 sowie als Helfer seines Sohnes Pelops V 71-87) sehr präsent ist, wird er durch die Referenz auf den Pelops-Mythos dieser Ode in den vergilischen Text hineingespiegelt, ist also indirekt doch präsent. Die gängige Erklärung, dass er ausgelassen wird, um Pales dafür seinen Platz in der Anrufung V 1f. zu geben, deckt also nur einen Teil des Phänomens ab; vgl. dazu z. B. LUNDSTRÖM in [218], S. 166f.

[78]Vgl. für beide Referenzen LUNDSTRÖM in [218], S. 181.

[79]Für eine Gleichsetzung von Mantua mit Olympia oder Hierons Heimat Sizilien vgl. BUCHHEIT in [42], S. 148-50.

[80]Siehe *O.* 1,108-12 sowie *georg.* 3,8ff. und V 46-8.

[81]Siehe *O.* 1,103-5 und 1,113-7 sowie *georg.* 3,32f., die *victor*-Doppelung V 9/17 und die *primus*-Anapher V 10/12.

[82]Siehe *O.* 1,113f. und *georg.* 3 die doppelte Besetzung der Siegerrolle und sprachliche Angleichung des Dichters an einen siegreichen Feldherrn. Τὸ δ' ἔσχατον κορυφοῦται/ βασιλεῦσι bedeutet dabei nicht, wie BUCHHEIT in [42], S. 149 meint, dass Pindar „dem Herrscher ausdrücklich den allerhöchsten Rang" zuerkennt, sondern ist als Begründung für die unmittelbar folgende Warnung μηκέτι πάπταινε πόρσιον

zeitig auch zu verstehen, dass er dem griechischen Dichter den Rang abgelaufen hat, wie V 19f. zeigen: *Alpheum...lucosque Molorchi* nimmt in der Umschreibung von Olympia und Nemea den Katalog aus V 4-8a mit Herakles und Pelops in chiastischer Weise wieder auf, jedoch mit dem Unterschied, dass beim zweiten Mal der Schwerpunkt nicht auf den Spielestiftern, sondern auf dem Ort der durch sie gestifteten Spiele am Alpheus bzw. am Wohnort des Molorchos liegt. Da nun ganz Griechenland, wenn Vergil einen Epinikienkontext evoziert, für ihn seine traditionellen Wettkampforte wie Olympia verlässt, auf welches das Zitat von Pind. *O.* 1 deutlich verweist, löst Vergil Pindar in seiner Vorrangstellung ab.

Doch damit nicht genug, die Ablösung gilt auch für einen weiteren Epinikiendichter:
Molorchus ist ein in griechischer und lateinischer Literatur nur sehr selten zitierter Name, auf den bereits Prob. *Verg. georg.* 3,19 bei der Erklärung des Mythos zu *lucos Molorchi* hinweist: *sed Molorchi mentio est apud Callimachum in Αἰτίων libris.*[83] Die entsprechenden Fragmente 54-9 PFEIFFER gehören zur *Victoria Berenices*, wie ein Teil der erst 1976 publizierten Lille-Papyri genannt wird, und sind von PARSONS sicher an den Beginn von Buch 3 der *Aitia* lokalisiert worden.[84] Nach seiner Deutung stellen sie eine Dedikation an Berenike II. in Form eines Epinikions an zentraler Stelle innerhalb der 4 Bücher umfassenden *Aitia* dar, nachdem die Königin mit ihrem Wagengespann offenbar bei

---

zu verstehen. Vgl. FISKER, S. 81-5 und GERBER, S. 173 zu dieser Stelle. Hinweis auf die Gleichsetzung von Dichter und Herrscher bei WILKINSON in [355], S. 289.

[83] Für eine Zusammenstellung der Belege siehe PARSONS in [258], S. 1-4; außer dem kallimacheischen Zeugnis gibt es vor Verg. *georg.* 3,19 nur bei Nigidus Figulus einen Beleg, später u. a. im *Panegyricus Messallae* Tib. 3,7,13 und mehrmals bei Statius.

[84] Gefunden worden ist die Mumienkartonage von LEFEBVRE und JOUGUET bei Ausgrabungen 1901/02 bei Magdôla (Medînet en-Nahas) im Fayum und gehört zum Institut d'Egyptologie et de Papyrologie de Lille, gesichert worden sind die Papyri von FACKELMANN, publiziert von MEILLIER in [231], zu einem Text kombiniert, gedeutet und innerhalb des kallimacheischen Werkes eingeordnet von PARSONS in [258]; wichtig ist im Folgenden v. a. die Diskussion der Funde von THOMAS in [331]. Zu einem Bericht über die Ausgrabung insgesamt siehe JOUGUET in [182].

den Nemeischen Spielen gesiegt hat. Es liegt der Schluss nahe, dass Kallimachos in diesem Zusammenhang wohl das Aiton zur Gründung der Spiele durch Herakles gegeben hat, in dem die Person des Molorchus wahrscheinlich eine wichtige Rolle spielte.
Neben der starken Markierung durch das seltene Zitat lässt sich auch die formale Position am Beginn des dritten Buches von insgesamt 4 Büchern,[85] eventuell sogar erweitert zu einer Rahmung der beiden letzten Bücher durch Enkomien (bei Vergil auf Octavian bzw. Gallus, bei Kallimachos beide Male auf Berenike mit der *Victoria* und *Coma Berenices*), sowie der jeweilige Epinikienkontext anführen;[86] ob es außerdem noch sprachliche Bezüge zwischen der *Victoria Berenices* und *georg.* 3,1-48 gegeben hat, ist aufgrund des schlechten Erhaltungszustandes des kallimacheischen Textes müßig zu fragen.[87]
Wenn nun Griechenland nicht nur Olympia, sondern auch Nemea verlässt, schwingt also die *Victoria Berenices* mit, wodurch Vergil auch Kallimachos in seiner Bedeutung als Epinikiendichter ablöst.[88]

---

[85] Vgl. z. B. GALE in [106], S. 11f.

[86] Vgl. THOMAS in [331], S. 95 mit Verweis auf Serv. *ecl.* 10,1 und *georg.* 4,1 für Vergil sowie GALE in [106], S. 11f..

[87] Für nicht zwingend halte ich das von THOMAS in [331], S. 95 und GALE in [106], S. 12 Anm. 27 vorgebrachte Argument, dass aufgrund weiterer Referenzen zu anderen kallimacheischen Texten der Bezug der *Georgica*-Passage auf die *Victoria Berenices* gestärkt werde – die Qualität der Referenz, die durch die Seltenheit und den formalen Bezug sehr hoch ist, braucht keine unterstützende Quantität unspezifischerer Gemeinsamkeiten. Dazu gehören auch die nur erschlossenen Verweise von THOMAS, S. 95-100 auf mögliche Tempel und Statuen als Allegorie für ein dichterisches Projekt und die Existenz des personifizierten Neides in den kallimacheischen Fragmenten.

[88] Die Deutung von THOMAS in [333], S. 107f. greift zu kurz, wenn er den Bezug von *lucosque Molorchi* zu V 3ff. lediglich in den zwar von Kallimachos, aber nicht mehr von Vergil verwendeten Themen sieht: „This simply underscores the utterances of Geo. 3.3-10: Virgil's own fame is to be constructed on themes other than those now done to death by Hellenistic (chiefly Callimachean) treatment and their Roman neoteric followers". Zu pauschal ist auch JOHNSON in [180], S. 49 mit seiner Aussage „Virgil has...become the Roman Callimachus".

Ennius und Lukrez

Als drittes Beispiel für eine Absetzung von früheren Dichtern soll Ennius mit seinem berühmten Epitaph *frg. var.* 17f. VAHLEN vorgestellt werden:

Nemo me lacrimis decoret[89] *nec funera fletu/ faxit: cur? volito vivus per ora virum* ist in seinem Schlusssatz unüberhörbarer Referenzpunkt für *georg.* 3,9 *tollere humo victorque virum volitare per ora.* Zwei Änderungen fallen hierbei auf:

Bei sonst gleichem Wortlaut ist *vivus* mit *victor* ausgetauscht; die Alliteration auf v- bleibt jedoch erhalten, was diese Substitution umso stärker markiert. Formuliert Ennius in den beiden Versen also eine Unsterblichkeitserwartung, weswegen übliche Totenriten wie Graberrichtung und Beweinen zurückgewiesen werden,[90] liegt bei Vergil an der Stelle seines Zitats der Schwerpunkt auf der Erringung eines Sieges. Das sprachliche Signal wird dabei durch den Siegeskontext des Proömiums unterstützt, wie er in 3.1.3.2 bereits dargelegt wurde. Da der Bezugspunkt des Zitats der Dichter Ennius ist, ist bei einer konkreten Lesung ein Sieg des Dichters Vergil über ihn assoziiert,[91] und zwar mithilfe der angekündigten Dichtung, wie es V 10-39 und insbesondere mit der Tempelekphrasis genauer umschrieben ist. Zusätzlich kann das Zitat in allgemeinerer Weise als Unterstützung des Siegeskontextes verstanden werden, zumal wenn die Abweichung zu Beginn des Zitats hinzugezogen wird: *me quoque possim/ tollere humo georg.* 3,8f. assoziiert dann entweder das gleichsam im Galopp sich vom Boden erhebende Rennpferd[92] oder durch den Bezug auf das Grabepigramm insgesamt, dass Vergil nach einem Weg sucht, an die dort ausgedrückte Unsterblichkeit seines Dichtervorgängers für sich selbst anzuknüpfen.[93]

---

[89]Als Variante auch in der altlateinischen Form *dacrumis decoret* überliefert, wodurch sich eine Alliteration ergibt; Hinweis z. B. bei SCHMID in [298], S. 325.

[90]Hinweis bei MILES in [240], S. 168.

[91]So z. B. FLEISCHER in [93], S. 297, SUERBAUM in [325], S. 174 und HINDS in [160], S. 54f.

[92]Vgl. z. B. *georg.* 3,108-11 und 3,195.

[93]So z. B. LUNDSTRÖM in [218], S. 190f., WILKINSON in [354], S. 165 und ERDMANN in [88], S. 20f.

Ennius ist darüber hinaus höchstwahrscheinlich ein wichtiger Referenzpunkt mit dem Proömium zu seinen *Annales*, das u. a. aus Lucr. 1,117-9 *Ennius ut noster cecinit qui primus amoeno/ detulit ex Helicone perenni fronde coronam,/ per gentis Italas hominum quae clara clueret* rekonstruiert wird.[94] Der Dichter soll hierin angegeben haben, wie er den Musen auf dem Helikon begegnet sei, einen Kranz von ihnen erhalten, aus der Hippokrene getrunken und von den Musen den Dichtungsinhalt und die Gewissheit künftigen Ruhmes eröffnet bekommen habe. Vergil nennt *georg.* 3,10f. ebenfalls eine Berufungsszene, lokalisiert sie *Aonio...vertice* und erwähnt das erwartete Personal der Musen; dass diese noch recht unspezifischen Parallelen in erster Linie den „ennianische" Helikon und eine Anknüpfung an seine dortige Dichterinitiation assoziieren, liegt am ennianischen Kontext von *georg.* 3,10f.:[95] Direkt vorher V 8f. ist sein Grabepigramm zu hören, und

---

[94] Ohne Bedeutung ist hierbei, dass die Betrachtung von einer lukrezischen Textpassage ausgeht, denn weitere Marker für einen intertextuellen Verweis auf speziell Lukrez fehlen. SUERBAUM in [325], S. 43-113, bes. S. 46-68 zieht zur Rekopnstruktion außerdem v. a. Prop. 3.3, Pers. 6 mit den dazugehörigen Scholien und *ann.* 1-16 VAHLEN für den Inhalt des Proömiums heran; das Problem der „Traumdoppelung" und der Erscheinung Homers vermutlich auf dem Parnass lasse ich im Folgenden beiseite, da es für den momentanen Gedankengang keinen Gewinn bringt.

[95] Darin unterscheidet sich die Referenz von Deutungen auf andere Autoren, die zahlreich vorgenommen worden sind, allesamt jedoch keinen Halt durch zusätzliche Marker im direkten Kontext haben. So bezieht sie sich nach BUCHHEIT in [42], S. 98 Anm. 396 und S. 158 auf den in Böotien geborenen Pindar; WIMMEL in [357], S. 180 dagegen versteht sie einerseits als Umkehr der Handlung des kallimacheischen Proömiums der *Aitia*, wo die Musen den Dichter an den Ort wahren Dichtens geführt hätten, andererseits durch ihre „herrscherliche" Wegführung als Zitat Hesiods, der ja ebenfalls die Musen vom Olymp zum Helikon geholt habe. Mit der letzten Zuweisung findet er Unterstützung von beispielsweise FLEISCHER in [93], S. 299-303 und LUNDSTRÖM in [218], S. 183f., die den Ausdruck als Betonung Böotiens und somit als Verweis auf Hesiod klassifizieren; dabei wird zur Stärkung der Schlussfolgerung v. a. *georg.* 2,176 *Ascraeum...carmen* herangezogen. Das Problem in den Ausführungen der letztgenannten Forscher besteht darin, dass sie ihre Deutung auf Hesiod im Kontext eines Gesamtverweises der *Georgica* machen. Dies ist nicht zulässig, da spätestens ab V 3 ein zukünftiges Werk Thema ist und eben nicht mehr wie *georg.* 2,175f. und 2,475-494 das vorliegende, das im Bild des Ausspannens der Pferde 2,541f. eine Unterbrechung erfährt; vgl. dazu ausführlicher weiter unten 3.1.3.5. Für einen Verweis auf Pindar fehlt ein entsprechender intertextueller Marker im Zusammenhang mit diesem Vers, denn ungeschickterweise ist

V 10f. selbst sind derart formuliert, dass es eine konkrete Parallele zur Überführung von Musenstatuen in die Heimat durch Ennius' Patron M. Fulvius Nobilior darstellt. Die Übertrumpfung liegt nun in der deutlich anderen Perspektive: Das Wichtige ist nicht mehr die Initiation durch die Musen selbst, sondern ihre Degradierung zur „Beute" (*mecum...deducam...Musas*) und die Tatsache, dass er sich vom Ort des Geschehens bereits wieder auf dem Rückweg befindet (*in patriam...rediens*).

3.1.3.4 Der Tempel als Ausdruck einer öffentlichen Dichterrolle und als Gegenleistung für ein Patronat

Die bisherigen Analysen bieten bereits Anhaltspunkte, das Tempelbauprojekt in seiner Funktion für den Dichter zu imaginieren; in zwei eng umgrenzten Punkten soll diese Bedeutung hier um neue Hinweise ergänzt werden, bevor im folgenden Unterkapitel ein genauerer Blick auf das zukünftige Werk geworfen werden wird.

1. Indem der Dichter Vergil seine Leistung sprachlich an die eines siegreichen Feldherrn sowie eines Siegers im musischen Agon anknüpft, okkupiert er für seine Rolle öffentlichen Raum; dasselbe gilt neben dem Kontext von Spielen, Festzügen und szenischen Darbietungen (V 17-25) besonders für den Bau des Tempels. Neben dem Motiv an sich ist ein derart aufwendiger Bau, wie ihn die Türmaterialien V 26, das Statuenprogramm V 34-6 und die begleitenden Aktivitäten V 17-22a andeuten, eine Tätigkeit, die in die öffentliche Sphäre gehört.[96] Dies wird zwar durch die Platzierung des Tempels in Vergils Geburtsstadt

---

just V 11 bzw. der vorangehende Kontext frei von pindarischen Reminiszenzen. Allein die Referenz auf Kall. *fr.* 2 PFEIFFER hat einen gewissen Halt und kann ggf. eine weitere Übertrumpfung des Kallimachos ausdrücken; doch steht dieser Bezug auf unsicherer Textbasis.

[96]Vgl. auch NEWLANDS in [244], S. 451 im Vergleich von Pollius' Tempel Stat. *silv* 3,1 und Verg. *georg.* 3: „[Pollius'] temple is not a public monument as Vergil's seems to be".

Mantua abgemildert, aber nur in ähnlichem Sinn, wie es NEWLANDS für Pollius' Tempelbau auf seinem Grundstück formuliert hat: „He plays emperor in a microcosmic world".[97] Gleichzeitig gibt es nämlich auch die gegenläufige Tendenz, da in Vergils Tempel nicht eine traditionelle Gottheit verehrt wird, sondern mit Octavian eine Person des öffentlichen Lebens.[98]

2. Der Tempelbau wird auf zwei Wegen mit einer dichterischen Gegenleistung innerhalb eines Patronageverhältnisses in Verbindung gebracht: Erstens kann V 16 *in medio mihi Caesar erit* als Ausdruck dafür verstanden werden, dass Octavian sein dichterisches Zentrum darstellt,[99] was durch die subjektive[100] und nur auf das dichterische Ich bezogene Formulierung *illi victor ego* V 17 unterstützt wird, so dass ein direkter Bezug Vergil – Octavian evoziert ist. Ebenfalls hinerhin gehört die Nennung von Maecenas V 41, auch wenn sich dort seine *haud mollia iussa* aufgrund des Kontextes eindeutig auf die vorliegenden *Georgica* beziehen; das Thema „Patronat" und „dichterische Gegenleistung" ist trotzdem präsent. Zweitens steht der weiter oben aufgezeigte Epinikienkontext des Proömiums im Hintergrund, wodurch die mit ihm verbundene spezifische Aufgabe von Dichtung und Dichter assoziiert ist, zwar Ausdruck der Persönlichkeit eines Dichters, aber v. a. auch Ausdruck der Wertebegriffe und Leitgedanken des Auftraggebers zu sein.[101] Zu weit ginge es, hieraus abzuleiten, dass Vergil das „Sprachrohr" Octavians wäre, da dies das kreative und experimentielle Potential des Dichters negieren würde; doch ist damit die Funktion und Einbindung seiner zukünftigen Dichtung umschrieben.

Konkret manifestiert sich die dichterische Gegenleistung im Tempel

---

[97]Siehe NEWLANDS in [245], S. 177.
[98]Wie sehr sie von nationalem Interesse ist, zeigen V 26-33 mit den möglichen Bezügen auf Octavian; siehe dazu weiter unten 3.1.4.1.
[99]Siehe WHITE in [351], S. 177 und HORSFALL in [167], S. 96.
[100]OKSALA in [251], S. 64.
[101]Vgl. hierzu z. B. Bakchyl. 9 zusammen mit den Weihgeschenken der Phleiasier in Olympia, MAEHLER in seiner Einführung zum Bakchylides-Kommentar und pointiert MANN in [226], S. 45: „Epinikien transportieren nicht eine Botschaft des Dichters an den Auftraggeber..., sondern eine Botschaft des Auftraggebers an das Publikum".

und seinen Türbildern, also einer Verherrlichung des Octavian, wie weiter unten in 3.1.4 ausführlicher gezeigt werden wird; Hinweise sind neben V 26-33 und V 46 die Aufzählung von Unterworfenen (V 25-31) und die Alexander-Topik,[102] sowie die Ankündigung, die verherrlichte Person unsterblich zu machen (V 46-8), sie also durch seine Dichtung zu vergöttlichen (V 16, V 47f.). Hervorzuheben ist dabei, dass die Divinisierung also nicht durch die Leistung der Person allein bewirkt wird, sondern es zusätzlich noch der entscheidenden Leistung des Dichters dazu bedarf.

3.1.3.5 Tempel und Türbilder als Ausblick auf neue Dichtung

Im Folgenden wird Pindar als Vorlage für das auf zukünftige Dichtung verweisende Motiv der Türbilder vorgestellt, und es wird zusammengetragen, inwiefern darüber hinaus Hinweise zur Spezifizierung dieser Dichtung in Gattung und Stilistik vorhanden sind. Als Ergänzung dieser speziellen Referenzen bietet der letzte Abschnitt grundlegende Argumente für das Ergebnis, dass die vorliegenden *Georgica* nicht mit dem angedeuteten Werk identisch sind.

Pindar *P*. 6
Dass der Tempel und seine Türbilder ein Bild für eine neue Dichtung darstellen, ist nicht nur durch die Metapher angedeutet, dass ein Dichter sich als Baumeister betätigt, sondern hat auch eine konkrete Vorlage in Pind. *P*. 6:[103]

---

[102] Vgl. WIMMEL in [357], S. 182, wobei er zum Vergleich auf Prop. 2,1,27-36 und 3,9,53-5 verweist, sowie für die unterworfenen Britannier HORSFALL in [167], S. 63 mit Anm. 3 und S. 97.

[103] Die im folgenden genannten Parallelen zu *georg*. 3 qualifizieren *P*. 6,7-18 nicht nur innerhalb anderer pindarischer Architekturmetaphern als Vorlage für die vergilische Textpassage (vgl. z. B. die kurze Nennung *O*. 6,3f. πρόσωπον...τηλαυγές), sondern auch im Vergleich zu Textbeispielen anderer Autoren, wie sie z. B. von

Pindar spricht dort im Kontext seiner Lieder von der Front eines Schatzhauses, die den allseits gerühmten Wagensieg des Thrasybulos in Delphi verkünden wird, den dieser für seinen Vater und sein Geschlecht errungen hat,[104] was der panegyrischen Aufzählung siegreicher Kämpfe *georg.* 3,26-33 mit anschließender Nennung von Ahnenstatuen V 34-6 sehr verwandt ist; hinzu kommt, dass auch bei Pindar zumindest formal die Verkündigung im Futur steht (V 18 ἀπαγγελεῖ).[105] Als Unterschied bleibt die Art der Gebäude sowie die vergilische Spezifizierung von πρόσωπον in *fores*; die verschiedenen Siege lassen sich durch die unterschiedlichen Personen erklären, die verherrlicht werden sollen. Und der Schritt vom pindarischen Schatzhaus zum vergilischen Tempel ist kleiner als die Bezeichnung zunächst glauben lässt: Ein Schatzhaus ist ein Haus mit Weihgeschenken, das von Städten in heiligen Bezirken aufgestellt wurde, und zwar mit formalem Aussehen eines Tempels (Antentempel oder Prostylos).[106] Und der konkrete Platz der Türen als Metapher für die dichterische Panegyrik hängt neben dem konkreten Zeugnis des palatinischen Apollotempels auch mit der spezifisch römischen Entwicklung des Frontaltempels zusammen.[107]

Damit ist deutlich, dass bereits Pind. *P.* 6 eine Gebäudefront als Fläche für Panegyrik funktionalisiert, und erhält das *georg.* 3 angekündigte Werk gleichzeitig einen panegyrischen Charakter; dieser lässt sich nahtlos in die bereits vorgestellte Textpassage Pind. *O.* 1,108-12 einordnen, die auf ein noch ruhmreicheres Epinikion verweist.[108]

HÄUSSLER in [143], S. 251f. Anm. 33 angeführt werden. Vgl. jedoch Enn. *Ann.* 411-3 VAHLEN, wo Könige danach streben, sich im *nomen* verkörperten Ruhm zu erbauen, was zusätzlich an *georg.* 3,47 erinnert, sowie SUERBAUM in [325], S. 151-65, S. 176 Anm. 532 und S. 236-9.

[104] *P.* 6,14-8 φάει δὲ πρόσωπον ἐν καθαρῷ/ πατρὶ τεῷ, Θρασύβουλε, κοινάν τε γενεᾷ/ λόγοισι θνατῶν εὔδοξον ἅρματι νίκαν/ Κρισαίσαις ἐνὶ πτυχαῖς ἀπαγγελεῖ.

[105] Zur Problematik des Futurs als u. U. auch Ankündigung des sich im Gedicht selbst vollziehenden Sprechaktes siehe PFEIJFFER in [266] (dort jedoch auf die 1. Ps. beschränkt).

[106] Siehe z. B. GRUBEN in [135].

[107] Siehe die Schlussbetrachtung 6.2, S. 244, und den Anhang 7.2, S. 259.

[108] Als kleine Ergänzung des panegyrischen Aspektes sei auf Servius in seiner Exposition zu *Aen.* 1 hingewiesen: *intentio Vergilii haec est, Homerum imitari et Augustum laudare a parentibus*. Die Assoziation eines Schatzhauses für *templum*

Assoziation eines Epos
Erstens steht die Ankündigung des Vorhabens *georg.* 3 in vergilischer Rechtfertigungstradition, denn bereits *ecl.* 4 und *ecl.* 6 setzen sich mit einem Epos als neuem Werk auseinander. Beide Gedichte sind über intertextuelle Verweise im Proömium zu *georg.* 3 präsent:
Zu Beginn und Ende von *ecl.* 4 kündigt das dichterische Ich das Vorhaben an, sich von Bisherigem ab- und sich Größerem zuzuwenden und, wenn ihm noch Zeit am Ende seines Lebens bleibe, ein Epos zu schreiben und damit verbundenen größeren Ruhm zu ernten;[109] hierin wolle es die Taten des (unbestimmt gelassenen) Knaben preisen. Neben diesen motivischen Ähnlichkeiten zu *georg.* 3 ist als weitere Parallele der große Raum zu nennen, den jeweils die Formulierung der Siegesgewissheit und Vorrangstellung im Vergleich mit anderen mythischen Sängern und Dichtern einnimmt;[110] nur als kleiner Zusatz sei daneben auf die klangliche Resonanz zu Beginn der das Epos ankündigenden Passage *ecl.* 4,53 *o mihi* in *georg.* 3,16 *[in medi]o mihi* hingewiesen.
Cum canerem reges et proelia ecl. 6,3 verweist auf den Versuch, ein Epos zu schreiben, der jedoch durch das Eingreifen Apollos scheitert; daraufhin wendet sich das dichterische Ich wieder der Bukolik zu, was durch das folgende Lied des Silen in Thema und Stilistik ausgedrückt wird.[111] Der darin enthaltene Katalog hat Parallelen zu dem *georg.* 3,3-8 in Thematik und Darstellungsart, denn die Hylas-Geschichte findet sich sowohl *ecl.* 6,43f. als auch *georg.* 3,6, und Atalante und Hippomenes sind mit ihren Geschichten in Bezug auf die Darstellungsform *ecl.* 6,61 bzw. 6,42 genauso ohne Nennung des eigentlichen Namens und in Teilstücken umschrieben wie Herakles mit seinem Stoff *georg.* 3,4f. Der Unterschied liegt jedoch darin, dass diese mythologischen Stoffe *georg.* 3,4 mit *omnia iam vulgata* deutlich abgelehnt werden und mit V 8f. etwas Neues angekündigt wird, das nicht nur mit den Themen auf

---

ist im Übrigen bereits durch das allgemein panegyrische Umfeld evoziert, wie weiter oben S. 34 gezeigt wurde. Zur Nachwirkung des Tempelbaumotivs siehe des Weiteren Val. Fl. 1,15f., Stat. 2,728-38, Manil. 1,20-2 und LEFÈVRE in [213], S. 16-32.
[109] Vgl. dazu *ecl.* 4,1f. und 4,53-9 mit *georg.* 3,3-39 und 3,46-8.
[110] Vgl. *ecl.* 4,55-9 mit den Analyse zu *georg.* 3 weiter oben 3.1.3.2 und 3.1.3.3.
[111] Vgl. hierzu und zum Folgenden die grundlegende Analyse von SCHMIDT in [299], S. 238-98.

den Türbildern *georg.* 3,26-33 und V 46f. *ardentis accingar dicere pugnas/ Caesaris* inhaltlich umschrieben wird, sondern dabei auch noch der Formulierung *ecl.* 6,3 ähnelt; damit sind beide Texte chiastisch aufeinander bezogen und wird das zu Beginn von *ecl.* 6 abgelehnte Epos als Gattung für die neue Dichtung in das Proömium von *georg.* 3 transportiert. Nimmt man noch das Proömium zur zweiten Hälfte der *Aeneis* hinzu, in welchem mit *dicam horrida bella,/ dicam acies actosque animis in funera reges* und *maius opus moveo* ganz ähnliche Motive anklingen, so reiht sich das Proömium zu *georg.* 3 in eine Folge autoreflexiver Auseinandersetzungen zu Beginn der zweiten Hälfte eines jeden vergilischen Werkes mit einem (in der *Aeneis* realisierten) Epos ein: *ecl.* 6 in ablehnender, *georg.* 3,3-48 in bejahender Form, *Aen.* 7,37-44 als thematische Umschreibung des zweiten Teils der *Aeneis* und deren Bedeutung.[112]

Zweitens gibt es Hinweise auf annalistische und mythische Züge des Epos:

V 26-33 sind eine Aneinanderreihung unzusammenhängender kriegerischer Ereignisse, die sich bis auf die zeitgenössische Gegenwart des Dichters Vergil führen lassen und der Verewigung des Octavian dienen sollen (V 46-8); versteht man dies nicht im wörtlichen Sinne, sondern als exemplifizierende Umschreibung eines gattungsspezifischen Merkmals, wird damit ein annalistisches Epos charakterisiert. Hinzu kommt, dass Ennius als Archeget dieser Gattung mit seinem Werk selbst präsent ist, wie V 10-5 aufgrund ihres militärischen Triumphkontextes mit der Assoziation der *aedes Herculis Musarum* und das Initiationsmotiv aus dem Proömium der *Annales* gezeigt haben. Wichtig festzuhalten ist, dass diese Spezifizierung auf das Umfeld des Octavian und den Lobpreis seiner Taten begrenzt ist.[113]

---

[112] Vgl. FARRELL in [90], S. 293; THOMAS in [332] führt darüber hinaus alle drei Textpassagen durch sprachliche Referenz auf den Aitienprolog (Kall. *fr.* 1,3-5 PFEIFFER) ἢ βασιλ[η...ἢ]...ἥρωας zurück, was die zusammengehörigkeit der vergilischen Textpassagen stärkt.

[113] Naevius hatte, wenn man die wenigen Reste richtig gedeutet hat, römische Geschichte und Sage mit griechischer Mythologie verbunden, was eine Mischung von historischen und mythologischen Zügen darstellt. Dies lässt auch ihn als mögliche Vorlage für die ähnliche Verbindung *georg.* 3,26-33 und V 34-6 ins Blickfeld kom-

Die Statuen im Tempelumfeld V 34-6 dagegen weisen eventuell auf ein heroisches Epos, da mit der Abstammung von Juppiter, troischen Vorfahren und Apollos Hilfe beim Aufbau von Troja Mythos umschrieben wird. Möglicherweise lässt sich hier auch der Musenraub aus Griechenland V 10f. mit der Referenz auf das ennianische Proömium der *Annales* einbinden, da der Kontext des Zitats ist, dass Ennius sich als Reinkarnation des Homer darstellt,[114] wodurch er mitsamt seiner *Ilias* und *Odyssee* als griechisches Vorbild und Archeget überhaupt hexametrischer heroischer Epen zusätzlich im Hintergrund aufleuchtet.[115]

Stilistische Konnotationen
Stilistische Angaben sind möglicherweise über ein Zitat des kallimacheischen Prologs zu den 4 Büchern *Aitia* (*fr.* 1 PFEIFFER) angedeutet: Wichtigste Parallele ist die *recusatio*,[116] in der sich Kallimachos gegen den Vorwurf wehrt, kein kontinuierliches Lied in vielen tausend Versen und mit Königen oder Helden als Thema vollendet zu haben;[117] der Grund dafür sei, dass Apollon ihm aufgetragen habe, sein Opfer zwar so fett wie möglich werden zu lassen, die Muse aber zart (V 23-5).[118]

---

men. Ebenso scheint er eine Reliefekphrasis integriert zu haben, deren Inhalt der Kampf der Titanen und Giganten gegen die olympischen Götter gewesen ist (*fr.* 8 MOREL/BÜCHNER/BLÄNSDORF bzw. *fr.* 4 STRZELECKI). Da sich damit jedoch die Hinweise auf ihn erschöpfen und sie zudem leider nicht in einer genaueren Textbasis verankert werden können, bleibt Naevius als mögliche Vorlage für Vergils Vorhaben im Dunklen.

[114] Vgl. Enn. *ann.* 1-16 V. bzw. *ann.* 1-13 SKUTSCH mit dem dazugehörigen Kommentar S. 142-69 sowie SUERBAUM in [325], S. 43-113, bes. S. 46-68.

[115] Die Archegetenfunktion zusammen mit dem Versmaß könnten eine Erklärung dafür sein, dass – nach der hier vorgestellten Deutung – Livius Andronicus als erster Römer, der ein heroisches Epos auf Latein verfasste, übergangen wird. Eventuell spielen auch stilistische Kriterien eine Rolle, so dass sich Vergil hier im Einklang mit dem späterenabwertenden Urteil des Horaz *epist.* 2,1,65-75 befände.

[116] Vgl. z. B. MILES in [240], S. 180f. oder HORSFALL in [167], S. 137; WILKINSON in [354], S. 323f. erkennt das Element zwar als kallimacheisch an, doch gesteht er ihm keine große Rolle zu: „the spirit of refusal is hardly present here".

[117] Εἵνεκεν οὐχ ἓν ἄεισμα διηνεκὲς ἢ βασιλ[ήων]/ [ἐς σέβ]ας ἐν πολλαῖς ἤνυσα χιλιάσιν/ [ἢ προτέρ]ους ἥρωας, ἔπος δ' ἐπὶ τυτθὸν ἑλ[ίσσω]...ἔην ὀλιγόστιχος.

[118] Ἀπόλλων εἶπεν ὅ μοι Λύκιος:/ ...] ἀοιδέ, τὸ μὲν θύος ὅττι πάχιστον/ θρέψαι, τὴν Μοῦσαν δ', ὠγαθέ, λεπταλέην.

Damit wendet er sich gegen lange Heldenepen in homerischer Tradition und setzt sein Bekenntnis zur kleinen Form sowie zum Prinzip der λεπτότης und zur Neuartigkeit im Sinne des *h.* 2,112 genannten ἄκρον ἄωτον dagegen.[119] Vergil benutzt formal dasselbe Rechtfertigungsinstrument und lehnt für sich ebenfalls das abgegriffene Thema „Helden und Könige" ab (V 3-8a); stilistische Assoziationen sind in Folge dieses grundsätzlichen Bezugs durch die beide Male genannten Tiere sowie durch in „Abwehr-Stücken" wichtigen Gewässer und Musenwagen möglich:[120]

1. Die bei Kallimachos genannten Tiere bieten auf den ersten Blick den Unterschied zwischen (fettem, stattlichem) Opfer und (feiner, magerer) literarischer Produktion; durch ihren Kontext der Absetzung von Homer können sie aber gleichzeitig auch im übertragenen Sinne als Charakterisierung verschiedener Stile verstanden werden: Homer = fettes, stattliches Opfertier, Kallimachos = feines, mageres Tier. Vergil nennt nun V 23 das Opfer von jungen Stieren, was mit dem kallimacheischem Gegensatzpaar als Hinweis auf homerischen Stil gedeutet werden kann.[121]

2. V 18 *centum quadriiugos agitabo ad flumina currus* und die Aussagen zu Mantua und Mincius V 12-5, wo Vergil die Allegorie für sein nächstes Werk errichten will, können in diesem Kontext ebenfalls als Charakterisierung seines Stils verstanden werden.[122] Diese unterscheidet sich jedoch deutlich von der seines Vorgängers, denn die hundert Viergespanne mit entsprechend vorzustellendem Platzbedarf überbieten den kallimacheischen δίφρος auf engem Weg V 27f. bei weitem, und V 12-5 enthalten sowohl von Kallimachos abgelehnte Attribute (*ingens, tardis flexibus errat*) als auch von ihm propagierte (*tenera harundine*), wobei *tenera* eine exakte Übersetzung des in der Vorlage erwähnten λεπταλέη ist. Die vergilische *recusatio* unterscheidet sich von ihrer kal-

---

[119]Vgl. zur Bedeutung des Themas „Könige und Heroen" WIMMEL in [357], S. 78-83.
[120]Vgl. WIMMEL in [357], S. 180f.
[121]So NEWLANDS in [244], S. 451f., ergänzt durch Referenzen auf Verg. *ecl.* 6,4f. und Hor. *carm.* 4,2,53-60 (und V 27-33).
[122]Anders z. B. WILKINSON in [355], S. 288 Anm. 16 und in [354], S. 324: „the interpretation...of *ingens*...in terms of the Alexandrian literary dispute is very doubtful".

limacheischen Vorlage also darin, dass sie lange homerische Dichtung nicht ablehnt, sondern mit der kallimacheischen Errungenschaft des ausgefeilten Stils verbinden[123] will.[124]

Abgrenzung der *Georgica* von zukünftiger Dichtung

Für das Ergebnis, dass mit dem Tempel und seinem Schmuck ein zukünftiges, keinesfalls aber das vorliegende Werk gemeint ist, sind schließlich zwei grundlegende Punkte anzuführen:[125]

---

[123] Möglicherweise ist dies auch ein Verweis auf Kallimachos' Aitiendichtung insgesamt, zu welcher der Prolog ein Vorspann ist und was WIMMEL in [357], S. 71-127 und S. 321 als Möglichkeit der Annäherung an ein Großgedicht ansieht; damit würde „aitiologische Dichtung" als kallimacheisches Zitat den Rahmen für das angekündigte Werk bilden.

[124] Mit dieser dichterprogrammatischen Folie ist es möglich, *Invidia infelix georg.* 3,36-8 als Referenz auf die bei Kallimachos in den Τελχῖνες (V 1f., V 7f.) bzw. im Βασκανίης ὀλοὸν γένος (V 17) verkörperten literarischen Gegner zu verstehen und ggf. sogar mit dem sich darin zeigenden jeweiligen dichterischen Triumph zu verbinden. Siehe hierzu z. B. WIMMEL in [357], S. 183f. und S. 179; NEWMAN in [246], S. 130 betont jedoch den Unterschied, der durch die Einordnung persönlicher Querelen eines Dichters in politische Zusammenhänge entstehe, womit sich *Invidia* nicht mehr nur gegen Vergil richte, sondern auch gegen Octavian und den Staat.

[125] Auf die Frage, ob – und wenn ja, wie und wo – innerhalb des Proömiums die spätere *Aeneis* präsent ist, wird hier nur kurz verwiesen; mittlerweile besteht eine grundsätzliche Einigung dahingehend, dass das angekündigte Werk nicht mit den vorliegenden *Georgica* identisch ist und dass es sich um ein Epos handelt, wahrscheinlich die *Aeneis*. Eine Forschergruppe sieht im Proömium ein Geschichts-Epos über Augustus angekündigt („Octavian-Epos"/„Caesareis"/„Augusteis") und lässt entweder das Problem, dass die *Aeneis* nicht ganz in diesen Zusammenhang passt, ungelöst oder bietet die Entschuldigung, dass der Plan später eben zugunsten der *Aeneis* aufgegeben worden sei; vgl. z. B. GLASER, S. 100, FLEISCHER in [93], S. 317 und S. 327, KLINGNER in [192], S. 141, HÄUSSLER in [143], S. 244-56 oder PÖSCHL in [272], S. 400-2, SCHMID in [298], S. 325f. Anm. 6 oder GALE in [106], S. 12. Mit entgegengesetztem Blickwinkel, dass es um die *Aeneis* gehe, aber die Erwartungen einer Caesareis entschuldigt werden müssten (z. B. RICHTER, S. 26-4 oder WIMMEL in [357], S. 185), bzw. dass die Gewichte in der Darstellung verschoben seien oder zunächst bewusst eine undifferenzierte Gestalt präsentiert werde, argumentieren z. B. OKSALA in [251], S. 64f., S. 75, GRIMAL in [133], S. 160, FARRELL in [90], S. 314, HORSFALL in [167], S. 97, LEE in [211], S. 80f., KRAGGERUD in [201], S. 10-3 oder GIEBEL in [122]. Aus der Masse der deutschsprachigen Forscher hervorgehoben werden muss GLEI in [123], S. 101-6, der einen deutlich „Caesareis"-ablehnenden

Erstens sind V 10-39 und V 46-8 insgesamt von futurischen Aussagen geprägt, insbesondere aber der Tempelbau und die Herstellung seiner Türbilder (*templum...ponam* V 13, *in foribus pugnam...faciam...addam* V 26-30). Da diese innerhalb eines Ausblickes stehen, der, wie in 3.1.2 gezeigt, keine großen Berührungen mit den Themen in *georg.* 3f. hat, gleichzeitig durch seinen Sphragis-Charakter aber als poetologische Aussage zu werten ist, wird auf ein zukünftiges Werk verwiesen. Nebenbei ist mit dem Ausblick an sich ein bestimmendes Merkmal der *Aeneis* als Ankündigung des Werkes verwendet; auf diese Ausblicke beschränken sich in der *Aeneis* zudem die expliziten Lobpreisungen von Octavians Leistungen, wie sie auf den Türbildern V 26-33 und V 46-8 angekündigt sind.[126]

Zweitens ist die Doppelung einer Themenrechtfertigung durch *georg.* 2,375-89 zu berücksichtigen: Auch dort wird der Bezug auf das dichterische Ich gesucht, Vokabular benutzt, wie es vom Beginn von *georg.* 3 bekannt ist,[127] und erfolgt die Stoffreflexion in Form einer *recusatio*, dass nämlich Vergils erste Wahl ein kosmisch-kosmologisches Werk sei (V 477-82),[128] direkt danach aber der Wunsch komme, Landleben in bukolischer Färbung darzustellen (V 483-9). Damit ist – im Gegensatz zu *georg.* 3 – eindeutig das Thema der *Georgica* umschrieben; als

---

und *Aeneis*-propagierenden Standpunkt vertritt.

[126] Vgl. ähnlich HÄUSSLER in [143], S. 252 „Dem zentralem Werkdurchblick der Georgika wird einst der zentrale Geschichtsdurchblick der Aeneis entsprechen" und WIMMEL in [357], S. 182 Anm. 1 „Die verschiedenen Temperierungen im Realitätsgrad der Symbolik...könnten übrigens eher für eine geplante Aeneis, so wie sie vorliegt, sprechen als für den Plan eines aktuellen Epos. Denn das Aktuelle finden wir von Vergil zusammengedrängt ins Detail der Tür: so wie in der Aeneis ins Detail des Schildes!". Im Übrigen gibt es vielfache intertextuelle Bezüge zwischen dem Ausblick *georg.* 3 und der Schildbeschreibung *Aen.* 8, der Jupiterrede *Aen.* 1 sowie der Statuenparade *Aen.* 6, die hier im Detail auszuführen jedoch den Rahmen sprengen würde.

[127] Vgl. *me primum...Musae* V 475 und *georg.* 3,10f., *vias* V 477 und *georg.* 3,8, *(ne) possim* V 483 und *georg.* 3,8, *(rura) mihi...(placeant)* V 485 und *georg.* 3,16, *amnem silvasque* V 486 und *georg.* 3,2, *inglorius* V 486 und *georg.* 3,9 bzw. 3,47, *Taygeta* V 488 und *georg.* 3,44, *ingenti* V 499 und *georg.* 3,43; allgemeiner Hinweis auf dieselbe Terminologie bei HARDIE in [146], S. 33.

[128] Vgl. die sprachlichen Referenzen auf Arat und Lukrez, wie sie z. B. bei RICHTER, S. 255f. und MYNORS, S. 166f. zusammengestellt sind.

weiterer Unterschied ist auf das jeweilige Verhältnis zu den Musen hinzuweisen: 2,475-7 bittet der Dichter darum, dass die Musen, deren leidenschaftlicher Priester er ist, ihn freundlich empfangen und den Stoff aufzeigen mögen;[129] 3,3-11 weist Vergil dagegen Stoffe zurück, macht sich selbst auf die Suche nach Themen und nimmt die Musen als Beute zu einem von ihm gewählten Ort mit. Da wir am Ende von *georg.* 2 und am Anfang von *georg.* 3 in der Mitte und damit an der Nahtstelle des Gesamtwerkes stehen, ist eine Sphragis wie V 475-89 durchaus zu erwarten; dass ihr jedoch gleich eine weitere mit derselben Motivik und Sprache sowie demselben Aufbau, aber mit unterschiedlicher Aussage folgt, ist erstaunlich.[130] Hinzu kommt, dass das Motiv des Wagenlenkers 2,541f., wirkungsvoll nach der *golden line* V 540 abgesetzt, das Buch abschließt und durch die Formulierung, die Pferde auszuspannen, das Pausenzeichen für den gerade behandelten Stoff gibt; wenn das dichterische Ich dann *georg.* 3,8f. nach Ablehnung mehrerer Themen, die in keinem Bezug zu denen der *recusatio* 2,475-94 stehen, einen Weg sucht, um als Wagenlenker dahinzueilen, kann dies nur bedeuten, dass es im Folgenden um das Thema eines anderen Werkes als der gerade vorliegenden *Georgica* geht.

3.1.3.6 Tempel und Türbilder als Ausdruck dichterischer Konstruktivität und Inszenierung

Das Proömium visualisiert die Tempelanlage durch verschiedene Orts- und Materialangaben[131] und dadurch, dass es im Fall der Türbilder direkt vorher V 24f. ein ähnliches Motiv präsentiert, nämlich in einen purpurfarbenen Bühnenvorhang eingewebte Britannier.[132] Dabei werden sprachliche Bezüge zur bildenden Kunst bzw. Architektur

---

[129] Ergänzt werden kann dies durch den Einschub 3,43-5, wo das in Exempeln personifizierte Thema der *Georgica* das dichterische Ich zu sich ruft.
[130] Ähnlich z. B. FLEISCHER in [93], S. 293.
[131] *Templum de marmore ponam* V 13, *viridi in campo...propter aquam, ...ubi... errat...Mincius* V 13f., *in foribus* V 26.
[132] Vgl. WIMMEL in [357], S. 182.

gesucht, indem z. B. die Zweigliederung einer Tür durch eine Zweierstruktur der Ekphrasis mit *faciam* V 27 und *addam* V 30 nachgeahmt wird,[133] eventuell auch indem durch die davon jeweils abhängige duale Satzstruktur auf zwei Themen pro Türflügel verwiesen wird.[134] Ebenso gehört hierhin der statische, additive Grundstil der Beschreibung der Türbilder, wie er V 26f., V 30 und V 32f. mit der polysyndetischen Parataxe, mit den substantivischen Akkusativobjekten, zu denen Genetivattribute und/oder perfektische Partizipien als Erweiterung hinzutreten,[135] sowie durch das Fehlen von Aktion, Motivation, Gedanken oder Wertungen erzeugt wird. Herausgehoben werden müssen jedoch V 28f. und V 31, die durch die andersartigen Partizipien auch anders wirken: Da sie präsentisch und aktiv sind, haben sie zusammen mit ihrem Bezugswort den Charakter von griechischen AcPs, die den Vollzug einer Handlung ausdrücken, also z. B. V 29f. *magnumque fluentem/ Nilum* „und den großen Nil, wie er fließt". Diese Lebendigkeit wird V 28f. noch durch geradezu plastische Laut- und Versmalerei unterstützt: Beide Verse sind als Molosser mit Verschleifungen konstruiert, und besonders V 28 fällt durch die Häufung der weichen Konsonanten *b, d, g, l, m, n, v* auf, was das träge Dahinwälzen des Nilstromes sehr treffend mit sprachlichen Mitteln ausdrückt – hier wird der Charakter einer Nachahmung von bildender Kunst gebrochen und in literarischen Duktus überführt. Und schließlich können selbst *spirantia signa* und *Parii lapides* V 34 kunsttheoretisch verstanden werden und Werke im Stil des Praxiteles und Lysipp assoziieren.[136]

Da diese Verweise auf bildende Kunst und Architektur grammatikalisch vom Tun des dichterischen Ichs abhängen (*ponam, faciam, addam*), sind sie Aussagen zur dichterischen Leistung und damit Ausdruck dichterischer Konstruktivität. Berücksichtigt man des Weiteren

---

[133] Ähnlich FLEISCHER in [93], S. 310.
[134] Vgl. die Binnengliederung durch *atque* V 28, welche die inhaltliche Gliederung V 26f./V28f. stützt, sowie durch *et* V 32, welche V 30f. von der allgemeinen Zusammenfassung V 32f. scheidet.
[135] *Pugnam...Gangaridum, victorisque arma Quirini* V 26f., *urbes Asiae domitas, pulsumque Niphaten* V 30, *duo rapta...tropaea, triumphatas...gentis* V 32f.
[136] Beide galten als Meister im Ausdruck der Realitätsnähe; vgl. z. B. Quint. *inst.* 12,10,9 *ad veritatem Lysippum ac Praxitelen accessisse optime adfirmant.*

die Wahl der Architektur, so zeigt der Tempel auch den Anspruch monumentaler Leistung.

Diese konstruktive Leistung ist auch auf einer abstrakten Ebene fassbar:
Innerhalb des Proömiums wird ein Aktionsraum geschaffen, der die dichterische Leistung inszeniert. Dies ist assoziiert durch den Wechsel von statischen bzw. deskriptiven und bewegten Elementen,[137] die Setzung von Landmarken[138] und Umschreibung von Flächen,[139] die Nennung von Richtungen,[140] die vertikalen Angaben[141] sowie die Umschreibung einer zeitlichen Dimension.[142]
Des Weiteren ist der V 24f. mit einer Bühne, die sich dreht, und einem Vorhang, der emporgehoben wird, evozierte Theaterkontext zu beachten:[143] Inhaltlich umschreiben diese Angaben einen Einschnitt während einer Aufführung, sei es zwischen zwei Szenen oder Akten oder sogar am Ende eines Stückes, da durch Drehbühnen das örtliche *Setting* verändert und durch das Hochziehen des Vorhangs, der während der Aufführung in einer Rinne im Boden versenkt war, der inhaltliche Abschluss einer Einheit angezeigt wurde.[144] Dieser Charakter eines Szenenwechsels gilt insbesondere für die Textpassage V 10-22 davor, die ja den direkten Vergleichspunkt zu der Einleitung mit

---

[137]Z. B. *in medio...Caesar erit* V 16, *iuvat...videre* V 23 und *stabunt...Parii lapides* V 34 im Gegensatz zu *errat Mincius* V 14f., *centum quadriiugos agitabo... currus* V 18 und *dona feram* V 22.
[138]Z. B. *Aonio...vertice* V 11, *Mantua* V 12 und *Mincius* V 15.
[139]Z. B. *praetexit* V 15, *templumque tenebit* V 16 und *in foribus* V 26.
[140]Z. B. *rediens* V 11, *ad flumina* V 18 und *ad delubra* V 23.
[141]Z. B. *tollere humo* V 9, *in patriam deducam* V 11, *tollant aulaea* V 25 und *surgentis...columnas* V 31.
[142]Z. B. *mox tot per annos* V 46f., wo das völlige Fehlen von räumlichen Angaben die zeitliche Schiene umso mehr betont; die Anbindung an die räumlichen Vorgaben ist dadurch gegeben, dass V 46-8 inhaltlich eine Zusammenfassung von V 10-39 darstellen.
[143]Vgl. den kurzen Hinweis bei NEWMAN in [246], S. 129: „[T]he whole vision is suddenly betrayed as theatrical. The backdrop turns, and the curtain rises to mark the end of a scene."
[144]Siehe ISLER in [178], Sp. 264; die Entsprechung zu unserem heutigen „der Vorhang fällt" ist also genau gegensätzlich.

iam nunc darstellt, und für die folgenden Türbilder, vor denen zudem strukturell durch die Gestaltung von V 25 als *golden line* ein Abschluss markiert ist. Nimmt man noch die Doppelfunktion des Futurs hinzu, entsteht endgültig der Eindruck einer Bühneninszenierung: Grundsätzlich verweist das Futur V 10-39 zusammen mit der deutlichen Gliederung *interea/mox* V 40/46 und der Angabe V 10 *modo vita supersit* auf eine Darbietung außerhalb des jetzigen Kontextes. Gleichzeitig hat das Tempus aber durch die Ausführlichkeit der Schilderung V 10-39 die Funktion, fiktional im Moment der Rezeption die genannten Ereignisse stattfinden zu lassen. Es wird also die Illusion erzeugt, dass die Ereignisse noch nicht begonnen haben, obwohl durch die dichterische Leistung vor dem geistigen Auge schon ein Tempel gebaut wird und ein Triumphzug an ihm vorbeizieht. Durch den Gebrauch eines fiktionalen Futurs, wie ich es nennen möchte,[145] und die Unterstützung des Theaterkontextes gelingt es Vergil also, als Dramaturg und Darsteller gleichzeitig sowohl einen Triumphzug durch den dichterisch geschaffenen Raum ziehen zu lassen als auch sich selbst zu inszenieren. Berücksichtigt man nun noch den Wechsel vom Futur ins dramatische Präsens ab V 22, durch den *iam nunc* die Bedeutung von „jetzt schon, in diesem Moment" erhält, so ist an diesem Punkt auch ein qualitativer Illusionsunterschied festzuhalten: Haben Rezipienten zunächst den Eindruck einer Bühne oder eines Schaukastens, innerhalb dessen ihre Aufmerksamkeit auf bestimmte Ereignisse dieses „bewegten Bildes" gelenkt wird, so wird diese Distanz mit dem Vergleich zu zeitgenössischen Ereignissen V 22b-25 durchbrochen und der „Zuschauer" in die imaginierte Welt hineingeholt.

---

[145]PFEIJFFER in [266], von dessen Untersuchung zu „First person futures in Pindar" meine Analyse angeregt ist, hat ebendort den Begriff *„fictional" futures* verwendet, jedoch mit der Charakterisierung, dass nach einer futurischen Ankündigung, bes. in den Anfangsversen, die Darbietung trotzdem noch innerhalb der Ode geschehe. Da dies für unsere vergilische Textpassage nur ein Teil der Wahrheit ist, wie sich in der metaphorischen Ausdrucksweise und späteren Verwirklichung der *Aeneis* zeigt, distanziere ich mich von PFEIJFFERS Verwendung bei Pindar und verstehe den Ausdruck hier für Vergil wesentlich offener.

3.1.4 Politische Bedeutungsaufladung der Ekphrasis

3.1.4.1 Octavian als Frieden bringender Triumphator und Kosmokrator

Neben der Darstellung dichterischer Leistung ist mit dem Tempel und seinen Türbildern im Proömium auch eine politische Bedeutungsebene wahrzunehmen. Erste Anhaltspunkte dafür sind der Verweis auf zeitgenössische Ereignisse und die Möglichkeit, Octavian als siegreichen Feldherrn und Kosmokrator sowie Stadtgründer zu assoziieren.

Der mit *iam nunc* V 22 begonnene Einschub ist ein expliziter Verweis auf zeitgenössische Festzüge und Feiern mit szenischen Darbietungen. Nimmt man das vorher breit ausgeführte Motiv des triumphalen Feldherrn und die Nennung von *Caesar* V 16 hinzu und berücksichtigt die Angabe *templum de marmore ponam* V 14 als Topos für Monumente ab der Zeit, in der Octavian eine marmorne Restaurationswelle der Tempel initiierte,[146] so ist Octavian als Triumphator im Proömium angedeutet; dies ermöglicht wiederum, aufgrund ihrer herausragenden Bedeutung die dreitägige Siegesfeier vom 13. bis 15. August 28 v. Chr., die hiermit im Zusammenhang stehende Einrichtung der *Actia*[147] sowie die Weihung des Tempels für Apollo Palatinus am 9. Oktober zu assoziieren. Deutlich wird diese Rolle für Octavian in den Türbildern: 1. Das Vokabular umschreibt den Begriff eines siegreichen Feldherrn;[148] interessant ist dabei die Art, wie die Siege dargestellt sind: In erster Linie werden Besiegte und ihnen geraubte Gegenstände als Zeichen

---

[146] Vgl. ZANKER in [367], S. 110f. Als prominente Beispiele dieser Anspielung siehe die deutlichen Hinweise *Aen.* 7,170-94 (Palast des Latinus) und *Aen.* 8,306-68 (Euanders Stadtführung).

[147] Siehe Suet. *Aug.* 18, Strab. 7,325 und Cass. Dio 51,1; sie fanden vermutlich am 2. September, dem Jahrestag der Schlacht, im Vierjahresrhythmus statt. MILES in [240], S. 169 dagegen sieht in den Versen ohne Angabe einer antiken Quelle „the conventional triumph...celebrated in honour both of the victor and of Jupiter Feretrius, the god to whom the victor owed his success and to whom he dedicated spoils of victory in gratitude".

[148] *Victoris, urbes...domitas, pulsum, tropaea, triumphatas...gentis.*

ihrer Niederlage imaginiert;[149] einzig *victorisque arma Quirini* V 17 blendet einen Sieger ein, aber auch dies nur indirekt über seine Waffen. Damit erinnert der Darstellungsstil sehr an hellenistische Siegesmonumente wie die beiden Attalischen Weihgeschenke, die Paradebeispiele für eine solche Substitution darstellen.[150] Hierzu passt neben der Darstellung der *Invidia* V 37-9 auch die mit den Türbildern verwandte Art der Bilder auf dem Bühnenvorhang kurz vorher: Die Britannier werden V 25 in einer Untergebenheitsgeste gezeigt, da in dem Moment, wenn am Ende des Stückes der Vorhang in die Höhe gezogen wird, ihre Köpfe zuerst erscheinen, sie also gleichsam selbst den Vorhang hochziehen.[151] Damit umschreiben die Türbilder die *virtus* des assoziierten Siegers; die Reihung der Besiegten betont zudem ihren panegyrischen Charakter.

2. Wenn Octavian als Inhaber des Tempels imaginiert wird, ist es konsequent, wenn die Türbilder Ereignisse aus seinem Leben darstellen und entsprechend seine Erfolge verherrlichen. Die Frage, ob und wie detailliert sich die genannten Namen und Orte auf die historische Person des Octavian beziehen, ist von bisherigen Kommentatoren unterschiedlich beantwortet worden;[152] entscheidend ist dabei, dass es möglich ist, von ihm besiegte Volksstämme zu assoziieren, und die Tatsache, dass die Beispiele nicht konträr zu seiner Politik sind.[153] Eventuell erhal-

---

[149] Vgl. *navali surgentis aere columnas* V 29 oder *duo rapta...tropaea* V 32.

[150] Es ist nicht zu erwarten, dass noch Hinweise für die Existenz der Sieger auf dem Monument gefunden werden, da die Weihgeschenke von der grundlegenden Idee angeregt sind, mit Barbaren ein Gegenbild zur urbanen Bürgerwelt zu zeigen. Für Abbildungen mit Begleittext hierzu siehe z. B. HÖSCHER in [163], S. 226-8.

[151] Technischer Hinweis bei GLASER zu V 22ff. Die Darstellung der unterworfenen Britannier erinnert sowohl von ihrer inhaltlichen als auch dekorativen Funktion her an Barbaren-Stützfiguren, die neben den weitaus häufigeren und geläufigeren Karyatiden und Atlanten seit dem Hellenismus verbreitet waren und ihre Blüte in römischer Kaiserzeit hatten; vgl. z. B. die Perser-Stoa in Sparta oder die Daker auf dem Trajansforum und als Überblick SCHMIDT in [303], bes. S. 123-37.

[152] Siehe z. B. SERVIUS, *ad loc.*, VOSS, S. 528-34, LADEWIG/SCHAPER/DEUTICKE/ JAHN, S. 178, GLASER, S. 99, RICHTER, S. 267f., THOMAS, S. 44f. und MYNORS, S. 184f. sowie DREW in [75], FLEISCHER in [93], S. 325f., MILES in [240], S. 170-2, HORSFALL in [167], S. 97 und KRAGGERUD in [201], S. 11; einen Überblick bietet RIEKS in [285], S. 782.

[153] Vgl. PÖSCHL in [272], S. 398 und HÄUSSLER in [143], S. 254 Anm. 39.

ten die Schlachten sogar dadurch, dass sie nicht als direkt zu Octavian gehörig präsentiert werden, indem z. B. nur *victorisque arma Quirini* V 27 genannt werden, die Charakterisierung einer nationalen Leistung.
3. Der Inhalt der Türbilder kreist neben dem Siegesmotiv um das Thema „Grenzen der Welt";[154] dabei unterstützt die Lokalisierung der Bilder auf einer Tür, die als solche eine Grenze bzw. deren Überschreitung assoziiert, diesen Kontext hervorragend. Grenzdarstellungen haben darüber hinaus die Funktion, ein Gebiet zu umschreiben und damit fassbar zu machen; kombiniert man dies mit Octavian als Tempelinhaber, visualisieren die Türbilder seine Herrschaft bzw. das Herrschaftgebiet des *imperium Romanum*.
4. Als Leitfigur für den Eroberungsaspekt blitzt hinter der Octaviandarstellung Alexander der Große auf,[155] der fester Bestandteil der Octavian-Programmatik ist.[156]
Die auf den Türbildern genannten Landmarken haben nicht nur ihren Schwerpunkt im Osten, sondern es fehlt auch der Westen;[157] zudem sind Völkerkataloge typisch für ἐγκώμια βασιλέων,[158] die zunächst zwar hyperbolisch gewesen, durch Alexander aber z. T. wahr geworden sind.[159]

---

[154]Deutlich formuliert mit *diverso ex hoste* und *utroque ab litore*. Des Weiteren vertritt *Nilum* den Südosten, *pugnam...Gangaridum*, *urbes Asiae, Niphaten* und *Parthum* den Osten, so dass ein östlicher Schwerpunkt festzuhalten ist; allenfalls wenn man die direkt vor den Türbildern auf dem Bühnenvorhang genannten Britannier hinzuzieht, ist auch der Norden präsent, so dass v. a. der Westen fehlt.

[155]GANZERT in [109], S. 57 weist darauf hin, dass Alexander der Große typisches Eroberer-Vorbild sei, also nicht in seiner ganzen Herrschaft rezipiert werde; für ein Herrscher-Vorbild werde stattdessen z. B. auf Kyros den Großen zurückgegriffen.

[156]Vgl. CHRIST in [51], S. 29, KIENAST in [187], WEIPPERT in [347], S. 214-259, BUCHHEIT in [42], S. 118-21, und ZANKER in [367], wo er S. 85 darauf hinweist, dass Octavian nach der Schlacht von Acium mit dem Bildnis Alexanders gesiegelt habe. Interessant ist u. a. auch der Beleg Cic. *Phil.* 5,47f., in welchem Octavian indirekt mit dem Makedonenkönig verglichen wird, als es um die Außerkraftsetzung der Mindestalterregelung für die Ämterbewerbung geht. Umfassend mit dem „römischen Alexander" setzt sich anhand literarischer Zeugnisse auch SPENCER in [321] auseinander.

[157]Vgl. BUCHHEIT in [42], S. 121-36 mit dem Hinweis, dass dieser z. B. durch Spanien leicht hätte einbezogen werden können; siehe auch oben Anm. 154.

[158]Vgl. z. B. den Preis der Perserkönige Aeschin. *or.* 3,132.

[159]Hinweis bei CHRIST in [51], S. 29. Da von der Alexander-Panegyrik zu wenig

5. Weitet man den Blick auf das gesamte Proömium, so ist auch Hercules präsent, der ebenfalls zum Inventar programmatischer Vergleichsfolien des Octavian gehört:[160] So hat die Mythenaufzählung V 4-8a ihren Schwerpunkt auf seinem griechischen Pendant Herakles, da drei der genannten Geschichten aus seinem Sagenkreis stammen (V 4-6a),[161] und wenn man dies mit den Darstellungen von Grenzen und Besiegten auf den Türbildern verbindet, so ist die Parallele offensichtlich, denn auch Herakles hat mit seinen Taten (Welt-)Grenzen markiert und dabei Gegner unschädlich gemacht.[162]

6. Schließlich ist es möglich, unter der Architektur den Janustempel zu verstehen, besonders weil Octavian am 11.1.29 v. Chr. zum ersten Mal nach langer Zeit im Kontext seines dreifachen Triumphes die Tore zum Zeichen des erlangten Friedens geschlossen hatte: Die Türen in der Ekphrasis sind durch ihren Schmuck betont, wodurch die Verbindung zu denen des Janus-Tempels nicht weit ist, da diese eine derart wichtige Funktion haben, dass auf das gesamte Gebäude häufig nur durch sie Bezug genommen wird.[163] Hinzu kommen die Schlachten und Kriege ins Gedächtnis rufenden Namen von Städten, Völkern oder Flüssen, die – zumal in ihrer Lokalisierung auf den Türen – prägnant den Kontext der Türen des Janus-Tempels evozieren, sowie möglicherweise auch die Nennung von *Quirinus*, was Beiname des Janus war.[164] Nimmt man schließlich die Betonung der triumphalen Ergebnisse der Kämpfe hinzu und die Überlegung, dass Darstellungen auf Türen v. a. dann für

---

erhalten ist, kann nicht gesagt werden, ob sich Vergil hier auf eine schon bestehende literarische Tradition bezieht; sicher ist jedoch, dass es nach den *Georgica* eine Vielzahl von derartigen Bezügen gibt, wovon CHRIST, S. 29-46 eine Auswahl bietet.

[160] Vgl. z. B. ANDERSON in [10], S. 44-58, DERICHS in [65], S. 39f., WEIPPERT in [347], S. 240-3 und GALINSKY in [107], S. 126-66.

[161] Vgl. hierzu ausführlicher LUNDSTRÖM in [218], S. 174f. und BUCHHEIT in [42], S. 151f.; letzterer weist darauf hin, dass auch *Alpheum linquens* und *lucosque Molorchi* V 19 den Herakles-Mythos präsent halten.

[162] LUNDSTRÖM in [218], S. 6 weist jedoch auf Unterschiede hin: Octavian ist eine zeitgenössische Gestalt und Römer, er dient weder einem Tyrannen wie Eurystheus noch einem ägyptischen König wie Busiris, sondern hat im Gegenteil ganz Ägypten unterworfen.

[163] Vgl. hierzu und zu Belegen für das Folgende die Zusammenstellung in 2, S. 13 mit Anm. 23.

[164] Vgl. z. B. Mon. Ancyr. 13 und Suet. *Aug.* 22.

einen implizierten Betrachter sichtbar sind, wenn die Türen geschlossen sind, umschreibt die Ekphrasis der Türbilder die Rolle Octavians als Friedensbringer.[165]

3.1.4.2 Octavian als Euerget und Stadtgründer

Die Assoziation des Attributs eines Euergeten für Octavian hängt wesentlich mit der Möglichkeit zusammen, Bezüge zum weiter oben schon vorgestellten Herculestempel und dem palatinischen Baukomplex mit Apollotempel, Bibliothek und Wohnhaus des Octavian herzustellen. Darüber hinaus ist mit der im Proömium genannten Funktion des Apollo als *Troiae Cynthius auctor* auch Octavians Verständnis als Stadtgründer angedeutet.

Ist bis V 15 vor dem geistigen Auge der Rezipienten das Bild eines die Musen bewahrenden Herculestempel entstanden, der vom dichterischen Ich in Nachfolge des M. Fulvius Nobilior bzw. Ennius erbaut wird, so kippt das Bild mit V 16 aus zwei Gründen: Erstens ist V 15 Dreh- und Angelpunkt, an dem sich die Perspektive von Vergil allein auf Vergil und Octavian verschiebt, der mit *Caesar* V 16 zum ersten Mal genannt wird. Dies ist kombiniert mit einem Wechsel der geographischen Angaben von Mantua/Griechenland V 10-20 zu Rom/römisches Imperium V 22b-33, die durch die geographisch neutral formulierte Einheit V 21-22a in zwei gleichgroße Gruppen getrennt werden.[166]

---

[165]Siehe in diesem Zusammenhang auch den V 21 genannten Olivenkranz, der nicht nur als Zeichen des Sieges, sondern auch des Friedens verstanden werden kann; vgl. dazu PÖSCHL in [272], S. 397, wo der Autor zur Festigung seiner Interpretation auf *georg.* 2,425 *placita paci oliva* hinweist.

[166]Während die Umschreibung von Grenzen des *imperium Romanum* durch die Türbilder deutlich ist, ist Rom nur indirekt präsent: Weder gibt es einen Hinweis, dass diese Verse noch zu Mantua gehören, noch passt der Inhalt zu der V 13-5 bukolisch-beschaulich skizzierten Stadt. Doch legen der mit *iam nunc* begonnene Ausblick auf die zeitgenössische Gegenwart und das Motiv der Tempeltürbilder, die nur für Rom sicher bezeugt sind, nahe, an Rom zu denken.

Zweitens beginnt das enstandene Bild des Musentempels zu verschwimmen, wenn die aufgrund der bisherigen Informationen indirekt schon mit Hercules besetzte zentrale Stelle für die Kultstatue im Tempel stattdessen von Octavian eingenommen wird (*in medio mihi Caesar erit templumque tenebit* V 16). Natürlich ist es möglich, diese Substitution in die begonnene Assoziationskette einzubauen, indem man die bekannte Hercules-Programmatik des Octavian[167] und das Interesse am Hercules-Tempel auch vor der großen augusteischen Restaurierungswelle berücksichtigt.[168] Dies bedeutet für Octavians Darstellung im Proömium, dass Züge der Gottheit und in diesem Kontext besonders ihre Musen beschützende Funktion auf ihn übergehen, was sich konkret mit seinem literarischen Patronat[169] und dem Aufbau der palatinischen Bibliothek benennen lässt; und da er gleichzeitig erfolgreicher Feldherr ist, was von den Türbildern assoziiert wird,[170] übernimmt er ebenso die Rolle des M. Fulvius Nobilior. Doch führt kein Weg daran vorbei, dass die Hinweise bereits auf einen neuen Gebäudekomplex zulaufen; der veränderte Schwerpunkt kann zwar neben dem ersten Bild stehen, aber nur schwer in dieses eingebaut werden.[171]

Nimmt man zu dieser Musen bzw. literarisches Schaffen beschützenden Funktion das Türbildmotiv und die Präsenz Apollos innerhalb des Proömiums hinzu, entsteht als neues Bild der palatinische Baukomplex mit Apollotempel, Bibliothek und Wohnhaus des Octavian:
1. Apollo ist zu Beginn des dritten Buches im Vergleich zu seiner sonstigen Präsenz in den *Georgica* mit *pastor ab Amphryso* V 2, *Latonia*

---

[167] Siehe oben S. 59.
[168] Sein Stiefvater L. Marcius Philippus ließ nach seinem eigenen Triumph 33 v. Chr. über Hispanien den Tempel in der Folgezeit restaurieren und mit einer Säulenhalle versehen; siehe dazu die in Anm. 66 genannte Literatur.
[169] Vgl. die Nennung von *Maecenas* V 41.
[170] Siehe die Analyse in 3.1.4.1.
[171] Dementsprechend ist auch die Vorstellung, dass Vergil hier an einen Tempel denkt mit der Statue des Octavian in der Mitte und den Musen als Nebenfiguren, wie sie bei FLEISCHER in [93], S. 322 und LUNDSTRÖM in [218], S. 176 zu finden ist, nicht haltbar.

Delos V 6 und *Troiae Cynthius auctor* V 36 auffällig oft assoziiert;[172] dabei hebt sich besonders seine Nennung in der Anrufung V 2 hervor, da diese im Gegensatz zu Pales und Pan intratextuell ohne Funktion ist.[173] Nimmt man hinzu, dass die Türbilder die Möglichkeit eröffnen, V 28f. die Schlacht von Actium wahrzunehmen, ist er sogar in seiner prominenten Rolle als Schutzgott Octavians und der Römer angedeutet.[174]

2. Das Motiv von Türbildern, die über rein figurativen Charakter hinaus erzählerische Funktion haben, ist künstlerisch sehr selten und lässt sich in der Antike allein beim palatinischen Apollotempel sicher nachweisen.[175] Sowohl *georg.* 3 als auch Prop. 2,31, der die einzige Beschreibung der palatinischen Bilder bietet, nennen dabei große Siege des Tempelinhabers, und zwar derart, dass der Fokus auf der Darstellung der Besiegten und Barbarenpräsentation liegt.[176] Gestützt wird dies beide Male durch Untergebenheitsdarstellungen im Kontext: *georg.* 3 durch die *Britanni* V 25 und *Invidia* V 37-9, am Apollotempel die Gruppe der Danaiden, welche die Überwindung Ägyptens durch Octavian bzw. den Westen darstellt.[177] Genau diese Funktionalisierung ist beide Male auch anderweitig präsent: *georg.* 3,28f. mit der Möglich-

---

[172]Siehe KRAGGERUD in [201], S.13. Innerhalb der gesamten *Georgica* gibt es nur zwei direkte Nennungen seines Namens, *georg.* 4,7 (Anrufung im Proömium) und 4,323 (Aristaeus' Frage nach seinem Vater), und indirekt neben 2,18 *Parnasia laura* dreimal im Proömium zu Buch 3.

[173]Siehe weiter oben die Zusammenstellung in 3.1.2, S. 27 mit Anm. 46.

[174]KRAGGERUD in [201], S. 14 sieht zusammen mit Apollos Hilfe bei der Trojagründung sogar eine zeitliche Verbindung: „Apollo's ever present protection links the past with the present."

[175]Vgl. die Zusammenstellung archäologischer und literarischer Zeugnisse im Anhang 7.

[176]Vgl. oben S. 56. Natürlich ist das Zeugnis für die Türbilder am Apollotempel indirekt, da es den Blick eines Dichters auf diese Rarität darstellt, was entsprechend berücksichtigt werden muss; daher unterbleibt hier ein weiterer Vergleich der Türbilder. Für die Verbindung über das Motiv der Barbarenrepräsentation siehe COURBAUD in [60], S. 319-22, für eine Analyse von Prop. 2,31 weiter unten 3.2.

[177]Siehe KLODT in [194], S. 4. Für eine archäologische Aufarbeitung des Aussehens und der Aufstellung der Gruppe innerhalb des Bezirks siehe BALENSIEFEN in [15]; absurde Alternativen, besonders hinsichtlich ihrer Funktion, finden sich dagegen bei LEFÈVRE in [214], S. 12-9 und ZANKER in [366], S. 27-32.

keit, die Schlacht von Actium zu erkennen,[178] am Apollotempel in der Hinsicht, dass er insgesamt als Dank für den Sieg über Kleopatra und Antonius geweiht worden ist.[179]

3. *In medio mihi Caesar erit templumque tenebit* V 16 umschreibt die zentrale Rolle, die Octavian im architektonischen Komplex hat; dabei wird er als Bewohner eines Tempelbezirks imaginiert. Dies ruft die spektakuläre Lösung des palatinischen Baukomplexes in Erinnerung, in dem das Wohnhaus des Octavian und der Apollotempel gleichsam ineinander übergehen.[180]

4. Literarische Förderung z. B. durch eine Bibliothek, wie sie dem palatinischen Apollotempel angegliedert war,[181] ist bereits durch die Assoziation der *aedes Herculis Musarum* und den im Hintergrund stehenden M. Fulvius Nobilior präsent; hinzu kommen jedoch zwei weitere Anhaltspunkte: Caesar war der erste, der in Rom eine öffentliche zweisprachige Bibliothek konkret plante;[182] Octavian knüpft mit seiner palatinischen Version an diese Bibliothek an. Wenn er nun *georg.* 3 nicht namentlich, sondern nur über die Bezeichnung *Caesar* präsent

---

[178] Hierhin lässt sich auch eine weitere Ebene der weiter oben S. 38f. analysierten intertextuellen Referenz auf Kall. *Victoria Berenices* einordnen: Nicht Vergil hat einen dichterischen Sieg über Kallimachos errungen, sondern auch die beiden panegyrisch Verherrlichten treten in Bezug zueinander, so dass Octavians Sieg über die ptolemäische Königin assoziiert ist.

[179] Vgl. z. B. Cass. Dio 53,1,3, Ascon. *tog. cand. p.* 80f., Prop. 4,6, Verg. *Aen.* 8,704 und 8,720 sowie Ov. *ars* 3,389f. Ursprünglich war der Tempel 36 v. Chr. nach der Seeschlacht von Naulochos und dem Sieg Agrippas über Sextus Pompeius von Octavian gelobt worden, da er den endgültigen Sieg über den Sohn des Pompeius und damit die „Pompeianer" dem Apollo und dessen Schwester Diana zuschrieb (vgl. Vell. 2,81,3, Cass. Dio 49,15,5 sowie ZANKER in [367], S. 58). Da bis zur Fertigstellung des Tempels der Sieg von Actium 31 v. Chr. diesen Erfolg in den Schatten stellte, wurde der Anlass wohl nachträglich umgedeutet und der Tempel schließlich am 9.10.28, ein Jahr nach dem dreifachen Triumph und einen Monat nach den actischen Spielen geweiht; vgl. JUCKER in [183], S. 84.

[180] Ähnlich KRAGGERUD in [201], S. 13. Zu archäologischen Resten siehe die in Anm. 243 genannte Literatur.

[181] Vgl. z. B. Prop. 3,1,37f., 3,9,43f. und 2,34B,39 sowie Ov. *trist.* 3,1.

[182] Ihre Verwirklichung hat er aufgrund seiner Ermordung nicht mehr miterlebt, der Plan wurde stattdessen von seinem politischen Gefährten Asinius Pollio im *atrium Libertatis* ausgeführt. Vgl. dazu Suet. *Iul.* 44, Plin. *nat.* 7,115 und Isid. *orig.* 6,5,2 sowie BLANCK in [29], S. 160f.

ist (V 16 und V 47), eröffnet dies den Bezug zu dieser Idee. Darüber hinaus fügt sich die Bibliotheksassoziation in die hellenistische Darstellung von Besiegten, die bereits in der Darstellung der Türbilder festgehalten wurde, und in die Kombination von Wohnhaus und Tempel einer Schutzgottheit, wie sie heute v. a. in Pergamon fassbar und in Alexandria zu vermuten ist,[183] und es erscheint Octavian als Euerget in hellenistischer Tradition.

Im Kontext der Präsenz Apollos und des palatinischen Tempels ist abschließend auf seine Funktion V 36 als *Troiae Cynthius auctor* hinzuweisen:
In dem von Octavian erbauten Tempel stand Apollo als Leier spielender Musengott, was neben der Friedenskonnotation auf seine Funktion als Musengott und die angrenzende Bibliothek verwies. Dies wird V 36 trotz des sich anbietenden Zusammenhanges nicht aufgenommen, sondern zu einer weiteren Formulierung politischer Programmatik genutzt. Die Rolle des hier benannten Stadtgründers von Troja lässt sich mit Octavians Selbstverständnis als Neugründer Trojas verbinden, wie sie z. B. an einer Münzprägung kurz nach Actium festzumachen ist, auf deren Vorderseite Apollo mit Octavianzügen und auf deren Rückseite ein Pflüger zu sehen sind.[184] Diese Rolle wird zweifach vorbereitet: Erstens lässt sich Pales V 1 mit dem Fest der *Parilia* am 21.4. verbinden, wodurch eine Verbindung zum Palatin und Gründungstag Roms geschaffen ist;[185] und zweitens ist das Thema auf den Türbildern präsent, wenn Quirinus V 27 genannt wird, was gleichzeitig der Beiname des posthum vergöttlichen Stadtgründers Romulus ist.[186] Damit wiederum sind die Befestigung der *Roma quadrata* und das Lupercal assoziiert,[187]

---

[183] Vgl. weiter oben S. 56. In Pergamon gab es ein gemeinsames Tor für den Temenos der Athena mit Porticus und Bibliothek auf der einen Seite und den Wohngebäuden der Attaliden auf der anderen Seite sowie wohl in der Mitte das Urbild des Großen Attalischen Weihgeschenkes; für Alexandria ist auf das berühmte Μουσεῖον zu verweisen. Zu archäologischer Literatur siehe Anm. 27.

[184] Vgl. BUCHHEIT in [42], S. 95f.

[185] Vgl. Plut. *Romulus* 12,2, Vell. 1,8,4 oder Ov. *fast.* 4,721-806, wo sich direkt an die Schilderung des Hirten- und Reinigungsfestes die Gründung Roms anschließt.

[186] Dies ist seit Prob. *Verg. georg.* 3,27ff. belegt.

[187] Siehe als archäologische Literatur TAGLIAMONTE in [328], PAPI in [257] oder

womit ein weiterer Verweis auf den Palatin gegeben ist und Octavian als Stifter eines Neuanfanges gezeigt wird.

3.1.4.3 Divinisierung Octavians

Die Darstellung Octavians trägt im Zusammenhang mit dem Tempel und seinen Türbildern divinisierende Züge; diese werden durch Referenzen auf verschiedene Tempel und Texte unterstrichen.

Gleich bei der ersten Nennung Octavians V 16 werden ihm Attribute eines Heros oder einer Gottheit zugesprochen, denn die naheliegendste Assoziation für das Subjekt zu *templumque tenebit* ist eine Gottheit. Mit dieser Perspektive ist einerseits im Nachhinein der erste Teil des Verses *in medio mihi Caesar erit* als Umschreibung einer zentralen Kultstatue im Tempel zu verstehen; andererseits erscheint so auch die folgende Beschreibung der Türbilder im Sinne eines preisenden Überblicks über seine wichtigsten Erfolge.[188] Weitere Einzelheiten stützen diesen Zusammenhang: Im unmittelbaren Umfeld werden zu seinen Ehren Spiele veranstaltet (V 17-20) und ihm Weihgeschenke dargebracht (V 21f.), evozieren die Statuen V 34-6 nicht nur das Stichwort „Familie" (*parens* V 36), sondern durch die Namen von Heroen und Gottheiten auch göttliche Zugehörigkeit und ist schließlich am Ende des Proömiums direkt formuliert, dass er durch die angekündigte Dichtung unsterblich und damit göttlich gemacht wird (V 47f.).

Der zweite große Hinweis für eine derartige Assoziation liegt in der ausschließlichen Bezeichnung Octavians im Proömium als *Caesar* (V 16 und V 47), denn dies erinnert an den zu diesem Zeitpunkt schon (auf Octavians Betreiben hin) vergöttlichten Caesar.[189] Auch wenn der Begriff seit 44 v. Chr. offiziell ein Bestandteil seines Namens war, hat ih-

---

WISEMAN in [359], S. 102-6.
[188] FLEISCHER in [93], S. 310: „In der Beschreibung der Bilder wird der Inhalt der Aretalogie des Gottes angedeutet".
[189] Am 1.1.42 v. Chr.; vgl. Suet. *Iul.* 88. Octavian hieß also 42-38 v. Chr. *C. I. Divi Filius Caesar*. Vgl. hierzu auch Cic. *Phil.* 13,24 *et te, o puer...qui omnia nomi-*

re Verwendung hier diese Verweisfunktion; denn hiermit kann erklärt werden, warum Octavian z. B. nicht mit dem 38 v. Chr. neu hinzugekommenen Titel *Imperator* umschrieben wird, was hervorragend zur bereits aufgezeigten Ebene des Triumphes gepasst hätte.[190]

Assoziation prominenter Tempel

Architektonisch lässt sich mit dieser Perspektive das Motiv des Tempelbaus und der Spiele an drei prominenten Beispielen verankern; die ersten beiden bieten dabei durch Übertragung des jeweiligen Erbauers Octavian auf den im Proömium imaginierten Erbauer Vergil zusätzlich Folien, die Octavian die göttlichen Züge der verehrten Gottheit verleihen. So ist erstens wieder der palatinische Tempel präsent, den Octavian für Apollo errichtete und für den er die actischen Spiele veranstaltete;[191] und zweitens klingen durch die Präsenz des Caesar die Errichtung des *templum Divi Iuli* und die alljährlichen Spiele anlässlich seiner Aufnahme unter die Götter an.[192] Als dritter Assoziationsraum ist der Zeustempel von Olympia zu nennen:[193] Dort zeigen die Metopen Taten des Herakles, der W-Giebel hat im Zentrum Apollo als Richter und Helfer der Lapithen im Kampf gegen die Kentauren, und der Ostgiebel stellt das Wagenrennen mit Zeus, Pelops und Hippodame im Mittelpunkt dar;[194] hierauf verweisen die thematische Kombinati-

---

ni debes, was Cicero aus einem Brief des Antonius an den Konsuln Hirtius und Proprätor Octavian zitiert, sowie ZANKER in [367], S. 42-6. BÖMER in [32], S. 50 Anm. 33 weist im Gegenzug darauf hin, dass er selbst sich nie so bezeichnet habe, seine Gegner jedoch ihn *Octavianus* genannt hätten, um ihm die Verbindung zu Caesar zu nehmen, wie z. B. Cic. *Att.* 14,12,2 oder *epist.* 10,33,3f.

[190]Diesen Titel hätte er schon seit der Adoption tragen können, da sein Vater ihn als Vornamen erhalten hatte, so dass er also 38-27 v. Chr. *Imperator Caesar Divi Filius* hieß; ab 27 v. Chr. kam dann noch der Titel *Augustus*, 2 v. Chr. *Pater Patriae* hinzu; vgl. Suet. *Iul.* 83 und *Aug.* 7.

[191]Vgl. DREW in [75], S. 202.

[192]Siehe z. B. Suet. *Iul.* 89 und *Aug.* 10.

[193]Kurze Hinweise z. B. bei LUNDSTRÖM in [218], S. 172 Anm. 15a oder KRAGGERUD in [201], S. 13. Es ist im Übrigen für den Anstoß der Konnotation an sich unwichtig, dass die Themen V 4-9 abgelehnt werden.

[194]Als archäologische Basisliteratur siehe z. B. MALLWITZ in [223] und SINN in [318].

on der Heraklesepisoden V 4-6a, die das Wagenrennen imaginierende Nennung von Hippodame und Pelops als *acer equis* V 7f. und die apollinische Insel in der Mitte der beiden Themenkreise sowie die Nennung Jupiters V 35.[195]

So anregend diese Assoziationen sind, müssen dennoch zwei Einschränkungen gemacht werden: Erstens handelt es sich nicht um die Andeutung eines Staatskultes, sondern Vergil spricht eindeutig von der Rolle, die Octavian ihm selbst gegenüber einnimmt (*in medio mihi Caesar erit* V 16), so dass man eher an eine Art Heroenkult erinnert wird;[196] und zweitens wird er hier im Proömium nicht als Heil oder Segen bringende Gottheit angesprochen, wie z. B. Pales, Apollo und Pan V 1f. oder sogar Maecenas V 41f., sondern ist nur in der 3. Person bzw. unbestimmt als pronominales Dativobjekt (*illi...agitabo* V 17f.) genannt.

Referenzen innerhalb der *Georgica* und auf Kallimachos *h. 2*

Innerhalb der *Georgica* gibt es drei Textpassagen, die ähnlich göttliche Konnotationen evozieren und zu denen das Proömium von Buch 3 in Beziehung tritt:

Das Finale des ersten Buches *georg.* 1,498-514 ist das negative Gegenbild zum Proömium des dritten Buches. Beide Texte sind klanglich und thematisch eng verbunden,[197] was inhaltlich derart gedeutet werden kann, dass die positive Beschreibung *georg.* 3,10-37 die Lösung für die in dunklen Farben geschilderten Zustände am Ende von Buch 1

---

[195] Für Jupiter-Assoziationen im politischen Programm des Octavian siehe z. B. ZANKER in [367], S. 63f. und S. 232-9.

[196] Für Hinweise zum Herrscherkult des Octavian bzw. Augustus (ohne Behandlung von *georg.* 3,1-48) siehe z. B. CLAUSS in [54], S. 54-75.

[197] Vgl. V 503 *Caesar* mit *georg.* 3,16, V 504 *invidet* mit 3,37 *Invidia*, V 504 *triumphos* mit 3,33 *triumphatas*, V 505 *tot bella per orbem* mit 3,26-33, V 509 *hinc movet Euphrates, illinc Germania bellum* mit 3,32f., V 511 *arma ferunt; ...toto...orbe* mit 3,26-33, V 512 *quadrigae* mit 3,9 und 3,18 sowie V 514 *fertur equis auriga,...currus* mit 3,9 und 3,18.

ist und somit die Erfüllung der flehentlichen Bitte *hunc saltem everso iuvenem succurrere saeclo/ ne prohibete* V 500f. darstellt.[198] Hierbei sind zwei sprachliche Referenzen hervorzuheben: Die Anrede *Caesar* V 503 für Octavian ist erstaunlich, da kurz vorher V 466 C. Iulius bei der Erwähnung seiner Ermordung mit dieser Formulierung gemeint ist. Die sprachliche Identität legt eine inhaltliche Verbindung zu der folgenden Vergöttlichung nahe,[199] so wie es bereits für *georg.* 3,16 gezeigt wurde. Gleichzeitig lässt sich mit V 502f. *iam pridem nobis caeli te regia, Caesar, <u>invidet</u> atque hominum queritur <u>curare triumphos</u>* ein motivischer Bezug zum Thema „Triumph" und „Neid" aus dem Proömium zu *georg.* 3 festhalten, der eine dortige Deutung der *Invidia* als gegen Octavian gerichtet[200] nahelegt.[201]

HARDIE hat darauf hingewiesen, dass der Preis des Octavian *georg.* 3,1-48 voller mythischer, legendenhafter und historischer Aspekte ist, auffälligerweise aber ein kosmologischer fehlt. Dieser Teil der Herrscherpanegyrik geschieht umso deutlicher zu Beginn und Ende des Werkes: *Georg.* 1,1-42 wird Octavians Macht als auf den drei großen kosmischen Mächten Erde, Wasser und Himmel beruhend beschrieben;[202] *georg.* 4,559-66 befindet er sich auf dem Weg zum Olymp und schleudert Blitze wie Jupiter, was das mythische Element wiederauf-

---

[198] Siehe z. B. BUCHHEIT in [42], S. 112f. und KRAGGERUD in [201], S. 11.
[199] Siehe z. B. RICHTER, S. 180.
[200] *Invidia* als Umschreibung für Antonius bzw. Octavians politischen Gegner allgemein verstehen z. B. LADEWIG/SCHAPER/DEUTICKE/JAHN, S. 180, BUCHHEIT in [42], S. 137-45, BURCK in [46], S. 676 und HÄUSSLER in [143], S. 254f. mit Anm. 40.
[201] Kurz aufmerksam gemacht werden soll auch auf das Bild der Wagenfahrt V 512-4, auf das LUNDSTRÖM in [218], S. 181f. hinweist: Im ersten Buch ist es Metapher für die (nicht funktionierende) Lenkung des Staates, *georg.* 2,541f. für (kurzzeitig pausierende) dichterische Tätigkeit. Wenn es *georg.* 3,9 zum dritten Mal und auf den Dichter bezogen vorkommt, liegt zunächst die Wiederaufnahme der Metapher für dichterische Tätigkeit nahe, zumal das Bild erst zuvor in dieser Funktion gebraucht wurde; da *georg.* 3,9 aber auch der Beginn der groß angelegten Anknüpfung dichterischer Leistung an die anderer Tätigkeiten im Dienste des Staates ist, ist es möglich, im Wagenlenker auch die Staatslenkung als Parallele zu hören.
[202] Vgl. die Stilbeschreibung FLEISCHERS in [93], S. 284 für das Proömium als „hymnisch".

nimmt.²⁰³ Dieser ergänzende Bezug der drei Textpassagen ist möglich, weil sie strukturelle und motivische Gemeinsamkeiten haben: So sind das Proömium zu Buch 1 und 3 nahezu gleich lang (42 V/48 V) im Gegensatz zu den beiden kurzen Proömien zu Buch 2 und 4 (8 V/ 7 V),²⁰⁴ in beiden umschreibt das Motiv der Weltgrenzen Octavians Herrschaft,²⁰⁵ und beide Male gibt es eine umfangreiche Huldigung an ihn, in der er den Göttern in unterschiedlicher Nähe zur Seite gestellt wird.²⁰⁶ Das Finale des vierten Buches nimmt aus dem Proömium des dritten Buches das Siegesmotiv und die Kriege im Osten auf²⁰⁷ und thematisiert ebenso das Verhältnis Vergil – Octavian²⁰⁸ sowie Dichter – Dichtung: *Georg.* 3,9 hat der Dichter mit einem zukünftigen Werk Ruhm zu erlangen vor, während *ignobilis oti* 4,564 genauso wie *inglorius* 2,486 seine Tätigkeit an den *Georgica* und *Bucolica* kennzeichnen.²⁰⁹ Nimmt man abschließend die Bezüge zu den Apotheosen 1,24-42 und 4,560-2 insgesamt in den Blick, fällt die unterschiedliche Art der Divinisierung auf: Am Anfang und Ende der *Georgica* wird Octavian aufgrund seiner Leistungen vergöttlicht bzw. auf dem Weg dorthin gezeigt; die Mitte der *Georgica* dagegen stellt dies als Leistung des Dichters dar (Tempelallegorie und 3,46-8), legt also starkes Gewicht

---

²⁰³ Siehe HARDIE in [146], S. 50f.; er deutet diese Beobachtung unter der Perspektive der Lukrez-Nachfolge und Vereinigung kosmologischer und nationalistischer Dichtung. Gegen die Jupiter-Assoziation wendet sich MYNORS, S. 324.
²⁰⁴ Siehe WILKINSON in [354], S. 93.
²⁰⁵ Vgl. georg. 1,30 *tibi serviat ultima Thule* mit georg. 3,32f.
²⁰⁶ Dies muss von einer Widmung unterschieden werden, die georg. 1,2 und 3,41 an Maecenas erfolgt. Alle drei genannten Hinweise stammen von FLEISCHER in [93], S. 329f.
²⁰⁷ *Victor* georg. 3,27 und 4,561, einmal indirekt, einmal direkt auf Octavian bezogen; vgl. KRAGGERUD in [201], S. 8 mit Anm. 31f. Auf *Euphraten* 4,561 und die Aufzählung 3,30f. weist D'ANTO in [13], S. 228 hin, wo sich auch die schon oben verwendeten Bezüge zu 2,170-2 und 1,502f. finden.
²⁰⁸ Kurzer Hinweis bei GALE in [106], S. 19 und S. 244f. Die Ringstruktur (Octavian V 560-2 ist umschlossen von Vergil V 559 und V 563-6) und Formulierungen wie *canebam/ ...Caesar dum* V 559f. oder *illo Vergilium me tempore* V 563 drücken dabei eine formale Gleichheit aus; vgl. z. B. bei RICHTER, S. 406f.
²⁰⁹ Interessanterweise wird jedoch georg. 4,6 bei der Ankündigung des Epyllions über die Bienen dies als Ruhm einbringend gesehen (*in tenui labor; at tenuis non gloria*); dort begleitet im Übrigen wie georg. 3,36 Apollo in betonter Versendstellung das Besingen von Völkern und Schlachten.

auf den vergilischen Ruhmesanspruch.²¹⁰

Kall. h. 2 schließlich transportiert die göttliche Verehrung durch einen Dichter in das Proömium zu *georg.* 3.
Kall. h. 2,47-9 ist das einzige Mal vor *georg.* 3,2 Apollon als Hirte zusammen mit dem Fluss Amphrysos genannt:²¹¹ Φοῖβον καὶ Νόμιον κικλήσκομεν ἐξέτι κείνου,/ ἐξότ' ἐπ' Ἀμφρυσσῷ ζευγίτιδας ἔτρεφεν ἵππους/ ἠιθέου ὑπ' ἔρωτι κεκαυμένος Ἀδμήτοιο. Vergleicht man zusätzlich die Prädikate κικλήσκομεν und *canemus* sowie die jeweilige Sprechsituation, so handelt es sich bei Vergil (unter Ausnutzung des jeweiligen Bedeutungsspektrums der Verben) um eine genaue Übersetzung der griechischen Vorlage,²¹² was zusammen mit der Rarität einen sehr starken Marker darstellt. Im weiteren Verlauf bietet der Hymnus darüber hinaus motivische Parallelen,²¹³ welche die gepriesene Gottheit in ihrer Verehrung durch Tempelbau und Spiele sowie in ihrer Wirkung näher beleuchten.²¹⁴ Herausgegriffen werden muss dabei Apollons Tätigkeit als Stadtgründer (V 55-68) und Funktion als Retter (βοηδρόμιον) und daher Stadtgott (V 69-76) sowie Battos, der einen Tempel für Apollon errichtet und jährliche Spiele mit Stierschlachtungen anordnet (V 77-

---

²¹⁰Ähnliche Beobachtung bei SUERBAUM in [326], S. 172 Anm. 523.
²¹¹Siehe z. B. THOMAS in [331], S. 93, oder GALE in [106], S. 12 Anm. 27; THOMAS weist darauf hin, dass auch der Fluss allein nur einmal vorher belegt ist, und zwar Apoll. Rhod. 1,54.
²¹²Neben der Gleichheit in der 1. Ps. Pl. bedeutet κικλήσκω in der Grundbedeutung „an-, herbeirufen", was der Sprechsituation von *georg.* 3,2 mit der Nennung der Gottheiten im Sinne einer „Musenanrufung" exakt entspricht, auch wenn das griechische Verb im konkreten Kontext eher die Bedeutung „jemanden als etwas nennen" und *canere* in der lateinischen Textpassage „besingen" hat.
²¹³Sprachliche Reminiszenzen habe ich allenfalls für *georg.* 3,26 *in foribus...ex auro* gefunden, wenn dasselbe Vokabular kurz hintereinander auch im kallimacheischen Proömium genannt wird: eine Tür V 3, an die Apollon mit seinem Fuß klopft, dann Gold als Hauptcharakteristik seines Äußeren (V 32-4). Doch abgesehen von den unterschiedlichen Bezugswörtern sind solche Attribute stereotyp bei Beschreibungen von Göttern und Zubehör, so dass dieser Bezug wenig aussagekräftig ist.
²¹⁴KRAGGERUD in [201], S. 4 sieht auch die programmatische Stellungnahme Kall. h. 2,105-12 als Bezugspunkt für die Diskussion *georg.* 3,4b-8a; dies mag zwar möglich sein, doch ist der Kontext anderer Vorlagen dafür stärker markiert, wie in 3.1.4.4 gezeigt werden wird.

9),[215] was die Verehrung Apollons bei Kallimachos hinter der Octavians bei Vergil aufleuchten lässt.[216]

3.1.4.4 Italien als Keimzelle des goldenen Zeitalters mit Octavian als Garant

Durch Referenzen auf die *laudes Italiae georg.* 2 sowie intertextuelle Bezüge auf *ecl.* 5 und Lucr. 5 werden im Proömium zu *georg.* 3 im Zusammenhang mit der Octavianpanegyrik auch verherrlichende Aussagen über Italien assoziert.

Eine Reihe von Motiven, die aus *georg.* 3,10-39 bekannt sind, kommen bereits in den *laudes Italiae* 2,136-76 vor;[217] auf dieser gemeinsamen Basis ergänzen sich beide Textpassagen gegenseitig zu einem Bild: So wird z. B. V 171 *victor* nur kurz genannt, während das Motiv 3,26-33 mit Nennung desselben Begriffs gleich zu Anfang breit ausgeführt ist; dagegen ist das 3,13-5 nur angedeutete Thema „Wasser" und „bukolische Idylle" zur Genüge in der die *aurea aetas* beschreibenden Einheit V 136-76 wiederzufinden. Wichtig ist besonders die Octavi-

---

[215]Vgl. dies mit *Troiae Cynthius auctor georg.* 3,36 sowie den Tempelbau und die Ekphrasis von Festzügen und Stierschlachtungen an Tempeln V 22f; siehe dazu z. B. WIMMEL in [357], S. 183 oder KRAGGERUD in [201], S. 3.

[216]Für einen Vergleich der Dichterprogrammatik und des Sieges über Φθόνος/ Μῶμος bzw. *Invidia* mit den bereits weiter oben erfolgten Analysen zu *georg.* 3 siehe den Schluss des Hymnus sowie ausführlicher z. B. WIMMEL in [357], S. 183f., WILKINSON in [354], S. 289 oder THOMAS in [331], S. 99. WIMMEL, S. 180 weist auf eine zusätzliche Funktion dieses Passus hin, dass nämlich der Rauswurf des Tadels durch Apollon ein Triumphsymbol sei, welches seine Parallele in der Darstellung Vergils dichterischen Triumphes habe.

[217]So z. B. V 136-9 Grenzvölker im Osten, Stieropfer und Triumphzüge zu Tempeln V 146-8, Abwesenheit schädlicher Kreaturen V 151-4, Aufzählung von kriegerischen Siegen des Octavian im Osten V 170-2, selbstbewusste Ankündigung dichterischer Leistung, die ruhmvoll sein wird V 173-5, und die über dasselbe Attribut ermöglichte Assoziation der Anrufung der *magna...Saturnia tellus* 2,173 in *magna Pales* 3,1. Ähnliche Bezüge gibt es im Übrigen auch im Finale von *georg.* 2 und in seinem Lob des Landlebens, bes. 2,458-74 und 2,495-540.

andarstellung: Während er 2,170-2 nur kurz als Gipfel einer aszendenten Reihe von Personen(gruppen) dargestellt ist, die das verherrlichte Italien hervorgebracht hat, tritt dieser Lobpreis *georg.* 3 zugunsten einer ausführlicheren Octavianpanegyrik zurück. Erstens wirkt so rückwirkend das 2,136-76 beschriebene Italien als eigentlicher Kern und Ausgangspunkt des Weltreiches, dessen Weite 3,26-33 dargestellt wird, und Octavians Stellung in *georg.* 3 als Möglichkeit der Wiederannäherung an das in den *laudes Italiae* ausführlicher umschriebene, aber zwischenzeitlich verlorene goldene Zeitalter.[218] Zweitens werden auf einer abstrakteren Ebene in dieser Referenz Italiens Qualitäten dichterisch konstituiert und durch die Verbindung mit Octavian personalisiert; er ist *georg.* 3 das Ziel einer aszendenten Geschichtsentwicklung, die maßgeblich durch das Land Italien und seine Vorzüge ermöglicht wird, und gleichzeitig ihre Verkörperung, wodurch die Idealwelt an sein Wirken geknüpft ist. Auf diesem Weg wird der Prioritätsanspruch Italiens und Octavians dichterisch legitimiert, was eine deutliche politische Stellungnahme eines Dichters darstellt.

Als Garant idealer Lebensbedingungen erscheint Octavian auch durch den Bezug zu Daphnis in *ecl.* 5:
Intertextueller Marker ist *Pales*, die außer *georg.* 3,1 bei Vergil namentlich nur noch *georg.* 3,294 und *ecl.* 5,35 vorkommt, zusammen mit dem beide Male im unmittelbaren Kontext genannten Apollo; strukturelle Parallelen gibt es zudem dadurch, dass sich ähnlich wie das Finale *georg.* 2 und Proömium *georg.* 3 auch *ecl.* 5 im Lied des Mopsus V 20-44 und des Menalcas V 56-80 eine klagevolle und eine freudenreiche Darstellung des bukolischen Lebens gegenüberstehen, die durch den Tod des Daphnis bzw. seine Apotheose motiviert sind.[219] Verbindet

---

[218]BUCHHEIT in [42], S. 109-11 hat einen ähnlichen, aber enger gefassten Interpretationsansatz: Die Grundelemente der Heilswelt aus den *laudes Italiae* seien *pax* und die Früchte der Friedenszeit (*fruges, otium, religio* und Musen), die indirekt auch *georg.* 3,13-6 genannt würden; der Tempel für Octavian stelle eine implizite Forderung an ihn dar, als *deus agrestis* am Mincius zu herrschen und durch sein Wirken eine künftige Friedenswelt vergilischer Prägung ermöglichen, konkret gedacht als Reich der Musen im Sinne von Italien als Kulturlandschaft.
[219]Dies sind Schwerpunkte; natürlich sind auch positive Elemente im Lied des

man nun, durch diese Bezüge angeregt, die beiden Texte inhaltlich miteinander, ist auf einer allgemeinen Ebene die bukolische Welt in das Proömium im Sinne eines Ideals hineingespiegelt;[220] am fruchtbarsten ist jedoch ein Bezug der jeweils verherrlichten Personen: *Ecl.* 5 ist es Daphnis, der ausdrücklich als Garant des Landlebens nach seinem Tod vergöttlicht und als eine Art „Bauerngott" verehrt wird (siehe bes. V 79f.); formuliert wird dies durch die Person des Menalcas, der indirekt mit Vergil als bukolischem Dichter identisch ist, wie SCHMIDT gezeigt hat.[221] *Georg.* 3,1-48 ist es Octavian, der einen Tempel errichtet bekommen wird, und Vergil ist es, der innerhalb einer Sphragis in der 1. Person den Tempelbau ankündigt. Durch die angezeigte Referenz wird somit in Octavians Darstellung im Proömium die des Daphnis eingeblendet, ihm werden Daphnis' Attribute eines Garanten einer glücklichen Lebensform (und der Vergöttlichung) gleichsam unterlegt.[222]

Abschließend soll als Beispiel für den möglichen Bezug zwischen der Darstellung der *Invidia* und Octavians positivem Wirken Lucr. 5,1120-35 herangezogen werden:
Lukrez beschreibt die Macht des Neides innerhalb seiner Darstellung der Zivilisationsentwicklung, und zwar an der Nahtstelle, an der die Monarchie durch falschen Ehrgeiz von einer Ochlokratie blutig abgelöst wird. Der Neid stoße zuweilen Menschen, die sich auf der Suche nach ewigem Glück auf Ruhm und Einfluss verlassen und sich dafür

---

Mopsus sowie im Finale des zweiten Buches enthalten.

[220] So z. B. KETTEMANN in [186], S. 47: „arkadische Traumwelt". Nimmt man den unmittelbaren Kontext von *ecl.* 5,35 hinzu, dass nämlich Pales und Apollo aus Trauer über den Tod des Daphnis die Felder verlassen haben, so impliziert ihre Anrufung *georg.* 3,1f. vielleicht auch, dass sie ihr segensreiches Wirken für die Landwirtschaft wieder aufnehmen mögen, um ideales Leben zu ermöglichen; vgl. KRAGGERUD in [201], S. 2.

[221] Dies gilt zumindest für ihn als Dichter von *ecl.* 2f. und *ecl.* 5,56-80; siehe SCHMIDT in [299], bes. S. 231 und S. 236-8.

[222] Eine andere Frage ist, ob in *ecl.* 5 mit Daphnis die Person des Octavian umschrieben ist, wie es z. B. PULBROOK in [276] meint. Die Diskussion darüber hier darzulegen, führt an dieser Stelle zu weit; möglich ist eine solche Anspielung jedoch im Sinne einer späteren Konkretisierung nach der Veröffentlichung der *Georgica*.

Gefahren aussetzen würden, vom Gipfel ihres Erfolges tief in den Tartaros (V 1120-6, V 1131f.); überwunden werden könne dieser Kreislauf durch das epikureische λάθε βιώσας. Vergils Referenz auf diese Textpassage liegt darin, dass auch er dem Neid, seiner Macht und dem Tartaros *georg.* 3,37-9 eine eigene Ekphrasis einräumt, und zwar ebenfalls im Kontext einer zivilisatorischen Entwicklung.[223] Dabei nennt er den Neid nicht etwa *livor* oder *obtrectatio*, sondern zitiert die lukrezische *invidia* in gleicher Versanfangsstellung, womit er auch ihre Betonung Lucr. 5,1130f., die dort sogar durch eine Anapher zu Beginn von zwei Versen gedoppelt ist, übernimmt. Anders als Lukrez beschreibt Vergil jedoch einen (zukünftigen) Zustand, in dem der Neid überhaupt keine Macht mehr habe, da statt der unter ihm leidenden Menschen er selbst in der Unterwelt Angst und Schrecken fürchte. Nimmt man den göttlichen Status, der dem Epikur im Werk des Lukrez zugesprochen wird, und dessen Wirken, das einem Feldherren gleicht, hinzu,[224] und vergleicht dies mit den Attributen, die Octavian *georg.* beigelegt werden, so wird deutlich: Laut Vergil ist der Sieg über *invidia* durch Octavian möglich, der durch seine Weltherrschaft die entsprechende Ruhe geschaffen hat.[225]

---

[223] Vgl. die weiter oben aufgezeigten Bezüge zwischen *georg.* 2 und 3.
[224] Vgl. z. B. den Hinweis weiter oben S.29 zu Lucr. 1,62-79 oder auch die Eulogie auf Epikur Lucr. 5,1-54.
[225] Vgl. zu dieser Deutung z. B. GRIMAL in [132] (mit Akzent auf Apollos Hilfe) und [133], S. 154f., KRAGGERUD in [201], S. 14f. und GALE in [106], S. 189f., sowie zu dieser Referenz allgemein WIMMEL in [357], S. 184 und PUTNAM in [277], S. 172f.

3.2 Properz 2,31

Die Besonderheit von Prop. 2,31 ist, dass es historisches Zeugnis für die Existenz von Türbildern am palatinischen Apollotempel ist und dass die Ekphrasis innerhalb eines kurzen Einzelgedichts steht. Am wichtigsten ist dabei der selbstreflexive Assoziationsraum des Gedichtes, der wie *georg.* 3 eng mit der politischen Bedeutungsebene verbunden ist, die sich aus dem entsprechenden Kontext des Tempels ergibt: Fordert eine solch panegyrische Anlage bzw. der Wunsch, in die an den Tempel angeschlossene Bibliothek aufgenommen zu werden, auch Properz als Elegiendichter zur Verherrlichung der Taten des Octavian und Apollo heraus? Das Ergebnis ist ein changierendes Statement, das sich u. a. in der Ekphrasis der Türbilder zeigt:
Einerseits transportiert der politische Kontext der Anlage unbestreitbar seine Aufladung in das Gedicht, zumal die einzelnen Beschreibungselemente entsprechend ausgewählt und dargestellt sind. So ist die Ekphrasis der Türbilder perspektivischer Rahmen für die Beschreibung der Kultstatue, wodurch im Gedicht die Entwicklung vom Bürgerkrieg mit Kampf und strafender Rache zur *pax Augusta* abgebildet wird. Gleich zu Beginn wird Octavian in verherrlichender Form als *magno Caesare* und Bezugsperson der Anlage genannt und mit Apollo verbunden, und die Beschreibung der Anlage verweist auf Octavians *dignitas*, *pietas* und Euergesie. Und schließlich ist Panegyrik deutlich durch die Bewunderung zu hören, die sich in den emotionalen Beschreibungselementen, der Visualisierung der Anlage als reproduzierbares Erlebnis und der einleitenden Entschuldigung ausdrückt – die Anlage hat das dichterische Ich so fasziniert, dass es diese eine Zeit lang seiner Geliebten vorgezogen hat.
Auf der anderen Seite stehen die Präsenz des dichterischen Ichs und Apollos als Musengott sowie motivische Referenzen zu drei weiteren Gedichten der Sammlung, die im Zusammenhang der Rechtfertigung properzischer Liebesdichtung und Ablehnung eines Epos mit politisch-panegyrischer Programmatik stehen. Deutlichen Ausdruck findet diese *recusatio* im Schlussvers, in welchem die Apollostatue selbst das (preisende) Wort übernimmt, das dichterische Ich also hinter die Bildende

Kunst zurücktritt und auf panegyrischen Ersatz durch ein anderes Medium verweist. Besonders gehört aber hierhin die – wenn auch geringe, so doch vorhandene – Funktionalisierung des Beschreibungsmotivs für den elegischen Kontext, indem die Ekphrasis des gesamten Tempelkomplexes im Einleitungssatz als Rechtfertigung des dichterischen Ichs bei seiner Geliebten dient und die Beschreibung in Schönheitskategorien wie für eine Geliebte erfolgt. Gerade die Türbilder sind dabei innerhalb der Elegiensammlung v. a. durch das Motiv von Niobes Trauer verankert, von der es Prop. 2,20,7f. heißt, dass sie nicht so sehr trauere wie die Geliebte des dichterischen Ichs wegen eines angeblichen Treuebruchs.[226]

3.2.1 Text und Inhaltsübersicht

Der Apollotempel auf dem Palatin wird in seinem Umfeld und Programm durch ausgewählte Einzelheiten wie seine Türbilder in dem Einzelgedicht Prop. 2,31[227] beschrieben: Nachdem in zwei einleitenden Versen die Gedichtmotivation angegeben worden ist, nähert sich die Ekphrasis schrittweise über den Tempelvorplatz (V 3-8) und die Tempelfassade (V 9-14; Türbilder V 12-4) dem Kultbild in der Cella (V 15f.).[228]

> *Quaeris, cur veniam tibi tardior. aurea Phoebi*
> *porticus a magno Caesare aperta fuit.*
> *tanta erat in speciem Poenis digesta columnis,*
> *inter quas Danai femina turba senis.*

---

[226] Im Vergleich mit den anderen Türbildekphraseis und ihrem direkten Kontext ist der Textumfang Prop. 2,31 wesentlich geringer; die im Folgenden relativ kurz gehaltene Analyse leitet sich grundlegend aus diesem Umstand ab.

[227] Dabei spielt es für unsere Fragestellung keine Rolle, ob 2,32 ursprünglich die direkte Fortsetzung von 2,31,16 gewesen ist; siehe hierzu z. B. die Übersicht bei RICHARDSON, S. 301.

[228] Der im Folgenden zitierte lateinische Text folgt der Ausgabe von HANSLIK bis auf seine Kommasetzung als Abschluss von V 5.

> 5 *hic equidem Phoebo visus mihi pulchrior ipso*
> *marmoreus tacita carmen hiare lyra,*
> *atque aram circum steterant armenta Myronis,*
> *quattuor, artificis vivida signa, boves.*
> *tum medium claro surgebat marmore templum,*
> 10 *et patria Phoebo carius Ortygia.*
> *in quo Solis erat supra fastigia currus,*
> *et valvae, Libyci nobile dentis opus:*
> *altera deiectos Parnasi vertice Gallos,*
> *altera maerebat funera Tantalidos.*
> 15 *deinde inter matrem deus ipse interque sororem*
> *Pythius in longa carmina veste sonat.*

3.2.2 Narrative Funktionalisierung des Motivs

Die Ekphrasis des Tempels und der Türbilder ist über den Einleitungssatz, der das dichterische Ich für sein Zuspätkommen bei seiner Geliebten entschuldigt, die Türbilder und den allgemeinen Kontext „Lob von bildender Kunst" lose in das Gesamtkorpus der Gedichte eingebunden; die narrative Funktionalisierung ist dabei gering.

Das Thema „Geliebte" ist sowohl im direkten als auch weiteren Kontext des Gedichtes präsent:
Quaeris, cur veniam tibi tardior. aurea Phoebi porticus a magno Caesare aperta fuit V 1f. imaginieren eine Gesprächssituation, in der sich das dichterische Ich für sein Zuspätkommmen rechtfertigt; aufgrund des elegischen Kontextes des Gedichtes ist die Erwartungshaltung für *tibi* eine Geliebte.[229] Damit wird die Einweihung der Tempelanlage am 9.10.28 v. Chr. und ihr Schmuck aus dem ursprünglichen Kontext gelöst und zu einem Entschuldigungsgrund umfunktioniert, denn die spektakuläre Komposition auf dem Palatin steht inhaltlich und zeitlich unter der Perspektive Octavians dreifachen Triumphes im Jahr 29

---

[229] KLODT in [194], S. 9f. identifiziert diese mit Cynthia, da diese bereits Prop. 1,3,356ff. als unduldsam gegenüber Verspätungen des Freundes dargestellt werde.

v. Chr. und der Einrichtung der actischen Spiele am 2.9.28 v. Chr., dem Jahrestag der Schlacht von Actium.[230] Der Bezug auf das elegische Ich geht im Folgenden sogar so weit, dass der Tempelkomplex in Schönheitskategorien wie für eine Geliebte beschrieben wird (*visus mihi pulchrior* V 5).[231]

Verengt man den Blickwinkel auf Bezüge der Tür und ihrer Betonung durch Bilder zu anderen Gedichten der vier Bücher umfassenden Sammlung, so sind zwei Referenzen hervorzuheben: Erstens nimmt V 14 das Thema von Prop. 2,20,7f. auf, wo Niobe um ihre Kinder nicht so sehr trauert wie die Geliebte wegen eines angeblichen Treuebruchs weint.[232]

Zweitens ist die Bedeutung einer Tür Prop. 1,16 zwar nicht durch Bilder, aber durch ihre Personifikation hervorgehoben, wenn sie über nächtliche Belästigung durch Liebhaber der Hausherrin klagt, v. a. durch schmeichelnde Bittreden eines besonders hartnäckigen Verliebten, da sie hierdurch in üblen Verruf komme.

Das Thema „Lob von bildender Kunst" hingegen lässt sich in in zwei weiteren Gedichten wiederfinden:

Prop. 4,2 spricht die uralte Bronzestatue des altitalischen Gottes Vertumnus zu vorbeikommenden Besuchern des Forums und lobt schließlich V 63f. Marmurius für seine Kunstfertigkeit, die er an seinem Standbild bewiesen habe. Ein ähnliches Phänomen ist am Ende von Prop. 2,31 zu beobachten, wenn die Kultstatue des Apollo nicht mehr von einem außenstehenden Betrachter wie dem dichterischen Ich gelobt wird, sondern seine Qualität, was in diesem Fall Realitätsnähe meint, selbst verkündet, indem *Pythius...carmina...sonat*. Zu dieser Tempelanlage und ihrem Schmuck wird darüber hinaus möglicherweise über 4,2,5 *nec templo laetor eburno* ein Bezug hergestellt, da die Türflügel laut 2,31,12 ein Werk aus Elfenbein sind.

---

[230] Vgl. weiter oben Anm. 179.

[231] Vgl. ausführlicher hierzu KLODT in [194], S. 9f., die ihre Beobachtungen unter dem „spezifischen Zugriff des Elegikers Properz" zusammenfasst.

[232] Das andere Motiv der Abwehr des Keltensturms V 13 kehrt nochmals Prop. 3,13,51-4 als Beispiel für göttliche Hilfe gegen Frevler wieder.

Nur sehr lose dagegen ist Prop. 2,31 über die Bewunderung, die das dichterische Ich für ein Werk der bildenden Kunst zeigt, mit Prop. 2,12 verbunden, wo der Maler des jungen Amor gelobt wird. Das dichterische Ich beurteilt die Darstellung des Gottes mit Blick auf sein eigenes Leben als richtig (*merito* V 9) und bezieht das Bild derart auf sich selbst, dass er schließlich Amor als Gegenüber anredet (*tibi* V 17). Das Gedicht endet mit der Bitte, das dichterische Ich nicht zugrunde zu richten, da es dann auch nicht mehr Amor loben könne, was ihm doch zu großem Ruhm gereiche (*haec mea Musa levis gloria magna tua est* V 22).

3.2.3 Selbstreferentielle Inszenierung des Dichters

Wichtig ist die selbstreferentielle Bedeutungsebene, welche die Ekphrasis Prop. 2,31 im Spannungsfeld zwischen der Assoziation der palatinischen Bibliothek als möglichem Garanten für dichterischen Ruhm und einer Octavian preisenden Funktion von Dichtung konstruiert. Grundlegend für dieses Assoziationsfeld ist dabei die Präsenz des dichterischen Ichs zu Beginn (*veniam* V 1, *visus mihi* V 5).

Prop. 2,31 ist das erste Gedicht im Gesamtkorpus, das auf die palatinische Bibliothek verweist; die Konnotation geschieht durch die zweifache Umschreibung Apollos als Musengott, und zwar V 5f. durch die Marmorstatue, die zu schweigender Leier ein Lied durch den geöffneten Mund ertönen zu lassen scheint, und V 16 durch die Kultstatue, die dasselbe Motiv durch ihr langes Gewand und die Personifikation *sonat* nennt.[233] Die Funktion, dem dichterischen Ich durch die Aufnahme in diese Bibliothek Ruhm zu garantieren, wird durch die Aufnahme des Motivs in folgenden Gedichten und durch den dortigen Kontext erzeugt:

---

[233] Zu dem gleichzeitigen Verweis dieser Statue auf die unkriegerische Eigenschaft Apollos siehe 3.2.4.

Prop. 3,1,38 *provisum est Lycio vota probante deo* nennt die palatinische Bibliothek in der personifizierten Form des Apollo als Garant für ruhmvolles Leben nach dem Tod.[234] Noch konkreter ist Prop. 3,9,43f. *inter Callimachi sat erit placuisse libellos/ et cecinissse modis, Coe poeta, tuis*: Das Bild von mehreren Büchern in einer Reihe evoziert Regalbretter oder Fächer einer Bibliothek, die Nennung der griechischen Dichter Kallimachos und Philetas von Kos spielt auf die Zweisprachigkeit der Sammlung an,[235] und *placere* assoziiert eine Person, die über die Aufnahme in diese Bibliothek urteilt.[236] Ähnlich unspezifisch umschreibt diesen Bibliothekswächter auch Prop. 2,34B,93f. *Cynthia quin etiam versu laudata Properti –/ hos inter si me ponere Fama volet.*[237]

Die gerade vorgestellten Gedichte binden ihre Referenzen auf die palatinische Bibliothek in den Kontext der Rechtfertigung properzischer Liebesdichtung und Ablehnung eines Epos ein, was v. a. mit dem Stil, Inhalt und der Zweckbestimmung eines Epos begründet wird, im Umfeld des Octavian politische Programmatik zu betreiben: Prop. 3,9 summiert die Argumentation in dem Motto „für den einen ist dies, für den anderen das geeignet",[238] Prop. 3,1 mit der Erklärung, dass es ihm einfach nicht gegeben sei, ein Epos zu schreiben,[239] und Prop. 2,34B rühmt zwar ausführlich die herausragende Qualität der vergilischen Eklogen, *Georgica* und *Aeneis*, lehnt jedoch unter dem Vorwand, seinem Kollegen Lynceus einen Rat zu erteilen, ein Epos ab.[240]

---

[234] Vgl. die Ruhmesgewissheit direkt zuvor Prop. 3,1,35-7: *meque inter seros laudabit Roma nepotes:/ illum post cineres auguror ipse diem./ ne mea contempto lapis indicet ossa sepulcro.*
[235] Vgl. CIL 6,5188f. und 6,5191.
[236] Diese muss nicht identisch mit Maecenas sein, an den das Gedicht adressiert ist, wie seine Nennung V 1,V 21 und V 59 zeigen.; vgl. die Verweise Anm. 237.
[237] Zu Cn. Pompeius Macer und C. Iulius Hyginus als Oberaufseher der palatinischen Bibliothek siehe Suet. *Iul.* 56 und *gramm.* 20 sowie BALENSIEFEN in [16]; zu einem prominenten Beispiel seiner Auslese- und Kanonisierungsfunktion vgl. Ov. *trist.* 3,1,59-72 und 3,14.
[238] Prop. 3,9,6: *omnia non pariter rerum sunt omnibus apta.*
[239] Prop. 3,1,14: *non datur ad Musasa currere lata via.*
[240] Für weitere *recusationes* eines (historischen und panegyrischen) Epos und Werbung für Liebesthematik siehe Prop. 1,7, 2,1, 2,14, 3,3; mit viel historischer Panegyrik 2,10 und 3,11, mit Erfolgswünschen für Octavian 3,4f.

Prop. 2,31 ist zwar nicht vom Motiv beherrscht, ein Taten verherrlichendes Epos zurückzuweisen, doch gibt es einen ähnlichen Zug; bereits weiter oben ist analysiert worden, dass der politisch-panegyrische Charakter des palatinischen Baukomplexes in der Ekphrasis in gewissem Sinne missachtet und für den elegischen Kontext umfunktioniert wird, wenn die Tempelanlage als Entschuldigungsgrund herhalten muss und in Kategorien wie für eine Geliebte beschrieben wird. Doch heißt dies nicht, dass Prop. 2,31 „nur das...", was ihn [= den Dichter] ganz persönlich beeindruckt hat" oder „Dinge, die den Künstler interessieren" präsentiert werden und ein politisch-panegyrischer Assoziationsraum fehlt;[241] beide Ebenen können gleichzeitig präsent sein, wie im folgenden Unterkapitel gezeigt werden wird.[242]

3.2.4 Politische Bedeutungsaufladung der Ekphrasis

Die Ekphrasis der palatinischen Tempelanlage und deren Türbilder eröffnet auf zwei Arten eine politische Bedeutungsebene: Erstens transportiert die Referenz auf ein Gebäude bzw. Schmuckteil, das an sich in einem hochpolitischen Zusammenhang steht, ebendiese Assoziation als Ausgangsbasis auch in ihre Beschreibung. Zweitens ist die konkrete Auswahl und Darstellung der Beschreibungselemente zu berücksichtigen, die dieses Bedeutungsfeld unterstützen.

Der politische Kontext der Anlage ist unbestritten,[243] ebenso der

---

[241] Zitate bei KLODT in [194], S. 9.
[242] Damit steht Prop. 2,31 dem Gedicht 4,1 nahe: Dieses enthält zwar eine *recusatio* eines Epos und Zurückweisung von Geschichtsverkündigung und -deutung, doch ist das Gedicht mit seinem Beginn als Fremdenführer in Rom V 1-56 und besonders mit den Assoziationen des Obelisken und der Sonnenuhr an der *Ara Pacis* durch den Astrologen Horos gespickt mit Panegyrik augusteischer Monumente. Vgl. darüber hinaus die Panegyrik durch das dichterische Ich 4,6 und 4,10 sowie GURVAL in [140], bes. S. 249-78.
[243] Siehe zu diesem Aspekt besonders ZANKER in [366], LEFÈVRE in [214] sowie BALENSIEFEN in [15]; vgl. auch die Übersicht in 3.2.2, S. 77 sowie die weiter oben

Verweis der Ekphrasis und ihrer Einzelteile auf diesen Baukomplex, da es – trotz ihrer Topik – genaue Angaben zu Material, Künstlern, Stil und Thema gibt[244] und diese durch ihren Aktualitätsbezug gesichert, für zeitgenössische Rezipienten gleichsam „nachprüfbar" sind.[245]
Vier Beispiele sollen zur Erläuterung der Bedeutungsaufladung vorgestellt werden:
Valvae, Libyci nobile dentis opus:/ altera devectos Parnasi vertice Gallos,/ altera maerebat funera Tantalidos, die Vertreibung der Gallier unter ihrem Anführer Brennus im Jahr 279/8 durch Apollo[246] und die Tötung der Niobiden durch ihn und seine Schwester Diana reihen sich als historisches und mythologisches Beispiel für die göttliche Hilfe und gerechte Bestrafung in seine gesamten Bezüge zu Octavian ein, die im Baukomplex bildlich repräsentiert sind. Hervorgehoben sind die Türbilder darüber hinaus sowohl durch ihre Stellung im Text als auch durch die Platzierung innerhalb der gesamten Tempelanlage: Beide Male sind sie perspektivischer Rahmen für den Höhepunkt der Kultstatue im Tempel, die räumlich auf die Tür folgt und auch dichterisch direkt im Anschluss an die Türbildekphrasis und als Schlusspunkt V 15f. genannt ist. Mit dieser programmatischen Sequenz werden zwei verschiedene Eigenschaften des Gottes umschrieben, die sich ergänzen; zuerst Kampf und strafende Rache, dann Frieden, der durch die musischen Attribute angezeigt wird. Damit bilden die Darstellungen eine inhaltliche Entwicklung vom Bürgerkrieg zur *pax Augusta* ab.
Zweitens stehen alle ausgewählten Beschreibungselemente unter der

---

in Anm. 179 genannte Literatur und Sammlung antiker Textbelege bei VON HECK in [149], Nr. 277 und LUGLI in [217], 19,3,12-94. Einen Überblick über die archäologischen Reste bieten darüber hinaus GROS in [134] und CARETTONI in [49].

[244] Vgl. *aurea...porticus* V 1f., *Poenis...columnis* V 3, *hic...marmoreus* V 5f., *claro...marmore templum* V 9 und *Libyci nobile dentis opus* V 12 sowie *armenta Myronis, quattuor, artificis vivida signa, boves* V 5f.

[245] Natürlich spricht ein solcher Bezug nicht grundsätzlich gegen eine Abweichung der Ekphrasis von ihrem Beschreibungsgegenstand, doch erstens macht der Kontext dies sehr unwahrscheinlich und zweitens ist eine mögliche Differenz für uns nicht nachprüfbar, so dass die Annahme, dass sich die Beschreibung in ihren Einzelheiten relativ genau an die tatsächlich vorhanden Vorlage hält, der einzig praktikable Weg ist.

[246] Siehe auch Prop. 3,13,51-4, Pol. 9,30 und Paus. 10,23.

Perspektive von Octavianpanegyrik, da er gleich zu Beginn als Bezugsperson der Ekphrasis genannt und mit Apollo in Verbindung gebracht wird (*aurea Phoebi porticus a magno Caesare aperta fuit* V 1f.). Dabei eröffnen insbesondere das Attribut *magno* sowie die Bezeichnung *Caesare*, die an seinen vergöttlichten Vater erinnert, einen verherrlichenden Assoziationsraum. Somit ist er auch derjenige, auf den die jeweils die Qualität hervorhebenden Angaben der Beschreibung zu beziehen sind: Die Einbeziehung einer öffentlichen Bibliothek in den Tempelkomplex,[247] die gesamte Größe (*tanta* V 3), kostbaren und ausländische Materialien[248] und herausragende künstlerische Leistung[249] verweisen auf die *dignitas*, *pietas* und Euergesie des Octavian als Bauherrn.

Über diese Auswahl, Platzierung und den Bezugspunkt der Beschreibungselemente hinaus, die auf politische Programmatik und Selbstdarstellung des Octavian verweisen, zeigt sich der panegyrische Aspekt drittens gerade in der einleitenden Entschuldigung des Elegikers: Die Anlage hat das dichterische Ich offenbar so fasziniert, dass er sie eine Zeit lang seiner Geliebten vorgezogen hat. Schließlich wird die Bewunderung, die eindeutig Ausdruck von Panegyrik der Tempelanlage und ihres Bauherrn ist, auf zwei Arten vermittelt: Erstens konstruiert das dichterische Ich vor dem geistigen Auge von Rezipienten den Baukomplex, indem er ihn durch Orts-[250] und Materialangaben[251] vi-

---

[247] Vgl. V 5f. die Statue des Musengottes, die aufgrund ihrer Nähe zur Danaidengruppe allgemein nicht als identisch mit dem V 15f. genannten Kultbild angesehen wird, sondern eher auf den in der Ostecke sich anschließenden Doppelbau der Bibliothek verweist; siehe z. B. BALENSIEFEN in [16], S. 105.
[248] Vgl. Anm. 244. Zusätzlich gehört hierhin auch das griechische Flair, das die Kunst über ihren Künstler, die Themen und Bezeichnungen vermittelt, wie die Danaidengruppe V 4, die Kühe des Griechen Myron, die Ausdrücke *Phoebus* V 1, V 5 und V 10, *patria...Ortygia* V 10, *Parnasi vertice* V 13 sowie der griechische Genetiv *Tantalidos* V 14.
[249] *Hic equidem Phoebo...pulchrior ipso/ marmoreus* V 5f., *armenta Myronis/ quattuor artificis vivida signa boves* V 6f. und *Pythius...sonat* V 16.
[250] *Digesta* V 3, *inter* V 4/V 15, *hic* V 5, *circum* V 7, *medium* V 9, *in quo* V 11, *supra* V 11, *altera.../ altera* V 13f.
[251] *Aurea* V 1, *Poenis...columnis* V 3, *marmoreus* V 6, *claro...marmore* V 9, *Libyci nobile dentis opus* V 12.

sualisiert.²⁵² Damit wird das spektakuläre Erlebnis sowohl für diejenigen erlebbar, die nicht bei der Eröffnung dabei waren, als auch insgesamt reproduzierbar; nicht die Architektur und bildende Kunst allein, sondern auch ihre Ekphrasis schafft die Grundlage für einen verherrlichenden Bezug auf Octavian. Und zweitens preisen den Baukomplex neben den bereits genannten Angaben, welche die absolute Qualität der Ausstattung hervorheben, besonders die emotionalen Beschreibungselemente, also der Ausruf V 3 *tanta erat*, das verstärkende *equidem* V 5, die hyperbolischen Komparative,²⁵³ die Personifikationen,²⁵⁴ die Oxymera²⁵⁵ sowie die Aufhebung der Grenze zwischen unbelebter bildender Kunst und ihrer lebendigen Wirkung, wenn V 15f. *deus ipse...sonat*.

Ist auf diesem Weg die panegyrische Ebene von Prop. 2,31 dargelegt, ist jedoch eine Einschränkung zu machen:
Der letzte Vers ist auch noch auf eine andere Weise zu verstehen: Wenn die Apollostatue selbst das Wort übernimmt, tritt hier das dichterische Ich hinter die Octavian verherrlichende bildende Kunst zurück; dies ist in seiner Bedeutung dadurch verstärkt, dass *sonat* das letzte Wort des Gedichtes ist. Damit ist am Schluss doch noch eine *recusatio* von Panegyrik mit Verweis auf Ersatz durch ein anderes Medium formuliert; nach vollzogener Laudatio verabschiedet sich das dichterische Ich (für den Rahmen dieses Gedichtes) von seiner Rolle als Laudator, denn die Tempelanlage mit dem Gott preist sich selbst sowie darüber bereits Octavian allein und benötigt kein anderes Medium.

---

²⁵²Durch die Staffelung der Tempora in Plusquamperfekt, Imperfekt und Präsens ist dabei der Raum des Kunstwerkes in die Gedichtzeit übertragen; vgl. KLODT in [194], S. 7-9.
²⁵³*Pulchrior* V 5 und *carius* V 10.
²⁵⁴*Femina turba* V 4, *hic.../ marmoreus...hiare* V 5f., *steterant armenta...quattuor...boves* V 7f., *surgebat...templum* V 9, *erat...currus* V 11, *valvae...altera...altera maerebat* V 12-4, *deus ipse...sonat* V 15f.
²⁵⁵*Tacita carmen hiare lyra* V 6, *artificis vivida signa* V 8.

4 Die epischen Türbildekphraseis mit verschiedenen Funktionsebenen

Der wesentliche Aspekt der ersten beiden epischen Türbildekphraseis ist ihre Vielschichtigkeit, die sich aus der Auseinandersetzung mit den Türbildern am palatinischen Apollotempel und dichterischen Funktionalisierung auf mehreren Ebenen ergibt. Beide Beschreibungen eines Tempels und seiner Türbilder sind durch vielfältige Bezüge für den Handlungsstrang nutzbar gemacht und entsprechend fest in den engeren und weiteren Erzählduktus des jeweiligen Werkes eingebaut. Dabei haben die Türbilder ein eigenes Gewicht, da insbesondere sie als Fläche für Referenzen zum Kontext erschlossen sind. Beide Ekphraseis eröffnen zusätzliche Bedeutungsebenen, indem sie über den Handlungskontext hinausweisen; sie sind mit politisch-panegyrischem Gehalt aufgeladen und bieten über die textimmanenten Künstlerfiguren indirekt Raum für selbstreflexive, poetologische Konnotationen. Schließlich bringt die Möglichkeit, über die eigentlichen Textreferenzen oder die Auswahl von Ekphrasiselementen hinaus in diesen eine semantische Funktion zu erkennen, das reiche Assoziationspotentials beider Beschreibungen zum Ausdruck.

4.1 Vergil *Aen.* 6

In der Ekphrasis zu Beginn von *Aen.* 6, in der Äneas zu dem von Dädalus erbauten Apollotempel in Cumae kommt, lässt sich erstmals eine starke narrative Funktionalisierung des Türbildmotivs fassen:
Erstens nutzt die Tür mit ihren Bildern ihre übertragene Bedeutung als Markierung einer Grenze. Sie visualisiert den Abschluss bisheriger Thematik, da mit der Hereinrufung in den Tempel, dessen Türbilder direkt vorher beschrieben werden, Äneas seine Irrfahrten auf dem

Mittelmeer hinter sich lässt. Gleichzeitig sind die Türbilder sprachlich und motivisch für Rezipienten ein Einstieg in die Unterwelt (Äneas durchquert das eigentliche Unterweltstor erst V 262f.), womit nicht nur die menschliche Grenzerfahrung präfiguriert wird, sondern auch die Grenzüberschreitung als solche besonders hervorgehoben ist. Eng mit der Ekphrasis verbunden ist der Wechsel des Schauplatzes vom Wasser zum Land und vom gesamten Mittelmeerraum zur Beschränkung auf eine Gegend, so dass die Tür mit ihren Bildern als Tor zu Italien fungiert. Zweitens ist die Beschreibung der Türbilder und des Ortes Cumae ein struktureller Spiegel des gesamten Buches 6, indem sie im Kleinen eine Retardation im Handlungsverlauf darstellt wie *Aen.* 6 im Großen.

Drittens ist die narrative Funktionalisierung besonders in der Vernetzung der Ekphrasis innerhalb des Gesamtwerkes zu beobachten: Indem sie anhand von athenisch-kretischen Episoden und dem Sturz des Icarus, der hätte dargestellt sein sollen, wenn es dem Vater möglich gewesen wäre, Grundmotive der *Aeneis* wie *letum, poenas, amor* oder das durch *bis conatus, bis cecidere* umschriebene Scheitern aufnimmt und variiert, werden wesentliche Aspekte, welche die Handlungen der Hauptfigur Äneas begleiten, gespiegelt und intensiviert. Dieses Vor- und Zurückverweisen innerhalb der Handlung ist deutlich an den zur Beschreibung des auf den Türflügeln abgebildeten Labyrinthes verwendeten Motiven *labor* und *error* wahrzunehmen, die sowohl Symbol und Stimmungsbild für die folgende Beschreibung der Unterwelt sind als auch die Beschreibung des verlassenen Trojas *Aen.* 2 wiederaufnehmen; damit ist auf den Türen die Rahmung der eher odysseisch geprägten Hälfte der *Aeneis* visualisiert. Eine Intensivierung der Charakterzeichnung des Äneas ermöglicht dagegen z. B. das Angebot von zwei Vergleichsfiguren: Von Theseus unterscheidet er sich durch seine *pietas* und *fata*, von Dädalus dadurch, dass er sich anhand von Bildern mit seiner leidvollen Vergangenheit konfrontiert und sie in sein Leben integriert.

Viertens ist die Beschreibung der Türbilder und des Ortes Cumae dadurch für die Erzählung instrumentalisiert, dass die Zitate und die Auswahl der Beschreibungselemente sie inhaltlich und semantisch als

Gegenbild zu den Tempelbildern in Karthago stilisieren: Homerisch-ennianische Elemente, sakral-göttliche Motive und distanzierende Erzählstrukturen bilden einen archaisierenden Schwerpunkt in Cumae, der Ausdruck von Ehrfurcht, Tradition und Autorität ist, aber gleichzeitig im Kontrast steht zu den hellenistisch-elegischen Elementen in Karthago mit seinem lebhaften Treiben und der die Sinne ansprechenden, emotionalen Ekphrasis. Verbunden ist damit eine sich jeweils unterschiedlich entwickelnde Handlung: Cumae steht am Beginn des Ganges in die Unterwelt mit ihrem starken *pietas*-Akzent, und Karthago am Beginn einer tragischen Liebesgeschichte.

Wichtig ist des Weiteren die politische Aufladung der Ekphrasis, die wiederum eng mit der Darstellung dichterischer Leistung gekoppelt ist:
Die Türbilder stellen ein poetisches Instrument zur Deutung geschichtlicher Ereignisse dar, indem sie, als Station auf dem Weg zur *aurea aetas* am Ende der Schildekphrasis *Aen.* 8, erstens an Mythen erinnern, die um Tod, Leid und Scheitern kreisen, und damit die Konfrontation und Auseinandersetzung mit Leid am Beispiel des Dädalus als wichtigen Schritt zum Erfolg präsentieren. Zweitens gewinnen sie ihren Anspruch, eine gewichtige und für die Öffentlichkeit geltende Aussage zu machen, dadurch, dass sie an einem Tempel platziert sind, der zudem noch dem zum wichtigsten Gott avancierenden Apollo gehört; dass gerade ein typischer Bilderspeicher wie ein Tempel für diese Positionierung gewählt wird, erhöht dabei ihren programmatischen Charakter. Und drittens ist ihnen neben der klar auf die zeitgenössische Gegenwart ausgerichteten Blickrichtung eine starke Einbeziehung der nahen Vergangenheit zueigen, wie sich aus dem Kontext der Tempelweihung ergibt, die nach der erfolgreichen Überwindung eines schwierigen Lebensabschnittes, also von sicherem Stand aus rückblickend erfolgt. Auf diesem Hintergrund stellt die Ekphrasis der Türbilder eine Sinn stiftende Deutung der zeitgenössichen Gegenwart in der Form dar, die römische Bürgerkriegsvergangenheit in die anbrechende goldene Zeit zu integrieren, da diese gerade in der ständigen Erinnerung an vorangegangenes Leid ihren Sinn offenbart. Grundlegend hierfür ist

eine Stationenkette, die durch die narrative Funktionalisierung der Beschreibung, welche in diesem Fall über die gleiche Motivkombination „Hilfe durch Apollo" und „Opfer an seinem Tempel" geschieht, Delos, Actium und Buthrotum *Aen.* 3 mit Cumae *Aen.* 6 verbindet und als Ziel in der großen Schildekphrasis *Aen.* 8 mit Rom, dem palatinischen Apollotempel und Augustus mündet. Die Ekphrasis zu Beginn von *Aen.* 6 ist dabei selbst mit Assoziationen zur Gegenwart des politischen Rom aufgeladen, indem über Apollo und Sibylle als Leit- und Schutzgottheit des Urrömers sowie den hochgelegenen Tempel, die im Umfeld genannten schriftlich fixierten Sprüche der Sibylle sowie das Gelöbnis eines Marmortempels und von Festtagen zu Ehren Apollos das Säkularfest, der palatinische Apollotempel und der spätere Transfer der *libri Sibyllini* dorthin präsent sind. Unterstützend wirkt zudem, dass Cumae zur religiösen Keimzelle Roms stilisiert ist, indem Charakteristika des antiken Cumae, literarische Topoi und Elemente aus dem zeitgenössischen Stadtbild Roms gemischt und mit den weiter oben bereits gezeigten semantischen Anreicherungen akzentuiert werden.

Neben der Funktion, Geschichte rückblickend und in öffentlichem Rahmen zu deuten, ist die Ekphrasis für weitere Aussagen über dichterische Leistung instrumentalisiert. So wird eine besondere Dignität für den Dichter assoziiert, indem der bildende Künstler nicht nur mit göttlichem Vokabular beschrieben wird, sondern auch die herausragende Qualifikation hat, menschliches Pendant zum Künstler Vulcanus/Hephaistos zu sein. Die konstruktive Leistung, sprachlich einen Tempel mit Türbildern vor dem inneren Auge von Rezipienten zu errichten, hat darüber hinaus den Akzent, den bildenden Künstler zu übertreffen, indem die Dichtung in der Lage ist, selbst den in der bildenden Kunst nicht dargestellten Fall des Icarus sprachlich zu imaginieren.

4.1.1 Text, Inhaltsübersicht und Einordnung in den Kontext

Nach langem Umherirren und Suchen nach dem richtigen Platz zur Stadtgründung erreicht Äneas mit dem Rest seiner Mannschaft bei Cumae erstmals italisches Festland, verliert dabei jedoch den Steuermann Palinurus (Ende Buch 5). Kaum an Land, beginnt die Mannschaft, Feuer zu machen sowie Holz und Wasser zu suchen, während sich Äneas zielstrebig auf den Weg zum Orakel des Apollo macht.

at pius Aeneas arces quibus altus Apollo
10 *praesidet horrendaeque procul secreta Sibyllae,*
antrum immane, petit, magnam cui mentem animumque
Delius inspirat vates aperitque futura.
iam subeunt Triviae lucos atque aurea tecta.
Daedalus, ut fama est, fugiens Minoia regna
15 *praepetibus pennis ausus se credere caelo*
insuetum per iter gelidas enavit ad Arctos,
Chalcidicaque levis tandem super astitit arce.
redditus his primum terris tibi, Phoebe, sacravit
remigium alarum posuitque immania templa.
20 *in foribus letum Androgeo; tum pendere poenas*
Cecropidae iussi (miserum!) septena quotannis
corpora natorum; stat ductis sortibus urna.
contra elata mari respondet Cnosia tellus:
hic crudelis amor tauri suppostaque furto
25 *Pasiphae mixtumque genus prolesque biformis*
Minotaurus inest, Veneris monimenta nefandae,
hic labor ille domus et inextricabilis error;
magnum reginae sed enim miseratus amorem
Daedalus ipse dolos tecti ambagesque resolvit,
30 *caeca regens filo vestigia. tu quoque magnam*
partem opere in tanto, sineret dolor, Icare, haberes.
bis conatus erat casus effingere in auro
bis patriae cecidere manus. quin protinus omnia
perlegerent oculis, ni iam praemissus Achates

> 35 *adforet atque una Phoebi Triviaeque sacerdos,*
> *Deiphobe Glauci, fatur quae talia regi:*
> *'non hoc ista sibi tempus spectacula poscit;*
> *nunc grege de intacto septem mactare iuvencos*
> *praestiterit, totidem lectas de more bidentis.'*
> 40 *talibus adfata Aenean (nec sacra morantur*
> *iussa viri) Teucros vocat alta in templa sacerdos.*

Bei der Beschreibung des Ortes werden Burghügel, Haine und eine Höhle genannt sowie Apollo, Trivia und die Sibylle erwähnt (V 9-13); es folgt die Geschichte von Cumae und der Errichtung des Tempels durch Dädalus (V 14-9). Auf den Türbildern sind athenisch-kretische Episoden genannt: der Tod des Androgeos, das jährliche Opfer von Athenern für den Minotaurus, Pasiphae, Theseus, Ariadne und Dädalus (V 20-30a); auch Icarus hätte eigentlich einen Platz auf den Türen erhalten sollen, doch der Schmerz des Vaters hat dies verhindert (V 30b-33a). Unvermittelt kommt Achates mit der Sibylle, die zum Opfer auffordert und sie in den Tempel ruft (V 33b-41). Es folgen eine kurze Ekphrasis der Höhle der Sibylle, die Epiphanie des Apollo mit den Sprüchen der Sibylle, die Vorbereitungen zum Abstieg in die Unterwelt und schließlich der Besuch dort.

4.1.2 Narrative Funktionalisierung des Motivs

4.1.2.1 Funktion der Türbilder im engeren Kontext

Das Motiv der Beschreibung von Türbildern hat zwei Funktionen im engeren Kontext von *Aen.* 6: Erstens stellt es eine Retardation im Handlungsablauf dar, was sich an strukturellen und inhaltlichen Aspekten zeigen lässt, und zweitens nutzt die Ekphrasis die Tür als Metapher für Beginn und Abschluss von Themen.

Am Beginn von *Aen.* 6 agieren bis einschließlich V 13 bereits bekannte Handlungsträger (trojanische Mannschaft, Äneas); diese Ebene wird V 14-33a unterbrochen und erst V 33b wieder fortgesetzt (Achates, Äneas, Sibylle). Der Einschub ist seinerseits in sich gestaffelt: V 14-9 bieten mit ihrer Einleitung *ut fama est* auf einer dichterischen Kommentierungsebene das Aition für die Gründung des Apollotempels in Cumae und seine Verbindung mit dem Künstler Dädalus. Hiervon wird die Beschreibung der Türbilder ab V 20 abgesetzt, da *in foribus* in markanter Versanfangsstellung die Perspektive auf das Folgende fokussiert. Spätestens V 30b-33a befinden wir uns wieder auf der übergeordneten dichterischen Kommentierungsebene, was durch die überraschende Apostrophe an Icarus deutlich angezeigt ist;[256] von dieser wird mit *quin protinus* V 33b inhaltlich abrupt wieder zur Handlungsebene gewechselt. Es ergibt sich insgesamt also eine Schachtelung von drei Ebenen,[257] die konzentrisch um die Türbilder angeordnet sind; ihre Begrenzungen sind bis auf die Nahtstelle der Türbilder zur übergeordneten Ebene jeweils durch Neueinsätze gekennzeichnet.[258] Damit ist die Ekphrasis der Türbilder deutlich von der Haupthandlung getrennt und jegliche Verbindung zu handlungstragenden Personen unterbrochen. Sie führt den Handlungsverlauf also nicht weiter, sondern stoppt ihn. Somit haben die Bilder auch keinen Einfluss auf Äneas und sein Agieren, der erst nachträglich und durch den unspezifischen Plural *perlegerent oculis* V 34 auch nicht eindeutig als Betrachter assoziiert werden kann; die Bilder werden nicht mit den Augen des Äneas geschaut,[259] sondern transportieren ihre Aussagen lediglich vor das

---

[256] Ähnlich Pöschl in [270], S. 122.
[257] Siehe Putnam in [278], S. 77.
[258] Vgl. V 9: *at pius Aeneas* am Versanfang, V 14: *Daedalus, ut fama est* am Versanfang, V 20: *in foribus* am Versanfang, V 30b: *tu quoque* nach bukolischer Dihärese, V 33: *quin protinus* nach Hephthemimeres. Damit ist auch das Ende der Türbildekphrasis fließend und es möglich, den dichterischen Kommentar mit der Nennung des ursprünglich vorgesehenen zusätzlichen Themas „Sturz des Icarus" zur Beschreibung hinzuzurechnen.
[259] Die neueste Darstellung der gegenteiligen Meinung liegt mit Erdmann in [89], S. 489 (ähnlich auch Anm. 27) vor: „Durch die Suggestionskraft seiner Wortwahl leitet Vergil das Augenmerk auf die Gemeinsamkeiten zwischen Aeneas und Daedalus, wie Aeneas als Betrachter der Tempeltüren sie wohl wahrgenommen haben

geistige Auge eines Rezipienten der *Aeneis*.[260]

Da die Tür zu Beginn von *Aen.* 6 auch am Anfang des neuen Themas „Unterwelt" steht und in Stellung und Motiv mit dem Tor am Ende des Buches V 893-8 korrespondiert, ist sie für Rezipienten gleichsam der Einstieg in die Unterwelt; durch das tatsächliche Tor wird Äneas erst V 262f. gehen. Diese Funktion wird dadurch unterstützt, dass nach der Präsentation der Bilder, die aus logischen Gründen geschlossene Türen implizieren, die gedankliche Öffnung der Tür zum neuen Thema ihren Ausdruck in der Handlung der Sibylle findet, die V 41 Äneas und seine Begleiter in den Apollotempel ruft, was eine tatsächlich erfolgte Türöffnung voraussetzt.[261] In weiterem Sinne ist die Tür in Cumae auch die Tür zu Italien und damit ein großer Schritt in Richtung Ziel, denn Äneas betritt hier zum ersten Mal italisches Festland; damit lässt er gleichzeitig seine Irrfahrten durch das Mittelmeer hinter sich. Die durch die Ekphrasis bewirkte Retardation des Handlungsverlaufs steigert dabei die Wichtigkeit dieses Ereignisses.[262]

---

muß; er läßt den Leser mit Aeneas' Augen sehen. Und erst aus dieser Perspektive wird verständlich, warum Aeneas sich so in der Betrachtung des Dargestellten verliert". Für den Vorschlag einer anderen Funktion dieser bewusst ausgelassenen Verbindung zwischen Handlungsebene und Ekphrasis siehe weiter unten in 4.1.2.3 den Punkt „Struktur".

[260]Dass die Tempelbilder auf Äneas einen Effekt haben, wird allgemein angenommen und meist mit der Bildbeschreibung am Junotempel von Karthago *Aen.* 1 verbunden; siehe beispielsweise PÖSCHL in [271], S. 184: „Äneas wird beide Male als ein von schmerzlicher Erinnerung Erfüllter gezeigt: zwar wird in Buch VI nicht wie im I. Buch von seinen Tränen gesprochen, aber das *mentem mortalia tangunt* ist auch hier gegenwärtig" oder ERDMANN in [89], S. 497 mit Hinweis auf WILLIAMS in [356], S. 150 zur Ekphrasis in Buch 1. Dass diese Funktionalität jedoch nicht gilt, ist neben den dargestellten Gründen durch Unterschiede der beiden Ekphraseis begründet, die weiter unten in 4.1.2.3 ausgeführt werden.

[261]*Aen.* 6,41: *Teucros vocat alta in templa sacerdos*; das Tempelattribut *alta* nimmt dabei das Apolloattribut aus V 9 auf (*altus Apollo*).

[262]Unterstützt wird der Aspekt außerdem dadurch, dass die Beschreibung zu Beginn eines Buches steht, welches auch auf der Handlungsebene Äneas keinen Zentimeter näher zu seinem Ziel am Tiber bringt und damit im gesamten Werkduktus eine Retardation darstellt; unbeeinflusst bleiben davon natürlich die internen Handlungsmotivationen, die Äneas durch seine Katabasis erhält.

4.1.2.2 Funktion der Türbilder im weiteren Kontext

Die Türbilder spiegeln Grundmotive der *Aeneis* wieder, was im Folgenden an fünf Beispielen gezeigt werden soll. Auch wenn die Beschreibung von der Handlungsebene unabhängig ist und es keine Interaktion zwischen Äneas und den Bildern gibt, beschränkt sich die Auswahl dabei auf Themen, die im direkten Zusammenhang mit Äneas stehen, da er mit seiner Begleitung direkt vor und nach der Ekphrasis Handlungsträger ist und auf diesem Weg für Rezipienten Bezüge assoziiert und lenkt.

letum und *poenas* (V 1)
Die ersten beiden Schlagworte der Türbilder verweisen auf zwei der häufigsten Themen der *Aeneis*:[263] Als bedeutende Beispiele für *letum* können *Aen.* 3 die erste Station der Irrfahrten in Thrakien mit der Bestattung des Polydorus (3,13-72) und dem Tod des Anchises (3,707-15) genannt werden, *Aen.* 5 auf Sizilien als letzter Station vor Cumae die Totenfeiern für Anchises und der Tod des Palinurus sowie *Aen.* 6 die Begegnung mit den Toten und v. a. am Ende die Nennung von Marcellus, welche die des Icarus vom Anfang aufnimmt; in der zweiten Werkhälfte sind besonders die toten Söhne zu nennen, die jeweils von einem Elternteil betrauert werden, was *corpora natorum* 6,22 und die Trauer des Dädalus 6,30b-33a sehr deutlich aufnimmt.[264]
Poena ist besonders im unmittelbar folgenden Unterweltskontext wichtig, was sich in den zahlreichen Belegen zeigt.[265] Daneben sind inhalt-

---

[263] Kein Buch ist frei von Tod oder Strafe bzw. Rache, insgesamt gibt es allein 41 Belege für *letum, letalis* und *letifer* gegenüber z. B. nur zwei in den *Georgica* (2,456 und 4,481) und keinem in den *Eclogae* bzw. für *poena* insgesamt 38 Belege gegenüber wiederum nur zwei in den *Georgica* (1,405 und 4,455) und keinem in den *Eclogae*; *Aen.* 1 fällt dadurch auf, dass die Wortfamilie *letum* völlig fehlt und *poena* nur 1,136 belegt ist.

[264] Vgl. Euryalus (Klage der Mutter 9,473-502), Lausus (Trauer des Vaters 10,841-66; vgl. auch Äneas' Reaktion 10,821-30), Pallas (Trauer des Äneas und Euander 11,14-181) und vorher bereits Polites (Trauer des Priamus 2,531-46); kurzer Hinweis von HAUCK in [148], S. 97.

[265] Neben V 20 noch V 530, V 543, V 565, V 585, V 614f., V 627, V 821 und im Rückblick auf dem Schild 8,668. Darüber hinaus gehören die meisten Belege in den

lich hervorzuheben 4,386, als Dido Äneas *poenas* dafür ankündigt, dass er sie verlässt, 5,786, als Venus sich über Juno beklagt, dass sie Troja *poenam...per omnem* zerstört habe, und 12,949, im viertletzten Vers der *Aeneis*, als Äneas Turnus ermordet.

amor (V 24 und V 28)

Die Liebe der Pasiphae und Ariadne ruft drei weitere Liebende in Erinnerung: Erstens ist Dido zu nennen, deren verzehrende Leidenschaft[266] und Titel *regina*[267] den deutlichsten Bezug zu Pasiphae und Ariadne herstellen;[268] damit werfen die Türbilder sowohl einen Blick zurück auf *Aen.* 1 und 4 als auch nach vorne auf die Begegnung Äneas – Dido 6,450-76.[269] Zweitens gehört in diesen Kontext möglicherweise auch

---

Kontext der Bestrafung im Kampf, z. B. 9,356: *poenarum exhaustum satis est, via facta per hostis.*

[266]So ist z. B. *crudelis* 6,24 auch Bezeichnung für Äneas als Didos Liebhaber 4,311 und 4,661, *furto* aus 6,24 klingt in Didos Strategie für ihre Liebe zu Äneas an (4,171 *nec iam furtivum Dido meditatur amorem*) und ist genau der Vorwurf, gegen den sich Äneas rechtfertigen muss (4,305 *dissimulare etiam speras ti, perfide,* 4,337f. *neque ego hanc abscondere furto/ speravi (ne finge) fugam*), und in der Bezeichnung des Minotaurus als *Veneris monimenta nefandae* 6,26 ist Didos Bezeichnung der ihr gebliebenen Reliquien von Äneas aufgegriffen (4,497f. *abolere nefandi/ cuncta viri monimenta iuvat*). Hinweise hierauf bei HAUCK in [148], S. 106-8 und PUTNAM in [278], S. 82.

[267]Ariadne ist nie Königin gewesen, worauf PÖSCHL in [271], S. 183 Anm. 21 hinweist, und der Titel muss 6,28 auch nicht gewählt sein, weil ihr Name im Versmaß nur schwer zu verwenden gewesen wäre, wie NORDEN, S. 129 meint, denn dann hätte nicht noch das Wortspiel *reginae...regens* die Form betonen müssen, was ERDMANN in [89], S. 489 bemerkt. Natürlich ist *regina* für die Tochter einer Königin nicht falsch, was AUSTIN, S. 45 mit *Aen.* 1,273f. (Ilia, Tochter des Königs Numitor) und Val. Fl. 5,373 (Medea als Tochter des Königs Aietes) belegt; aber gerade dieses Bedeutungsspektrum ermöglicht es, mit seiner Grundbedeutung auf Dido zu weisen, wie sie z. B. *Aen.* 1,303 bei ihrer ersten Nennung bezeichnet ist.

[268]Alternativen ohne Halt im Text bieten darüber hinaus RUTLEDGE in [291], S. 113 und OTIS in [253], S. 284 Anm. 1.

[269]ERDMANN in [89], S. 497. Der Bezug zu Frauen mit grausamer Liebesgeschichte in der Unterwelt insgesamt ist darüber hinaus durch die Einleitung dieses unterirdischen Abschnittes 6,442 mit *hic quos durus amor crudeli tabe peredit* markiert, einem Zitat von 6,24, in dessen weiterem Verlauf auch Pasiphae 6,447 genannt ist; Hinweis bei HAUCK in [148], S. 106f.

die Liebe zwischen Äneas und seiner Gattin Creusa, deren Schattenbild sie 2,784 als *dilectae...Creusae* bezeichnet. Und drittens schwingen zwei Vater – Sohn – Beziehungen der *Aeneis* mit:[270] zwischen Dädalus und Icarus 6,30-3 und zwischen Äneas und Ascanius/Iulus mit der ausdrücklichen Bezeichnung *amor*.[271]

labor und *error* (V 27)

Abgesehen davon, dass Irrfahrten und Mühen das Thema der *Aeneis* sind,[272] ist besonders die thematische Verknüpfung mit dem Labyrinth und dessen sprachliche Bezeichnung interessant:[273] Die Umschreibungen *hic labor ille domus et inextricabilis error* V 27, *dolos tecti ambagesque* V 29 und *caeca vestigia* V 30 werden in ihren Einzelelementen bei der Beschreibung der Höhle der Sibylle[274] sowie der Unterwelt aufgenommen und ausgebaut.[275] Hinzu kommt, dass das auffällige Epithe-

---

[270] Das Verhältnis von Anchises und Äneas wird im Übrigen mit *pietas* umschrieben; vgl. z. B. 6,687 und die Analyse unter dem Punkt „*pietas*".

[271] Vgl. z. B. 2,789 *nati serva communis amorem* die Aufforderung am Ende der Rede des Schattens der Creusa, 1,643f. *patrius...amor* und 1,716 *magnum...falsi genitoris implevit amorem*, als Cupido den Platz des Sohnes eingenommen hat.

[272] Insgesamt sind *labor/laborare* 77-mal belegt und *error/errare* 42-mal; das Wortfeld „Herumirren" ist dabei v. a. in der ersten Werkhälfte zu finden, in der zweiten Hälfte beschränken sich die Belege auf 7,199, 7,491, 7,493, 7,498, 9,393, 10,110, 10,392 und 11,135.

[273] Möglicherweise wird 6,27 auf eine Etymologie angespielt, die aus dem Mittelalter überliefert ist; vgl. NORDEN, S. 129 und ERDMANN in [89], S. 490 ohne konkrete Stellenangabe. Diese sieht in *labyrinthus* die Kombination von *labor intus*, womit der Ausdruck proleptisch und metonymisch für die Folgen gesetzt wäre, die derjenige erleidet, der sich in das Labyrinth begibt.

[274] Die Höhle der Sibylle wird in der Sekundärliteratur nirgends eigens erwähnt, da sie offenbar schon zum Reich der Unterwelt zählt; dies überdeckt jedoch ihre Funktion, Übergangsstadium zwischen Ober- und Unterwelt zu sein, was sich in ihrer sprachlichen und inhaltlichen Anknüpfung an die vorausgehende Türbildekphrasis zeigt. Vgl. jedoch NORDEN, S. 133: „Die ἔκφρασις τόπου wird verselbständigt und asyndetisch an das Vorhergehende angeschlossen".

[275] Einzelne Hinweise z. B. bei PUTNAM in [278], Anm. 19, ERDMANN in [89], S. 504 und ENK in [87]. So findet sich beispielsweise der Aspekt der Mühsal wieder in *hoc opus, hic labor est* V 129 und *insano iuvat indulgere labori* V 135, das Umherirren und die Irrwege in *errant* V 329 (Unbestattete am Flussufer), *errabat* V 451

ton *inextricabilis* V 27 vor Vergil nur im Unterweltskontext belegt[276] und Minos als Auftraggeber des Labyrinthes[277] und Unterweltsrichter (V 432) mit beiden Kontexten verbunden ist.[278]

Die Funktion dieser poetisch konstruierten Bezüge ist, die inhaltliche Zusammengehörigkeit der Themen zu stärken, wodurch für den *Aeneis*-Rezipienten die Katabasis schon zu Anfang des Buches in verdichteter Form vorbereitet und in ihrer Wichtigkeit betont wird; das Labyrinth ist damit Symbol und Stimmungsbild für das folgende Unterweltsthema.[279]

(Dido) und *horrendas ambages* V 99 (Höhle der Sibylle) sowie der Hauscharakter in *vestibulum ante ipsum* V 273 und *domos...adires* V 534. Dass bestimmte Charakteristika wie Dunkelheit oder der Vergleich der den Menschen unbekannten Unterwelt mit ihnen bekannter Hausarchitektur topisch sind, worauf z. B. STÄRK in [322], S. 50 und REHM in [284], S. 74-9 hinweisen, steht der Verbindung der verschiedenen Themen nicht im Weg, sondern unterstützt vielmehr die gleiche Wortwahl für Labyrinth, Höhle und Unterwelt.

[276]*Inextricabilis* ist für Varro belegt, und zwar ebenfalls als Attribut für ein Labyrinth, das in einem Grabmal angelegt war; vgl. die Überlieferung Plin. *nat.* 36,91. Die Verbindung von Tod und labyrinthischen Gängen diskutiert ENK in [87], S. 325f. mit Verweis auf Plat. *Phaid.* 108A und Diod. 1,61. Ähnlich ist Catull. 64,115 *inobservabilis error* und Verg. *Aen.* 5,591 *inremeabilis error*, jeweils für die Beschreibung der Windungen des Minotaurus-Labyrinthes. Während diese beiden Adjektive danach nur Attribute anderer Substantive sind (z. B. *Aen.* 6,425, Stat. *Theb.* 1,96 oder Plin. *nat.* 2,77), ist *inextricabilis* weiterhin im Kontext des Minotaurus-Labyrinthes belegt, was in der Rezeption der vergilischen Textstelle begründet sein dürfte; vgl. Hyg. *fab.* 40,3 und Aug. *civ.* 18,13. Nimmt man hinzu, dass Plinius bei seinen Labyrinthbeschreibungen außer dem Varrozitat mit *inextricabilis nat.* 36,85 und 36,87f. auch *inexplicabilis* verwendet, leitet sich Vergils *inextricabilis* offenbar von Varro und Catull ab und ist mit dem Worttypus Vorlage für ähnliche Labyrinthbeschreibungen. Dass dies jedoch kein festgeprägtes Schema ist, zeigt Ovids Beschreibung des kretischen Labyrinthes *met.* 8,159-68, in der es zwar Anklänge an Vergil gibt, aber kein solches Adjektiv; am nächsten kommt dem noch *innumeras errore vias* V 167.

[277]Darüber hinaus assoziieren ihn bereits *Minoia regna* V 14 und *Minotaurus* V 26.

[278]Für beide Aspekte siehe ERDMANN in [89], S. 491f.

[279]Dies ist allgemeiner Konsens, die inhaltliche Präfiguration wird jedoch unterschiedlich weit gesehen. Siehe z. B. BÜCHNER in [44], Sp. 1382, ENK in [87], S. 330, OTIS in [253], S. 284f., KLINGNER in [193], S. 496, RUTLEDGE in [291], S. 113 und 115, PÖSCHL in [270], S. 120 und in [271], S. 183f., sowie ERDMANN in [89], S. 490 und 492.

Außerdem ist der Eindruck eines Labyrinthes auch aus der Beschreibung des verlassenen Troja und Äneas' Suche nach Creusa *Aen.* 2,736-94 präsent.[280] Die dortige Begegnung mit dem Schatten der Creusa weist auf die dem Äneas in der Unterwelt erscheinenden Schatten voraus, was zu der gerade genannten Funktion des Labyrinthes als Einstimmung auf die Unterwelt passt; gleichzeitig sind durch diese Referenz Anfang und Ende der stark odysseeisch geprägten Hälfte der *Aeneis* durch das düstere Motiv gerahmt und bilden eine in sich geschlossene Einheit.[281]

bis conatus.../ bis...cecidere (V 32f.): Scheitern

Das Motiv des Scheiterns spiegelt das Grundthema der Irrfahrten wider. In der besonders dramatischen Form V 32f. mit der Anapher des Zahladverbs zu Beginn zweier aufeinanderfolgender Verse und mit einer dreifachen Alliteration auf c (*conatus, casus, cecidere*) ist es noch zweimal innerhalb der *Aeneis* zu finden: *ter conatus.../ ter frustra* 2,792f. gibt den vergeblichen Versuch des Äneas wieder, Creusa zu umarmen, und dies ist gleichzeitig Vorlage für das Zitat 6,700f., als Äneas vergeblich versucht, Anchises zu umarmen. Ähnlich sind noch *ter conatus utramque viam, ter maxima Iuno/ continuit* 10,685f., allerdings mit einer Anapher innerhalb des Verses, als Turnus dreimal versucht, sich umzubringen und dreimal von Juno daran gehindert wird, und *iterumque iterumque vocavi* 2,770, als Äneas im zerstörten Troja vergeblich nach Creusa ruft.[282]

---

[280] Vgl. besonders *erravit* 2,739 und *vestigia* 2,753. Eine kurze sprachliche Analyse bietet ERDMANN in [89], S. 500f.

[281] KNIGHT in [197], S. 167f., FITZGERALD in [92], S. 59-61 und ERDMANN in [89], S. 500-5 sehen weitere labyrinthische Motive noch in den Reiterbewegungen bei den Trojaspielen (*Aen.* 5,583-93) und dem Endkampf zwischen Äneas und Turnus (*Aen.* 12,763f.), ohne allerdings einen plausiblen inhaltlichen Bezug zu den Türbildern herzustellen.

[282] An Dramatik vergleichbar sind des Weiteren die Anaphern von *ter* 4,690f. (Didos letztes Aufbäumen) und 10,885f. (Mezzentius umringt Äneas), sowie von *bis* 9,799f. (Turnus' letzte Angriffe vor seinem rettenden Sprung in den Fluss), 11,629f. (Kampfszene zwischen Tuscern und Rutulern), als Anapher innerhalb eines Verses 2,218 (Schlangen erwürgen Laokoon) und 6,134 (zweimaliges Befahren des

pietas

Der Begriff *pietas* ist selbst nicht in der Ekphrasis verwendet, doch über den Vergleich mit zwei präsenten Personen und einen motivischen Bezug umschrieben:

1. Mit der Ariadne-Geschichte V 28-30a leuchtet Theseus im Hintergrund auf, der als Vergleichsfolie für Äneas assoziiert werden kann.[283] Beide gelangen als Fremde zu einer Königin bzw. deren Tochter, die sich in den Ankömmling verlieben, beide enttäuschen am Ende jedoch das ihnen entgegengebrachte Vertrauen und verlassen die Frauen. Beide Helden betreten einen Bereich, aus dem es eigentlich kein Zurückkommen gibt (Labyrinth, Unterwelt), finden den Ausweg aber durch einen Helfer (Dädalus, Sibylle).[284] Über das Motiv des Labyrinths stehen auch beide im Bezug zu Dädalus, der sowohl den kretischen Irrgarten als auch sein Abbild auf den Tempeltüren geschaffen hat. Der entscheidende Unterschied jedoch, der allein Äneas erfolgreich machen wird, tritt im Anschluss an die Tempeltürszene deutlich zu Tage:[285] Als Charon unwillig Äneas und die Sibylle am Unterweltsfluss begrüßt, weist diese explizit darauf hin, dass sich der jetzige Gast durch seine *pietas* (V 403 und V 405) und die Berufung durch sein Schicksal (der goldene Zweig V 406, von dem sie vorher V 146f. gesagt hatte, dass ihn nur der pflücken kann, den das Schicksal dazu beruft) von früheren

---

Styx und Sehen des Tartarus) oder mit *quinque...totidemque* 12,763f. (Äneas und Turnus verfolgen sich fünfmal im Todeskampf), was das Maximum an Dramatik ausdrückt. Dieselbe Funktion hat die Stilfigur schon bei Homer *Od.* 11,206f., τρὶς μὲν ἐφορμήθην..., τρὶς δὲ, als Odysseus seine Mutter Antikleia umarmen will, und *georg.* 1,281-3 *ter sunt conati.../ .../ ter*, als die Titanen versuchen, Pelion und Ossa aufeinander zu setzen, dieser Turmbau aber von Zeus gesprengt wird.

[283] Für die folgenden Analysepunkte siehe ERDMANN in [89], S. 498f.

[284] Es ist nicht richtig, dass beiden von einer Frau geholfen wird, wie ERDMANN in [89], S. 499 behauptet. Wenn sie die vergilische Sibylle nennt, wäre es konsequent, auch die vergilische Version der Theseusrettung durch Dädalus V 28-30a heranzuziehen (und nicht die prominentere durch Ariadnes Wollknäuel, wie sie z. B. Diod. 4,4 nennt), so wie sie auch die vergilische Lesart von *caeca...vestigia* als dunkle Pfade des Labyrinths nennt (analog zu *Aen.* 5,589 *parietibus...caecis* beim Vergleich der Reiterbewegungen mit dem kretischen Labyrinth), anstatt z. B. Catulls Version der Spuren des Theseus zu verwenden (Catull. 64,113 *errabunda...vestigia*). Hinweise hierzu bei PUTNAM in [278], Anm. 8.

[285] Dies und das folgende dargelegt von ZARKER in [368].

Eindringlingen wie Theseus und Peirithoos unterscheidet, die sich mit Gewalt Zugang verschafft hatten, um Proserpina zu entführen, und nun im Tartarus leiden.[286]

2. Dädalus, der in seiner Tempelweihung als *pius* charakterisiert wird, ist die wichtigste Vergleichsfolie für Äneas. Dies ist aus zwei Gründen erkennbar: Erstens ist er eine neue Person, die zudem mit dem neuen Motiv eines Tempels verbunden wird, wenn man *Aen.* 6 mit dem intertextuellen Vorbild Hom. *Od.* 11,14-22 vergleicht.[287] Zweitens sind die Tempeltürbilder von Dädalus gerahmt, der wiederum von der Handlung des Äneas umgeben ist; da zudem der Wechsel der Ebenen am Ende jeweils abrupt kontrastierend erfolgt, wird ein direkter Bezug zwischen Dädalus und Äneas nahegelegt.

Beide werden über die *pietas* hinaus in wichtigen Motiven der *Aeneis* parallelisiert:[288]

Sie verlieren auf ihrem Weg, bevor sie ihr Ziel erreichen, einen engen Angehörigen – Dädalus seinen Sohn Icarus, Äneas seinen Vater Anchises.[289] Beide kommen auf ihrer Flucht endlich (*tandem* V 2

---

[286] V 617-20 mit dem Ruf des Phlegyas *discite iustitiam moniti et non temnere divos*.

[287] Dort wird die Stadt der Kimmerier beschrieben, nicht aber eine weitere Person eingeführt oder ein Gebäude erwähnt.

[288] Wenig spezifisch ist der Hinweis von PÖSCHL in [270], S. 120 und [271], S. 182, dass Dädalus und Äneas vom Schicksal aus der Heimat Vertriebene sind, da sie dies mit vielen anderen in der *Aeneis* gemeinsam hätten (z. B. Antenor, Diomedes, Andromache, Helenus, Dido und Euander). Eher ein Unterschied als eine Gemeinsamkeit liegt im Motiv des Erbarmens, das er in [271], S. 183 nennt: Dädalus erbarmt sich zwar der Liebe einer Frau (V 28), doch Äneas erbarmt sich gerade eben nicht der Liebe Didos, wie *Aen.* 4,305-96 zeigt; dort bittet Dido um Mitleid (*miserere domus labentis* V 318) und stellt fest, dass Äneas es ihr nicht gewährt (*miseratus amantem est?* V 370), während diese Wortfamilie in Äneas' Reaktion V 331-61 und 393-6 kein einziges Mal verwendet ist. Stattdessen erbarmt sich Juno der dahinsterbenden Dido (*Iuno omnipotens longum miserata dolorem* V 693). Äneas erbarmt sich auch nicht bei seiner Abfahrt und dem Blick zurück, sondern erst *Aen.* 6,476, als er ihr in der Unterwelt begegnet und sein Mitleid für sie keine Bedeutung mehr hat (*miseratur euntem*).

[289] Dadurch ergibt sich ein reziprokes Verhältnis der Trauernden und Betrauerten: Das eine Mal trauert der Vater um seinen Sohn, das andere Mal der Sohn um seinen Vater. Dieser Bezug ist auch Grund dafür, den Vorschlag von PUTNAM in [278], Anm. 3 zurückzuweisen: Das passive *redditus* V 18 zeige, dass beide für ihr sicheres

und V 17) in Cumae an; Dädalus landet auf der Akropolis (*Chalcidicaque...arce* V 17), während Äneas' erster Weg ebenfalls genau dorthin führt (*arces...petit* V 9f.).[290] Sie sind nicht nur *pius*, sondern auch insbesondere Apollo verbunden, was deutlich eine poetisch konstruierte Fortsetzung der Dädalus-Geschichte durch Äneas zeigt: Dädalus errichtet als Dank für seinen sicheren Flug dem Gott einen Tempel, zu welchem Äneas kommt, um von Apollo durch die Sibylle eine Prophetie zu erhalten und ihm selbst als Dank einen Tempel zu geloben (V 69f.).[291] Wie oben gezeigt wurde, sind beide ein Beispiel für Scheitern; und sie werden in Bezug zu Bildern gesetzt, die ihre leidvolle Vergangenheit zeigen (Dädalus mit den Türbildern *Aen.* 6, Äneas mit den Bildern am karthagischen Junotempel *Aen.* 1,453-95 und mit der Statuenparade am Ende von *Aen.* 6). Hierin liegt aber auch genau der Unterschied, durch den Äneas seine mythische Vergleichsfigur überragt: Äneas konfrontiert sich mit seiner leidvollen Vergangenheit, durchlebt sie, durch die Bilder angeregt, ein zweites Mal und integriert sie damit in sein Leben; Dädalus dagegen scheitert genau in diesem Punkt (V 30-33a). Für Äneas sind am Ende von *Aen.* 6 die Irrfahrten abgeschlossen, so dass er *Aen.* 8 bereit ist, mit dem Schild die Zukunft der Römer zu schultern.[292]

Durchqueren eines fremden Elementes jeweils *unum caput* (Neptun zu Venus *Aen.* 5,815) bezahlen müssten, also Palinurus die Parallele zu Icarus sei.

[290] Siehe ERDMANN in [89], S. 489 und HAUCK in [148], S. 102-4.

[291] Siehe PUTNAM in [278], S. 75f. und ERDMANN in [89], S. 489. Die dort von ihr genannte weitere Gemeinsamkeit, dass beide auf „unbekanntem Weg" fliehen würden, existiert nicht, da sie so nicht formuliert ist. Erstens ist die Grundbedeutung von *insuetum* „ungewohnt, ungewöhnlich", unter der bei KUHLMANN in [204], Sp. 2030,56f. auch unsere Textstelle zu finden ist; zweitens ist eine Seereise für Äneas wohl weder unbekannt noch ungewohnt, da er mit Troja in einer dicht am Meer gelegenen Stadt lebte (vgl. MANNSPERGER in [227], S. 463f. und S. 469f.), die eine „wichtige Hafenstadt" war, „die jeder Römer kennenlernte, wenn er nach Kleinasien fuhr".

[292] Einen ähnlichen Ansatz bietet ERDMANN in [89], S. 493-5, der jedoch durch eine rigide Labyrinth-Analogie getrübt wird: Dädalus versuche durch sein Kunstwerk, das seine Geschichte von Anfang bis Ende nachzeichne, den verderbenbringenden, labyrinthischen Kreislauf seines Lebens aufzubrechen. Äneas' Aufgabe sei es, genau dies ebenfalls für sein Leben zu tun, indem er schrittweise seine Vergangenheit noch einmal erlebe, dabei aber im Gegensatz zu Dädalus die Unterwelt ganz durch-

3. Über die Motivkombination, dass Äneas einen Apollotempel aufsucht, dort opfert, betet und um eine Prophetie bittet, die er von Apollo bzw. durch ein Medium erhält, was insgesamt *pietas* ausdrückt, tritt die Ekphrasis zu zwei ähnlichen Handlungsfolgen in der *Aeneis* in Bezug: *Aen.* 3,84-120 kommt Äneas nach Delos zum Apollopriester und König Anius und bittet am Apollotempel um eine Prophetie, die ihm eine Stimme verkündet. Anchises deutet den Spruch und verrichtet anschließend die gebührenden Opfer. *Aen.* 3,358-462 ist Äneas dagegen in der Stadt Buthrotum und bittet den König und Seher Helenus um eine Prophetie. Dieser opfert brauchgemäß, führt Äneas zur Schwelle des Apollotempels und verkündet dort ausführliche und konkrete Anweisungen aus göttlichem Munde. Die Übereinstimmungen in den einzelnen Handlungsteilen sind offensichtlich; Unterschiede liegen neben der variierten Abfolge der Elemente in den Personen, die sie ausführen: Ist es bei der ersten Parallele zwar Äneas, der um die Prophetie bittet, so deutet diese und verrichtet die Opfer sein Vater Anchises. Beim zweiten Mal bittet zwar wiederum Äneas um die Prophetie, es opfert aber der Apollopriester Helenus; er ist es auch, der während der Verkündung des Apollospruches diesen gleichzeitig deutet. *Aen.* 6 dagegen ist es Äneas, der opfert, um die Prophetie bittet und danach feststellt: *non ulla laborum,/ o virgo, nova mi facies inopinave surgit;/ omnia praecepi atque animo mecum ante peregi* (V 103-5). Er braucht keine Deutung oder eine andere Person mehr, die ihm den kultischen Teil abnimmt, sondern er ist jetzt, nach dem Umherirren und seinen Erlebnissen, selbst dazu in der Lage. Da keine ähnliche Szene in den folgenden Büchern mehr vorkommt, beschließt *Aen.* 6 einen Abschnitt seiner persönlichen Entwicklung: Ab nun sind die kultischen Fertigkeiten nicht mehr auf mehrere Personen verteilt, sondern Äneas selbst ist kultisch qualifiziert; wenn er im Folgenden auch noch seinen Vater in der Unterwelt besucht, hat er beide Facetten eines *pius vir* in sich vereint: Das Pflichtbewusstsein und Wissen um die richtigen religiösen

---

laufe, um endgültig sein Leid hinter sich zu lassen und einen neuen (positiveren) Lebensabschnitt beginnen zu können. Natürlich lassen sich, wie oben gezeigt, Unterwelt und Türbilder mit einem Labyrinth assoziieren; doch nirgendwo gibt es eine Anspielung, dass das Leben des Dädalus labyrinthisch gewesen ist.

Praktiken gegenüber den Göttern und Vorfahren.

4.1.2.3 Funktion des Ortes Cumae

Cumae als Ort, an dem die Türbilder imaginiert werden, ist als ehrwürdige, sakrale Landmarke stilisiert, die innerhalb der *Aeneis* in Kontrast zum lebhaft-emotionalen Eindruck Karthagos *Aen.* 1 und den dortigen Tempelbildern tritt. Beide Orte präfigurieren damit in gewissem Sinne die sich aus ihrem Besuch entwickelnde Handlung: Cumae als Beginn des Ganges in die Unterwelt, der Abschluss der kultischen Qualifikation des Äneas und Ausdruck seiner *pietas* ist, und Karthago als Beginn einer tragischen Liebesgeschichte. Die Türbilder *Aen.* 6, die, wie soeben gezeigt, Grundmotive der gesamten *Aeneis* variieren, weisen entsprechend in ihrem Grundton eine Mischung auf: Zu Beginn liegt der Schwerpunkt auf sakral-göttlichen, homerisch-ennianischen Assoziationen sowie der Evokation von Distanz und statischer Ruhe, die Ehrfurcht und ehrwürdige Tradition vermitteln; ab V 24 verschiebt sich dies jedoch zu einer hellenistisch-elegischen Stilisierung, die emotionsgeladen wirkt und das Subjektive betont.

Archaische und sakral-göttliche Elemente
Archaische und sakral-göttliche Elemente, die besonders zum Ausdruck von ehrwürdiger Tradition geeignet sind, kennzeichnen die Darstellung Cumaes insgesamt sowie den Beginn der Türbildbeschreibung:
1. Die strukturelle Selbständigkeit und grammatikalische Unabhängigkeit der Ekphrasis von Cumae und der Türbilder von der Haupthandlung, die bereits weiter oben S. 91 aufgezeigt worden sind, erzeugen eine sehr deutliche Distanz. Hinzu kommen die Referenz auf einen Mythos *ut fama est* V 14 und das Fehlen von direkter Rede, wodurch jegliche Involvierung der Handlungsfiguren in die Ekphrasis unterbunden ist.
2. Die Handlungen in Cumae sowie im direkten Kontext sind durch

göttlich-sakralen Bezug gekennzeichnet:[293]
Äneas begibt sich in Cumae als Erstes zu einem Tempel, der mit seinen Bildern ein Dankgeschenk des Dädalus ist; die Bilder zeigen darüber hinaus V 20-2 ein Opfer, das V 37-41 in der Rede der Sibylle aufgenommen wird.[294] Wenn Dädalus durch die Luft fliegt und auf der Akropolis landet, so weckt dies göttliche Assoziationen;[295] dabei deutet *praepes* V 15 auf augurale Herkunft hin.[296] Ebenso sind die Befragung eines Orakels,[297] die Ekstase und Prophetie der Sibylle und die Katabasis an sich religiöse Handlungen,[298] die durch die Nennung der Trivia und das mystische Ritual des goldenen Zweiges gestärkt werden.[299]

---

[293] Der größere Rahmen ist dabei homerisch, da das Motiv des Unterweltbesuches und v. a. Kampanien vor Vergil homerisch besetzt waren, vgl. z. B. PHILLIPS in [267] oder WOLF in [360]; zu den in diesem Kontext stereotypen Aspekten vgl. z. B. STÄRK in [322], S. 48-55 und CANCIK in [48], S. 56f. Davon unbeeinflusst bleibt, dass in Folge der *Aeneis* jedoch im literarischen Bewusstsein die homerische (Odyssee-)Landschaft von einer vergilischen (*Aeneis*-)Landschaft abgelöst und die aufgrund der langen literarischen Tradition bestehende Sagenvielfalt in nachvergilischen kampanischen Ekphraseis eindeutig auf die aeneische Auswahl und Aussagen fokussiert wird; vgl. STÄRK in [322], S. 62-98.

[294] Der Bezug ist durch die Wiederholung der Zahl Sieben (*septena...corpora* V 21f. und *septem...iuvencos* V 38) gestärkt; vgl. PUTNAM in [278], Anm. 5. Nachträglich besteht über diese Referenz die Möglichkeit, in der ungewöhnlichen Nennung von nur sieben athenischen Opfern (entgegen den üblicherweise sieben Jungen und ebensovielen Mädchen) durch die Fortsetzung V 39 *totidem lectas...bidentis* auch auf den Türbildern eine Doppelung der Menschenopfer mitzuhören; vgl. FITZGERALD in [92], S. 58 und Anm. 19.

[295] Vgl. *Aen.* 6,17 mit der Landung des Merkur 4,252f.

[296] Siehe Gell. 7,6 und die Diskussion bei NORDEN, S. 124.

[297] Vgl. in diesem Kontext auch *sortes ducere* V 22, das neben dem Hinweis auf eine Auslosung gleichzeitig auch das Wortfeld für Orakel assoziiert; siehe z. B. Cic. *div.* 1,34 *oracla..., quae aequatis sortibus ducuntur*, Verr. 4,143 *'CUM SURGERET NEMO NEQUE SENTENTIAM DICERET'...'SORS DUCITUR'* oder Iuv. 6,583 *sortes ducet* im Umfeld von Wahrsagerei.

[298] Vgl. CANCIK in [48], S. 61-3 und S. 66.

[299] Vgl. NORDEN, S. 163-73. Weitet man den Betrachtungsrahmen, so gehört hierhin auch das Motiv der Totenehrung, das mit den Leichenspielen für Anchises Buch 5 beherrscht und das in der Bestattung des Misenus Aen. 6,149-84 und 6,212-35, der Ankündigung der ehrenvollen Bestattung des Palinurus 6,378-81 sowie dem Epikedion des Anchises auf Marcellus und seinem Blumenstreuen 6,860-86a folgt. Insgesamt gesehen ist der sakral-göttliche Kontext durch das Ziel der ganzen *Aeneis* überhaupt vorgegeben, das *fatum* zu vollstrecken, wobei die Hauptperson

3. Die Personen sind mit göttlich-sakralen und homerischen Assoziationen behaftet:
Äneas ist als *pius* V 9 bezeichnet, Dädalus indirekt dadurch, dass er einen Tempel errichtet; neben den gerade aufgezeigten göttlichen Konnotationen ist er zusätzlich durch seine besondere Erfindungsgabe und Berühmtheit als Künstler von anderen Menschen abgehoben und gilt als menschliches Pendant zu Vulcanus/Hephaistos.[300] Daneben verweisen Sibylle, Trivia und Apollo auf die göttliche Sphäre. Gleichzeitig deutet die Sibylle durch ihren Namen und ihre Genealogie weit in die Frühzeit zurück, genauso wie Dädalus, dem fast sämtliche alte Bauwerke und hölzerne Götterbilder zugeschrieben werden, und die Personen auf den Türbildern, die mit Dädalus verknüpft sind. Die Sibylle als Seherin im Kontext des Unterweltbesuches steht darüber hinaus wie Äneas in homerischer Odyssee-Tradition.
4. Was die sprachliche Stilisierung betrifft, so sollen vier Beispiele vom Beginn der Ekphrasis herausgegriffen werden:
Erstens erinnert *mentem animumque* V 11 sehr an κατὰ φρένα καὶ κατὰ θυμόν Hom. *Il.* 1,193 sowie an *mentem atque animum* Enn. scaen. 198 JOCELYN. Zweitens ruft *praepetibus pennis (ausus se credere caelo) Aen.* 6,15 τύνη δ' οἰωνοῖσι τανυπτερύγεσσι κελεύεις πείθεσθαι Hom. *Il.* 12,237f. ins Gedächtnis,[301] was noch durch die Alliteration auf *p* bzw. *c* hervorgehoben ist. Drittens ähnelt *gelidas enavit ad Arctos Aen.* 6,16 *(Venus) transnavit cita per teneras caliginis auras* Enn. ann. 21 SKUTCH (= *fr.* 19 VAHLEN), was durch die Hyperbel und Metapher betont ist. Und viertens ruft *levis...super astitit arce Aen.* 6,17 Hom. *Od.* 5,50 in Erinnerung,[302] wo Hermes auf dem Weg zu Kalypso sei-

---

permanent durch göttliche Hilfe gelenkt wird; die Ereignisse an den von der Flotte angelaufenen Stationen stehen alle in göttlich-sakralem Kontext: sei es, dass in Thrakien Polydoros, in Drepanum Anchises bestattet wird, sei es, dass Äneas immer wieder (Apollo-)Tempel aufsucht (Delos, Actium, Buthrotum) oder dass er Weissagungen von Penaten (Kreta) oder Harpyien (Strophaden) bekommt.

[300] Vgl. z. B. Diod. 4,30; für eine Stellensammlung zum Bezug zwischen Dädalus und Hephaistos/Vulcanus siehe KASSEL in [185].

[301] Ähnlich auch Enn. ann. 97 VAHLEN (= 89 SKUTCH) *(cedunt de caelo ter quattuor corpora sancta/) avium, praepetibus sese pulchrisque locis dant.*

[302] NORDEN, S. 125 hält dies stattdessen für eine „unmittelbare Reminiszenz" an Pind. *fr.* 51a SNELL/MAEHLER σκοπαῖσιν (ἄκραις) ὀρέων ὕπερ ἔστα (das Subjekt ist

nen Fuß auf die Insel Pieria setzt: Πιερίην δ' ἐπιβὰς ἐξ αἰθέρος ἔμπεσε πόντῳ.³⁰³

Bei der Beschreibung der Türbilder sind zu Beginn auffällig viele homerische, ennianische und archaisierende Formen und Wortfügungen zu finden und wird ein statischer, ruhiger Charakter evoziert: Der distanziert-statischen Zug entsteht dadurch, dass die Ekphrasis keinerlei Bewegungsverben enthält, sondern stattdessen einen Ausdruck wie *stat...urna* und ergebnisorientierte Verbformen;³⁰⁴ zusätzlich bildet sie Dramatik wie den Fall des Icarus V 32f. gerade nicht sprachlich nach, sondern nennt sie in einem dichterischen Kommentar. Außerdem gibt es eher abgeschlossene Wortblöcke und Versrahmungen,³⁰⁵ und insgesamt wird kein Wert auf eine langatmige, mit psychologischen Erklärungen angereicherte Darstellung gelegt,³⁰⁶ sondern werden vornehmlich Einzelbilder unverbunden nebeneinander gestellt. Archaisierende und an homerischen Sprachgebrauch erinnernde Formen sind Periphrasen wie *Cecropidae*,³⁰⁷ *corpora natorum*,³⁰⁸ *regina*,³⁰⁹ *proles*,³¹⁰ oder die fehlende Nennung des Theseus, die synkopierte Form *sup-*

Apoll), was aber nicht so exakt ist, dass es dem früheren Homer vorzuziehen wäre.

³⁰³ Weitet man den Betrachtungsrahmen auf den gesamten Buchbeginn aus, so lassen sich des Weiteren anführen *sic fatur lacrimans* V 1 als Zitat von Hom. *Il.* 1,357a und *semina flammae* V 6als Zitat von Hom. *Od.* 5,490a.

³⁰⁴ Vgl. neben *stat* V 22 *inest* V 26, die PPPs *iussi* V 21, *ductis* V 22, *elata* V 23, *supposta* V 24, *mixtum* V 25.

³⁰⁵ Vgl. *Chalcidicaque...arce* V 17 und *magnum...amorem* V 28.

³⁰⁶ Zum Vergleich sei auf Catull. 64,76-115 verwiesen, der dasselbe Thema wie Vergil V 20-30a ausführt.

³⁰⁷ Vgl. typisch homerische Patronymika/Abstammungsangaben wie Ἀτρείδης Hom. *Il.* 1,7 (ohne Nennung des eigentlich gemeinten Agamemnon).

³⁰⁸ Vgl. σῶμα als Bezeichnung für einen Leichnam Hom. *Il.* 22,342, womit *Aen.* 6,22 die Todesweihung der Ausgewählten betont ist.

³⁰⁹ Vgl. die allein stehende Berufsbezeichnung ποιμένα λαῶν Hom. *Il.* 6,214.

³¹⁰ Siehe Cic. *de orat.* 3,153: *Inusitata sunt prisca fere ac venustate ab usu cotidiani sermonis iam diu intermissa, quae sunt poetarum licentiae liberiora quam nostrae; sed tamen raro habet etiam in oratione poeticum aliquod verbum dignitatem. neque enim illud fugerim dicere...'prolem'...aut alia multa, quibus loco positis grandior atque antiquior oratio saepe videri solet.*

postaque,³¹¹ die griechische Genetivform *Androgeo* sowie *sed enim*;³¹² darüber hinaus entspricht die Überleitung zur Haupthandlung V 33f. genau dem Bau von *Od.* 16,220f. (ähnlich 21,226f.).³¹³

Wichtig bei dieser Stilisierung ist, dass sie nicht durchgängig für die Ekphrasis gilt; ähnlich wie die von HÖLSCHER analysierte Feinabstimmung bei Werken der bildenden Kunst ist auch am Beginn von *Aen.* 6 eine Mischung festzustellen. Der Schwerpunkt liegt jedoch aufgrund der soeben dargestellten Materialfülle und Präsenz in allen Kategorien auf einer archaisch-sakralen und entsprechend ehrwürdigen Assoziation.

Hellenistisch-elegische Elemente
Hellenistisch-elegische Elemente, die besonders geeignet sind, Emotionen auzudrücken und Subjektives zu betonen, finden sich v. a. am Ende der Bilderbeschreibung und in ihrer Weiterführung bis V 33a:
1. War bis V 27 die strukturelle Gliederung sehr deutlich, so werden die Nahtstellen im Folgenden verwischt.³¹⁴
2. V 24-30a beherrscht das Thema Liebe, V 28-30a das Mitleid, und im Anschluss dominiert die Trauer. Diese Emotionen springen sogar auf

---

³¹¹Um so mehr als Vergil auch die unkopierten Formen verwendet, z. B. *Aen.* 7,283 *supposita* oder *georg.* 3,492 *suppositi*. Zum Archaismus synkopierter Formen vgl. Serv. *Aen.* 1,26 *repostus et porgite de Ennio transtulit* (= *fr.* 27 *inc. lib.* VAHLEN) oder die Verwendung von *reposta* Lucr. 1,35.
³¹²Quint. *inst.* 9,3,14 mit Zitat der Wortkombination aus *Aen.* 1,19.
³¹³Vgl. das Andauern der Handlung im Irrealis in der Apodosis und den Beginn einer neuen, verneinten Handlung in der Protasis: Καί νύ κ' ὀδυρομένοισιν ἔδυ φάος ἠελίοιο,/ εἰ μὴ Τηλέμαχος προσεφώνεεν ὃν πατέρ' αἶψα. Hinweis bei KNAUER in [196], S. 393.
³¹⁴Vgl. erstens die Weiterführung der Themen Liebe und Labyrinth: Zunächst scheint es V 28f. sogar weiter um Pasiphae zu gehen; erst nachträglich wird *regina*, unterstützt durch die Wiederaufnahme der Wortfamilie *regens (filo)* V 30, inhaltlich anders auf Ariadne bezogen. Zweitens kann das Prädikat *resolvit* auch als Indikativ Präsens aufgefasst werden, wodurch ein deutlicher Einschnitt erst mit den Konjunktiven Imperfekt V 31 gegeben ist. Dieser wird durch die bukolische Dihärese V 30 gestützt, so dass der Eindruck entsteht, dass die Ekphrasis bis V 30a reicht.

die Ebene der Dichterkommentierung über, wenn bei dem abrupten Wechsel der Erzählebenen V 30a/V 30b eine subjektive Interpretation eines plötzlich imaginierten Bildbetrachters präsentiert wird.[315]

3. Auf diese subjektive Anteilnahme[316] verweisen ferner die Exclamatio *miserum* V 21, die Apostrophe V 29-31, die Konjunktive V 31 und V 34f., die emotionale Pause der Dihärese V 30 und Zäsur V 33,[317] das Überströmen von V 30 *magnam/ partem* sowie die anaphorische Antithese *bis* V 32f. – Stilfiguren, die eindeutig dramatische Wirkung haben. Das Wortspiel *casus – cecidere* V 32f. betont dabei den Zusammenhang des physischen Falls des Icarus und seiner emotionalen Wiederholung im Fallen der Hände des Dädalus, als er dieses Ereignis darstellen will.[318]

4. Wichtiges intertextuelles Vorbild insgesamt für die tragische Liebe zwischen Theseus und Ariadne V 28-30 und die Türbilder V 20-2/26f. ist Catull. 64, bes. 76-115; drei wichtige Parallelen seien herausgegriffen:[319] Erstens hat die Schilderung des Labyrinths und des Weges hinaus V 27-30a in Wortwahl, Metrik und Phrasengestaltung ihr Vorbild in Catull. 64,112-5;[320] besonders hingewiesen sei auf die sechs bzw. vier Silben langen Worte *inextricabilis* V 27 und *ambagesque* V 29, die geradezu malerisch die Länge des *error* abbilden,[321] was dadurch

---

[315] Siehe BARTSCH in [23], S. 336.

[316] Ähnlich PÖSCHL in [270], S. 119-22.

[317] Zur Bezeichnung siehe AUSTIN, S. 46. CLAUSEN in [53], S. 113f. weist außerdem darauf hin, dass die Kombination von *vestigia* vor der bukolischen Dihärese ein Selbstzitat von *ecl.* 6,58 ist, einem Ausschnitt aus „Pasiphae's pathetic speech".

[318] PUTNAM in [278], Anm. 11.

[319] Die Bezüge gehen über die hier dargestellten Beispiele hinaus, können aber aufgrund des anderen Schwerpunktes hier nicht weiter dargestellt werden. Für Bezüge zwischen der Theseus – Ariadne – Geschichte bei Catull und der von Dädalus und Icarus bei Vergil siehe außerdem PUTNAM in [278], Anm. 8.

[320] Catull. 64,112-5: *Errabunda regens tenui vestigia filo,/ ne labyrintheis e flexibus egredientem/ tecti frustraretur inobservabilis error.* Siehe auch FLETCHER, S. 34.

[321] Wenn man nach den antiken χρόνοι oder *morae* rechnet, also eine metrische Länge mit zwei *morae*, eine Kürze mit einer *mora* bemisst, ist die Länge noch eindrucksvoller: *inextricabilis* = neun *morae*, *ambagesque* = sieben *morae* bzw. *tect(i) ambagesque* = neun *morae*. Zur Erklärung der Termini siehe WEST in [349], S. 7 und S. 88.

unterstützt wird, dass die Worte typische Einschnittstellen des Verses durch ihre Länge überspielen.[322] Zweitens sind thematisch und mit entsprechenden Zitaten die Vorgeschichte der Liebe Catull. 64,76-83 und Verg. *Aen.* 6,20-2 und V 26 vergleichbar.[323] Drittens ähnelt *heu misere* Catull. 64,94 der Exclamatio *miserum!* Verg. *Aen.* 6,21.

Diese Elemente sind mit denen aus der Stilisierung Karthagos vergleichbar, die im Folgenden kurz skizziert werden soll. Da diese Türbildelemente jedoch in den größeren Zusammenhang einer archaisch-sakralen Stilisierung Cumaes eingebunden sind, werden darüber gleichzeitig zwei Städte mit ihren Bildern insgesamt in Kontrast zueinander gesetzt.

Karthago und die Bilder am Junotempel als Gegenbild zu Cumae

Karthago ist die Stadt Junos, als deren Sinnbild ihr Tempel mitten in der Stadt steht.[324] Juno selbst ist im Gegensatz zu Apollos steter Unterstützung durch Prophetien die Gegenspielerin des Äneas,[325]

---

[322] Ähnlich auch *inconcessosque hymenaeos Aen.* 1,651 und *et lamentabile regnum* 2,4.

[323] Vgl. Catull. 64 *Androgoneae poenas* V 77, *electos iuvenes* V 78, *Cecropiam* in Anfangsstellung V 79 und *Cecropiae* V 83, *Minotauro* V 79 sowie *corpus* V 81; zusätzlich vgl. *regia virgo* V 86f. mit *regina* Verg. *Aen.* 6,28.

[324] Vgl. *Aen.* 1,15-8 und V 441-6. Auch die Darstellung hier ist davon geprägt, Schwerpunkte herauszuarbeiten; natürlich gibt es auch für die in Karthago spielenden Handlungen sakrale und homerische Elemente, indem es z. B. auch hier einen Tempel gibt und dort Bilder aus dem trojanischen Krieg angebracht sind.

[325] Siehe *Aen.* 1,23-33 und exemplarisch für ihre Hinderungsaktionen den Seesturm 1,34-123. Dass Äneas erstmals an einem Junotempel auf Dido trifft, ist daher kaum ein gutes Zeichen, was durch das Gastgeschenk des Helenagewandes noch verstärkt wird. Dadurch wird ihre Liebe gleich zu Beginn in die Tradition der ἐρωτικὰ παθήματα gestellt, deren Darstellung typisch für neoterische Epyllien ist. Im Gegensatz dazu lässt das Zusammentreffen mit der Sibylle am Apollotempel einen positiven Fortgang der Handlung erwarten. Vgl. auch BARCHIESIS Hinweis in [18], S. 277, dass es historische Ironie sei, wenn die Ekphrasis der trojanischen Kämpfe auf dem Tempel einer Göttin angebracht seien, für welche die Auslöschung Trojas ein Triumph sei.

wozu sie oft (rasende) negative Emotionen weckt, meist mithilfe von Allekto.[326] Die Stadt Karthago ist erfüllt von lebhaftem Treiben und emsigen Arbeiten, was in den vielen Bewegungsverben[327] und im Bild der Bienen 1,430-6 zum Ausdruck kommt. Beim Tempel selbst fällt auf, dass den die Sinne ansprechenden Kategorien weitaus mehr Raum gegeben wird als beim cumäischen: Wir erfahren V 446-9 von seiner Größe, reichen Ausstattung, dem Material einzelner Bestandteile und einem typischen Geräusch (Knarren der Türangel). Die Bilder, die sich Äneas anschaut, sind in ihrer Lokalität nicht weiter spezifiziert; da es sich aber um *pictura* (V 464) handelt und Farben genannt sind, werden allgemein Wandbilder angenommen.[328] Im Gegensatz zu den weit in der Vergangenheit zurückliegenden Themen in Cumae sind in Karthago für Äneas geradezu zeitgenössische Szenen aus dem trojanischen Krieg abgebildet.[329] Diese zeichnen sich nicht nur thematisch dadurch aus, dass Schlachten dargestellt sind, sondern auch durch ihr Pathos bzw. ihre emotionale Färbung,[330] ihre Bewegung,[331] Realitätsnähe[332] und Farb-/Glanzhervorhebung bei einzelnen Attributen aus. Ein sehr wichtiger Unterschied zur Ekphrasis aus dem 6. Buch ist, dass Äneas nicht nur mit Staunen, Seufzen, Weinen und Stöhnen direkt auf

---

[326] Siehe z. B. den Schiffsbrand *Aen.* 5,604-69 (Iris als Helferin), Amatas Raserei 7,323-405, die Aufstachelung des Turnus 7,445-74 und die Aufhetzung der Hunde auf den Hirsch der Silvia 7,477-82 (alles durch Allekto).

[327] *Aen.* 1,423-9, z. B. *ducere muros, molirique arcem, subvolvere saxa.*

[328] Entweder direkt auf die Mauern gemalt oder in Form von aufgehängten Bildern; siehe z. B. SIMON in [317], S. 206-9, AUSTIN, S. 158 oder WILLIAMS, S. 192. Farben sind mit *niveis tentoria velis* V 469, *nigri Memnonis arma* V 489 und *aurea...cingula* V 492 genannt.

[329] ERDMANN in [89], S. 497 sieht zudem einen Gegensatz zwischen mythologischen Szenen in Cumae und historischen Ereignissen in Karthago. Abgesehen von dem Streitpunkt, ob der trojanische Krieg nun historisch gewesen ist oder nicht, gilt jedoch für die Handlungslogik innerhalb der *Aeneis*, dass auch die Dädalus-Geschichte mit der Erbauung des Apollotempels „historisch" ist, wenn Äneas zu diesem Tempel am Anfang von Buch 6 kommt. Da die cumäischen Tempeltürbilder die Vorgeschichte des Dädalus erzählen, könnte man mit ihnen sogar die karthagischen Bilder parallelisieren, welche die Vorgeschichte des Äneas erzählen.

[330] Siehe z. B. ERDMANN in [89], S. 496.

[331] Vgl. die Bewegungsverben wie *fugerent, premeret, instaret* V 467f. oder *trahuntur* V 477 und *ibant* V 479.

[332] Vgl. das konzessive *inani* in V 464 und *agnoscit* V 470 sowie *agnovit* V 488.

die Bilder reagiert,³³³ sondern sich auch noch selbst auf den Bildern agieren sieht (V 488), also in unmittelbarem Bezug zu ihnen steht.³³⁴ Dabei ist diese Betroffenheit nicht nur sprachlich ausgedrückt, sondern auch durch die grammatikalische Struktur der Ekphrasis, in der ständig die Handlungsebene des Äneas mit der Darstellung der Bilder vermischt ist, die Ekphrasis also nur in direkter Abhängigkeit von seinen Reaktionen existiert und durch seine Augen dargestellt wird.³³⁵ Bei alldem ist der Tempel zwar ein der Juno heiliger Bau (V 446f.), doch wird nicht von Opfern oder anderen heiligen Handlungen in seinem Zusammenhang erzählt, sondern er trägt stattdessen profane, politische Züge,³³⁶ und es fungiert in ihm konsequenterweise auch nicht eine Priesterin, sondern die Regentin Dido (V 504-8). Ohne hier auf die einzelnen Vorbilder für ihre Person eingehen zu können, ist es doch wichtig festzuhalten, dass sie im Zentrum einer Liebesgeschichte steht; diese wird in ihrer Betonung von äußerer Schönheit und verschiedenen Emotionsstufen das beherrschende Thema bis einschließlich Buch 4 sein und deutet sich gleich beim ersten Zusammentreffen von Äneas und Dido im Anschluss an die Ekphrasis an.³³⁷

---

³³³Z. B. *stupet* V 495, *multa gemens, largoque umectat flumine vultum* V 465 und *ingentem gemitum dat pectore ab imo* V 485. Diese Technik, die Wirkung, die ein Rezipient empfinden soll, an einer Person innerhalb des Werkes abzubilden, ist ein typisches Merkmal hellenistischer Kunst, wie z. B. der ältere Sohn rechts in der Laokoongruppe zeigt; Hinweis von Ulrike EGELHAAF-GAISER.

³³⁴Ähnlich PÖSCHL in [271], S. 184.

³³⁵Siehe Konstruktionen wie *videt Iliaca ex ordine pugnas* V 456, *videbat uti...hac fugerent Grai,...hac instaret Achilles* V 466-8 oder auch *inquit 'Achate,...en Priamus.'* V 459.

³³⁶Es war zwar durchaus üblich, dass an Tempeln Recht gesprochen wurde (vgl. z. B. Cic. *Mil.* 2), doch sind an unserer Textstelle nur derartige Tätigkeiten genannt, so dass die sakrale Funktion in den Hintergrund tritt.

³³⁷Vgl. ihren Auftritt und das Dianagleichnis V 496-503, bei dem sie durch ihre natürliche Schönheit das Kunstwerk übertrumpft, indem sie die Aufmerksamkeit des Bildbetrachters/Erzählers vom Bild auf sich ablenkt; hierhin gehört ebenso Äneas' märchenhaftes Erscheinen V 586-93 und ihre Reaktion darauf *obstipuit primo aspectu Sidonia Dido* V 613.

4.1.3 Politische Bedeutungsaufladung der Ekphrasis

Cumae präfiguriert innerhalb der *Aeneis* als religiöse Keimzelle Roms. Darauf deuten die in diesem Zusammenhang genannten Personen, ihre Handlungen und der Tempel mit seinen Türbildern sowie die Auswahl der Elemente, mit denen Cumae überhaupt imaginiert wird, hin. Die auf die Türbilder projizierten Mythen bieten dabei eine Vergleichsfolie zu zeitgenössischen Ereignissen, durch welche die Ekphrasis zum Element poetischer Deutung von Geschichte wird.

4.1.3.1 Apollo, Trivia und Sibylle

Arces quibus altus Apollo/ praesidet V 9f. beschreibt über eine Personifikation einen auf einem hohen Hügel gelegenen Apollotempel, der gleichzeitig das beherrschende Bauwerk dieses Hügels ist (*praesidet*); kombiniert man diese Information erstens mit der imaginierten Existenz von Türbildern am Tempel, die Variationen über Leid, Strafe und Hybris darstellen, und zweitens mit der Assoziation von Apollo als Sonnengott, wenn Dädalus *Phoebus* nach erfolgreichem Flug seine Flügel V 18f. weiht,[338] so sind genügend deutliche Parallelen genannt, um den palatinischen Apollotempel zu assoziieren.[339] Darüber hinaus schwingt bei *praesidet* durchaus auch eine allgemeine Vorrangstellung mit, die auf Apollos Wichtigkeit und Anspruch gegenüber anderen Göttern in augusteischer Zeit verweist.[340]

Trivia, wie sie V 13 (*Triviae lucos*) und V 35 (*Phoebi Triviaeque sacerdos*) erwähnt wird, vereinigt zwei Göttinnen in sich: Als lateinische Übersetzung von (Ἑκάτη) τριοδῖτις verweist die erste Nennung v. a. auf

---

[338] Hinweis bei UNTE in [340], S. 231.

[339] Für den Wagen des Sonnengottes vgl. Prop. 2,31,11, für die Türbilder Prop. 2,31,13f. *altera deiectos Parnasi vertice Gallos,/ altera maerebat funera Tantalidos*; sie zeigten die Vertreibung der Gallier aus Delphi und die Tötung der Kinder der Niobe, wobei *maerebat* die Trauer betont. Auch wenn dies als historisches Zeugnis für die Türbildthemen gewertet werden kann, ist dennoch Vorsicht geboten, da es gleichzeitig den Blick eines Dichters darstellt; vgl. die Analysen in 3.2.

[340] Siehe dazu ausführlicher das nächste Unterkapitel, bes. Anm. 357.

die „an drei-Wege-Kreuzungen verehrte Göttin" Hekate; diese Funktion zeigt sich in ihrer Verbindung zu *lucos* und Nähe zu Persephone, die beim Opfer an der Grotte V 247 (*Hecaten caeloque Ereboque potentem*) und durch die Sibylle als ihre Priesterin und Führerin in der Unterwelt assoziiert werden kann.[341] Gleichzeitig schwingt aber auch die Übertragung ihrer Zuständigkeiten auf Artemis/Diana mit,[342] was besonders im Zusammenhang mit der Assoziation des palatinischen Tempels und dem Doppelamt der Sibylle als *Phoebi Triviaeque sacerdos* V 35 interessant ist, da auf diese Weise die Kultgemeinschaft von Apollo und Diana konnotiert werden kann.[343]

Sibylla ist ein typischer Name für eine Orakelpriesterin;[344] ursprünglich gab es eine einzige Prophetin mit diesem Namen, die an verschiedenen Plätzen lokalisiert wurde, woraus dann der Gattungsname entstand.[345] Ihre Nennung verweist auf die im römischen Kult wichtigen *libri Sibyllini*,[346] die zudem V 72-4 im Gebet des Äneas und schon 3,444-7 in der Prophetie des Sehers Helenus deutlich präsent sind.[347] Vergil ist dabei der erste, der die cumäische Sibylle in Verbindung zu

---

[341] Vgl. CANCIK in [48], S. 59 mit dem Verweis auf *Aen.* 4,511.
[342] Siehe EHLERS in [81].
[343] Vgl. FLETCHER, S. 31f.
[344] Siehe WILLIAMS, S. 461.
[345] Siehe AUSTIN, S. 36.
[346] Siehe z. B. Varro bei Lact. *inst.* 1,6,7-14, LE BONNIEC in [35] und RADKE in [282].
[347] Die Sammlung von Ritualvorschriften in griechischer Sprache, die erst seit der hellenistischen Legendenbildung Orakelcharakter hatte, sollen dem mythischen König Tarquinius Superbus von einer alten Frau zum Kauf angeboten worden sein; dieser lehnte zweimal ab, worauf sie jedes Mal ein Drittel verbrannte und ihm den Rest zum gleichen Preis anbot; nachdem der König diesen schließlich gekauft hatte, wurden die Bücher unter dem kapitolinischen Juppitertempel aufbewahrt, von (seit Sulla 15) Priestern bewacht und auf Senatsanordnung bei Prodigien befragt. Als der Tempel mitsamt der Sammlung im Jahr 83 v. Chr. verbrannte, wurde an den anderen sibyllinischen Orakelstätten des Mittelmeerraumes nachgeforscht und letztendlich auf Grundlage des erythräischen Orakels eine neue Sammlung zusammengestellt. Für die Neuzusammenstellung nach Varro, Alternativversionen und die Praxis der Befragung der Bücher siehe RADKE in [281], S. 219-30; die Geschichte insgesamt bieten z. B. Plin. *nat.* 13,88 und Gell. 1,19,2, weitere antike Stellen sind von AUSTIN, S. 64 zusammengetragen.

den *libri Sibyllini* setzt;³⁴⁸ vorher werden sie entweder einer fremden und unbekannten Alten zugeschrieben,³⁴⁹ der erythräischen Sibylle³⁵⁰ oder einer unspezifizierten Person.³⁵¹

Aen. 6 hat die Sibylle zwei Ämter inne:³⁵² nach V 11f. ist sie das Medium Apollos, der durch sie weissagt, nach V 35 ist sie Priesterin des Apollo und der Diana/Hekate. Diese Zusammenlegung ermöglicht es, dass der Gang durch die Unterwelt nicht nur durch eine „ortskundige" Führerin geschieht, sondern gleichzeitig auch unter Apollos Führung, was ihn als Leit- und Schutzgottheit des Urrömers zeigt.³⁵³

4.1.3.2 Dädalus, Äneas und Augustus

Die gerade aufgezeigten Assoziationen verweisen außerdem ganz konkret auf Handlungen des Augustus. Diese Verbindung von Handlungen textimmanenter Figuren und der genannten Orte auf Rom und Augustus ist in der *Aeneis* lange vorbereitet und in Buch 6 ebenfalls eine Station auf dem Weg zur Zielstelle in Buch 8. Sie dienen dazu, zeitgenössische Taten im Mythos und der römischen Vergangenheit zu verankern, ihnen gleichsam ein dichterisches Fundament zu schaffen.

---

[348] Siehe neben *Aen.* 6,72-4 RADKE in [281], S. 218 und S. 230 und Varro *fr.* 56c CARDAUNS.
[349] Gell. 1,19,2.
[350] Serv. *Aen.* 6,36 und 6,72.
[351] Plin. *nat.* 13,88.
[352] AUSTINS Hinweis auf S. 36, dass Vergil der erste zu sein scheint, der diese Sibylle mit der Äneas-Legende verbindet, ist so nicht richtig. Vergil ist der erste, der Äneas mit der Sibylle von Cumae und ihrem Orakel dort verbindet; Kontakt zur kimmerischen Sibylle (zusammen mit Homers mythischem Volk der Kimmerier am Avernersee lokalisiert) dichtet ihm schon Naevius an (*fr.* 12 STRZELECKI, zitiert bei Varro *fr.* 56 a CARDAUNS und Lact. *inst.* 1,6,9; vgl. die Ausführungen von RADKE in [281], bes. S. 218).
[353] Andere akzentuierte Deutungen finden sich z. B. bei NORDEN, S. 118 („starke Geschlossenheit der Handlung") und STÄRK in [323], S. 10 (durch die Sibylle werden „die zwei zentralen Handlungen des 6. *Aeneis*-Buches" erfüllt, nämlich „dem Aeneas einerseits ein *vaticinium* über die in Italien bevorstehenden Ereignisse zu geben und ihn andererseits in die Unterwelt zu seinem Vater zu führen".

Signal für die einzelnen Stationen der Klimax ist die Motivkombination der Unterstützung durch Apollo und Opfer an seinem Tempel, die *Aen.* 3,84-120 vorgestellt wird: Hier hilft Apollo zum ersten Mal Äneas, der im Folgenden die Rolle der Projektionsfigur für Augustus übernimmt. Nachdem Äneas den Gott in seinem Tempel auf Delos um eine Prophetie gebeten hat, antwortet er ihm als Stimme. Diese Unterstützung ist zwar so orakelhaft, dass sie auch prompt falsch gedeutet wird, doch es wird immerhin Italien als Ziel angedeutet. Ebenfalls erstmalig wird hier an einem Apollotempel geopfert. *Aen.* 3,278-89 opfern die Äneaden in Actium, feiern Spiele mit stark religiösem Zug,[354] und vor der Abfahrt weiht Äneas Apollo noch einen dem Griechen Abas entrissenen Schild, indem er ihn an die Pfosten seines dortigen Tempels heftet. Dies ist zwar keine Konkretisierung des Fahrtziels, aber neben den Signalmotiven eine deutliche Aitiologie für die zeitgenössische Einführung der Actischen Spiele und ein Verweis auf das eigentliche Ziel dieses Motivs innerhalb der *Aeneis*: Der Schild wird im Geschenk der Venus an Äneas in Buch 8 wieder aufgenommen, und das Heften von Kriegsbeute an Pfosten eines Apollotempels bereitet das Bild auf dem Schild vor, in dem Augustus selbst Kriegsbeute an den palatinischen Apollotempel heften lässt (*Aen.* 8,721f.).[355] Doch liegt Rom in Buch 3 örtlich, zeitlich und inhaltlich noch weit entfernt, so dass es weiterer Konkretisierungen bedarf. Diese werden *Aen.* 3,294-471 nach Opfern in der langen Prophetie des Helenus am Apollotempel in Buthrotum detailliert gegeben, so dass Äneas nun nicht nur sein Ziel in Italien kennt (Ort mit Sauprodigium), sondern auch die einzelnen Stationen dorthin (u. a. auch Cumae und die Sibylle dort) und seine göttliche Unterstützung durch Apollo. So vorbereitet, landet er zu Beginn von Buch 6 in Cumae. Dort gibt es wieder die für die Klimax als Erkennungszeichen dienenden Opfer und eine Prophetie; darüber hinaus ist der von Äneas 6,69-71 gelobte Marmortempel für Phoebus und Trivia ein in die Vergangenheit zurückprojiziertes Aition für die zeitgenössische Weihung des palatinischen Tempels unter Octavian am

---

[354]Siehe WILLIAMS, S. 112f., auch zum folgenden Aspekt der Actischen Spiele.
[355]Siehe WILLIAMS, S. 114 und GRANSDEN, S. 183f.

9.10.28 v. Chr.,³⁵⁶ das zudem durch die Tempelerrichtung des Dädalus gedoppelt und dadurch in seiner Wichtigkeit bekräftigt ist. Hinzu kommt, dass Äneas neben Festtagen für Apollo auch einen Ort und Priester für die Sibyllinischen Sprüche bestimmen will; dies wiederum kündigt das Säkularfest 17 v. Chr. an, bei dem Apollo im Vordergrund stand, und den Transfer der *libri Sibyllini* in den Tempel auf dem Palatin 12 v. Chr.³⁵⁷ Schließlich werden in Buch 8 – wieder im Rahmen einer Ekphrasis – durch den Kontext des Triumphes über Antonius und Kleopatra eindeutig Rom, der palatinische Apollotempel und Augustus als Ziel des Motivstranges offenbart.³⁵⁸

Wichtig ist es festzuhalten, dass sich also die Ekphrasis *Aen.* 6 in eine Reihe mit den anderen Ausblicken auf Augustus stellen lässt.³⁵⁹

---

³⁵⁶Hinweis bei WILLIAMS, S. 463 und NORDEN, S. 142f.
³⁵⁷Siehe z. B. Suet. *Aug.* 31,1 oder Varro *fr.* 60 CARDAUNS; vorher hatte Augustus übrigens alle anderen verfügbaren ähnlichen Sammlungen vernichten lassen. Wichtig sind die Darlegungen von CANCIK in [48], S. 60 und S. 67 zur Konkurrenz des neuen Apollotempels auf dem Palatin gegenüber dem republikanischen Juppitertempel auf dem Kapitol, so dass der letztendliche „Sieg" des neuen religiösen Zentrums hier in der *Aeneis* mythisch legitimiert sei und „die augusteische Religionsreform...so heilsgeschichtlich verankert" werde. UNTE in [340], S. 212 und S. 231 merkt mit Verweis auf PASCHALIS in [260] außerdem an, dass Cumae/Rom hier als Gegenstück zu Delphi installiert werde, da dessen Charakteristika genannt würden, es selbst aber in der *Aeneis* nicht präsent sei; stattdessen suche Äneas in Buch 3 Delos auf, das durch *Delius* V 12 in Erinnerung gerufen werde.
³⁵⁸Eventuell sind in der Beschreibung der Türbilder auch Antonius und Kleopatra präsent, wie es parallel in der anderen Kunstwerkekphrasis *Aen.* 8 geschieht: *contra...Cnosia tellus* V 23, die Absetzung von einem Land im Osten, sowie *Pasiphae...Veneris monimenta nefandae* V 25f. klingen in der wichtigen Szene der Schildbeschreibung 8,711 *contra autem...Nilum* und 8,688 *sequiturque (nefas) Aegyptia coniunx* nach; möglicherweise ist mit *amor reginae* entsprechend die Liebe der Kleopatra zu Antonius konnotiert, da *regina* 8,696 und 8,707 ebenfalls statt Kleopatras Namen gesetzt ist.
³⁵⁹Neben den gerade vorgestellten indirekten Verweisen und dem konkreten Ausblick *Aen.* 8 sind als prominente direkte Verweise noch die Juppiterprophetie *Aen.* 1,254-96 und die Statuenparade 6,756-886 zu nennen, die aber keine motivischen oder sprachlichen Bezüge zum Beginn von *Aen.* 6 aufweisen.

4.1.3.3 Die Türbilder als poetische Geschichtsdeutung

Unter dieser politischen Perspektive stellen die Türbilder ein poetisches Instrument zur Deutung zeitgenössischer Ereignisse dar:
Die Mythen im Umkreis des Minotaurus zeigen Beispiele von Tod, Leid und Scheitern, und zwar als Einzelbilder und als Stationen im Leben des Dädalus. Die Integration dieser Vergangenheit, welche Äneas nach immer wiederkehrender Konfrontation mit eigenen schmerzvollen Erinnerungen im Gegensatz zu seiner Vergleichsfigur Dädalus gelingt,[360] wird als notwendiger Prozess auf dem Weg zum Erfolg präsentiert. Damit wird als römischer Prototyp ein „Ja-aber-Held" konstruiert, dessen zukünftiger Ruhm zwar gewiss ist, aber nur auf Grundlage eigener großer Schmerzen und daher teuer erkauft. Die Türbilder sind über Dädalus, der in mehrfacher Hinsicht Vorbild für Äneas ist, und über Cumae als wichtige Station auf dem Weg nach Rom mit ihm verbunden; sie bieten damit eine poetische Aussagefläche zeitgenössischer Geschichtsdeutung, römische Bürgerkriegsvergangenheit in die goldene Zeit zu integrieren, da diese gerade in der ständigen Erinnerung an vorangegangenes Leid ihren Sinn offenbart.[361]

4.1.3.4 Cumae als religiöse Keimzelle Roms

Die Darstellung von Cumae zu Beginn von *Aen.* 6 nimmt die politische Bedeutungsebene auf, die von den Türbildern, Personen und Handlungen eröffnet wurde, indem sie Charakteristika des antiken Cumae, literarische Topoi und Elemente aus dem zeitgenössischen Stadtbild Roms mischt; gleichzeitig akzentuiert sie diese Assoziation auf-

---

[360]Siehe die Analyse weiter oben in 4.1.2.2.
[361]Diese Interpretation geht auf grundlegende Ausführungen von HELMUT KRASSER in einem Vortrag innerhalb des Gießener Sonderforschungsbereiches „Erinnerungskulturen" im Jahr 2000 zurück, der das Phänomen, dass die Darstellung der goldenen Zeit bei frühaugusteischen Autoren Narben von den Wunden der Vergangenheit trägt, unter dem Schlagwort „Weisheit der Narbe" zusammengefasst hat.

grund ihrer eigenen Geschichte kulturpolitisch.

Um dies analysieren zu können, werden im Folgenden zunächst grundlegende Informationen zu Cumae gesammelt, bevor sie in einem zweiten Schritt mit den *Aen.* 6 dargestellten Details verglichen werden.

Topographie, Geschichte und Legenden

Cumae liegt an der Westküste der Landschaft Kampanien, am südlichen Ende des Golfs von Gaeta, ca. 8 km vom Kap Misenum im Süden und ca. 18 km von Neapel im Osten entfernt, also in dem Gebiet, das aufgrund seiner Vulkantätigkeit in der Antike *campus Phlegraeus*[362] oder Φλεγραῖα (πεδία)[363] genannt wird[364] oder weil dort aus mythischer Sicht die Giganten von den Göttern überwältigt worden sind und ihre Wunden Feuer- und Wasserstrahlen hochschießen lassen.[365] Der cumäische Stadtberg steht mit seinen ca. 80 Höhenmetern allein auf weiter Strecke an der tyrrhenischen Küstenebene, die er sowohl in Richtung Meer als auch ins Landesinnere hinein beherrscht.[366] Gegründet wurde die Stadt um 750 v. Chr. von Chalkis in Euböa aus[367] als früheste griechische Kolonie auf italischem Festland,[368] von wo aus sich die griechische Kultur in Italien ausbreitete.[369] Als Hauptmacht der gesamten Region erreichte die Stadt unter ihrem Tyrannen Aristodemos (nach 524 v. Chr.) ihre Blütezeit[370] und wurde im Laufe der nächsten Jahrhunderte über mehrere Zwischenstationen zum römi-

---

[362] Vgl. z. B. Prop. 3,11,37.
[363] Vgl. z. B. Pol. 3,91,7.
[364] Dies ist eine Übertragung des ursprünglich die Westspitze der chalkidikeischen Halbinsel Pallene bezeichnenden Epithetons; vgl. z. B. Hdt. 7,123.
[365] Siehe Strab. 5,4,6.
[366] Geologisch erklärt sich dies daher, dass er der Rest eines vom Meerwasser erodierten Vulkankraters ist.
[367] Siehe Liv. 8,22,5; gemeinsam von Chalkis und dem euböischen Kyme aus: Strab. 5,4,4. Vell. 1,4 und Thuk. 6,3,1 berichten, dass Ἀπόλλων ἀρχηγέτης die Chalkidier geführt hatte, dem sie daher eine Opferstelle bauten.
[368] Siehe Strab. 5,4,4. Grabfunde belegen an dieser Stelle eine indigene neolithische Bevölkerung vor den Griechen; siehe dazu MAIURI in [222], S. 103 und SCHODER in [306], S. 100.
[369] Siehe WEISS in [348], Sp. 2476 sowie SCHODER in [306], S. 97 und S. 100.
[370] Siehe Dion. Hal. 7,5-10.

schen *municipium*. Während unter Octavian und in augusteischer Zeit in Cumae rege gebaut und restauriert wurde, blieb es in der Kaiserzeit im Schatten der großen Zentren Puteoli und Baiae; im 4. und 5. Jh. n. Chr. christianisiert, war es in den folgenden Jahrhunderten immer wieder umkämpft, wobei es zunehmend verwüstet wurde und verfiel.[371] Nach Zufallsfunden im 17. Jh. wurden in der zweiten Hälfte des 19. Jh. insbesondere die cumäischen Grabanlagen näher untersucht; die ersten und bisher einzigen systematischen Ausgrabungen des (griechischen) Stadtgebietes fanden zwischen 1912 und 1932 statt, zuletzt unter AMEDEO MAIURI.[372]

Für uns sind die Reste von zwei Tempeln interessant: Auf der niedrigeren und kleineren Terrasse der Akropolis wird ein Apollotempel lokalisiert[373] und auf der größeren Terrasse auf dem Gipfel ein ebenfalls größerer, meist Juppiter zugeschriebener Tempel.[374] Beide Tempel sind erstmals in griechischer Zeit errichtet worden; ihre spärlichen heutigen Überreste zeugen von tiefen und umfangreichen Umgestaltungen.[375] Cumaes Wirkung wird außerdem durch die Grotte der Sibylle

---

[371] Siehe für einen ausführlicheren Geschichtsüberblick MAIURI in [222], S. 102-6 und SCHODER in [306], S. 100f.

[372] Grundlegend ist MAIURI in [222]; zu einer Auswahl über die Forschungsliteratur nach MAIURI siehe AUSTIN, S. 57f.

[373] Als solcher nach einem Inschriftenfund 1912 bezeichnet (siehe MAIURI in [222], S. 113); AUSTIN, S. 34 weist jedoch darauf hin, dass dieser nie publiziert worden und heute verloren ist.

[374] Es gibt keinen Inschriftenfund oder Votivgaben, aber Liv. 27,23,2 nennt einen Juppitertempel in Cumae: *nuntiata erant...Cumis...mures in aede Iovis aurum rosisse.*

[375] Vom Apollotempel heute noch sichtbar sind der Stylobat aus „griechischer und samnitischer Zeit" (MAIURI in [222], S. 116) mit einer Mauerung von 34,6 m x 18,3 m aus behauenen Tuffquadern der Region sowie wenige Reste eines kleineren älteren Tempels an der Ostseite; zu dessen Deutung siehe AUSTIN, S. 42. Von der Säulenstellung oder der Cella ist nichts erhalten, MAIURI geht aber von einem Peripteros mit Nord-Süd-Ausrichtung aus. In augusteischer Zeit wurde der Tempel wohl vollkommen umgestaltet, indem vor die Ostseite ein Pronaos gesetzt und die Achse in Ost-West-Richtung verlegt wurde; die Christen bauten im 6. und 7. Jh. den Tempel wieder in Nord-Süd-Richtung zu einer Basilika um und höhlten die Fundamentfläche mit Gräbern aus. Vom weiter oben gelegenen, mit 39,6 m x 24,6 m größeren Tempel sind v. a. christliche Baureste erhalten (Mauern, großes Taufbecken); ein Plan hierzu bei MAIURI in [222], S. 118.

und den nahegelegenen Avernersee bestimmt.[376] Konkrete Zuweisungen des *antrum immane* V 11 zu höhlenartigen Gängen im cumäischen Umfeld gab es in der Antike wie in der Neuzeit, heute wird meist ein ca. 131,5 m langer Gang[377] mit Eingang knapp unter dem Tor zur Akropolis und mit trapezoiden Fensteröffnungen favorisiert;[378] da er jeglichen plausiblen militärischen oder praktischen Zweckes entbehrt, liegt ein symbolischer oder ritueller Grund nahe.[379] Die Identifizierungsversuche werden durch zwei Umstände begünstigt: Erstens haben Octavians Flottenkommandeur Agrippa und dessen Techniker Cocceius in den Jahren 37 und 36 v. Chr. ein Kanal- und Tunnelsystem geschaffen, das den Avernersee mit dem Lucrinersee und Cumae verband, um Transport- und Eilwege für den Flottenbau und die Verteidigung gegen Sextus Pompeius zu schaffen.[380] Das Zentrum dieser militäri-

---

[376] Die Identifizierungsversuche der Grotte mit vorhandenen archäologischen Resten ist das eigentliche Lieblingsthema der Literatur über Cumae und nimmt demzufolge einen breiten Raum ein. Einen Einblick in die Grottenbeschreibungen von der Antike bis zur Gegenwart ermöglicht STÄRK in [323], S. 5-22; eine gute Erörterung der Identifizierungsmöglichkeiten mit verschiedenem Bildmaterial bieten AUSTIN, S. 49-58 und SCHODER, S. 101-7; den besten Gesamtüberblick über die gefundenen Reste mit ihren wahrscheinlichsten Zuweisungen findet man bei MAIURI, S. 121-57. Für eine diese Identifikationsversuche grundsätzlich ablehnende Position sei auf STÄRK in [322], S. 37-62 verwiesen.

[377] Da der Anfangsteil stark beschädigt ist, kann er auch noch länger gewesen sein; siehe AUSTIN, S. 53. Er bietet S. 49-57 eine genaue Beschreibung mit guten Plänen und einer Erörterung der verbleibenden Probleme dieser Identifizierung.

[378] Bis zu MAIURIS Grabung 1932 gab es drei favorisierte Lokalisierungen: Erstens einen ca. 200 m langen Tunnel ohne Lichtöffnungen, der einst den Averner- mit dem Lucrinersee verbunden hat, zweitens die heute „Grotte des Cocceius" genannte 1 km lange Verbindung des Avernersees mit Cumae, und als hartnäckigste Möglichkeit die im cumäischen Akropolishügel gelegene „crypta Romana", ein ca. 180 m langer Stollen, der in West-Ost-Richtung den gesamten Hügel am Fuß durchsticht, aber wohl die Fortsetzung der Cocceius-Grotte ist.

[379] Siehe SCHODER in [306], S. 102, auch für das Folgende. Aufgrund der unsicheren Datierung und des Hinweises von STÄRK in [322], S. 52f., dass es vor Agrippa und Cocceius nie unterirdische Anlagen im cumäischen Umfeld gegeben hat, ist jedoch die Möglichkeit zu berücksichtigen, dass diese sibyllenträchtigste Grotte ein nachvergilisches Produkt und damit ein „Stück literarischen Reliquienkultes" ist (STÄRK in [322], S. 62).

[380] Siehe Strab. 5,4,5; AUSTIN, S. 49 nennt insgesamt fünf Tunnel.

schen Marinefestung[381] bildete der zum *portus Iulius* umgebaute *lacus Avernus*,[382] an dessen Ufer noch heute geringe Reste der Schiffswerft und Dockanlagen erkennbar sind.[383] Zweitens hat 552 n. Chr. der Gote Narses den cumäischen Berg teilweise unterminieren lassen, um ihn auf diese Weise erfolgreich einnehmen zu können, was sowohl den Einsturz bisheriger sibyllenträchtiger Grotten als auch die Schaffung neuer zur Folge hatte.[384]

Neben der militärischen Komponente ist die Umgebung des Avernersees darüber hinaus literarisch mit dem Unterweltseingang konnotiert, was sich letztlich auf Homer zurückführen lässt, der *Od.* 11 nach der Beschreibung der Kimmerier V 14-9 Odysseus in dieser westlichen Gegend den Seher Teiresias befragen und die Seelen aus der Unterwelt heraufkommen lässt.[385]

Schließlich ist auf zwei Abweichungen *Aen.* 6,9-41 von der üblichen Sagenversion hinzuweisen:
Erstens ist ungewöhnlich, dass Dädalus auf seiner Flucht von Kreta in Cumae Station macht;[386] gewöhnlich ist als Landeort Sizilien genannt, wo Dädalus von König Kokalos aufgenommen wird und dessen Töchter

---

[381] Vgl. auch den Hafen von Misenum mit seinem Doppelbecken weiter im Süden.

[382] In dieser Funktion erwähnt bei Verg. *georg.* 2,161-4.

[383] Dass davon jedoch nicht mehr allzu viel zu sehen ist, wird allgemein durch die Neubildung des Vulkans Monte Nuovo im Jahr 1538 erklärt.

[384] Siehe Agath. *historiarum liber* 1,10,8 mit SCHODER in [306], S. 100 und STÄRK in [322], S. 62.

[385] Siehe zu den Unterweltsassoziationen früherer Autoren am Avernersee zusammenfassend HÜLSEN in [171] und SCHODER in [306], S. 99.

[386] Servius zitiert zu dieser Stelle zwar Sall. *hist. frg.* 2,6f. *Daedalus vero primo Sardiniam, ut dicit Sallustius, post delatus est Cumas, et templo Apollini condito sacratisque ei alis in foribus haec universa depinxit*, doch ist nach NORDEN, S. 120 und PASCHALIS in [259], Anm. 6 wohl nur der erste Satzteil, durch den Einschub mit der Autorenangabe vom übrigen getrennt, Sallust zuzuschreiben. Des Weiteren bleiben NORDENs Vermutungen über einen Beleg bei Timaios und Varro für diese Sagenversion auch mit seinem Verweis auf GEFFCKEN in [114], S. 57-61 sehr vage; da auch diesem nachprüfbare Argumente für einen Beleg vor Vergil fehlen, ist auf Grundlage der erhaltenen Testimonien Vergil die erste literarische Formulierung des cumäischen Aufenthaltes des Dädalus zuzusprechen. Vgl. hierzu auch *ut fama est* V 14 sowie die Erklärungen dafür bei NORDEN, S. 123f. und AUSTIN, S. 39.

Minos bei seiner Verfolgung des Künstlers ermorden.[387] Hierzu passt zwar die von TOEPFER aufgezeigte Genealogie, die Dädalus mit Cumaes Mutterstadt Chalkis verbindet;[388] doch dürfte auf Grundlage der bisherigen Analyse der Grund für Dädalus' Landung in Cumae sein, dass damit eine Parallele zu Äneas geschaffen wird, die dazu anleitet, vom Anfang der Ekphrasis an das Schicksal beider zu vergleichen.[389] Und zweitens wird in auffälliger Weise die cumäische Sibylle an Cumae angebunden, indem sie V 36 zusätzlich den singulären Namen Deiphobe trägt mit der Genealogie, Tochter des weissagenden Meergreises Glaukos zu sein; dieser scheint wie die Gründer Cumaes aus Chalkis oder dem gegenüberliegenden Anthedon zu stammen und seine Kunst auf seine Nymphentochter Deiphobe vererbt zu haben, deren Name auf die später nach Cumae kommende Sibylle übertragen wurde.[390]

Vergleich mit *Aen.* 6

Vergleicht man die soeben genannten Details mit denen, die zu Beginn von *Aen.* 6 genannt werden, so ist festzuhalten, dass die topographische Verortung des Handlungsschauplatzes auf reale Begebenheiten Cumaes, auf literarische Topoi und auf das Stadtbild Roms zurückgreift:

Erstens sind als hervorstechende Charakteristika die euböische Zugehörigkeit *Chalcidicaque...arce* V 17, der hochgelegene Apollotempel *altus Apollo* V 9 und die zu Vergils Zeit bereits bestehenden Höhlengänge genannt, die V 42f. umschrieben werden. Zweitens liegt Cumae in einem Gebiet, das mit dem Unterweltseingang assoziiert ist und das durch die Platzierung zu Beginn des Unterweltbuches und die Einführung der Sibylle als Seherin in homerischer Nachfolge des Teiresias

---

[387]Siehe z. B. Diod. 4,76-9 oder Ovid *met.* 8,155-262 und *ars.* 2,21-97; eine Zusammenstellung geringfügig abweichender Versionen bietet ROBERT in [287], Sp. 1996-2002, bes. die griechischen Quellen zu Dädalus behandelt MORRIS in [243], S. 3-72.
[388]Siehe TOEPFFER in [336], S. 168.
[389]Siehe PUTNAM in [278], Anm. 2. Für einen weiteren Grund siehe weiter unten 4.1.4.
[390]Vgl. NORDEN, S. 117f.

präsent ist. Und drittens stellen darüber hinaus Name und Genealogie der Sibylle V 36 und die Landung des Dädalus in Cumae eine Verbindung zu der Stadt her, die vorher allenfalls lose in der Sagentradition enthalten war.

Damit liegt weder ein real-topographischer Zugriff vor, so dass Touristen oder Forscher mit *Aen.* 6 in der Hand eine Folie haben, die sie vor Ort auf Cumae projizieren können,[391] noch ein literarischer Zugriff, so dass der vergilische Text v. a. in Abhängigkeit der homerischen Ekphrasis und Zeugnissen zur Unterweltsassoziation zu lesen ist,[392] sondern eine Mischung aus beidem. Hinzu kommt die Projektion von Rom in das skizzierte Stadtbild: Denn die mit *arces quibus altus Apollo/ praesidet* V 9f. formulierte beherrschende Stellung Apollos und seines Tempels ist keinesfalls damit sinnvoll zu erklären, dass hier ein „anachronistic temple of Apollo as alone on the acropolis" dargestellt ist noch dass jemandem, der von Süden kommt, dieser Tempel als der prominentere erscheint, da er den höher gelegenen perspektivisch halb verdeckt;[393] vielmehr ist damit die tatsächliche bzw. im religiösen Sinne auch erst beabsichtigte Stellung des palatinischen Apollo und seines Tempels, in dem später die sibyllinischen Bücher aufbewahrt wurden, formuliert.[394] Damit ist die Darstellung Cumaes in ihrem Zugriff ei-

---

[391] Prominenter Vertreter dieser Richtung ist AUSTIN in seinem Kommentar, der Nicht-Übereinstimmungen des literarischen Textes mit der Realität mit „Anachronismus" erklärt; als Extrembeispiel sei QUITER in [280] angeführt, der u. a. aufgrund eigener Experimente (S. 135 Anm. 1 und S. 143) Cumae als Landeort zurückweist und vielmehr Baiae gemeint sieht. Die Auseinandersetzung mit dieser Lokalisation von BÖMER in [33] ist in ihrer Widerlegung z. T. nicht anders; siehe z. B. S. 99: „Das Problem der Landemöglichkeit besteht offenbar darin, daß sich die Küstenlinie stark verändert hat und noch verändert". Eng verwandt hiermit ist der landschaftlich-biographische Blick auf Vergils Dichtung, da sein Wohnort während der letzten Lebensjahre, der Schauplatz der zweiten Hälfte seines letzten Werkes und seine letzte Ruhestätte lokal zusammenfallen; siehe z. B. SCHODER in [306], S. 109 und für einen guten Überblick über Beispiele STÄRK in [322], S. 37-44.
[392] Pointiert vertreten von STÄRK in [322] und in [323].
[393] Beide Erklärungen bei AUSTIN, S. 34.
[394] Siehe dazu die Analysen weiter oben in 4.1.3.1 und Anm. 357. Hierhin gehören auch die Attribute *aurea (tecta)* V 13 sowie *immania (templa)* V 19 für den Apollotempel: Wenn man diese nicht als allgemeinen Topos erklärt, so doch zumindest

ne ähnliche Mischung wie die Beschreibung Trojas *Aen.* 2:[395] Dort lässt sich die allgemeine Raumvorstellung aus Homer herleiten, einzelne Züge sind dem augusteischen Rom nachgestaltet und die geographische Lage am Meer entspricht der von Alexandria Troas, so dass das Stadtbild Roms in dem von Troja präfiguriert ist.[396]

Eine zusätzliche Bedeutungsanreicherung ist darin zu bemerken, dass Äneas überhaupt in Cumae zum ersten Mal italischen Boden betritt: Cumaes signifikante historische Rolle ist es, erste griechische Kolonie in Italien zu sein; so wie die Griechen aus dem Osten gekommen und zuerst in Cumae gelandet sind, bevor sie sich weiter in Italien verbreitet haben, so kommt nun Äneas mit seiner trojanischen Mannschaft dort an, bevor sie sich *Aen.* 7 auf den Weg weiter ins Binnenland machen.[397] Cumae mit seiner kulturhistorischen Konnotation trägt also die Bedeutung in sich, die diese Landung des Urrömers von allen vorigen unterscheidet und mit kulturpolitischem Gehalt auflädt.[398]

---

als für augusteische Tempel typische Bezeichnungen; gleichzeitig steigern sie den Wert der Architektur, sind also semantisch qualifizierende Beiwörter.

[395] Vgl. hierzu MANNSPERGER in [227].

[396] Nur kurz soll auf einen Lösungsansatz für ein weiteres Problembeispiel mit der *Aen.* 6 dargestellten Topographie Cumaes hingewiesen werden: V 13 kommt Äneas innerhalb eines Verses an dem am Avernersee lokalisierten Hain der Hekate vorbei und gelangt zum Apollotempel auf der cumäischen Akropolis, und das, obwohl er davor erst an der cumäischen Küste angelegt hat; dies ist eine enorme Wegstrecke und von der Reihenfolge her nicht unbedingt sinnvoll. Einen grundsätzlichen Hinweis bietet TILLY in [335], S. 363, wenn sie von „Vergil's habit of telescoping, or even ignoring, distances" spricht. Das bedeutet erstens, dass der Schwerpunkt des Epos nicht darauf liegt, wie die Akteure von einem Ort zum anderen gelangen – es soll ja kein Reisebericht gegeben werden –, sondern dass sie an bestimmten Orten angekommen sind, um sich dort den relevanten Handlungen zuzuwenden. Zweitens liegt der Fokus bei der Nennung von Orten darin, bestimmte Assoziationen abzurufen; die Handlungsfiguren bewegen sich nicht auf einer real-geographischen Landkarte, sondern auf einer imaginär erzeugten, die zwar in einigen Punkten an diese anknüpft, daneben aber mit intertextuellen, semantischen oder z. B. auch biographischen Landmarken gemischt ist.

[397] Ähnlich SCHODER in [306], S. 97.

[398] Damit ist die Landung in Cumae gleichsam ein „Chartermythos", der selbst die Handlungen des Urrömers aitiologisch verankert. Zum Begriff siehe KIRK in [188], S. 59-63.

Nimmt man schließlich hinzu, dass Cumae nicht als prosperierende Stadt und Militärstation präsentiert wird, was einem zeitgenössischen Bild entspräche, sondern als eine Anhöhe mit Tempel und Orakelstation, so ist diese Stilisierung, wie sie ausführlich weiter oben in 4.1.2.3 analysiert wurde, gleichzeitig semantischer Ausdruck von ehrwürdiger Tradition, die diesem poetischen Konstrukt die entsprechende Autorität beilegt.[399]

4.1.4 Selbstreferentielle Inszenierung des Dichters

In der Ekphrasis der Türbilder, des Apollotempels und des Ortes Cumae zu Beginn von *Aen.* 6 gibt es keine direkt formulierten Reflexionen über dichterische Leistung, was die Verwendung des Motivs deutlich von den außerepischen Textbeispielen und besonders von *georg.* 3 unterscheidet. Trotzdem ist die Ekphrasis dreifach für poetologische Assoziationen instrumentalisiert:
1. Wie in den vorigen Unterkapiteln gezeigt, ist die politische Aufladung der Ekphrasis eng mit der Darstellung dichterischer Leistung gekoppelt: So deuten die Türbilder durch ihre Einbettung in politische Assoziationen[400] und mit Dädalus als mythischer Projektionsfigur geschichtliche Ereignisse: Sie erinnern an Mythen, welche die Konfrontation und Auseinandersetzung mit Leid als wichtigen Schritt zum Erfolg präsentieren, der sich in der *aurea aetas* am Ende der Schildekphrasis *Aen.* 8 zeigt. Zugleich stellt die Ekphrasis durch ihre Einbindung in

---

[399] Als zusätzlichen Verweis der archaisch-religiösen Stilisierung auf das augusteische Rom siehe z. B. auch die Mode der Sakrallandschaften in der Wandmalerei, die „sowohl als ein weiteres Zeugnis für die Verinnerlichung der *pietas*-Programmatik als auch für die private Rezeption des offiziellen Klassizismus/Archaismus" interpretiert werden kann; vgl. ZANKER in [367], S. 283f.

[400] Vgl. die Ausführungen in 4.1.3.1 und 4.1.3.4: Erstens Apollo und Sibylle als Leit- und Schutzgottheit des Urrömers sowie den hochgelegenen Tempel, zweitens die schriftlich fixierten Sprüche der Sibylle sowie das Gelöbnis eines Marmortempels und von Festtagen zu Ehren des Apollos, und drittens die Stilisierung Cumaes zur religiösen Keimzelle Roms.

den klar auf die zeitgenössische Gegenwart ausgerichteten Blick[401] eine Sinnstiftung für diese dar, dass sie nämlich gerade in der Erinnerung an vorangegangenes Leid ihre Bedeutung erhält.

2. Die Ekphrasis der Türbilder gewinnt ihren Anspruch, eine gewichtige und für die Öffentlichkeit geltende Aussage zu machen, dadurch, dass sie an einem Tempel platziert ist, der zudem noch dem zum wichtigsten Gott avancierenden Apollo gehört. Nimmt man die Bilderflut der vergilischen Zeit und die Tatsache hinzu, dass ein Tempel ein typischer Bilderspeicher ist, erhöht dies zusätzlich den programmatischen Charakter der Türbilder.

3. Indirekt ist es möglich, über die Projektion des Dichters in den Künstler Dädalus Aussagen zu formulieren, da über ihn das Thema *artifex* prinzipiell assoziiert ist.[402] Weiter oben wurde gezeigt,[403] dass der Flug und die Landung des Dädalus auf der Akropolis göttliche Assoziationen wecken und er durch seine berühmte Erfindungsgabe und Fähigkeiten menschliches Pendant zum Künstler Vulcanus/Hephaistos ist; dies qualifiziert nicht nur Dädalus in besonderer Weise, sondern assoziiert eine ähnliche Dignität auch für den Dichter. Zusätzlich wird in der Ekphrasis konstruktive Leistung hervorgehoben: Es werden sprachliche Bezüge zur bildenden Kunst gesucht, wie es die Ortsadverbien,[404] die plastische Ausdrucksweise,[405] das Fehlen von Bewegungsverben und stattdessen die statischen und ergebnisorientierten Verbformen[406] und die Parataxe der Bildthemen zeigen, wobei Letzteres als Imitation der additiven Leseweise von z. B. Friesbildern verstanden werden kann.[407]

---

[401] Vgl. die „Stationenkette", wie sie weiter oben in 4.1.3.2 aufgezeigt wird.

[402] Fraglich ist, wie weit Analogien gezogen werden dürfen: Es ist wohl nicht nötig, ein persönliches Scheitern Vergils oder seine biographische Verarbeitung von erschütternden Erfahrungen in der *Aeneis* zu suchen; so jedoch PUTNAM in [278], S. 75-96 und PÖSCHL in [270], S. 122.

[403] Vgl. S. 103f.

[404] *Contra* V 2, *hic* V 24/27.

[405] *Elata mari* V 23 statt z. B. einem denkbaren *alta*.

[406] *Stat* V 22, *inest* V 26, PPPs *iussi* V 21, *ductis* V 22, *elata* V 23, *supposta* V 24, *mixtum* V 25; Aktion erst mit *resolvit* V 29 und dem PPA *regens* V 30.

[407] PÖSCHL in [271], S. 181f. weist darüber hinaus auch noch auf die Strukturprinzipien der Symmetrie, des Kontrastes und der Beschränkung auf das Wesentliche in den Türbildern hin, was seine Vorprägung in der griechischen bildenden Kunst,

Gebrochen werden diese Verweise jedoch durch die wertenden Attribute,[408] die Dichterkommentare,[409] das Präsens, das durch seine Unmittelbarkeit belebende Wirkung hat,[410] die Personifikationen[411] und die Ambivalenz von *perlegerent* V 34, was als Betrachten einer Bildfolge sowie als Lesen einer Geschichte verstanden werden kann. Wenn man die trotzdem formulierte konstruktive Leistung auch für den Dichter assoziiert, also ungefähr in der Weise, dass er sprachlich einen Tempel mit Türbildern vor dem inneren Auge von Rezipienten errichtet, trägt diese zusätzlich den Akzent, den bildenden Künstler sogar zu übertreffen: Denn nimmt man V 30b-33a hinzu, so ist die Dichtung in der Lage, selbst den in der bildenden Kunst nicht dargestellten Fall des Icarus sprachlich zu imaginieren.

---

nicht in der Dichtung habe.
[408] *Crudelis* V 24, *inextricabilis* V 27, *magnum* V 28, *miseratus* V 28.
[409] *Miserum* V 21, *Veneris monimenta nefanda* V 26.
[410] *Stat* V 22, *respondet* V 23, *inest* V 26.
[411] *Stat...urna* V 22, *respondet Cnosi tellus* V 23, *crudelis amor...inest* V 26.

4.2 Ovid *met.* 2

Die Ekphrasis zu Beginn von *met.* 2 besticht durch ihre enorme Vielschichtigkeit:

Im letzten Vers des ersten Buches gelangt Phaëthon zum Sitz seines Vaters Sol. Bevor der Handlungsfaden 2,19 wieder aufgenommen wird, werden vier Verse lang der Glanz der *regia Solis*, dann ausführlich die Türbilder beschrieben, auf denen die verschiedenen Weltteile dargestellt sind.
Narrativ funktionalisiert ist das Beschreibungsmotiv erstens dadurch, dass es die Handlung motiviert und retardiert: Die Ekphrasis steht genau zwischen der Ankunft und dem Eintritt in den Palast und ist glatt in die Handlung eingefügt, die mit *quo...venit et intravit* wieder einsetzt. Damit vertreten die Türbilder das Tor zum Himmel und die Tür zum Palast, und die Tür nutzt ihre übertragene Bedeutung, den Beginn der Haupthandlung im Bild zu umschreiben. Gleichzeitig bewirken die Türbilder eine Zäsur, da 14 Verse lang die Haupthandlung ruht.
Zweitens gibt es mannigfache Bezüge zu textimmanenten Figuren und ihren Handlungen: Die Türbilder charakterisieren metonymisch ihren Künstler Vulcanus und die Rollen des Gebäudeinhabers Sol; so ähnelt die Präsentation des Kosmos einem von oben herabgerichteten und umherschweifenden Blick, wie er für Sol gedacht werden kann. Wichtig ist aber v. a., dass die Türbilder Rezipienten an zentraler Stelle eine heile Welt vor Augen stellen, die für Phaëthons Agieren einen Handlungsraum und eine Vergleichsfolie bereitstellt: Die dargestellten Bereiche Wasser, Erde und Himmel sind diejenigen, die er am Ende in umgekehrter Reihenfolge in Brand setzt und nochmals bei seinem Tod durchmisst; dabei ist sogar die Betonung des Wassereiches aus den Türbildern wiederzufinden und variiert Phaëthon in seinen Handlungen Grundmotive der Tätigkeiten der abgebildeten Meereswesen.
Drittens sind Fernbeziehungen zu finden: Über das Thema Weltordnung und Schöpfung treten die Türbilder in Korrespondenz zur Weltordung nach dem Chaos und zur Kosmogonie in Buch 1, die durch die

Sintflut zerstört wird, ebenso zur großen Rede des Pythagoras im 15. Buch. Damit ist die Kunstwerkekphrasis zu Beginn von met. 2 thematisches Bindeglied zwischen Anfang und Ende der Metamorphosensammlung, konzentriert und umspannt im Bild also den Kosmos, innerhalb dessen sich die einzelnen Verwandlungsgeschichten ereignen.

Politisch aufgeladen ist das Ekphrasismotiv dadurch, dass es deutlich in den architektonischen Kontext des Palatin eingebunden ist und dabei die Herrschaft des Augustus kosmisch einordnet. So gibt es nicht nur mannigfache Referenzen auf den Komplex mit Apollotempel und Herrschersitz des Augustus, sondern auch auf den Aufstieg zum Palatin, der wiederum durch intertextuelle Referenzen die Milchstraße asssoziiert. Unterstützend wirken des Weiteren neben dem dargestellten Thema selbst Bezüge zur homerischen Abbildung des Kosmos auf dem Schild *Il.* 18. Wichtig ist jedoch, dass die Türbilder Ov. *met.* 2 eine von der des palatinischen Apollotempels unabhängige Aussage präsentieren: Nicht Strafe und Leid sind abgebildet, sondern sorgloser Friede. Die Ekphrasis zeigt also nicht eine Station auf dem Weg zu Augustus als strahlendem Herrscher, sondern einen bereits vorhandenen, friedlichen Zustand. Ausschlaggebend für diese „heile Welt" ist das semantische Potential der Darstellung, in die z. B. spielerisch-leichtes, genrehaftes und sorgenfreies Leben projiziert ist, indem sowohl deutliche Referenzen auf Moschus' *Europa* als auch typisch hellenistisch das Wasser und seine Bewohner bei unbeschwerten Tätigkeiten, Realitätsnähe, glänzende Metalle, vielfältige Farben und Materialveredelung durch künstlerische Bearbeitung genannt sind. Der Anspruch der Monumentalität, Öffentlichkeit und Programmatik dieser politischen Aussage ist durch die Lokalisierung der Bilder an einem Tempel gegeben; sie wird jedoch eingeschränkt durch den familiären Kontext der Erzählsituation.

Dichterische Leistung kann schließlich indirekt über den bildenden Künstler und sein Kunstwerk assoziiert werden, was in diesem Fall besonders naheliegt, da das Sujet der Türbilder dem der *Metamorphosen* entspricht, was wiederum durch den deutlichen Bezug der Ekphrasis zu den dichterischen Weltschöpfungen *met.* 1 und *met.* 15 unterstrichen wird. In diesem Sinne sind erstens Analogien möglich, indem z. B. mit *materiam superabat opus* die dichterische Beherrschung des Materials und Verdelung des Erzählstoffes durch eine ausgefeilte Darstellung assoziiert wird und durch *facies non omnibus una/ non diversa tamen* die Variation desselben Themas, ohne zu langweilen, so dass die Geschichte schließlich *decet*, also die Darstellungsart der Materie angemessen ist und den formalen und ästhetischen Ansprüchen der Zeit gerecht wird. Zweitens wird damit im Bild poetische Macht demonstriert, eine Welt zu konstruieren. Diese ist sowohl von besonderer Dignität, wenn man Vulcanus als ihr Pendant auf Seiten der bildenden Kunst berücksichtigt, als auch mit göttlichem Akzent versehen, indem die Bildekphrasis an einem Tempel positioniert ist – Es ist eben nicht eine Beschreibung von Darstellungen auf einem Schild, die das Werk charakterisiert.

4.2.1 Text, Inhaltsübersicht und Einordnung in den Kontext

Die Anknüpfung der Phaethongeschichte an die vorausgehende Io-Erzählung erfolgt thematisch über Ios Sohn Ephaphus: Nachdem Io von Juno an den Nil getrieben worden ist, bringt sie Juppiters Sohn Epaphus zur Welt (*met.* 1,749). Als diesem gegenüber der gleichaltrige Phaethon, selbst Sohn des Gottes Sol und der Nymphe Clymene, mit seiner Herkunft angibt, kontert Epaphus, indem er ihm vorwirft, sich diese Herkunft nur einzubilden (1,750-4). Wutentbrannt verlangt Phaethon von seiner Mutter einen Beweis seiner göttlichen Abstammung (1,755-64), die ihm vorschlägt, seinen Vater selbst danach zu fragen, da sein Haus nicht weit von ihren Landesgrenzen entfernt sei (1,765-75). Freudig macht sich Phaethon daher auf den Weg (1,776-9).[412]

---

[412]Zur Funktion der Trennung der Geschichte in zwei Bücher und zu verbindenden Elementen siehe die Beobachtungen in HAUPTs Einleitung zu Ov. *met.* 2, HERTER in [153], S. 52f., OTIS in [254], S. 93, DUE in [76], S. 117, AHL in [3], S. 167f. und ANDERSON, S. 232.

Statt nun seinem Vater zu begegnen, wird zunächst der Sol-Palast einschließlich seines Bewohners (2,1-30) beschrieben, wobei die von Vulcanus angefertigten Darstellungen auf den Palasttüren den Schwerpunkt bilden (2,5-18): Der Palast insgesamt zeichnet sich durch seinen Glanz aus. An den Türen sind in Silber Meer, Erde und Himmel zu sehen; im Wasser tummeln sich Seegottheiten und Fische, auf der Erde sind Menschen, Städte, Wälder, Flüsse, Tiere und Gottheiten abgebildet und im Himmel zweimal sechs Sternbilder angebracht. Sol thront inmitten von Personifikationen der Zeit:

> 1 *Regia Solis erat sublimibus alta columnis*
> *clara micante auro flammasque imitante pyropo,*
> *cuius ebur nitidum fastigia summa tegebat,*
> *argenti bifores radiabant lumine valvae.*
> 5 *materiam superabat opus; nam Mulciber illic*
> *aequora caelarat medias cingentia terras*
> *terrarumque orbem caelumque, quod inminet orbi.*
> *caeruleos habet unda deos, Tritona canorum*
> *Proteaque ambiguum ballenarumque prementem*
> 10 *Aegaeona suis immania terga lacertis*
> *Doridaque et natas, quarum pars nare videtur,*
> *pars in mole sedens virides siccare capillos,*
> *pisce vehi quaedam; facies non omnibus una,*
> *non diversa tamen, qualem decet esse sororum.*
> 15 *terra viros urbesque gerit silvasque ferasque*
> *fluminaque et nymphas et cetera numina ruris.*
> *haec super inposita est caeli fulgentis imago*
> *signaque sex foribus dextris totidemque sinistris.*
> *Quo simul adclivi Clymeneia limite proles*
> 20 *venit et intravit dubitati tecta parentis,*
> *protinus ad patrios sua fert vestigia vultus*
> *consistitque procul; neque enim propiora ferebat*
> *lumina: purpurea velatus veste sedebat*
> *in solio Phoebus claris lucente smaragdis.*
> 25 *a dextra laevaque Dies et Mensis et Annus*

> *Saeculaque et positae spatiis aequalibus Horae*
> *Verque novum stabat cinctum florente corona,*
> *stabat nuda Aestas et spicea serta gerebat,*
> *stabat et Autumnus calcatis sordidus uvis*
> 30 *et glacialis Hiems canos hirsuta capillos.*
> *inde loco medius rerum novitate paventem*
> *Sol oculis iuvenem, quibus adspicit omnia, vidit,*
> *„quae"que „viae tibi causa? quid hac" ait „arce petisti,*
> *progenies, Phaethon, haud infitianda parenti?"*

Als der Gott nach dem Grund seines Besuches fragt, bittet Phaethon ihn um ein Pfand seiner Vaterschaft (2,31-40); als dieser ihm jegliche Gabe verspricht, wünscht sich Phaethon, einen Tag lang den Sonnenwagen des Vaters lenken zu dürfen (1,40-8). Sol bereut zwar seine Zusage und versucht mehrmals, Phaethon von seinem Wunsch abzubringen (2,49-103), da dieser aber stur bleibt und er selbst durch einen vorher geleisteten Schwur gebunden ist, bleibt ihm nur noch, seinem Sohn den Wagen zu zeigen (Beschreibung: 2,107-10) und Ratschläge für die Fahrt zu geben (2,103-49). Auf der nun folgenden Fahrt ist Phaethon der Aufgabe nicht gewachsen und setzt die gesamte Welt in Brand (2,150-271), bis ihn aufgrund einer Klage der Tellus Juppiter mit einem Blitz vom Wagen schleudert und tötet (2,272-313). Der Wagen ist zertrümmert, Phaethon fällt wie eine Sternschnuppe vom Himmel in den Eridanus und erhält von Nymphen ein Grab (2,314-28). Vater (2,329-32) und Mutter (2,33-9) trauern, seine Schwestern (2,340-66) und sein Freund Cycnus verwandeln sich sogar durch ihre Trauer (2,367-80). Sol beschuldigt zwar Juppiter (2,381-400), doch bereitet dies schon die Überleitung zur nächsten Geschichte vor; denn nachdem der allmächtige Vater überall auf der Erde nach dem Rechten geschaut und alles wieder begrünt hat (2,401-8), wendet er sich Arkadien und Callisto, einer neuen Liebschaft, zu.[413]

---

[413] Für verschiedene strukturelle Analysen der Gesamtgeschichte siehe BASS in [24] und VON ALBRECHT in [6], S. 25.

4.2.2 Narrative Funktionalisierung des Motivs

4.2.2.1 Funktion der Türbilder im engeren Kontext

Die Ekphrasis der Türbilder ist ein Handlung motivierendes und retardierendes Moment und ist über ihre Bezüge zu den textimmanenten Figuren und deren Handlungen für den Handlungskontext funktionalisiert. Für Phaethons Agieren stellt sie einen Handlungsraum und eine Vergleichsfolie bereit, und auch zu Sol und Vulcanus sind Referenzen möglich, wobei der Feuergott indirekt zum Vorbild für Phaethon wird.

Motivation und Retardation

Die Ekphrasis der Türbilder V 5-18 ist Teil der Beschreibung des gesamten Solpalastes V 1-30,[414] die zusätzlich auch durch die Handlung des Phaethon und den Dichterkommentar V 19-23 unterbrochen ist. Sie ist durch ihren Umfang von 14 Versen und ihre pointierte Stellung direkt vor der wieder einsetzenden Haupthandlung der Kern der gesamten beschreibenden Passage. Es gibt keinen textimmanenten Betrachter der Türbilder, so dass der Bezug zur Haupthandlung und deren Akteuren absichtlich unterbunden ist und die Bilder nur Rezipienten der *Metamorphosen* erreichen.

Bezieht man den inhaltlichen Kontext der Türbilder ein, so stehen sie genau zwischen der Ankündigung, dass Phaethon sich auf den Weg macht (*patriosque adit impiger ortus* als Schlussworte des 1. Buches) und seiner Ankunft und dem Eintritt in den Palast (*quo...limite.../ venit et intravit* V 19f.). Damit vertreten die Türbilder einerseits das Tor zum Himmel und die Tür zum Palast, und die Tür nutzt ihre übertragene Bedeutung, den Beginn der zentralen Haupthandlung im Bild zu umschreiben. Andererseits bewirken die Türbilder eine Zäsur, da 14 Verse lang die Haupthandlung ruht und damit ein Raum für Zusatzinformationen und Reflexionen eröffnet wird.[415]

---

[414]BÖMER zu Ov. *met.* 2,6: „Ekphrasis...innerhalb der Ekphrasis".

[415]Es ist richtig, dass der Umfang und die komplexe Struktur der Palastekphrasis, auf die hier nicht weiter eingegangen werden kann, „eine breit angelegte Erzählung erwarten" lassen (VON ALBRECHT in [6], S. 27). Nicht richtig ist jedoch, dass die

Im Folgenden sollen die Türbilder kurz vorgestellt werden, damit die Verbindungslinien, die von ihnen aus gezogen werden, aufgespürt werden können:

Nachdem das Stichwort „Tür" schon am Ende des als *Golden line* besonders kunstvoll gestalteten V 4 genannt ist, bieten V 5-7 einen wertenden Überblick über die Bilder: Es wird die Qualität der Darstellung gelobt (*materiam superabat opus*), der Künstler angegeben (*nam Mulciber illic/ ...caelarat*) und das Thema genannt (*aequora...medias cingentia terras/ terrarumque orbem caelumque, quod imminet orbi*).[416] Die Darstellung der Türbilder selbst lässt sich inhaltlich in die drei Abschnitte V 8-14 (Meer), V 15f. (Erde) und V 17f. (Himmel) gliedern, wobei die letzten beiden jeweils auch äußerlich durch Enjambements als eigene Einheit gekennzeichnet sind. Während diese zudem ihr Thema reihend präsentieren, ist der Aufbau des ersten Abschnittes V 8-14 komplizierter: V 8a gibt, durch das Hyperbaton strukturell unterstützt, in kompakter Form das Thema des gesamten Meeresteils an (*caeruleos habet unda deos*). Es folgt eine Aufzählung der Meeresgottheiten, die wiederum zweigeteilt ist; zunächst werden als Trikolon mit wachsenden Gliedern die männlichen Vertreter Triton, Proteus und Aegaeon (V 8b-10) genannt, die untereinander polysyndetisch und durch Enjambement verbunden sind, bevor dann die weiblichen Vertreter mit Doris und unbestimmt gelassenen Töchtern ebenfalls durch Enjambement angebunden werden (V 11-13a). Da die zuletzt genannten Nym-

---

Phaethonepisode die längste Einzelgeschichte der *Metamorphosen* sei, wie es sich z. B. finden lässt bei OTIS in [254], S. 108, HILL zu Ov. *met.* 1,747-2,400, DIETZ in [66], S. 8 und GIEBEL in [121], S. 73. In der Versanzahl vergleichbar sind mit dieser Erzählung von Medea 7,1-424 und die von Ceyx 11,266-748; seine Geschichte ist genauso wie die von Phaethon (1,747-2,400) erst mit der Trauer bzw. Metamorphose der Angehörigen beendet, in diesem Fall der Alcyone.

[416] Auch formal sind V 5-7 als zusammengehörig gekennzeichnet: Die Enjambements V 5/6 und V 6/7, die im letzten Fall sogar noch durch das anadiplotische Polyptoton *terras/terrarumque* verstärkt werden, vereinen sie, das Polyptoton *orbem...orbi* am Ende von V 7 setzt mit seiner Klammerstellung ein betontes Ende. Gleichzeitig haben V 5-7 auch den Charakter einer Überleitung, da ihre Tempora vom Imperfekt der ersten Palastekphrasis (*superabat*) und einer Rückblende im Plusquamperfekt (*caelarat*) zum Präsens der Türbildekphrasis (*imminet*) überleiten.

phen abermals in drei Gruppen unterteilt werden, die sich auf ihre unterschiedliche Tätigkeit beziehen, ist die Zweiteilung in Götter und Göttinnen mit je 2,5 Versen insgesamt ausbalanciert. Zusammengehalten wird die Aufzählung durch ihre grammatikalische Struktur, denn syntaktisch sind die Gottheiten als explikative Akkusativobjekte noch vom Einleitungssatz V 8a abhängig. Den Abschluss des Meeresteils bildet ein wertender Kommentar, der am Beispiel der Gesichtsdarstellung der Nymphen die Qualität der Darstellung lobt (V 13b-14).

Die deutliche Betonung des Meeres im Gegensatz zu Erde und Himmel ist offensichtlich:[417] Der Umfang der Beschreibung ist dreimal so lang wie jeweils einer der anderen beiden Bereiche, die Struktur ist in ihrem Aufbau komplizierter als die einfache Reihung bei Erde und Himmel, nur beim Meer werden namentlich Individuen genannt im Gegensatz zu den pauschalen Angaben bei den beiden anderen Regionen und nur hier gibt es konkrete Handlungen[418] statt der rein räumlichen Platzierungsangabe (*gerit* V 15, *imposita est* V 17); es tritt also insgesamt eine Häufung von Details auf, welche die Meeresdarstellung eindringlicher als die der Erde und des Himmels gestalten. Schließlich ist dieser Beschreibungsteil auch dadurch betont, dass er durch den wertenden Kommentar V 13b-14 von den beiden folgenden Teilen abgesetzt ist.

Bezug zu Phaethons Handlungen

Phaethon ist die handelnde Person direkt vor und nach der Türbildbeschreibung, so dass er mit seinen Handlungen als deutlichster Bezugspunkt gekennzeichnet ist:

Die auf den Türbildern dargestellten drei Bereiche Wasser, Erde und Himmel sind diejenigen, die Phaethon in umgekehrter Reihenfolge in Brand setzt und die er, in nochmals geänderter Reihenfolge, bei seinem

---

[417] Und ist allgemein in der Kommentarliteratur bemerkt worden. Stellvertretend nenne ich BARTHOLOMÉ in [20], S. 75f. als frühes und BERNSDORFF in [28], S. 15 als spätes Beispiel; auf ihn gehen auch die beiden letzten der folgenden Beobachtungen zurück.

[418] Diese sind jedoch nicht direkt (= mit handelnden Subjekten) genannt, sondern aufgrund ihrer grammatikalischen Form in ihrer Unmittelbarkeit gebrochen.

Tod durchmisst (2,319-26). Dabei wird die Betonung des Wasserreiches durch drei Aspekte aufgenommen: Erstens ist das Verdunsten des Wassers die schlimmste und ebenfalls am ausführlichsten dargestellte Folge seiner Wagenfahrt (V 327-75); zweitens wird seine Wagenfahrt zweimal mit einem auf dem Meer schwankenden bzw. führerlos treibenden Schiff (V 163-6 und V 184-6) aufgenommen; und drittens wird Phaethon schließlich vom Fluss Eridanus aufgefangen, der ihm sein rauchendes Antlitz löscht.

Daneben bieten die Türbilder Variationen zu Grundmotiven von Phaethons Handlungen: Erstens zeigen sie ein Beispiel für Kontrolle, wenn Aegaeons Ritt auf den Walen als *ballenarum...prementem/ ...suis immania terga lacertis* formuliert wird, was das genaue Gegenteil von dem ist, wie Phaethon mit seinen „Reittieren", den Pferden des Sonnenwagens, umgeht.[419] Zweitens nennen sie das Motiv des *suum cuique* oder das Problem des Angemessenen:[420] Der hundertarmige Riese Aegaeon reitet – seiner Größe und Stellung entsprechend – auf mehreren gewaltig großen Walfischen, ein Teil der Nereiden reitet – ihrer Größe und Stellung entsprechend – auf kleineren Wassertieren, die mit *pisce* umschrieben werden,[421] und selbst das Kunstwerk ist in seiner Darstellung der Gesichter der Nereiden angemessen.[422] Dass dagegen die Fahrt des Phaethon weder seinen Kräften noch seinem Alter noch überhaupt seiner Stellung als sterblichem Menschen entspricht, wird explizit von seinem Vater V 54-7 ausgesprochen. Und drittens ist das für die Phaethongeschichte wichtige Motiv der Familienzugehörigkeit bzw. Ähnlichkeit von eigentlich Verschiedenem präsent, das in der Ek-

---

[419] Die fehlende Kontrolle ist hauptsächlich in der Reaktion der Pferde ausgedrückt: V 161-71, V 178-92, V 200-7, V 233f.; vgl. BERNSDORFF in [28], S. 22f. Zur Assoziation von Kontrolle durch die Art, wie Vulcanus das Kunstwerk hergestellt hat, siehe weiter unten den Punkt zu Vulcanus.

[420] Siehe VON ALBRECHT in [6], S. 27f. und BERNSDORFF in [28], S. 22.

[421] Was nicht unbedingt Delphine gewesen sein müssen, wie man es z. B. aus Mosaikdarstellungen kennt, da diese in der späteren Beschreibung V 266 gesondert aufgeführt werden neben wiederum *pisces* und Robben. Wichtiger ist hier das allgemeine Kennzeichen, dass sie kleiner als Wale sind.

[422] Siehe den Schlüsselbegriff *decet* V 14, der durch seine Stellung am Ende der Meeresbeschreibung auch summarisch für die gesamte Darstellung der Meeresbewohner verstanden werden kann.

phrasis bei den Nymphen erwähnt wird:[423] Die Nereiden sind miteinander verwandt, gleichen sich äußerlich und sind prinzipiell alle dem Element Wasser zugeordnet, wodurch sie trotz ihrer unterschiedlichen Tätigkeit eine geringe Individualität aufweisen; Phaethon und Sol sind ebenfalls miteinander verwandt und tragen ähnliche Züge, wie sich am Namen Phaethon zeigt, der auf das seinem Vater gemeinsame Wesen verweist,[424] doch sind sie individuell sehr verschieden, was letztlich in der Katastrophe und dem Tod des Phaethon ausgedrückt ist.

Die Türbilder als „heiles" Gegenbild zur Welt nach der Wagenfahrt

Die Ekphrasis der drei Weltregionen auf den Türen zu Beginn der Geschichte verweist in ihrer Sprache und in den genannten Einzelelementen auf die Ekphrasis der drei Weltregionen am Ende der Geschichte; damit wird erstens das Zentrum der Phaethongeschichte (ohne die Motivation und spätere Reaktion der Verwandten) gerahmt, und wird zweitens im Bild der Kosmos konzentriert, innerhalb dessen die folgende Erzählung ihren Raum beansprucht. So werden die auf den Türflügeln V 17f. allgemein bezeichneten *caeli fulgentis imago* und die zwölf *signa* aufgenommen, wenn V 171-7 *Triones, Serpens* und *Bootes* sowie V 193-200 *Scorpius* genannt werden;[425] die Erde erscheint in fast all ihren V 15f. genannten Details V 210-59 ausführlich wieder[426] und auch das Meer ist V 262-71 kurz mit einem Teil seiner Bewohner aus V 8-13 präsent.[427]

---

[423]Siehe BERNSDORFF in [28], S. 25
[424]Weitere Bezüge sind von BERNSDORFF in [28], S. 26f. aufgelistet.
[425]Ebenso genannt mit *sparsa...miracula* bzw. *vastarumque...simulacra ferarum* V 193f. sowie *signorum membra duorum* V 197.
[426]Städte V 214, Menschen V 215 und V 235f., Wälder V 216, Flüsse V 237-59; statt der wilden Tiere, Nymphen und übrigen Gottheiten die Berge V 218-26 mit Erwähnung von Quellen V 218.
[427]Aufgezählt werden Fische (neben Delphinen und Robben) sowie statt der drei Meeresgottheiten Triton, Proteus und Aegaeon nun Nereus und Neptun selbst und, mit wörtlicher Wiederaufnahme an selber Versstelle V 269, *Doridaque et natas*. Siehe z. B. BARTHOLOMÉ in [20], S. 75, BASS in [24], S. 404, BROWN in [40], S. 214, BERNSDORFF in [28], S. 16 und summarisch SPAHLINGER in [320], S. 273.

Der Bezug ist jedoch antithetisch:[428]
Der auf den Türbildern dargestellte Kosmos ist von Ordnung geprägt; die ausgewogene, klare Gesamtstruktur der sprachlichen Darstellung und ihr Inhalt zeigen auf jeder Ausdrucksebene, dass alles seinen rechten Platz in dieser Türbild-Welt hat.[429] Chaos ist dagegen umschrieben, wenn die Elemente und Bewohner einer Region die ihnen zugewiesenen Bereiche verlassen,[430] der Gegensatz zum früheren (guten) Zustand mehrmals hervorgehoben wird, wobei besonders das V 12 eingeführte Wortfeld *siccare* als Wiedererkennungsmarkierung dient,[431] Angst und Schrecken als Reaktionen darauf genannt werden,[432] und ein unausgewogener, die Versgrenzen überschreitender Satzbau dominiert.[433] Damit ist die Türbildekphrasis zu Beginn des 2. Buches für das Ende der Geschichte das geordnete, „heile" Gegenbild, eine Folie, vor der die negative Veränderung durch Phaethons Fahrt umso deutlicher hervortritt; sie übernimmt daher dieselbe Funktion wie in anderen Metamorphosengeschichten die idyllische Landschaft, die vor einem Raub oder einer Verwandlung geschildert wird.[434] Gleichzeitig wird auf diese Veränderung zu Beginn bereits unterschwellig hingewiesen: Ein Beispiel dafür ist der mehrdeutige Ausdruck *caelum, quod imminet orbi* V 7, der, vom Ende der Geschichte gesehen, ein offensichtlicher Vorverweis auf die Folgen Phaethons Fahrt ist.

---

[428] Grundlegend hierzu BERNSDORFF in [28], S. 15-25, allerdings mit anderen Zuordnungen und Bewertungen.

[429] Siehe z. B. die durch die dreifache Anapher *pars* unterstützte Ordnung der Nymphen in drei Gruppen, den Ausdruck *decet*, der zwar, eng gefasst, über das Aussehen der Nymphen gemacht wird, aber als *pars pro toto* auch für die Darstellung insgesamt verstanden werden kann, und die rhythmisch und syntaktisch ausgewogene Struktur V 18, die sich parallel verhält zu der inhaltlichen Aussage, dass sechs Tierkreiszeichen links und ebensoviele rechts auf den Türflügeln angeordnet sind.

[430] So z. B. die Sternbilder V 171-7 oder das Meer V 262-4.

[431] Z. B. V 218 *et tum sicca, prius creberrima fontibus, Ide* oder V 265 *nec se super aequora curvi/ tollere consuetas audent delphines in auras.*

[432] Z. B. V 260f. *penetratque in Tartara rimis/ lumen et infernum terret cum coniuge regem.*

[433] Vgl. beispielsweise die besonders weiten Hyperbata über die Versgrenze hinweg V 237f. oder 241f. oder die langen polysyndetischen Bergkataloge V 217-26.

[434] Siehe BROWN in [40], S. 215; für die folgende Beobachtung siehe dort S. 214.

Bezug zu Sol
Die Türbilder und besonders der Palast charakterisieren metonymisch das Wesen und die Rollen des Sol:[435] Das Palastäußere ist Ausdruck seines funkelnden, hellen Wesens,[436] sein Thronen inmitten der Zeitpersonifikationen V 23-32 präsentiert ihn als ordnenden Herrscher über die Zeit, und die Türbilder stellen das Universum in der doppelten Funktion als Welt des Sol[437] und als Ergebnis seines Leben spendenden Wirkens dar.[438] Die sprachlich als Überblick gestaltete Präsentation des Kosmos auf den Türbildern ähnelt dabei einem von oben herabgerichteten und umherschweifenden Blick, wie er für Sol gedacht werden kann;[439] dies eröffnet die Möglichkeit, den Blick des Beschreibenden auf die Szenerie, der eigentlich außerhalb der Erzählung liegt, wie die Strukturanalyse weiter oben gezeigt hat, in die Geschichte selbst zu integrieren und auf die textimmanente Person des Sol zu verlagern.

---

[435] Vgl. dieselbe Technik in der Darstellung des Palastes des Somnus als Gegenbild zur *regia Solis* 11,592-615, bes. V 593-5: *domus...Somni/ quo numquam radiis oriens mediusve cadensque/ Phoebus adire potest.*

[436] Vgl. die Häufung hellen Glanzes und funkelnder Metalle V 1-4 und V 23f., das sprechende Adjektiv *pyropus* sowie die kommentierende Literatur dazu, z. B. BROWN in [40], S. 212f. Ähnlich ist die Charakterisierung des Sol 4,192-4, bei der die Formulierung *radiataque lumina* an die Palastbeschreibung 2,4 erinnert.

[437] Eventuell lässt sich über das Thema „Darstellung von Sols Arbeitsgebiet" auch eine werkimmanente Erklärung für das Fehlen der Unterwelt auf den Türbildern finden, weil dorthin nach *met.* 2,46 *palus oculis incognita nostris* kein Sonnenlicht dringt; Hinweis bei VON ALBRECHT in [6], S. 26. Überstrapaziert ist die Suche nach Bezügen zu Sol jedoch, wenn dort das Meer als Türschmuck besonders passend" bezeichnet wird, „weil die Sonne darin versinkt". Vgl. aber die gegensätzliche Ansicht von HERTER in [153], S. 59, dass das Motiv der drei Weltregionen ohne „eine besondere Beziehung zur täglichen Fahrt des Helios" ausgeführt sei.

[438] Dies jedoch indirekt und rückwirkend, indem die vernichtende Wirkung des falschen Umgangs mit dem Feuer bei der Wagenfahrt des Phaethon dargestellt wird. Die Parallele bezieht sich darüber hinaus nur allgemein auf die Existenz der einzelnen Lebewesen, nicht auf ihre Anordnung und Handlungen; siehe dazu den nächsten Punkt zu Vulcanus.

[439] Vgl. die zunächst zusammenfassende Gliederung V 5-7, dann die konkreten Details eines Bereiches V 8-14 und danach die allgemeine Darstellung der anderen beiden Weltteile V 15f. und V 17f.

Vulcanus als Vergleichsfigur für Phaethon

Vulcanus übernimmt mit seinem Kunstwerk anstelle des Vaters Sol indirekt eine Vorbildfunktion für Phaethon. Beide sind über das Element Feuer zueinander in Bezug gesetzt: *Mulciber* V 5 verweist hierauf erstens über den Begriff selbst und zweitens über den Kontext seiner sonstigen Nennung in den *Metamorphosen*,[440] und Phaethon trägt in seinem Namen ein Attribut des Feuers. Gegensätzlich ist jedoch, was sie jeweils bewirken:[441] Das Kunstwerk des Vulcanus ist Ausdruck von Ordnung und Kontrolle und Zeichen dafür, dass er als Künstler sein Material beherrscht; auf Letzteres weisen V 5 *materiam superabat opus* und indirekt V 13f. hin, wenn die Fähigkeit zur hochdifferenzierten Darstellung der Familienähnlichkeit der Nymphen gelobt wird. Phaethons Fahrt auf dem Sonnenwagen ist dagegen gerade von fehlender Kontrolle geprägt, und die Welt, die aus seiner Unternehmung resultiert, ist gekennzeichnet von Unordnung. Es wird also nicht zu Beginn der Geschichte eine Fahrt des Sol vorgeführt, an der die des Phaethon dann hätte gemessen werden können, was einer Antithese auf strukturell parallelen Ebenen gewesen wäre, sondern es wird eine kunstvollere Variante präsnetiert; der Vater als Paradebeispiel für ein Vorbild ist substituiert, und die Erzählebene ist durch die Türbildekphrasis abgewandelt, gleichsam zum Kunstwerk erhoben.

4.2.2.2 Funktion der Türbilder im weiteren Kontext

Konkrete Verbindungen hat die Ekphrasis der Türbilder über ihr Thema der Weltordnung bzw. Schöpfung zu zwei weiteren Darstellun-

---

[440] *Met.* 9,263 und 14,533 sind die einzigen Stellen in den *Metamorphosen*, an der er nochmals als *Mulciber* bezeichnet wird; dabei steht er jeweils in direkter Verbindung zu Flammen. Vgl. 9,62f. *quodcumque fuit populabile flammae,/ Mulciber abstulerat* und 14,531-4 *faces, ignesque.../ ...cetera flammae/ Mulciber urebat.../ ...fumabant igne.*

[441] Die Analogie geht dabei nicht so weit, dass ihr Tun konkret jeweils mit Feuer bewirkt ist, auch wenn der Bezug bei Phaethon möglich ist.

gen innerhalb der *Metamorphosen*:[442]
So wird mit der Dreiteilung des Kosmos auf den Türen die Ordnung der Welt nach dem Chaos ins Gedächtnis gerufen, wie sie *met.* 1,5f. genannt wird,[443] auch wenn im weiteren Verlauf der Weltschöpfung im ersten Buch diese Dreiteilung in eine Vierteilung geändert wird.[444] Zugleich werden dadurch die Kosmogonie durch einen unbestimmt gelassenen Gott[445] und die bildliche Ausführung durch den bestimmten Gott Vulcanus in Bezug zueinander gesetzt, so dass der eine das Werk des anderen im Kleinen abbildet.[446] Dieser Zustand des erschaffenen Kosmos ist es, der in Buch 2 ins anfängliche Chaos zurückzufallen droht;[447] während in Buch 1 jedoch das als falsch beurteilte Verhalten des Lycaon Juppiter veranlasst, mit einer Sintflut einen Großteil des Kosmos zu zerstören, ist es im zweiten Buch Phaethons Verhalten, das beinahe den gesamten Lebensraum durch einen Weltbrand in Schutt und Asche legt, worauf Juppiter (ebenfalls mit Feuer) eingreift und Phaethon tötet.[448] Zwischen beidem steht die Juppiterrede mit der Er-

---

[442] Die nur übergeordneten Bezüge, die sich aus der Zugehörigkeit der Ekphrasis zur Phaethongeschichte ergeben, bleiben hier unberücksichtigt; siehe dazu die Hinweise bei DUE in [76], S. 133, TROUCHET in [338], S. 12ff. und S. 434ff., GIEBEL in [121], S. 73f., DIETZE in [67], S. 7f. sowie bei den bisher genannten Autoren.

[443] *Met.* 1,5f. *ante mare et terras et, quod tegit omnia, caelum/ unus erat toto naturae vultus in orbe*; wörtliche und motivische Anklänge sind z. B. bei VON ALBRECHT in [6], S. 26 und BROWN in [40], S. 215f. zusammengestellt.

[444] Vgl. *met.* 1,22-88, besonders V 22f. *nam caelo terras et terris abscidit undas/ et liquidum spisso secrevit ab aere caelum*.

[445] Vgl. *met.* 2,32 *quisquis fuit ille deorum*.

[446] Vgl. neben derselben strukturellen Erzählebene auch sprachliche Bezüge wie z. B. *met.* 1,45f. *utque duae dextrae caelum totidemque sinistra/ parte seccant zonae* und 2,18 *signaque sex foribus dextris totidemque sinistris*; Hinweis bei MOORE-BLUNT zu *met.* 2,18.

[447] Vgl. die Tellus-Rede mit der – für eine in die Handlung integrierte Figur – bemerkenswerten Aussage *in chaos antiquum confundimur* 2,299, was eine thematisch zusammenfassende Wiederaufnahme des Anfangs der *Metamorphosen* ist. Erstens ist dies nach dem „Blick des Sol" ein zweites Beispiel, wie kurzzeitig eine Außenperspektive in die Geschichte selbst hineinverlegt wird. Nicht zu überhören ist zweitens auch die chronologische Bedeutung, weil der Ausdruck die tatsächlich vorher erschaffene Lebenswelt voraussetzt; siehe in diesem Zusammenhang auch meine in Anm. 450 formulierte Detailkritik an SCHMIDTS Gesamtlesung der *Metamorphosen*.

[448] Flut und die den Weltbrand verursachende Fahrt werden dabei trotz ihrer Ver-

innerung an eine alte Prophetie, aufgrund derer er sich für das Wasser statt des Feuers zur Zerstörung der Erde entscheidet,[449] was ein klarer Vorverweis auf die Phaethongeschichte ist und womit die beiden Vernichtungen am deutlichsten aufeinander bezogen werden.[450] Hierhin lässt sich auch der Ausdruck *Tritona canorum* auf den Türflügeln 2,8 einordnen, da der Meeresgott 1,333-42 die Aufgabe hatte, die Flut mit seinem Muschelhorn zurückzurufen; dieses Zitat ist damit ein zweiter subtiler Hinweis auf die mögliche Vernichtung der als intakt dargestellten Welt auf den Türbildern.

Noch ein zweites Mal ist innerhalb des gesamten Werkes die Weltordnung Thema, und zwar in der großen Rede des Pythagoras im 15. Buch.[451] Es kehren die (vier) Elemente wieder (z. B. 15,237-51), das Wasser und die Erde mit Bergen und Flüssen (15,262-304) und sogar die Jahreszeiten aus der Palastekphrasis (15,199-213);[452] allerdings liegt dort die Betonung jeweils eindeutig auf dem zugrundeliegenden Wandel und nicht, wie in der Ekphrasis zu Beginn von Buch 2, auf der festen Ordnung, so dass man von einem Gegenbild sprechen kann. In

---

schiedenheit durch die jeweilige Bezeichnung als *poena* auf dieselbe Bedeutungsebene gesetzt; vgl. z. B. *met.* 1,260f. (Flut) und 2,98f. (Fahrt des Phaethon). BROWN in [40], S. 216 sieht die Motivierung der beiden Vernichtungen in der Übertretung von Grenzen; ähnlich auch SCHMIDT in [300], S. 92. Im Übrigen ist die Kombination dieser beiden Themen im Zusammenhang mit Phaethon (bzw. auch Deucalion und Pyrrha) schon vorher Plat. *Tim.* 22b, Lucr. 5,330-415 (hier im Zusammenhang des Kampfes kosmischer Kräfte) und nachher Ov. *fast.* 4,793f. sowie Hyg. *fab.* 52a-54 zu finden.

[449] *Met.* 1,256-8 *esse quoque in fatis reminiscitur adfore tempus,/ quo mare, quo tellus correptaque regia caeli/ ardeat et mundi moles operosa laboret*; Hinweis bei BROWN in [40], S. 216 und SCHMIDT in [300], S. 91.

[450] An dieser Stelle muss eine zweite Funktion genannt werden, die Juppiters Erinnerung an die Prophezeiung hat: Durch ihren klaren intertextuellen Bezug auf die Juppiterrede Verg. *Aen.* 1,254-96 (sowohl in Bezug auf das Motiv als auch auf die Stellung innerhalb des Gesamtwerkes) und das damit verbundene Zitat einer geschichtlichen Konzeption verleiht sie den *Metamorphosen* im eng begrenzten Umfeld der beiden Erzählungen auch einen chronologischen Aspekt. Dieses Detail ist zu berücksichtigen, auch wenn SCHMIDT in [300], S. 22-47 prinzipiell richtig gezeigt hat, dass die *Metamorphosen* weder chronologisch-historisch ausgerichtet sind noch gar eine der *Aeneis* verwandte Teleologie haben.

[451] Vgl. TROUCHET in [338], S. 120-3.

[452] Vgl. GALINSKY in [108], S. 105.

mehrfacher Hinsicht ist es jedoch möglich, auch im Kosmos der Kunstwerkekphrasis wandelbare Züge hindurchschimmern zu sehen,[453] so dass schon hier auch die große Enddarstellung implizit enthalten ist: Die inneliegende Fähigkeit zur Metamorphose umschreibt *Proteaque ambiguum* V 9, und im Nachhinein ist es auch möglich, die *signa* aus V 18 als Ergebnis einer Metamorphose aufzufassen, wenn nämlich am Beispiel des Skorpions 2,171-6 eine solche „rückgängig gemacht" wird und er wieder als lebendiges Tier erscheint.[454] Eventuell gehört hierhin auch die Gruppe der Nereiden, die auf der Mole sitzt und ihre Haare trocknet, da assoziiert werden kann, dass die Scheidung des Kosmos in streng voneinander getrennte Bereiche nicht das einzig vorherrschende Prinzip ist; indem diese Nereiden sich auf das Gebiet der Erde begeben, verlassen sie ihr Element, und indem sie ihre Haare trocknen, trennen sie sich auch im Detail vom Wasser.

Die Kunstwerkekphrasis zu Beginn von Buch 2 ist also thematisches Bindeglied zwischen Buch 1 und Buch 15 der *Metamorphosen*; sie umspannt und konzentriert damit im Bild den Kosmos, innerhalb dessen sich die einzelnen Verwandlungsgeschichten ereignen. Möglicherweise ist dies auch ein Grund dafür, dass in der Kunstwerkekphrasis nicht wie bei den beiden anderen großen 6,60-128 (Gewebe der Athene und Arachne) und 13,681-701 (von Alcon gefertigter Krater des Äneas) selbst eine Verwandlungssage zu finden ist[455] und man sie dadurch nicht direkt als Variation des Oberthemas sehen kann; dies spiegelt in auffälliger Weise das Besondere der Gesamtgeschichte wider, in der auch die Hauptperson zum Schluss nicht verstirnt wird,[456] wie es für

---

[453] Vgl. BROWN in [40], S. 218f. und BERNSDORFF in [28], S. 2f. mit noch weit über die im Folgenden dargestellten Hinweise hinausgehenden Bezügen.

[454] Vgl. auch *met.* 2,78-83 und 2,194-200 sowie ANDERSON, S. 248.

[455] Siehe HERTER in [153], S. 501.

[456] Siehe dazu GIEBEL in [121], S. 73f., die deswegen Vergleiche mit der Episode von Dädalus und Icarus sowie Orpheus und Eurydice zieht und von „nicht geglückter Metamorphose" spricht, an deren Stelle die psychologischen Züge stärker betont würden; derselbe psychologische Schwerpunkt vorher schon bei GALINSKY in [108], S. 49-52 und DIETZ/HILBERT in [66], die beide auch eine Nähe zur Narcissusgeschichte andeuten. Für die Begründung, dass die Verwandlung erst indirekt mit der Trauer der Angehörigen nachgeliefert werde, siehe DIETZ in [66], bes. S. 17-9.

eine so lange Geschichte und aufgrund der sonstigen Sagenüberlieferung zu erwarten wäre.[457]

4.2.2.3 Türbildekphrasis als Alternative zur Schildbeschreibung

Die Einbindung der Türbildekphrasis in die *Metamorphosen* setzt innerhalb eines archaisch stilisierten Rahmens deutliche Referenzen zum traditionell-epischen Motiv der Schildbeschreibung, womit die Türbilder an ein altes Ekphrasismotiv anknüpfen. Erstens erhält auf diese Weise ein traditionelles Motiv gleichsam ein neues Gewand und bietet sich als Variation desselben an; zweitens wird gleich zu Beginn die Phaethongeschichte mit einem archaischen Grundton versehen, von dem sich andere Stilelemente, wie sie weiter unten in 4.2.3.4 analysiert werden, umso deutlicher abheben.

Die Beschreibung der Türbilder nimmt über das Thema der Weltdarstellung Bezug zu den *caelestia dona* des Achill, deren Bilder Odysseus in seiner Rede beim Waffenstreit kurz erwähnt (*met.* 13,291-4): *neque enim clipei caelamina novit/ Oceanum et terras cumque alto sidera caelo/ Pleiadasque Hyadasque inmunemque aequoris Arcton/ diversasque urbes nitidumque Orionis ensem.* Die Angabe des dreifachen Themas Meer, Erde und Himmel 13,252 als Überlick für die folgenden Verse ähnelt der Struktur 2,6f., und es kehren dieselben Bezeichnungen (vgl. die unterstrichenen Worte) bzw. Vokabeln aus demselben Wortfeld wieder (vgl. die unterstrichelten Worte).[458] Eine weitere Schildbeschreibung gibt es in den *Metamorphosen* nicht,

---

[457] Z. B. Ov. *am.* 3,12,37 mit einer Apostrophe an den *Auriga*.
[458] Siehe *caelarat met.* 2,6 und *caelamina* 13,251, *aequora* 2,6 und *Oceanum* 13,252 bzw. *aequoris* 13,253, *caeli...imago/ signaque* 2,17f. und *sidera* 13,252 sowie *fulgentis* 2,17 und *nitidum* 13,254. Zu den ovidischen Verfahren der Kondensierung, Aussparung und mehrmalig unterschiedlich gewichteten Aufnahme desselben Motivs vgl. SCHMIDT in [300] und SMITH in [319].

dafür steht jedoch die Türbildekphrasis *met.* 2 in intertextuellem Bezug zu denen in der *Ilias* und *Aeneis*.[459] Die evozierte Verbindung Sol – Schild, die dadurch entsteht, dass das Thema der Weltdarstellung nicht mit einem Schild und menschlichen Protagonisten, sondern mit Türflügeln und Sol verbunden ist, gibt es *met.* 15,192 in zuvor nicht belegter Ausdrucksweise noch einmal,[460] wenn die Sonnenscheibe *dei clipeus* genannt wird; unterstützend wirkt, dass Phoebus selbst im vorangehenden Vers erwähnt wird und der gesamte Kontext der Textstelle wie *met.* 2 kosmisch geprägt ist.

Diese Schildassoziationen verweisen auf ein traditionell-episches Ekphrasismotiv; derselbe Eindruck lässt sich auch am Szenentypus, am Künstler und an der Sprache festmachen:
Zum epischen Repertoire gehört ein Kunstwerk des Hephaistos/Vulcanus und die Ankunft eines Fremden an einem Palast und/oder eine Palastbeschreibung;[461] von den erhaltenen Textbeispielen sollen drei herausgegriffen werden, die den Grundtypus für die Anfangsszene *met.* 2 zeigen und darüber hinaus möglicherweise Bezüge aufweisen:[462] Hom. *Od.* 4,43-6 bzw. 4,71-5 gelangt Telemach zum Palast des Menelaos; die Gebäudebeschreibungen haben außer ihren kostbaren Materialien keine Gemeinsamkeiten,[463] doch erinnert die Suche eines Helden nach seinem Vater und sein anschließender Drang, seine Ebenbürtigkeit zu beweisen, sehr an die Konstellation zwischen Phaethon und Sol bei Ovid. Verg. *Aen.* 7,160ff. kommt eine trojanische Gesandtschaft unter Führung des Ilioneus am Palast des Latinus an, das Gebäude wird V 170-91 beschrieben und es folgt ein Gespräch zwischen Latinus und

---

[459] Siehe die ausführliche Analyse weiter unten in 4.2.3.1 und 4.2.3.3.

[460] Außer Ovid gibt es nur noch späte Belege wie Aug. *serm.* ed. MAI 81,1 und Ps. Aug. *serm.* ed. CAILLAU 2 app. 37,2.; vgl. ThLL 3,1352,66ff.

[461] Dies ist nicht zwingend, wie z. B. das Epyllion des Moschos zeigt, doch verweist ein solches Motiv meist, wenn es verwendet wird, zusammen mit anderen Indizien auf den Archegeten Homer zurück.

[462] Weitere Beispiele sind Hom. *Il.* 13,21f. der Palast des Poseidon, *Od.* 7,84-94, als Odysseus zum Palast des Alkinoos gelangt und u. a. von Hephaistos gefertigte Hunde neben den Türen genannt werden, oder Apoll. Rhod. 3,215-48a, als Jason zum Palast des Aietes kommt und dort ein von Hephaistos gefertigter Pflug steht.

[463] Vgl. z. B. HERTER in [153], S. 54f. oder BERNSDORFF in [28].

Ilioneus, was insgesamt ein Grundmodell für die Situation am Anfang von Ov. met. 2 darstellt: Auch Phaethon gelangt als Besucher zum Palast, dessen Beschreibung in den Erzählverlauf eingeschoben wird, bevor er mit dem Palastinhaber einen Dialog mit bittendem Inhalt führt.[464] Sprachliche Parallelen unterstützen den Bezug,[465] und zwar gerade dadurch, dass sie zum Standardrepertoire solcher Szenen gehören.[466] Drittes Modell ist Verg. Aen. 6: Dort macht sich die Hauptfigur Äneas genau wie Phaethon auf, um etwas über bzw. von seinem Vater zu erfahren, und kommt dabei ebenfalls zu Beginn eines neuen Buches zu einem Gebäude, das beide Male von Hephaistos bzw. seinem menschlichem Pendant Dädalus gefertigt worden ist und in einem Exkurs mitsamt seinen Türbildern beschrieben wird. Außerdem nimmt die Phaethongeschichte insgesamt Bezug auf die Dädalus-/Icarus-Sage, die bei Vergil im Kontext der Türbildbeschreibung Thema ist (Aen. 6,14-33), denn beide Male instruieren die Väter ihre Söhne, die aber mit ihrer Verantwortung nicht umgehen können und daher in den Tod stürzen,[467] und in beiden Geschichten ist das Motiv des Fliegens we-

---

[464] Als ein vergilisches Modell mit ähnlichen Einzelelementen, die jedoch um ein Vielfaches ausgedehnter dargeboten werden, ist auch Aen. 1,441-578 zu nennen, der von Dido erbaute Junotempel mit seinen (Fries-/Wand-)Bildern und die erste Begegnung von Ilioneus mit der karthagischen Königin; zur eher hellenistischen Stilisierung der dortigen Türbildekphrasis siehe die Analyse weiter oben in 4.1.2.3, S. 108-10.

[465] Siehe SMITH in [319], S. 70f.; hinzugefügt werden kann, dass auch der hohe Stil der Sol- und Phaethonrede mit der des Latinus und Ilioneus vergleichbar ist, wobei sogar einzelne Ausdrücke wie *quid petitis? quae causa...* Aen. 7,198 Ov. met. 2,33 zu finden sind: „*quae*"*que* „*viae tibi causa? quid hac*" ait „*arce petisti*".

[466] Vgl. z. B. Verg. Aen. 7,170 *tectum augustum, ingens, centum sublime columnis*, Ov. met. 2,1 *regia Solis erat sublimibus alta columnis*, Stat. silv. 4,2,18 *tectum augustum, ingens, non centum insigne columnis*, aber auch Prop. 2,31,3 *tanta erat in speciem Poenis digesta columnis* oder Ov. trist. 3,1,59-61 *gradibus sublimia celsis/ ...candida templa dei,/ ...signa peregrinis...alterna columnis*. Unerheblich ist der Unterschied, dass statt Ahnen und Kriegsbeute im Palast des Latinus am Solpalast der Kosmos vorgestellt wird. Möglicherweise ist die Referenz zusätzlich dadurch gestützt, dass der Zielpunkt der vergilischen Ekphrasis in Picus, dessen Mythos am Ende V 189-91 umrissen wird, auch ausführlich Ov. met. 14,312-434 präsent ist.

[467] Hingewiesen sei auf die interessante Beobachtung von SMITH in [319], S. 78f., dass Sols Aussage gegenüber Phaethon auch intertextuell verstanden werden könn-

sentlich.[468]
Grundlegend archaisierende Elemente innerhalb der Ekphrasis schließlich sind die Synkope *caelarat* V 6, die Antonomasie *Mulciber* V 5, die durch *-que...-que* gegliederten Polyptata V 7, V 9-11, V 15f. und V 18 sowie die Inversion *haec super inposita est* V 17. Als typisch episches Vokabular kann außerdem *bifores...valvae* V 4 angeführt werden, das *portis bipatentibus* Aen. 7,330 und *tectis bipatentibus* Aen. 10,5 ähnelt, wobei Letzteres gleichzeitig ein Zitat von Enn. *Ann.* 61 VAHLEN ist.

4.2.3 Politische Bedeutungsaufladung der Ekphrasis

Die folgenden vier Unterkapitel beleuchten mit verschiedenem Schwerpunkt die politische Bedeutungsaufladung der Türbilder, die sich darin manifestiert, dass sie das *imperium Romanum* in der *pax Augusta* mit Augustus als Herrscher präsentieren.

4.2.3.1 Herrschaft und ihre kosmische Einordnung

Die Assoziation von Herrschaft ist über drei Motive in der Ekphrasis enthalten: Erstens wird Sol als Herrscher präsentiert, wenn er V 23f. auf einem edelsteingeschmückten Thron sitzt und in eine Purpurrobe gehüllt ist, und ist eine Macht ausdrückende Distanz formuliert, wenn Phaethon V 21-3 in einiger Entfernung von Sol stehenbleibt, da er sonst seine *lumina* nicht erträgt. Zweitens gehört hierhin die weiter

---

ten als Hinweis, dass er in die (vergilisch-)epische Welt nicht hineingehöre.

[468] Damit ist also schon in Buch 2 die Dädalus-/Icarus-Geschichte *met.* 8,183-240 thematisch vorbereitet. Entgegen der Zusammenstellung von SMITH in [319], S. 71-5 ist *Aen.* 6 jedoch keine direkte Vorlage für die konkrete Gestaltung der Türbildekphrasis Ov. *met.* 2: Das von ihm angeführte Argument des auffällig parallelen Vokabulars greift nicht, da die Türbilder bis auf *met.* 2,11 *natas*/Aen. 6,22 *natorum* und *met.* 2,18 *foribus*/Aen. 6,20 *foribus* keine sprachlichen Gemeinsamkeiten haben. Die Beispiele belegen daher eher, dass das Umfeld der Ekphrasis voll von vergilischem Vokabular ist.

oben S. 138 analysierte Assoziation, dass die Türbilder den Bereich und das Ergebnis der Sonnenwirkung darstellen, so dass hiermit ein Herrschaftgebiet umschrieben ist. Und drittens erinnern speziell die Ordnung in verschiedene Weltbereiche, wie sie durch die Dreiteilung und die verschiedenen Gruppen bei der Meeresekphrasis dargestellt wird, sowie die Aufzählung von verschiedenen Bewohnern dieser Gebiete an Landkarten und Völkerkataloge mit ihrem Aspekt, Herrschaft zu verherrlichen; dabei akzentuieren *prementem* V 9 und *superabat* V 5 dieses Bild im Detail gewaltsam und als Sieg.

Kosmische Konnotationen bewirken in erster Linie das Thema der Weltdarstellung und die Zeitpersonifikationen um Sol V 25-30, welche die Darstellung der Herrschaft über den Raum auf die der Zeit ausdehnen. Darüber hinaus ist intertextuell die Schildbeschreibung Hom. *Il.* 18,483-608 in den Türbildern enthalten, die von der antiken Homerallegorese ausdrücklich als Abbild des Kosmos gedeutet wird:[469] Der Inhalt ist mit seiner Darstellung des Kosmos und mit seiner Dreiteilung in Meer, Erde und Himmel gleich, und auch der Aufbau ähnelt sich, wenn erst ein summarischer Überblick über die Themen gegeben wird, bevor dann ein Bereich ausführlicher dargestellt wird.[470] Beide haben dieselbe Funktion, ein friedliches Gegenbild zum umliegenden bzw. folgenden Geschehen zu bieten, bei Homer im Gegensatz zur Kriegshandlung der Ilias,[471] bei Ovid zum kommenden Chaos, in das Phaethon[472] die Welt stürzen wird.[473]

---

[469] Vgl. z. B. die Scholien zu *Il.* 18,401a und 18,483.

[470] Nicht zu halten ist jedoch, dass die ovidische Version in Bezug auf Homer eine *oppositio in imitando* sei, ihn sozusagen ergänze oder sogar korrigiere, da er mit dem Meer genau den Bereich weiter ausführe, der bei Homer am kürzesten sei; so zuletzt SPAHLINGER in [320], S. 273 und LAUSBERG in [208], S. 120, ähnlich vorher z. B. BARTHOLOMÉ in [20], S. 75f. oder HERTER in [153], S. 60. Wenn Homer sechs Verse dem Himmel, 118 Verse der Erde und zwei Verse dem Meer widmet, Ovid aber sieben Verse dem Meer, zwei Verse der Erde und zwei Verse dem Himmel, so betont der eine die Erde und der andere das Wasser; erst von untergeordneter Bedeutung ist es, dass bei Homer der Himmel noch vier Verse mehr als das Meer erhält – denn im Verhältnis zum eigentlichen Schwerpunkt fällt dies überhaupt nicht ins Gewicht.

[471] Vgl. die Scholien zu *Il.* 18,490.

[472] Siehe die Ausführungen oben S. 136.

[473] Kurz hinzuweisen ist auch auf die Ähnlichkeit zu den Herrschaftsdarstellungen

4.2.3.2 Palatinischer Baukomplex

Vier Hinweise eröffnen die Möglichkeit, in der *Regia Solis* den palatinischen Baukomplex und die dortige Herrschaftsdarstellung zu assoziieren:

1. *Adclivi...limite* V 19 und *quid hac...arce petisti* V 33 imaginieren für das Gebäude einen Platz, der auf einer Anhöhe liegt und über einen ansteigenden Weg erreichbar ist. Der genaue Ort ist dabei mehrdeutig: Mit Bezug auf den Gebäudeinhaber Sol kann er innerhalb der Phaethongeschichte als ein Platz im Himmel verstanden werden.[474] Gleichzeitig nimmt die Imagination eines hochgelegenen Platzes mit zugehörigem Weg die Beschreibung des Ortes auf, an dem Juppiter *met.* 1,168-76 die Götterversammlung einberuft, die im Beschluss der Sintflut endet; der Aufgang wird dabei mit der Milchstraße verglichen, die Anhöhe als *magni...Palatia caeli* bezeichnet.[475] Neben der tatsächlichen Topographie des Palatin mit seinem Anstieg[476] offerieren also die *Metamorphosen* selbst einen derart politischen Blickwinkel.

2. Das Motiv der Türbilder verweist auf das prominente und einzig sicher bezeugte Testimonium am palatinischen Apollotempel.

Hor. *carm. saec.* und auf dem Panzerrelief der Augustus-Statue von Primaporta, die vergleichbar einen überirdischen Weltzustand abbilden und ein Element von Herrscherpanegyrik sind: Im Lied wird Sol gleich hinter Apollo und Diana als erster der anderen Götter zu Beginn der 3. Strophe *alme Sol* genannt und mit seiner täglichen Wagenfahrt verbunden, danach folgt ein Blick auf die Größe Roms und die kosmische Einordnung des Imperiums mit Luna, Tellus und weiteren Gottheiten. Das Relief zeigt Tellus (unten), dazu Caelus/Saturnus (oben); dazwischen sind unten Apollo und Diana, oben Sol und Luna/Eos abgebildet und jeweils aufeinander bezogen und rahmen die Mitte, welche die Rückgabe der Feldzeichen durch den Partherkönig zeigt; für eine Abbildung siehe z. B. ZANKER in [367], S. 193-5 mit Abb. 148ab.

[474] So bei ANDERSON, S. 232 und BÖMER, S. 281f.

[475] *Met.* 1,168-76: *est via sublimis, caelo manifesta sereno:/ lactea nomen habet candore notabilis ipso;/ hac iter est superis ad magni tecta Tonantis/ regalemque domum: dextra laevaque deorum/ atria nobilium valvis celebrantur apertis,/ plebs habitat diversa locis: hac parte potentes/ caelicolae clarique suos posuere penates;/ hic locus est, quem, si verbis audacia detur,/ haud timeam magni dixisse Palatia caeli.* Vgl. auch das beide Male gleich zu Beginn platzierte Attribut *sublimis* zur Kennzeichnung des Weges 1,168 bzw. des Palastes 2,1.

[476] Vgl. BARTHOLOMÉ in [20], S. 19.

3. Die Mischung der Beschreibungselemente, die zum Teil auf einen Tempel,[477] zum Teil auf einen Palast verweisen,[478] können zwar als allgemeiner Hinweis auf die aus dem Hellenismus kommende Tendenz der architektonischen Demonstration von Luxus und Anspruch gewertet werden, die sich auch mannigfach in der Literatur findet,[479] oder als typisch episch;[480] unter Berücksichtigung der bisherigen Assoziationslinie können sie aber auch als konkreter Verweis auf den palatinischen Baukomplex verstanden werden, in dem das Wohnhaus des Augustus und der Apollotempel als ineinander übergehend wahrgenommen wurden.[481]

4. Prop. 2,31, der die palatinische Anlage beschreibt, ist intertextuelles Vorbild für die Beschreibung der Architektur:[482]

Wie eine Überschrift nimmt *regia Solis erat* met. 2,1 mit derselben Position im Vers *in quo Solis erat* Prop. 2,31,11 auf und gibt damit die Perspektive für die folgenden allgemeineren Parallelen vor. Bei-

---

[477] Vgl. *fastigia* V 3, wie es für das Haus des Caesar überliefert ist, das auf Senatsbeschluss einen solchen Giebel tragen durfte; zu den empörten Bemerkungen über dieses sakrale Bauelement an einem Privathaus siehe z. B. Livius bei Plut. *Caes.* 63,9, Cic. *Phil.* 2,110 oder Suet. *Iul.* 81,3 sowie die Diskussion bei WISEMAN in [359]. Mit dieser Perspektive ist Sol V 23ff. als Tempelstatue verstanden worden (BARTHOLOMÉ in [20], S. 17) bzw. durch die Edelsteinverzierung des Thrones sogar der Zeus von Olympia assoziiert worden, wie er Paus. 5,11,2 beschrieben wird (HERTER in [153], S. 64).

[478] Vgl. *regia* V 1 sowie Thron und Purpurrobe V 13f., ANDERSON, S. 232f. und das Ergebnis aus der Analyse im Anhang S. 281f., dass *valvae* im Epos für Haus-/Palasttüren verwendet werden, nie jedoch für Tempeltüren. Mit dieser Perspektive sind die Zeitallegorien, die Sol umringen, als sein Hofstaat (ANDERSON, S. 233) oder als Bittsteller wie bei einer Audienz gedeutet worden (HERTER in [153], S. 69f.).

[479] Siehe das Charakteristikum der *sublimibus alta columnis* V 1 und Verg. *Aen.* 7,170 *centum sublime columnis* sowie die archäologischen Befunde, wie z. B. am Haus des Augustus auf dem Palatin; vgl. dazu ANDERSON, S. 229 „that was the style of royal architecture in Ovid's day", ISLER in [177], FÖRTSCH in [95], WALLACE-HADRILL in [344], S. 38-61 und WISEMAN in [359].

[480] Vgl. z. B. Verg. *Aen.* 1,496-508, wo Dido im Junotempel ihre Königsherrschaft ausübt, und *Aen.* 7,170-95 den Palast des Latinus, der gleichzeitig auch religiöses Zentrum ist (*hoc illis curia templum,/ hae sacris sedes epulis; hic ariete caeso/ perpetuis soliti patres considere mensis*), sowie als literarisches Vorbild den Alkinoospalast Hom. *Od.* 7,81b-132.

[481] Vgl. die in Anm. 179 und Anm. 243 genannte Literatur.

[482] Hinweise bei BÖMER, S. 236.

de Architekturbeschreibungen verwenden das seltene Element einer Türbildekphrasis und sind in ihrem Aufbau vergleichbar: Prop. 2,31 lässt sich gliedern in Gedichtmotivation (V 1f.) und Beschreibung des Heiligtums; im einzelnen sind dies der Tempelvorplatz (V 3-8) sowie das Tempeläußere (V 9-14) und -innere (V 15f.), wobei die letzten beiden Aspekte nochmals unterteilt werden können in Giebel (V 9-11), Fassade mit den Türbildern (V 12-4) und Kultbild in der Cella (V 15f.). Ovid bindet ebenso mit seiner Erzählung bis *met.* 1,779 die Beschreibung in einen narrativen Zusammenhang ein, beschreibt dann das Äußere (2,1-19) und Innere des Tempels (2,21-32); es fehlt zwar ein Tempelvorplatz, genannt werden aber Giebel (V 3) und Türbilder (V 4-18) sowie das Templinnere mit „Kultbild" (V 23-32). Hierzu gibt es sprachliche Anklänge mit Wortwiederholungen und -variationen, die insgesamt eine Klangwolke bilden, welche die Referenz stärkt.[483]

Herausgegriffen werden sollen drei Bezüge: Erstens nimmt *(regia) cuius ebur nitidum fastigia summa tegebat met.* 2,3 die Darstellung *Solis erat supra fastigia currus,/ et valvae, Libyci nobile dentis opus* Prop. 2,31,11f. auf. Beide Male ist Elfenbein als Material genannt, und *fastigia summa* zitieren das Wortfeld und den Kasus von *supra fastigia*. Die Veränderung besteht darin, dass sich bei Ovid Elfenbein auf dem Dachfirst befindet, während bei Properz dort der Sonnenwagen platziert ist und das Elfenbein erst auf den folgenden Türflügeln genannt wird. Diese Verkürzung bewirkt, dass der bei Ovid erst V 106-10 beschriebene Sonnenwagen bereits bei der Ekphrasis des Tempels assoziiert und damit hier eingebunden ist.[484] Zweitens muss auf den Haupt-

---

[483] Vgl. Ovid V 1 *(regia) erat sublimibus alta columnis* mit Properz V 3 *(porticus) tanta erat...Poenis columnis* und V 9 *surgebat (templum)*, Ovid V 2 *clara* mit Properz V 9 *claro*, Ovid V 3 *ebur nitidum* mit Properz V 12 *Libyci nobile dentis opus*, Ovid V 3 *fastigia summa* mit Properz V 11 *supra fastigia*, Ovid V 4 *argenti bifores...lumine valvae* mit Properz V 12 *valvae*, Ovid V 18 *(foribus) dextris...que sinistris* mit Properz V 13f. *(valvae) altera...altera*, Ovid V 20 *venit* mit Properz V 1 *veniam*, Ovid V 20f. *parentis...patrios* mit Properz V 10 *patria*, Ovid V 23 *purpurea velatus veste* mit Properz V 16 *in longa veste*, Ovid V 24 *Phoebus* mit Properz V 5 und V 10 *Phoebo*, Ovid V 25-9 *a dextra laevaque...stabat* mit Properz V 7 *circum steterant* sowie Ovid V 31 *inde loco medius* mit Properz V 15f. *tum medium*.
[484] Dies erübrigt gleichzeitig Lösungsvorschläge wie die von BÖMER, S. 238, der

unterschied der beiden Ekphraseis hingewiesen werden, dass Properz
einen Tempel des Apollo beschreibt, Ovid jedoch ein Gebäude des Sol.
Einerseits stehen sich beide Gottheiten in ihren Funktionen nahe und
ist diese Wesensvermischung literarisch z. B. in der Doppelbezeichnung Φαέθων/*Phaeton* für beide Gottheiten durchgängig belegt;[485]
andererseits haben FONTENROSE in [96] und SCHMIDT in [300], S. 102
Anm. 15 eindeutig nachgewiesen, dass Ovid beide (zumindest thematisch) deutlich auseinanderhält, so dass jederzeit klar ist, welchem Gott
die momentane Erzählung zugeordnet werden soll. So ist auch in unserer Textpassage durch das Thema und die Bezeichnung *regia Solis*
gesichert, dass wir an den Palasttüren des Sonnengottes stehen, auch
wenn diese Geschichte inmitten zweier Apollo-Episoden steht (Daphne
1,452ff., Coronis 2,542ff.).[486] Genau an dieser Platzierung wird jedoch
deutlich, welcher Technik Ovid sich bedient: Er nutzt die Wesensnähe
der beiden Götter aus, um zwischen ihnen thematisch hin- und herwechseln zu können, und verstärkt diese Vorgehensweise, indem er zu
Beginn der Sol-Episode eine literarische Vorlage benutzt, die auf Apollo zugeschnitten ist. Durch eine solch elegante Gewichtsverschiebung

---

Elfenbein auf dem Dach als „phantastische Ausgestaltung" versteht, oder von ANDERSON, S. 230, der das Material allenfalls für Stellen vorstellbar hält, die dem Wetter nicht ausgesetzt sind.

[485]Siehe z. B. Hom. *Od.* 11,15, Eurip. *fr.* 781,11-3, Heraclit *all.* 6,6 und die umfassende Zusammenstellung bei Macr. *Sat.* 1,17-23 sowie ergänzend die entsprechenden Lemmata bei ROSCHER und HUNGER. Zu augusteischer Zeit weist gerade der palatinische Apollotempel mit dem Sonnenwagen auf dem Dach darauf hin, dass die Personifikation der Sonne ein Funktionsbereich des Gottes Apollo ist, und über die Verbindung zu Augustus präfiguriert diese Assoziation für spätere Sol-Assoziationen im Kaiserkult; vgl. z. B. Neros Kolossalstatue, die Vespasian später Sol weihte, und Plin. *nat.* 34,45.

[486]Diese treffen jedoch nicht direkt aufeinander, sondern sind jeweils nochmal durch eine Juppiter-Liebe (Io, Callisto) voneinander getrennt, so dass eine zweifache Schachtelung mit dem Sonnengott als Zentrum entsteht: Apollo – Juppiter – Sol – Juppiter – Apollo. Der zweite Ort, an dem in den *Metamorphosen* Geschichten über Sol erzählt werden, ist Buch 4: Dort ist er Beobachter und Verräter des Ehebruchs von Mars und Venus 4,169ff., liebt die Nymphe Leucothoe 4,190ff. und ist Geliebter der Clytie 4,234ff. Jedes Mal gibt es wörtliche Anklänge an seine erste (und längste) Episode mit Phaethon, wie z. B. 4,173-5/185 die Periphrase des Vulcanus, 4,190-5 sein strahlendes Wesen und das Verbrennen der Erde sowie 4,245f. die durch expliziten Vergleich wieder aufgenommene Trauer um Phaethon.

ist es möglich, gleichzeitig die Vorlage Prop. 2,31 zu verwenden und auf sie hinzuweisen, als sie auch derart zu verändern, dass ein anderer Schwerpunkt und eine unterschiedliche Aussage im Detail möglich sind. Als dritter Punkt ist nämlich auffällig, dass neben einer Reduzierung der Beschreibungselemente der Umfang der Türbilder im Vergleich mit Prop. 2,31 deutlich zugenommen hat und sowohl sie als auch der Inhaber des Gebäudes eine andere Aussage formulieren, ja die Türbilder im Gegensatz zum Gebäude sogar weder sprachlich noch inhaltlich überhaupt eine Referenz signalisieren: Der Ausdruck von „heiler Welt" und Herrschaft, die kosmisch akzentuiert wird, steht im Zentrum, und nicht mehr Bürgerkriege, Leid oder rächende Bestrafung;[487] die *pax Augusta* ist Grundlage des Daseins und der *Metamorphosen*, nicht ihr Ziel.[488]

4.2.3.3 Augustus und *pax Augusta*

Referenzen auf Verg. *georg.* 3 und *Aen.* 8 sind Indiz dafür, Augustus als Tempelinhaber und auf den Türbildern seine Herrschaft zu assoziieren:
Das Proömium von Verg. *georg.* 3 leuchtet im Hintergrund auf, da dort V 26-33 zuerst das Motiv der Türbilder verwendet worden ist, die ebenfalls mit Verweisen auf den palatinischen Baukomplex verbunden sind; wenn dort V 16 der Tempelinhaber *in medio mihi Caesar erit templumque tenebit* deutlich benannt ist, transportiert der Bezug ihn auch in die Ekphrasis *met.* 2.

---

[487]Vgl. auch Ov. *trist.* 3,1,59f., wo ebenfalls der palatinische Tempel mit ähnlichem Wortmaterial beschrieben wird, aber die Türbilder oder gar ein Zitat ihrer Aussage fehlen, und wo stattdessen wiederum allein der friedliche Aspekt durch die Kultstatue erwähnt ist: *inde tenore pari gradibus sublimia celsis/ ducor ad intonsi candida templa dei.*

[488]Zu weitreichenden politischen Assoziationen in der Gesamtgeschichte, die entsprechend als „umgekehrter Fürstenspiegel" bezeichnet werden kann, siehe SCHMITZER in [304], bes. S. 89-107, sowie vorher DOBLHOFER in [71] und GLENN in [125]. Zur Nachwirkung dieser politischen Tendenz siehe auch die Ekphrasis des Palastes und Kaisers Domitian Stat. *silv.* 4,2 sowie KLODT in [195], S. 37-62.

Mulciber ist in den *Metamorphosen* außer zu Beginn von Buch 2 nicht mehr als Künstler genannt,[489] prominent aber Verg. Aen. 8,724 am Ende der Schildbeschreibung vorhanden. Dort wird Augustus gezeigt, wie er als triumphierender Herrscher am palatinischen Apollotempel sitzt und Huldigungen einer langen Reihe unterworfener Völker entgegennimmt; aufgrund des gemeinsamen Künstlers und der Ähnlichkeit zur Darstellung des Sol *met*. 2,23ff. wird ein intertextueller Bezug hergestellt, der zwei Assoziationen ermöglicht: Erstens wird so die Identifikation des Sol mit Augustus ein weiteres Mal gestärkt; damit verbunden ist, dass die Präsentation der alle Himmelsrichtungen umfassenden Herrschaft des *imperium Romanum*, wie sie durch die Aufzählung der verschiedenen Unterworfenen geschieht, auch in die Abbildung des Kosmos auf den Türbildern eingeblendet wird. Zweitens betont der Unterschied zwischen den beiden Textpassagen, dass Augustus in der *Aeneis* als Herrscher nach langen und zahlreichen Kämpfen präsentiert wird, ebendies jedoch *met*. 2 fehlt, die Konnotation eines bereits vorhandenen, friedlichen Zustandes; der Schwerpunkt *met*. 2 ist nicht, die Erinnerung an die Kämpfe wachzuhalten, die diese Herrschaft ermöglicht haben, sondern die kosmische Einordnung der Herrschaft.[490]

4.2.3.4 Genre und hellenistische Stilisierung

Die oben in 4.2.2.3 festgestellte archaisch stilisierte Einbettung der Ekphrasis, die das Motiv der Türbilder an einen traditionellen Bildträger anbindet, kontrastiert mit einer hellenistischen Stilisierung der Türbilder, genauer ihrer Meeresdarstellung. Schon dieses Spiel mit

---

[489] Die einzigen beiden anderen Belege für *Mulciber* sind *met*. 9,263 beim Tod des Hercules und 14,533 innerhalb der sogenannten *Aeneis* als vernichtender Feuergott.
[490] Ich stimme mit GLEIS Gesamtinterpretation der *Metamorphosen* in [124], S. 89 überein, dass Ovid auch in dieser Ekphrasis einen Gegenentwurf zu Vergils *Aeneis* vorstellt; nicht richtig ist jedoch, wie die vorangegangene Analyse gezeigt hat, dass Ovid dezidiert un- bzw. antiaugusteisch sei (S. 99).

der Erwartungshaltung an sich ist typisch hellenistisch,[491] doch deuten auf eine hellenistische Stilisierung auch drei konkrete Punkte hin, die in die Türbilder den Aspekt von spielerisch-leichtem, genrehaften und sorgenfreiem Leben projizieren:

1. Der Schwerpunkt der Türbildekphrasis liegt in der Darstellung des Wassers und seiner Bewohner bei unbeschwerten Tätigkeiten.[492] Dieses Motiv ist in der Kunst zwar durchgängig belegt, erlebt einen Aufschwung jedoch seit dem Hellenismus und ist in Folge besonders typisch für den Ausdruck von Genre und Sorglosigkeit z. B. in der römischen Wandmalerei, auf Mosaiken und Sarkophagen.[493]

2. In der Ekphrasis werden Elemente genannt, die für hellenistische Werke bildender Künstler typisch sind: Realitätsnähe,[494] glänzende Metalle und vielfältige Farben, die nicht nur auf Präsentation von Kostbarkeit, sondern auf Wirkung ausgerichtet sind,[495] und die Idee der Veredelung der Materie durch künstlerische Bearbeitung.[496]

3. Als Beispiel hellenistischer Literatur sowie als konkretes intertextuelles Vorbild für die ovidische Türbildekphrasis sind Moschos V 115-24 (Meer und seine Bewohner) und V 46f. (Io im Meer) zu nennen: Nachdem Zeus in Gestalt eines Stieres das Vertrauen der Europa gewonnen hat, beginnt er mit ihr auf dem Rücken über die Wasseroberfläche zu schreiten, woran sich V 115-24 eine Meeresekphrasis anschließt:[497]

---

[491] Vgl. die Ekphrasis des Mantels des Jason Apoll. Rhod. 1,721-67, wo aufgrund des Kontextes eine typisch epische „Rüstszene" erwartet wird, Jason aber, statt sich Lanze und Schild anzulegen, sich Lanze und Mantel anlegt, der dann mit seinen Bildern beschrieben wird.

[492] Vgl. den Muschel blasenden Triton, die schwimmenden, sitzenden und Haare kämmenden Nereiden sowie die auf Meerestieren reitenden Gestalten.

[493] Vgl. die entsprechenden Lemmata im LIMC sowie z. B. Plin. nat. 36,26 für die Meeresgruppe des Skopas im Tempel des Cn. Domitius. Unbelegter Hinweis auf genrehafte Züge bereits bei LAUSBERG in [208], S. 122 und allgemein auf alexandrinische Kunst und Literatur bei KROLL zu Catull. 64,14.

[494] *Videtur* V 11, *qualem decet esse sororum* V 14.

[495] *Clara micante auro flammasque imitante pyropo* V 2, *ebur nitidum* V 3, *argenti...radiabant lumine* V 4, *caeruleos* V 8, *virides* V 12, *fulgentis* V 17.

[496] *Materiam superabat opus* V 5.

[497] Text und Übersetzung sind entnommen aus BÜHLER, S. 38f.

115 ἡ δὲ τότ' ἐρχομένοιο γαληνιάασκε θάλασσα,
κήτεα δ' ἀμφὶς ἄταλλε Διὸς προπάροιθε ποδοῖιν,
γηθόσυνος δ' ὑπὲρ οἶδμα κυβίστεε βυσσόθε δελφίς·
Νηρεΐδες δ' ἀνέδυσαν ὑπὲξ ἁλός, αἱ δ' ἄρα πᾶσαι
κητείοις νώτοισιν ἐφήμεναι ἐστιχόωντο.
120 καὶ δ' αὐτὸς βαρύδουπος ὑπεὶρ ἁλὸς Ἐννοσίγαιος
κῦμα κατιθύνων ἁλιῆς ἡγεῖτο κελεύθου
αὐτοκασιγνήτῳ· τοὶ δ' ἀμφί μιν ἠγερέθοντο
Τρίτωνες, πόντοιο βαρύθροοι αὐλητῆρες,
κόχλοισιν ταναοῖς γάμιον μέλος ἠπύοντες.

115 Da glättete sich das Meer unter seinen Schritten,
Getier wimmelte ringsum vor den Füßen des Zeus,
freudig sprang aus der Tiefe der Delphin über das Wasser;
Nereiden tauchten aus dem Meer auf und fuhren,
alle auf Tierrücken sitzend, in Reihen einher.
120 Und der lauttosende Erderschütterer an der Oberfläche
ebnete selbst die Wogen und wies den salzigen Pfad
dem Bruder; um ihn scharten sich Tritonen, die tief-
tönenden Bläser des Meeres, und ließen auf ihren lang-
gestreckten Muscheltrompeten Hochzeitsmusik ertönen.

Hier sind nicht nur dieselben Motive und Personen genannt, sondern es lassen sich an den κήτεα, Νηρεΐδες und Τρίτωνες auch sprachliche Bezüge festmachen. So werden die κήτεα V 116 *met.* 2,9 als *ballenae* aufgenommen, was eine Ersetzung durch ein anderes griechisches Lehnwort ist,[498] das nur einen speziellen Teil des Ausgangswortes ausdrückt. Der Schwerpunkt liegt somit, passend zu V 10, auf „großem Meerestier", nicht auf „Meeresungeheuer", was ebenfalls in der griechischen Version angelegt ist und durchaus auch so im Lateinischen rezipiert wurde.[499] Zweitens sind die Nereiden V 118f./*met.* 2,11ff. beide Male betont an den Versanfang gestellt, und bei der Aufzählung ihrer

---

[498] Die griechische Entsprechung zu *ballena* ist φάλαινα, wie z. B. Aristot. *hist. an.* 489b; nach Plaut. *Rud.* 545 ist Ovid gemäß der BTL der erste und einer der wenigen, der *ballena* verwendet; neben mehreren Belegen bei Plinius ist Auson. *Mos.* 144 und 148 interessant, wo sogar der Wels als *nostrae mitis ballena Mosellae* beschrieben wird.

[499] Τὸ κῆτος gibt es im Lateinischen als Lehnwort *cetus* in der Doppelbedeutung „Meeresungeheuer" und „Walfisch, Delphin", z. B. Varro *Men.* 406 und Plin. *nat.* 9,78. Dass Ovid *cetus* meidet und stattdessen seine Bedeutung konkretisiert, ist auch an einem zweiten Beispiel zu sehen: *met.* 4, 688-734 wird das Seeungeheuer,

Handlungen ist *in...sedens* V 12 eine Übersetzung von ἐφήμεναι V 119; das Objekt κητείοις νώτοισιν ist bereits durch *ballenarum...immania terga* V 9f. vorweggenommen, und der dem griechischen Ausdruck ἐστιχόωντο inneliegende Aspekt der Gleichförmigkeit erhält sein Pendant mit der Beschreibung der (Un-)Ähnlichkeit der Nereiden V 13f.[500] Und drittens ist die breite lautmalerische Beschreibung des Muschelhornblasens in dem Attribut *canorum* zusammengefasst, wodurch der ovidische Schwerpunkt der Meeresekphrasis auf den Nereiden klar und geradlinig erhalten bleibt.

Hinzu kommen die Parallelen zur Beschreibung der Io auf dem Blumenkorb Moschos V 37-62, bes. V 46f.:

φοιταλέη δὲ πόδεσσιν ἐφ' ἁλμυρὰ βαῖνε κέλευθα
νηχομένῃ ἰκέλη· κυάνου δ' ἐτέτυκτο θάλασσα.

Vom Wahn ergriffen schritt sie [= Io] über die salzigen Pfade, einer Schwimmenden gleich; das Meer war aus blauer Emaille.

Beide Male bewirkt eine Kunstwerkekphrasis eine Retardation der zentralen Handlung und werden Realitätsähnlichkeit,[501] glänzende Metalle[502] sowie der Künstler und seine Tätigkeit genannt.[503] Wichtigste Parallele sind die Ausdrücke νηχομένῃ ἰκέλη V 47 und *pars nare videtur* V 11; hier ist nicht nur die Idee, die Realitätsähnlichkeit durch eine schwimmende Person/abstrakte Gruppe auszudrücken, gemeinsam, sondern ist auch das Wortmaterial mit der – von den jeweiligen

---

das Andromeda verschlingen will, entweder mit *belua* oder *fera* ausgedrückt. Im Übrigen ist ein Vergleich mit Val. Fl. 2,317f. *Mulciber.../ ... / ...sed maxima cete/ Proteaque ambiguum* interessant, wo, wenn dies die richtige Überlieferung ist, Ovids und Moschos' Versionen präsent sind.

[500] In diesem Zusammenhang ist es möglich, die prägnant ans Versende gestellten *sororum* Ov. met. 2,14 auch als Abwandlung des bei Moschos betont an den Beginn von V 122 gesetzten αὐτοκασιγνήτῳ zu verstehen.

[501] Moschos: ἰκέλη V 47; Ovid: *videtur* V 11, *qualem decet esse sororum* V 14.

[502] Moschos: χρύσεον/χρυσοῖο/χρυσοῦ/χρυσείου V 37/44/54/61, (δαίδαλα) μαρμαίροντα V 43, κυάνου V 47, ἀργύρεος, χαλκείη V 53f. und ἀγαλλόμενος V 59; Ovid: (in der umgebenden Palastekphrasis) *clara micante auro flammasque imitante pyropo* V 2, *ebur nitidum* V 3, *argenti...radiabant lumine* V 4, *fulgentis* V 17.

[503] Moschos: μέγαν πόνον Ἡφαίστοιο V 38, τετεύχατο/ἐτέτυκτο V 43 und 47; Ovid: *Mulciber...caelarat* V 5f.

Sprachsystemen vorgegebenen – zugehörigen Satzkonstruktion (substantiviertes Partizip im Dativ von ἰκέλη abhängig/NcI *pars nare videtur*) und die betonte Stellung im Vers am Beginn bzw. Ende vergleichbar.[504]
Beschreibungen des Meeres und seiner Bewohner sind besonders in dem Zusammenhang überliefert, wo Zuschauer bzw. Begleiter einer Handlung auf dem Meer beteiligt werden, und dies ist neben der Entführung der Europa oder der Argofahrt[505] noch bei der Fahrt des Poseidon über das Meer typisch.[506] Moschos qualifiziert sich gegenüber anderen möglichen Vorbildern erstens jedoch durch die gerade aufgezeigten Bezüge;[507] und zweitens lässt sich eventuell auch ein intratextuelles Argument anführen: Ovid selbst erzählt den Europamythos dreimal jeweils mit verschiedenen Schwerpunkten, am ausführlichsten am Ende von Buch 2. Gerade dort, wo er vom Umfang und von der Anordnung der Einzelmotive her Moschos am nächsten ist, fehlt zwischen dem Betreten des Wassers und der Beschreibung der Europa eine Ekphrasis des Meeres und seiner Bewohner. Eine solche Ekphrasis ist damit gleichsam in die Beschreibung zu Beginn des Buches ausgelagert,[508] womit *met.* 2 durch zwei inhaltlich indirekt verbundene Ekphraseis gerahmt ist.[509]

---

[504] Daneben können noch κυάνου...θάλασσα und *aequora* V 6 bzw. *caeruleos...unda (deos)* V 8 genannt werden, was im einen Fall eine echte Übersetzung ins Lateinische, im anderen zusätzlich eine Metonymie der Attribute darstellt; das in κυάνου zusätzlich zur Farbe „Dunkelblau" angegebene Material ist dabei von Ovid ausgespart.
[505] Vgl. z. B. Catull. 64,12-8.
[506] Erster Beleg Hom. *Il.* 13,27b-29a.
[507] Moschos' Meeresschilderung hatte darüber hinaus eine breite Rezeption: Vgl. Hor. *carm.* 3,27,26f., Ach. Tat. 1,13, Lukian. 78,15,3 und Nonn. *Dion.* 1,60-5 mit jeweils der Europa-Erzählung als Rahmen; Verg. *Aen.* 5,822-6 klingt Homer besonders durch das Motiv der Poseidonfahrt an.
[508] Vgl. SMITH in [319], bes. S. 87-98 sowie die Zusammenfassung S. 120-2: Ovid verwende als eines seiner intertextuellen Verfahren das *referre idem alibi*, löse also ein typisches Einzelelement aus seinem erwarteten Zusammenhang heraus und baue es an anderer Stelle in eine ganz andere Geschichte ein.
[509] Die damit erzeugte Geschlossenheit von *met.* 2 überlagert die fehlenden thematischen Buchgrenzen, da sowohl die Phaethongeschichte schon vor Buch 2 beginnt als auch der Europamythos bis in Buch 3 hinausgreift. Auf eine derartige Verbin-

4.2.4 Selbstreferentielle Inszenierung des Dichters

Die Assoziation eines selbstreferentiellen Bedeutungsraumes wird in der Türbildekphrasis durch mehrere Hinweise nahegelegt:
1. Die Position der Bilderbeschreibung zu Beginn von *met.* 2 und direkt nach der dichterischen Weltschöpfung, ihre Funktion als Unterbrechung der soeben begonnenen Handlung sowie als Überblick und Motivation des Folgenden, bieten die Konnotation einer Proömiendoppelung zu *met.* 1. Unterstützt wird die selbstreferentielle Assoziation dadurch, dass der Weg des Phaethon als Hinführung zur Ekphrasis dem Aufgang ähnelt, den später das Buch in dem Sphragis-Gedicht *trist.* 3,15 nehmen wird.[510]
2. Die Leistung, die Herrschaft des Augustus kosmisch einzuordnen und sorgenfreies Leben preisend darzustellen, ist nicht nur eine politische Aussage, sondern auch eine Formulierung dichterischer Funktion. Diese beansprucht dabei für sich Monumentalität, Öffentlichkeit und Programmatik dadurch, dass die Türbilder an einem Tempel lokalisiert werden; gleichzeitig wird sie jedoch eingeschränkt durch den familiären Kontext der Erzählsituation.
3. Indirekt sind bei Übertragung der Aussagen über den bildenden Künstler Vulcanus und sein *opus* in der Ekphrasis weitere Hinweise auf das dichterische Konzept enthalten. Die Analogie ist zu Beginn von *met.* 2 besonders naheliegend, da im Gegensatz zu Ovids anderen Kunstwerkekphraseis und zu Türbildbeschreibungen anderer Autoren sich diese Ekphrasis aufgrund ihres deutlichen Bezugs zu den dichterischen Weltschöpfungen *met.* 1 und 15 abhebt.[511] Drei Aspekte sind hierbei wesentlich:
Die Beschreibung der ersten Weltordnung ist der vom Dichter Ovid künstlerisch dargestellte Raum, innerhalb dessen sich die einzelnen

---
dung zwischen Anfang und Ende von Buch 2 weist kurz auch schon MELVILLE, S. 385 hin.

[510]Vgl. auch z. B. die gemeinsamen Wortfelder „Tür", „Türschmuck" und „Vater" *trist.* 3,1,31-68.

[511]Siehe als Vergleich die Kunstwerke mit Bildern *met.* 6,70-128 (Gewebe der Athene und Arachne) und 13,681-701 (von Alcon gefertigter Krater des Äneas) sowie z. B. das von Dädalus geschaffene Labyrinth des Minotaurus 8,157-69.

Geschichten der *Metamorphosen* abspielen werden, ähnlich wie das Kunstwerk des Vulcanus *met*. 2,5-18 den Raum bezeichnet, in dem sich die folgende Phaethongeschichte abspielen wird. Im übergeordneten Sinn wird daher im Bild die poetische Macht demonstriert, eine Welt zu konstruieren. Konkret lässt sich diese konstruktive Funktion festmachen am Verweis auf die Tätigkeit und das Werk des bildenden Künstlers[512] sowie an der Visualisierung des Palastes mit den Türbildern durch die Nennung von *regia Solis erat* V 1 und *valvae* V 4, Ortsangaben,[513] Material- und Glanzangaben,[514] plastische Ausdrucksweise[515] und die einem Fries ähnelnde reihende Aufzählung V 15f. Gebrochen wird die Assoziation von bildender Kunst, wenn besonders im Mittelteil der Türbilder statt Präpositionen, Adjektiven oder Adverbien wie V 5f. und V 17f. Verbformen räumliche Angaben bieten[516] und nur hier spezifische Handlungen und namentlich bezeichnete Individuen vorkommen,[517] so dass der Wasserteil lebendiger wirkt als die anderen Beschreibungsteile.[518]

Darüber hinaus sind Analogien zwischen den Tätigkeiten und Prinzi-

---

[512] Vgl. zu Beginn *materiam superabat opus* V 5 und *caelarat* V 6, am Ende indirekt *imago/signaque* V 17f. und *inposita est* V 17.

[513] *Illic* V 5, *medias* V 6, *super* V 17 und *foribus dextris...-que sinistris* V 18.

[514] Für den Palast V 1-3, für die Tür *argenti...radiabant lumine valvae* V 4, *caeruleos* V 8, *virides* V 12 und *fulgentis* V 17.

[515] *Inposita est* V 17.

[516] *Cingentia* V 6, *caelumque, quod inminet orbi* V 7, *caeruleos habet unda deos* V 8, *ballenarumque prementem/ Aegaeona...terga lacertis* V 10, *pars nare videtur,/ pars in mole sedens.../ pisce vehi quaedam* V 11-3 und *terra viros...gerit* V 15.

[517] Vgl. Triton, Proteus, Aegaeon, Doris und ihre Töchter sowie *prementem, nare, sedens, siccare, pisce vehi* V 8-14. Einschränkend muss jedoch darauf hingewiesen werden, dass die Personen grammatikalisch nicht Subjekt der Handlungen sind, was die Unmittelbarkeit der Aktion bricht.

[518] Unabhängig von der Gleichsetzung des bildenden und dichtenden Künstlers und ihrer Macht zur Konstruktion ist auf einer weiteren Ebene mit Phaethon und seinem Scheitern auch ein dichterischer Ausdruck für die Macht der Dekonstruktion gefunden, so dass Dichtung schließlich nicht nur Zukünftiges (*georg.* 3) und Nicht-Dargestelltes (*Aen.* 6) imaginieren kann, sondern auch die Zerstörung von Imaginiertem. In diesem Zusammenhang ist auch der politische Gehalt der Gesamtgeschichte wichtig, da, wie SCHMITZER in [304], S. 106f. gezeigt hat, Phaethon seit Ovid allegorisch-politisch gedeutet wird; vgl. für die Antike z. B. Suet. *Cal.* 11, Sen. *Med.* 591-606 und *dial.* 2,17,3.

pien der beiden Künstler provoziert, stehen jedoch immer unter der Frage der absoluten Stringenz;[519] Übereinstimmung besteht sicher in der grundlegenden Aussage, dass der Künstler sein Material beherrscht und in diesem Sinne siegreich ist (*materiam superabat opus* V 5).[520] Möglich ist außerdem, dem Dichter zuzusprechen, dass seine ausgefeilte Darstellung den Erzählstoff veredelt,[521] dass alle Einzelheiten ihren Platz haben und in einem geordneten System präsentiert werden,[522] und dass der Dichter Variationen desselben Themas darstellen kann, die einen inneren Zusammenhalt haben, ohne zu langweilen,[523] so dass die Geschichte letztendlich *decet* (V 14) – die Darstellungsart also der Materie angemessen ist und den formalen und ästhetischen Ansprüchen bzw. Konventionen der Zeit gerecht wird.

Schließlich wird die Dignität des Dichters und seiner Leistung hervorgehoben, indem der beste (göttliche) bildende Künstler als Projektionsfigur dient. Einen zusätzlich göttlichen Akzent bewirkt, dass die Bildekphrasis an einem Tempel positioniert ist – Es ist eben nicht eine Beschreibung von Darstellungen auf einem Schild, die das Werk charakterisiert. Dieser Unterschied ist umso wichtiger, als es ja nicht nur einen solchen Bildträger mit Ekphrasis *met.* 13,291-4 gibt, sondern auch, wie weiter oben in 4.2.2.3 gezeigt wurde, deutliche Bezüge zwischen der Ekphrasis der Tempeltürbilder *met.* 2 und dieser Schildbeschreibung vorhanden sind.

---

[519]Sehr geradlinig MANAKIDOU in [225], S. 270 (über hellenistische Kunstwerkbeschreibungen): „Kunstwerke, die zur Betrachtung, Beschreibung und Kritik gewählt werden, entsprechen genau den ästhetischen Prinzipien der Dichter"; vorsichtiger SPAHLINGER in [320], S. 22 (über Ovid): „[E]s muß zugleich damit gerechnet werden, daß der Dichter selbst eine solche allegorische Interpretation in seinem Werk angelegt hat."

[520]Ähnlich BROWN in [40], S. 219 mit Hinweis auf die implizite Forderung *trist.* 2,336 *materia ne superetur opus* und 1,5,56 *materia vires exsuperante vires* sowie Ovids eigene „Siegesmeldung" *met.* 15,871-9: *vivam*.

[521]*Materiam superabat opus* V 5.

[522]Vgl. die Assoziation der Einteilung des Kosmos auf den Türbildern.

[523]*Facies non omnibus una/ non diversa tamen* V 13f.

5 Die epischen Türbildekphraseis mit dem Schwerpunkt narrativer Funktionalisierung

Wichtigstes Kennzeichen der letzten beiden epischen Türbildekphraseis ist ihre Konzentration auf die narrative Funktionalisierung: Sie nutzen die Beschreibung des Tempels und der Türbilder intensiv für Bezüge zum Erzählkontext, ihr semantisches Potential ist jedoch reduziert; darüber hinaus gibt es keine wesentlichen Verweise auf eine politische Bedeutungsebene oder auf dichterische Selbstreflexionsräume. Beide Male variiert die Ekphrasis das epische Beschreibungselement und ist eher topisch verwendet.

5.1 Valerius Flaccus 5

Die narrative Funktionalisierung der Türbildekphrasis Val. Fl. 5 bewirkt eine starke Rezipientenlenkung:
Erstens schließt sie die Abenteuer auf der Hinfahrt ab, indem Szenen wie der Bau der Argo, die Schiffahrt und der Gesang des Orpheus nochmal kurz visualisiert werden, gleichzeitig aber kolchische Geschichte präsentiert sowie auf Sol und Phaethon verwiesen wird, wodurch das Zusammentreffen der Argonauten mit König Äetes und seinem Volk historisch und genealogisch vorbereitet ist. Damit sind die Türbilder am Soltempel, der auch das organisatorische Zentrum des Landes darstellt, das Tor zu Kolchis. Berücksichtigt man des Weiteren ihre Ausführlichkeit von fast 40 Versen, so stellen sie sowohl eine deutliche Markierung des Schauplatzwechsels für die nächsten Bücher dar als auch eine spannungssteigernde Retardation, da die Begegnung zwischen Jason und Äetes bereits angekündigt, aber durch die lange

Ekphrasis verzögert wird.

Zweitens erzeugt die Ekphrasis der Türbilder zusammen mit einer ganzen Kette von Prolepsen innerhalb des Werkes eine Erwartungshaltung, die mit zunehmender Zahl ähnlicher Vorausdeutungen den gedanklichen Spielraum der Rezipienten für das Handlungsgefüge immer enger macht. Da diese Andeutungen überwiegend negativ geprägt sind, erzeugen sie zudem eine Spannung gegenüber dem momentanen Handlungsverlauf. So wird Jason z. B. zu Beginn der Ekphrasis als *laetus* bezeichnet und schafft auch die Dienerin im Vorfeld eine positive Atmosphäre für den Kontakt mit Äetes, doch wird dies durch die Türbilder in einen eindeutig negativen Rahmen gestellt. Herausgehoben innerhalb der Prolepsenreihe, die von der Prophetie des Mopsus aus Buch 1, dem Traum der Medea und des Äetes und den schlechten Vorzeichen vor der Ekphrasis bis zu den Vorkehrungen und unguten Gedanken Medeas vor der Hochzeit in Buch 8 reicht, ist die Bildekphrasis durch ihre Ausführlichkeit und die Lokalisierung an einem Tempel, der den Anspruch von Öffentlichkeit, Monumentalität und programmatischer Sinnstiftung durch seine Funktion als Regentensitz und Kultzentrum trägt.

Drittens hebt die Ekphrasis Grundmotive als solche hervor und variiert sie, indem z. B. drei wichtige Themen des Epos doppelt präsent sind: Kriegszug und Verlassen des Heimatlandes, Liebe eines Mannes und erlahmender bzw. aufflammender Widerstand der Frau, Feuer und Tod von Kindern; variiert wird z. B. das Hochzeitsmotiv, das auch auf den Bildern am Rumpf der Argo in Buch 1 und als Handlung in Buch 8 wichtig ist. Indem darüber hinaus der Inhalt der Türbilder ohne Wirkung auf das Handeln der wichtigsten Figuren dargeboten wird, charakterisiert die Ekphrasis diese als tragisch bzw. blind für ihr Schicksal, bietet Rezipienten also einen wesentlichen Aspekt der Hauptfiguren und ihres Handelns dar.

Viertens ist hervorzuheben, dass die Türbildekphrasis sowohl innerhalb des Werkes als auch in der Epostradition auffällig stark über sprachliche Bezüge, Motivkomplexe und Szenentypen verankert ist, so dass sie als Rezeptionsphänomen eines epischen Motivs mit enger Verflechtung innerhalb des Literaturgedächtnisses präsentiert wird. Dabei ergänzen diese Referenzen die Ekphrasis inhaltlich, indem z. B. in den nüchtern dargebotenen Abschied Medeas die Emotionalität der Abschiedsszene zwischen Peleus und Achill aus Buch 1 transportiert wird, oder fungieren als bedeutungserweiternder Kommentar, wie es die Bezüge zur *Aeneis* zeigen, indem z. B. der Bau der Argo und Medeas Geschenk an ihre Nebenbuhlerin die Konnotation des hölzernen Pferdes tragen oder im Hintergrund von Medeas Leiden das der Dido steht.

Für eine politische Aufladung der Ekphrasis gibt es nur schwache Hinweise, die zudem von untergeordneter Bedeutung sind, da die Teleologie des Epos im Gewinn des Vlieses liegt, der sich zur düsteren Tragödie zwischen Jason und Medea entwickelt, und nicht in Zielpunkten römischer Geschichte. Es gibt zwar innerhalb des Epos Ausblicke auf die Kaiserfamilie, doch wird diese auf Rom ausgerichtete Linie von Hercules weitergeführt, der seit Ende des dritten Buches von den Argonauten getrennt ist und auf den nur noch ab und an zurückverwiesen wird. Die Argonauten stehen in Buch 5 also eben nicht an einer Station auf dem Weg zum Ziel Rom, sondern auf einem rein literarischen Gleis.

Größtes Assoziationspotential schließlich dafür, dass in der Ekphrasis eine selbstreferentielle Inszenierung des Dichters vorliegt, bietet eine Türbildszene, in der mit vier Worten die erfreuende Wirkung des mythischen Ursängers und -dichters Orpheus thematisiert ist; darüber hinaus gibt es jedoch kaum Anhaltspunkte für eine Darstellung dichterischer Leistung, so dass auch diese Bedeutungsebene von geringer Bedeutung für die Ekphrasis ist.

5.1.1 Text, Inhaltsübersicht und Einordnung in den Kontext

Nach den Abenteuern auf der Fahrt nach Kolchis in den Büchern 1-4 beginnt 5,217-9 mit einem Musenanruf die zweite Handlungshälfte der

Argonautica, die v. a. in Kolchis spielt.[524]
Bei der Ankunft der Argonauten herrscht Krieg: König Äetes, durch ein Traumbild vor dem Raub des Goldenen Vlieses gewarnt, kämpft gegen seinen Vetter Perses, den Anführer des durch Prodigien aufgeschreckten Volkes, das die Rückgabe des Fells nach Thessalien fordert. Juno und Minerva beschließen, gegen Äetes zu kämpfen und so Jason zu helfen. Dieser macht sich mit Begleitern auf den Weg zum König, um ihn um das Vlies zu bitten, und trifft dabei auf Medea, die sich, von nächtlichen Bildern ihrer schrecklichen Zukunft aufgewühlt, mit Begleiterinnen auf dem Weg zum Fluss befindet. Beide sind von der Schönheit des jeweils anderen verzaubert; Medea gibt sich als Königstochter zu erkennen und gibt den Argonauten ihre Amme Henioche als Führerin mit. Von Juno mit Nebel umhüllt kommen sie zum Heiligtum des Sol, das dem König, einem Sohn des Gottes, als Amtssitz dient.
Dessen Schmuck wird ausführlich beschrieben: Auffällig ist sein Glanz; es gibt erstens eine Darstellung mit Atlas, Sol und seinem Wagen, Luna, den Sternbildern der Pleiaden und Hyaden[525] sowie zweitens von Vulcanus gestaltete Türbilder. Diese zeigen Szenen der Kolcher mit ihrem Begründer Sesostris, dem Heimatfluss Phasis und den Folgen der Hybris des Phaethon sowie Szenen der Argonauten und der Medea mit Bau der Argo, Fahrt und Ankunft in Kolchis, Abfahrt mit Medea, Hochzeit von Jason mit Glauke/Kreusa in Korinth, Rachegöttinnen, Medeas Geschenk und Klage, Feuer, Kindermord und Flucht Medeas auf den geflügelten Drachen:[526]

---

[524] Zur Frage des Gesamtumfangs in Inhalt und Buchzahl des Werkes, das 8,467 unvermittelt abbricht, siehe z. B. ADAMIETZ in [2], S. 107-13, und HERSHKOWITZ in [152], S. 1-34, die überzeugend für acht Bücher plädieren, sowie weiter unten S. 196.

[525] Ob hier wirklich die Hyaden gemeint sind, ist unklar, aber plausibel; vgl. Anm. 588.

[526] Der Text folgt der Ausgabe von EHLERS mit zwei Ausnahmen: Erstens werden V 436 und V 437 in ihrer Reihenfolge vertauscht, wobei die Interpunktion der Umstellung angepasst wird; als Erklärung dafür siehe die Analyse weiter unten S. 186f. Zweitens wird V 455 die Konjektur *horror* von MEYNCKE in [238], S. 369 statt des überlieferten *error* übernommen. Neben der Option des Schreibfehlers hebe ich seine inhaltliche Erklärung hervor, dass *idem...horror* sich konkret auf *odere* im Vers vorher bezieht; bei der Variante *idem...error* würde sich das Pronomen un-

426   ...*ast illi propere monstrata capessunt*
407   *limina. non aliter quam si radiantis adirent*
      ora dei verasque aeterni luminis arces,
      tale iubar <per> tecta micat. stat ferreus Atlans
410   *Oceano genibusque tumens infringitur unda.*
      at medii per terga senis rapit ipse nitentes
      altus equos curvoque diem subtexit Olympo.
      pone rota breviore soror densaeque sequuntur
      Pliades et madidis rorantes crinibus ignes.
415   *nec minus hinc varia dux laetus imagine templi*
      ad geminas fert ora fores cunabula gentis
      Colchidos hic ortusque tuens, ut prima Sesostris
      intulerit rex bella Getis, ut clade suorum
      territus hos Thebas patriumque reducat ad amnem,
420   *Phasidis hos imponat agris Colchosque vocari*
      imperet. Arsinoen illi tepidaeque requirunt
      otia laeta Phari pinguemque sine imbribus annum
      et iam Sarmaticis permutant carbasa bracis.
      barbarus in patriis sectatur montibus Aean
425   *Phasis amore furens. pavidas iacit illa pharetras*
427   *virgineo turbata metu, discursibus et iam*
      deficit ac volucri victam deus alligat unda.
      flebant populeae iuvenem Phaethonta sorores
430   *ater et Eridani trepidum globus ibat in amnem.*
      at iuga vix Tethys sparsumque recolligit axem
      et formidantem patrios Pyroenta dolores.

---

spezifisch auf die gesamten Türbilder beziehen. Darüber hinaus kann die Reaktion auf das tatsächliche Geschehen 8,134 *interea patrias saevus venit horror ad aures* angeführt werden, eventuell auch 1,210 *vox horrenda viris* vor der Schreckensprophetie des Mopsus. Prominenter Verfechter von *error* dagegen ist LANGEN in seiner Ausgabe, S. 379f., was vom ThlL 5,2, Sp. 816,25-7 aufgenommen wird, doch führt er außer Parallelstellen für die inhaltliche Bedeutung bei anderen Autoren keine Begründung an; diese Position wird jedoch intratextuell unterstützt durch die starke Klangparallele mit selber Versstellung 5,115 *vagus hos ibi fixerat error*, auch wenn der Kontext anders ist. Ohne Stellungnahmen zu diesen Problemen bleibt HURKA in [173]; die neue Ausgabe von LIBERMAN weicht im Übrigen in gleicher Weise an beiden Stellen von EHLERS ab, während DRÄGER dagegen *error* druckt.

	aurea quin etiam praesaga Mulciber arte
	vellera venturosque olim caelarat Achivos.
435	texitur Argea pinus Pagasaea securi.
437	ipsa subit nudaque vocat dux agmina dextra,
436	iamque eadem remos, eadem dea flectit habenas.
	exoritur Notus et toto ratis una profundo
	cernitur, Odrysio gaudebant carmine phocae.
440	apparent trepidi \<per\> Phasidis ostia Colchi
	clamantemque procul linquens regina parentem.
	urbs erat hinc contra gemino circumflua ponto,
	ludus ubi et cantus taedaeque in nocte iugales
	regalique toro laetus gener; ille priorem
445	deserit: ultrices spectant a culmine Dirae.
	deficit in thalamis turbataque paelice coniunx
	pallam et gemmiferae donum exitiale coronae
	apparat ante omnes secum dequesta labores.
	munere quo patrias paelex ornatur ad aras
450	infelix et iam rutilis correpta venenis
	implicat igne domos. haec tum miracula Colchis
	struxerat Ignipotens nondum noscentibus, ille
	quis labor, aligeris aut quae secet anguibus auras
	caede madens. odere tamen visusque reflectunt.
455	Quin idem Minyas operum defixerat horror,
	cum se Sole satus patriis penetralibus infert.

Nachdem Jason seine Bitte vorgetragen und Gastgeschenke überreicht hat, bietet Äetes trügerisch die Erfüllung des Wunsches an, falls die Griechen ihn siegreich im Krieg unterstützen würden; Jason nimmt das Angebot an, womit die Reihe der Aufgaben beginnt.

5.1.2 Narrative Funktionalisierung des Motivs

5.1.2.1 Funktion der Türbilder im engeren Kontext

Die Ekphrasis der Türbilder ist Teil einer größeren Einheit, in welcher der Tempel des Sol bzw. Amtssitz des Äetes beschrieben wird; diese beginnt in einem gleitenden Übergang durch den Vergleich V 407b, wird V 415-416a von der Haupthandlung unterbrochen und endet V 454. Durch diese Teilung sind der Gebäudeeindruck V 407b-409a und die Atlas-Gruppe V 409b-414 strukturell von den Türbildern getrennt; sie selbst sind durch den auktorialen Kommentar V 433f. und inhaltlichen Unterschied der weit zurückliegenden Vergangenheit der Kolcher gegenüber der unmittelbar zurückliegende Vergangenheit der Argonauten (V 416-32) sowie Zukunft von Jason und Medea (V 435-54) in zwei Hälften geteilt.[527] Die Schmuckelemente insgesamt werden durch motivische und wörtliche Übereinstimmungen trotz ihrer Zugehörigkeit zu verschiedenenen Strukturebenen oder Beschreibungsteilen als Einheit präsentiert und aus der umgebenden Handlung gelöst: So werden die Atlas-Gruppe und die erste Türbildeinheit durch die Positionierung von *unda* jeweils am Ende von V 410 und V 428 verbunden, was inhaltlich durch das kosmische Thema des ersten Schmucks und des Phaethon-Mythos V 429-32 unterstützt wird. Zugleich wird so die auf den ersten Türbildern präsentierte kolchische Geschichte in einen universalen, kosmischen Rahmen eingeordnet.[528] Beide Teile der

---

[527] Die Struktur der Ekphrasis würde in mehreren Punkten eine kompliziertere Aufteilung rechtfertigen, besonders für die Türbilder; auf diese wird hier nur kurz hingewiesen, da sie für die weiteren Analysen von untergeordneter Bedeutung ist. So sind beispielsweise V 451b-54a ein Kommentar wie V 433f., worauf das Plusquamperfekt *caelarat* V 434 und *struxerat* V 452 deuten, bieten gleichzeitig aber Informationen über die Darstellung auf den Türen (Drachenflug der Medea); und V 454b holt auf einer ähnlichen Kommentierungsebene die erste Reaktion der Kolcher in die Beschreibung hinein, so dass der Eindruck von einem „Bild im Bild" entsteht, wenn Rezipienten V 455 mit der Reaktion der Argonauten die zweite Möglichkeit geboten bekommen, ihre Betrachtungsperspektive in textimmanente Figuren zu projizieren.
[528] Ähnlicher Ansatz bei SCHMITZER in [305], S. 153, der jedoch nicht die kolchische Geschichte, sondern die Argonautenhandlung in größeren Zusammenhang

Türbilder werden über die Trennung durch V 433f. hinweg aufeinander bezogen, indem *deficit* am Beginn von V 428 und V 446 beide Hälften und speziell die Nymphe Äa mit Medea verbindet,[529] indem der Kriegszug des Sesostris V 417-9 zu Beginn des ersten Teils und die Argonautenfahrt V 437 zu Beginn des zweiten aufeinander bezogen sind, wobei letztere durch *dux* und *agmina* den Eindruck eines kriegerischen Unternehmens weckt,[530] V 420-2 und V 441 das Verlassen der Heimat sowie V 429-32 und V 451-4 Feuer und der Tod von Kindern thematisiert und *trepidum...amnem* V 430 von *trepidi...Colchi* V 440 aufgenommen wird.[531] *Dux laetus* V 415 schließlich ist in *laetus gener* V 444 sowie *otia laeta Phari* V 422 präsent.

Aus dieser Übersicht lassen sich erste Schlüsse ziehen:
Die doppelte Präsenz von Themen in der Beschreibung der beiden Türflügelteile betont nicht nur die Zusammengehörigkeit der beiden Ekphrasiselemente, sondern hebt auch ihre thematische Wichtigkeit hervor. Bei einem Blick auf das Gesamtepos fällt auf, dass gerade Kriegszug und Verlassen der Heimat, Liebe eines Mannes und erlahmender bzw. aufflammender Widerstand einer Frau sowie Feuer und Tod von Kindern Grundmotive des Werkes sind, die hier aufgenommen werden.

Durch die auffallende Länge und deutlich zweigeteilte Türbildbeschreibung ist die Ekphrasis außerdem eine auffällige Markierung des Abschlusses der Abenteuer auf der Hinfahrt und des sich im fünften Buch vollziehenden Schauplatzwechsels. Darüber hinaus ist der Gebäudeschmuck narrativ funktionalisiert, indem er auf die beiden Personen

---

eingebettet sieht; dem ist zu widersprechen, da gerade der Teil der Türbilder, der die Fahrt der Argonauten thematisiert, frei von kosmischen Bezügen ist.

[529] Bekräftigt wird dieser Bezug dadurch, dass beide Frauen in ihrer Charakterisierung aufeinander bezogen werden (V 392 *virgineo cunctata metu*, V 427 *virgineo turbata metu*); vgl. weiter unten S. 175.

[530] Eventuell sind damit auch neue kriegerische Niederlagen für die Kolcher assoziiert; weitere Deutungen bei SCHENK in [296], S. 51 Anm. 58.

[531] Zudem ist in diesem Zusammenhang die motivisch korrespondierende Verteilung der Bilder auf zwei Türflügel interessant, wie sie SHEY in [316], S. 150f. in Nachfolge von LANGEN in seinem Kommentar, S. 376 vornimmt; vgl. aber die Analyse weiter unten in 5.1.4.

verweist, zu denen das Gebäude gehört, und auf die, deren unmittelbares Ziel das Gebäude ist, wodurch das Zusammentreffen der Argonauten mit König Äetes vorbereitet wird:

Sol und Äetes

Die Ekphrasis verweist durch die Präsentation kolchischer Geschichte auf das Volk allgemein, in Einzelelementen aber auch konkret auf Sol und Äetes als Gebäudeinhaber: Das Gebäude und die Atlasgruppe betonen eher die solaren Bezüge, die Türbilder ermöglichen über Phaethon zusätzlich einen genealogischen Bezug zum König. Der Gesamteindruck des Tempels V 407-9 wird mit dem Wortfeld „strahlendes Licht" umschrieben, so dass er metonymisch auf seinen Besitzer Sol verweist;[532] exakt diesen Bezug drückt der mit *non aliter quam* eingeleitete Vergleich aus, dass nämlich der Glanz des Tempels derartig sei, als ob man sich dem Gott direkt nähere. Die Atlas-Gruppe zeigt ein kosmisches Thema, das einen grundsätzlichen Zusammenhang zum Sonnengott eröffnet, und präsentiert zudem Sol in seiner Tätigkeit als Licht- und Tagesbringer.[533] Auf den Türbildern betonen sowohl die Bezeichung des Vulcanus als *Ignipotens* V 452 und das kurz vorher V 451 genannte Motiv der Feuersbrunst[534] als auch die Auswahl ausgerechnet des Pferdes Pyroeis V 432 genau das mit dem Sonnengott assoziierte Element. Außerdem ist bereits die Nennung von Phaethon V 429 eine Referenz auf ihn, da diese Bezeichnung sein transliterierter Beiname ist und somit eine Variation zu *Phoebus* V 403 darstellt.[535] Gleichzeitig ermöglicht Phaethon einen Bezug der ersten Türbilder auf den im Tempel regierenden Äetes, da beide Kinder des Sol sind. Somit

---

[532] Vgl. *radiantis, iubar, micat* und das paronomastische Wortspiel *limina – lumina*.

[533] Seine Bezeichnung mit *ipse* V 411 verweist zurück auf *Phoebi genitoris* V 403 und *praesens pater* V 406.

[534] Siehe HERSHKOWITZ in [152], S. 23 Anm. 72 mit Verweis auf einen Hinweis von DON FOWLER.

[535] Darüber hinaus war die Phaethon-Episode bereits am Ende der Rede des Sol 1,505-27 Thema, so dass dieses Motiv intratextuell sogar Sol selbst in die Ekphrasis holt.

kann erstens zugleich das negative Schicksal des Phaethon als Vergleichsfolie für das des Äetes dienen und ist zweitens Äetes, wenn er als *Sole satus* V 456 die Szene betritt und als *rex Hyperionide* V 471 von Jason angeredet wird, in seiner vollen Genealogie und Würde etabliert.[536]

Jason und Argonauten

Weitet man den Bezugsrahmen aus, so lassen sich auch Referenzen auf bisherige Handlungen von Jason und den Argonauten feststellen;[537] so ist V 435 der Bau der Argo aus 1,121-48, V 439 der Gesang des Orpheus aus 1,277-93 und V 436-39a die Schifffahrt aus 1,487-97 präsent.[538] Für den unmittelbaren Kontext sind jedoch frei Aspekte wichtig: Erstens ist die Tür mit ihrer anfänglichen Darstellung der kolchischen Geschichte thematische Vorbereitung für das Zusammentreffen mit dem regierenden König und seinem Volk. Natürlich sind die Argonauten bereits V 177-83 in Kolchis gelandet und hatten bereits Kontakt mit der Kolcherin Medea; doch stehen sie nun vor dem Regierungssitz und damit organisatorischem Zentrum des Landes, so dass die Tür am Tempel gleichzeitig das Tor zu Kolchis bedeutet. Zweitens ist die Türbildekphrasis einerseits eine spannungssteigernde Retardation der Handlung,[539] da sie die Begegnung mit Äetes verzögert; andererseits hebt sie diese aber eben durch den unmittelbar vorangehenden Handlungsstopp auch in ihrer Wichtigkeit für den Handlungsverlauf

---

[536]Vgl. ADAMIETZ in [2], S. 76f. und SCHMITZER in [305], S. 153; eine Verbindung zwischen Phaethon und Jason über ihre jeweilige Hybris, die z. B. WIJSMAN, S. 208 erkennt, sehe ich im Text nicht signalisiert.

[537]Möglicherweise kann auch ein Bezug des kosmischen Schmucks und der Phaethon auf den Türbildern zu Jason assoziiert werden: Die Ekphrasis der göttlich bewirkten Schönheit des Jason 5,366-72 ist voll von Sternen, Licht und Feuer; dies nimmt die Atlasgruppe mit wörtlichen Parallelen durch *ignes* in Endposition V 368/414, *crinita* V 370 bzw. *crinibus* V 414 und *roribus* V 372 bzw. *rorantes* V 414 auf. Einen Bezug auf den Phaethon-Mythos stellt *amnes/-m* her, das jeweils am Ende von V 372 und V 430 platziert ist.

[538]Für in die Zukunft weisende Bezüge, v. a. auch zu Medea, siehe das folgende Unterkapitel.

[539]Z. B. SCHMITZER in [305], S. 156.

hervor. Drittens werden gleichzeitig die Verhandlungen mit Äetes negativ schattiert,[540] da der Schwerpunkt der Ekphrasis auf düsteren Bildern liegt: Neutrale bzw. positive Motive wie der Bau der Argo und die Fahrt nach Kolchis V 435-40 schlagen in dem Moment ins Negative um, als die Argonauten mit den Kolchern in Kontakt kommen,[541] und fokussieren auf Medea, die nur in schlimmem Zusammenhang, dafür aber umso detaillierter dargeboten wird.[542] Hinzu kommen negativ konnotierte Motive wie die Abwesenheit von Angenehmem, Trennung von Zusammengehörigem, Fremdheit, Schrecken und Angst, Niederlage, Schmerz und Trauer,[543] sowie die Szenenauswahl der jeweiligen Geschichten; die Episode von Phasis und Äa wird nur hier in der antiken Literatur berichtet und weckt den Anschein, eigens als Beispiel erfunden worden zu sein,[544] und beim Phaethon-Mythos wird statt der auch denkbaren Suche nach dem Vater das negative Ende herausgegriffen.[545] Dies steht im Gegensatz zu Jasons Attribut *laetus* V 415 und V 444 und der von der Dienerin V 403-6 positiv aufgebauten Erwartungshaltung für den Kontakt mit Äetes, so dass die Türbildekphrasis zusätzlich zu einer situativen Ambiguität und damit zu einer literarischen Offenheit und Spannung der Rezipienten für den tatsächlichen weiteren Verlauf der *Argonautica* führt.[546]

---

[540] Vgl. WIJSMAN, S. 207 und MANUWALD in [228], S. 312.

[541] Vgl. die ersten Andeutungen *trepidi* V 440 und *clamantem...linquens* V 441 sowie die in der folgenden Anmerkung genannten Beispiele.

[542] Vgl. *linquens* V 441, *deserit* V 445, *ultrices* V 445, *deficit* in betonter Anfangsstellung V 446, *dequesta* V 448, *infelix* V 450, *caede madens* V 454.

[543] Vgl. *requirunt/ otia laeta Phari pinguemque sine imbribus annum* V 421f., *hos...reducat.../ ...hos imponat* V 419f. und *sparsum* V 432, *barbarus* V 424 und die Umsiedelung V 420-3, die Schreckens- und Angstvariationen mit *territus* V 419, *pavida* V 425, *metu* V 427, *formidantem* V 432 und auch die Reaktionen auf die Türbilder mit *odere...visusque reflectunt* V 454 und *horror* V 455, *clade suorum* V 418 und *victam* V 428, *deficit* in betonter Anfangsstellung V 428, *flebant* V 429 und *dolores* V 432 sowie das Negativum *ater* V 430; siehe für einzelne Hinweise MANUWALD in [228], S. 311f.

[544] Vgl. WIJSMAN, S. 207 sowie MANUWALD in [228], S. 312.

[545] Eventuell kann man noch den Angriff des Sesostris auf die Geten V 417f. und den Phaethon-Mythos V 429-32 unter das Motiv Hybris fassen, doch gibt es dafür keinen Hinweis im Text.

[546] Bei einer weiteren Betrachtungsperspektive überschattet eine derart negative Vorschau auf das Ende der Beziehung von Jason und Medea auch ihr erst kurz

5.1.2.2 Funktion der Türbilder im weiteren Kontext

Die Ekphrasis der Türbilder verleiht als einer der vielen anachronistischen Sprünge des Werkes eben durch diese Funktion dem Epos als Teil eines kompositorischen Gesamtkonzeptes Geschlossenheit.[547] Speziell mit ihrer z. T. proleptischen Funktion ist sie eine Station in einer ganzen Kette von Vorausverweisen, mit der neben dem eigentlichen Geschehen ein Raum für alternative Handlungsverläufe kreiert wird; im Fall der Türbilder stellen sie eine mögliche Handlungsversion des Vulcanus dar, so dass die Verweise jeweils auch konträr zueinander sein können, insgesamt aber den gedanklichen Spielraum für das Handlungsgefüge immer enger machen, da sie eine Erwartungshaltung aufbauen.[548] Doch ordnet sich der Handlungsverlauf der *Argonautica* nicht nur innerhalb des durch die verschiedenen Prolepsen erzeugten Spannungsfeldes ein; berücksichtigt man nämlich, dass das Werk schon zu Ende ist, bevor genau dieser Teil im Erzählverlauf behandelt wird, auf den die Türbilder vorausdeuten, so suchen sich die *Argonautica* ihren Platz eher innerhalb eines allgemein mythischen Vorwissens. Damit ist auch offensichtlich, dass derartige Bezüge nur Personen möglich sind, die über das eigentliche Eposgeschehen hinausgehendes Wissen haben, wie z. B. dem Seher Mopsus bei der Hochzeitszeremonie 8,247-51, dem kommentierenden Autor der Türbilder, der die Kreontochter 5,449f. als *paelex...infelix* bezeichnet, oder den Rezipienten der *Argonautica*, die die Bilder mit ihrem mythischen Vorwissen abgleichen können; im Gegenzug werden die handlungsimmanenten Hauptpersonen gezeigt, wie ihnen ebendies nicht möglich ist, z. B. Jason weder die Bilder der Argo noch der Türen konkret auf sich bezieht und Medea durch den Traum 5,333-40 zwar in helle Aufruhr versetzt wird, aber dies nicht in Bezug auf ihr Handeln deutet. Damit sind sie zwar nicht unabhängig vom Handlungsgeschehen, aber erzeugen erstens, wenn wie im Fall der Türbilder nicht explizit eine Wirkung auf die handlungs-

---

zuvor erfolgtes erstes Zusammentreffen; siehe dazu MANUWALD in [228], S. 316 und die Analyse in den folgenden Unterkapiteln.

[547] Z. B. GÄRTNER in [105], S. 259 und FUHRER in [102], S. 22.

[548] Vgl. HERSHKOWITZ in [152], S. 23-7 und SCHMITZER in [305], S. 156.

immanenten Personen formuliert ist, ein ständiges Unbehagen,[549] und bieten zweitens einen wesentlichen Aspekt des Charakters der Hauptfiguren und ihres Handelns.

Im Folgenden werden Beispiele für diese Funktionen unter den Oberbegriffen der Motivvariation und Handlungsoption, der Einordnung in eine Reihe negativer Andeutungen sowie der Kommentierung und Charakterisierung vorgestellt. Auswahlkriterium ist ein durch Motiv- und/oder Wortparallelen markierter Bezug;[550] ausgelassen werden also insbesondere auch verwandte Ekphrasismotive wie die Gewänder von Castor und Pollux 1,427-32, die Chlamys 2,409-17, die Hypsipyle dem Jason schenkt, und der Becher des Cyzicus 2,653-8, da sie nicht durch übereinstimmende Motivik oder entsprechendes Vokabular zueinander in Bezug treten.[551] Von diesen Bildekphraseis unterscheidet sich die vorliegende Beschreibung zudem dadurch, dass ihre Bilder an einem Tempel lokalisiert werden, der den Anspruch von Öffentlichkeit, Monumentalität und programmatische Sinnstiftung durch seine Funktion als Regentensitz und Kultzentrum hat; dieser Anspruch lässt sich auch für seine Bilder konnotieren, wodurch diese ein entsprechendes Gewicht erhalten. Darüber hinaus werden die Türbilder durch die Einbindung in eine Kette von negativen Andeutungen mit direktem Bezug auf Jason und Medea in ihrer Bedeutung mit Prophetien wie der des Mopsus Val. Fl. 1 oder Träumen wie dem der Medea kurz vor der Ekphrasis gleichgestellt.

---

[549] SCHMITZER in [305], S. 156; Erzeugung von Unbehagen: FUHRER in [102], S. 22.

[550] In der Sekundärliteratur werden zahlreiche Hinweise unterschiedlichster Art und Ausführlichkeit auf Referenzen gegeben, die hier zwar aufgegriffen, zugleich aber selektiert, geordnet und interpretiert werden; siehe dazu z. B. GARSON in [112], SHELTON in [315], S. 301-7, ADAMIETZ in [2], S. 75-7, WIJSMAN in seinem Kommentar, MANUWALD in [228], S. 318, HERSHKOWITZ in [152], S. 18-32 und SCHMITZER in [305], bes. S. 146-50.

[551] Hinzu kommt die Variation des Themas Vater/Vaterland auf den Türbildern, welches als Grundton in den *Argonautica* vorhanden ist; vgl. auf den Türbildern *patrium* V 419, *patriis* V 424, *patrios* V 432 und *patrias* V 449 sowie *patrios...dolores* V 432, in den *Argonautica* insgesamt 109 Belege für *pater*, 110 Belege für *patrius*, *patruus*, *paternus* und *patria* und 57 Belege für *parens*. Da dieses Thema jedoch im Handlungsverlauf wenig greifbar ist, wird hier lediglich kurz darauf verwiesen.

Motivvariation und Handlungsoption

1. Die Bilder am Rumpf der Argo 1,130-48 beschreiben Szenen der Hochzeit von Thetis und Peleus sowie von Hippodameia und Pirithoos, die zwei Optionen für einen möglichen Ausgang einer Hochzeit darstellen; die Tempeltüren in Kolchis ergänzen dies mit ihrer Darstellung von Hochzeitsmotiven (z. B. 5,443 *tadae... iugales*),[552] nehmen dabei aber besonders die negative Konnotation der Lapithenhochzeit auf und akzentuieren sie mit dem Rachemotiv.[553]

2. Die Rache der Lemnierinnen an ihren Ehemännern 2,72-427 stellt ein mythologisches Beispiel dafür dar, wie Frauen auf (vermeintliche) Zurückweisung als rechtmäßige Gattin reagieren,[554] was der Situation und Reaktion Medeas ähnelt, wie sie auf den Türbildern gezeigt wird. Beide Male werden dieselben Schlüsselwörter verwendet,[555] bezieht sich *ignipotens* in den *Argonautica* nur 2,80 und 5,452 als Metonymie auf den Feuergott und stützt das seltene *propere* insgesamt den Bezug.[556] Damit weist die Darstellung der Medeahandlung Hypsipyle als Leitfigur zurück, die als Tochter des Lemnierkönigs in Buch 2 als positiv stilisierte Vergleichsfigur angeboten wird, da sie als einzige ihre Vaterliebe über die (göttlich motivierten) Rachegelüste stellt.[557]

---

[552] SCHMITZER in [305], S. 146-50; BAIER in [14], S. 17-9 stellt eher traditionell die vorausdeutende Funktion der Bilder auf Buch 8 in den Vordergrund.

[553] Es ist nicht die Hochzeit der Medea, sondern die der Tochter des Kreon (Glauke/Kreusa) mit Jason dargestellt und mit *ultrices...Dirae* V 445 und *infelix* V 450 in das entsprechende Assoziationsfeld gestellt. Da jedoch von der Braut nur als *paelex* die Rede ist, ist der Bezugspunkt Medea und damit ihre Hochzeit mit Jason nichtsdestotrotz auf den Türbildern präsent.

[554] Dabei dehnen sie jedoch ihre Rache auf alle Männer in ihrer Umgebung aus; vgl. 2,229f. *hoc soror, hoc coniunx, propiorque hoc nata parensque/ saeva valet*, womit gleichzeitig alle Arten von männlichen Opfern bezeichnet sind.

[555] Vgl. *paelice* 2,153 und *paelex* 5,449, *(in) thalamis* 2,215, 2,233, 2,147, 2,152 und 5,446, *barbarus/-a* 2,50, 2,111, 2,240f. (jeweils inhaltlich auf die Nebenfrauen bezogen) und 5,424, *caede madens/-tem*: 2,274 und 5,454, *taedae/-as*: 2,235 (*dirae*) und 5,443 (*iugales*).

[556] Außer 5,426 direkt vor den Türbildern kommt es innerhalb der *Argonautica* nur noch 2,237 vor. *Propere* ist überhaupt im Epos vor Valerius Flaccus sehr selten, vgl. Verg. Aen. 6,236, 9,801 und 12,573 sowie Ov. met. 6,201 und Lucan. 1,205.

[557] Zusätzlich klingt das Motiv des Eltern-Kind-Bezugs in ebenfalls gegensätzlicher Färbung mit *clamantemque procul linquens...parentem* V 441 an. Vgl. im Übrigen

3. Ebenfalls zum Vergleich regt das Zitat von *virgineo cunctata metu* am Beginn von 5,392 beim ersten Treffen von Medea und Jason an, das als *virgineo turbata metu* 5,427 an selber Versposition wiederzufinden ist; die Abwandlung des eingeschlossenen Wortes fällt aufgrund der Klang- und Bedeutungsähnlichkeit kaum ins Gewicht. Durch diesen Verweis wird auf eine bereits bekannte Reaktion einer Frau gegenüber dem Verlangen eines Mannes zurückgegriffen; dort meistert Medea nach anfänglichem Zögern die Situation und stellt sich mit ihrer Antwortrede gleichberechtigt neben ihn. Dementsprechend positiv ist die Erwartungshaltung, wenn kurze Zeit später mit den gleichen Worten dies bei der Nymphe in Erinnerung gerufen wird, und umso mehr wird durch *deficit, victam* V 428 der konträre Ausgang für sie betont.[558]

Einordnung in eine Reihe negativer Andeutungen

Fünf Beispiele sollen herausgegriffen werden, um zu zeigen, wie sich die Türbilder über sprachliche und motivische Bezüge in eine Kette von Ausblicken einreihen, welche die Zukunft von Jason/Medea, Äetes und den Kolchern negativ schattieren. Als erstes ist die frühe Prophetie des Mopsus und Reaktion der Argonauten darauf 1,211-26 bzw. 1,227f. zu nennen: *Quaenam aligeris secat anguibus auras/ caede madens* 1,224f. wird von *aligeris aut quae secet anguibus auras/ caede madens* 5,453f. nahezu wörtlich aufgenommen, wobei dieselbe Versstellung von *caede madens* direkt nach dem jeweiligen Enjambement ins Auge sticht; ein ähnlicher Wortkontext 1,226 bzw. 5,443-51 unterstützt diesen deutlich markierten Bezug.[559] Zusätzlich wird auf diese Weise die direkt im Anschluss 1,225b-226a angedeutete Erklärung für *caede madens*, dass es sich um Blut von Medeas und Jasons Kindern handelt, in die Türbilder eingeblendet, wodurch die im 5. Buch ohne Vorwissen sehr

---

schon Ovids Verbindung von Hypsipyle und Medea *her.* 6,135-7.
[558] HERSHKOWITZ in [152], S. 202 und MANUWALD in [228], S. 313 weisen auf weitere Verbindungen hin, die jedoch im Text nicht beidseitig angezeigt und daher von untergeordneter Bedeutung sind.
[559] Vgl. *cerno et thalamos ardere iugales* 1,226 mit *iugales* 5,443, *thalamis* 5,446 und *implicat igne domos* 5,451.

kryptisch wirkende Formulierung intratextuell kommentiert wird.[560] Dieselbe Doppelfunktion hat der Traum der Medea 5,333-40 vor dem ersten Zusammentreffen mit Jason, in dem sie sich als Kindermörderin sieht; dort nimmt 5,340 *caede manus* das Schlüsselwort auf und kombiniert es mit einem klangähnlichen Wort. So ist ein weiteres Mal die Formulierung 5,454 vorbereitet und die gemeinsame Zukunft von Jason und Medea negativ schattiert. Eher allgemein sind die Übereinstimmungen mit dem proleptischen Traum des Äetes und den schlechten Vorzeichen vor der Ankunft der Argonauten 5,224b-77: Hier wird die Hochzeit und der Verlust von Medea V 240 angekündigt, wie es V 441 und das direkt folgende Hochzeitsmotiv aufnehmen, und ist das Vlies mehrmals genannt (V 228/237/250/262), das auf den Türbildern V 434 präsent ist; es gibt zwar nur wenige sprachliche Referenzen, doch fallen diese umso mehr ins Gewicht, da sie ihren Bezugspunkt kurz vor der Ekphrasis haben.[561] Gleichzeitig ist mit dem Traum und den Türbildern auf diese Weise das Unheil aller drei Hauptpersonen Medea, Jason und Äetes kurz hintereinander angekündigt und damit in der Wirkung intesiviert.[562] Ein sehr deutliches Beispiel wiederum ist der Bezug von 5,450f. auf 8,18f., wo Medea Vorkehrung dafür trifft, dass sie niemals für Jason verlassenswert ist, indem sie u. a. geheime Mittelchen auf die Flucht mitnimmt; *venenis/ implicat* wird dabei wörtlich und mit selber Versstellung zitiert. Da dort die Anwendung dieser Mittel gezeigt wird in genau der Situation, als sie von Jason verlassen wird, bestätigt das Zitat im 8. Buch die Version auf den Tempeltüren, so dass diese rückwirkend prophetischen Charakter erhalten. Schließlich gehört hierhin der zwar nur mit bedeutungsähnlichen Worten, dafür aber zahlreich angezeigte Bezug von 5,447-51 auf *suas...vestes/ induit, ipsa suam duplicem Cytherea coronam/ donat et arsuras alia cum virgi-*

---

[560] MANUWALD in [228], S. 318 sieht darüber hinaus im Unterschied, dass im 1. Buch der negativen Prophetie eine positive folgt, im 5. Buch aber den grausamen Bildern nicht, also gewissermaßen aus Ambiguität eine Betonung der negativen Ereignisse wird, ein Beispiel für die pessimistische Weltsicht des Valerius Flaccus.

[561] Vgl. *exitiale* V 261/447, die Anrede Sols als *genitor* V 246/403 und des Äetes als *sole satus* V 263/456.

[562] Vgl. ADAMIETZ in [2], S. 76.

ne gemmas 8,235f., als Venus unmittelbar vor der Hochzeitszeremonie Medea einkleidet und sie von ihren unguten Gedanken ablenkt.[563] Er wird verstärkt durch die sich anschließenden negativen Zeichen, die nur Mopsus sieht und aufgrund derer er mit Jason und Medea gleichzeitig Mitleid hat und sie hasst; dabei nimmt *odit* 8,250 *odere* 5,454 auf.[564]

Kommmentierung und Charakterisierung

Die im Folgenden vorgestellten Zitate erweitern den Assoziationsraum der Türbilder, indem sie zusätzliche Kommentare, Bilder und Stimmungen in die Ekphrasis transportieren und Charakterzüge aufzeigen; gleichzeitig zeigen sie damit die enge Verflechtung der Motive innerhalb der *Argonautica*.

Clamantemque procul linquens regina parentem 5,441 nimmt die Szene *Chiron/ clamantemque patri procul ostendebat Achillen* 1,255f. auf; beide Male handelt es sich um einen Abschied bzw. wird in Buch 1 ein solcher eingeleitet, wenn auch mit umgekehrten Rollen, da einmal der Vater Peleus seinen Sohn Achilles verlässt, einmal die Tochter Medea ein Elternteil;[565] während das Motiv 1,255-70 pathetisch und breit ausgeführt wird, ist ihm im 5. Buch nur ein Vers gewidmet. Indem sich dieser jedoch auf den Beginn der Szene aus dem 1. Buch bezieht, transportiert er die dort sich anschließende Emotionalität in seinen Kontext, was auch eine entsprechende Grundstimmung für die anschließend beschriebene Rache schafft. Zwei Referenzen erweitern

---

[563] Vgl. *vestes/pallam* 5,447, *corona* 5,447, *donat/donum* 5,447, *arsuras/implicat igne* 5,451, *alia virgine/paelice* 5,446 und *gemmas/gemmiferae* 5,447.

[564] Ähnlich, aber durch weniger signifikante Zitate markiert, sind die Bezüge zu 6,45f., als der albanische Herrscher Anausis wegen des nicht eingehaltenen Heiratsversprechens für Medea wütend ist, zu 7,231, als Venus in der Gestalt der Kirke zu Medea spricht, zu 7,249f. und 7,309-11 im Kontext von Medeas schlimmen Befürchtungen und ihrer Zerrissenheit, sowie zu 7,498-510, als Jason schwört, ihre Verdienste nicht zu vergessen und Medea zu heiraten.

[565] Welches Elternteil hier gemeint ist und ob es nicht vielleicht doppeldeutig gehalten werden muss, ist durchaus fraglich: Der Bezug auf 1,255f. und auch 5,336 legt eine Identifizierung von *parentem* mit dem Vater Äetes nahe; vgl. jedoch den Bezug auf 8,134-74, bes. 8,140-5 *Mater...sola parens impletque ululatibus auras:/ „siste fugam...! quo" clamat „abis?"*. Die beiden deutschen Übersetzungen von RUPPRECHT und DRÄGER übersetzen jeweils im 5. Buch *parentem* mit „Vater".

die Ekphrasis durch Landschaftsbilder: So verweist *barbarus.../ Phasis* 5,424f. auf 1,517f. mit übereinstimmender Wortfügung und Versanfangsstellung des Flusses, wodurch die in der Sol-Rede ausführlich dargestellte raue Landschaft von Kolchis in die eher mythische Präsentation der Gegend auf den Türflügeln eingeblendet wird; und die kosmische Gruppe und der Gebäudeglanz nehmen Bezug auf 3,558-60 *stagna vaga sic luce <u>micant</u>, ubi../ ...aut <u>medii</u> transit <u>rota</u> candida <u>Phoebi</u>,/ <u>tale iubar</u> diffundit aquis*, wodurch das Strahlen des Soltempels konkret mit dem Sonnenlicht in Verbindung gebracht wird, das sich mittags im Fluss spiegelt. Schließlich sollen zwei Bezüge zu späteren Textpassagen aufgrund ihrer charakterisierenden Funktion vorgestellt werden: *ceu tumet.../ unda...sic barbarus* 5,521f. steht in dem Kontext, dass der Barbar Äetes seinen Zorn tief aus seinem Inneren holt, ähnlich wie eine Woge vom Meeresgrund aus anschwillt; die Formulierung nimmt Elemente aus 5,410 *tumens...unda* und 5,424f. *barbarus...Phasis* auf. Somit wird der König mit Attributen gekennzeichnet, die auch in der Ekphrasis seines Herrschersitzes verwendet worden sind, was die Zugehörigkeit des Tempel zu ihm stärkt. 6,440-50 nimmt dagegen Medeas Skizzierung als mächtige Zauberin auf, die zu Dingen fähig ist, die andere erzittern lassen, und führt diese Darstellung weiter aus; sprachlich verbinden die Wiederholung von *venenis/-o* am Versende von 5,450 und 6,448 sowie dieselbe Positionierung von *alligat* jeweils nach der bukolischen Dihärese 5,428 und 6,443 die beiden Textpassagen. Auffällig ist, dass diese Charakterisierung nur an den beiden genannten Stellen vorkommt, während die Königstochter sonst eher als furchtsame, schamhafte, unwissende junge Frau gezeigt wird, die sich vergeblich gegen Jasons Liebe wehrt, da sie durch göttliches Eingreifen zum Nachgeben gezwungen wird;[566] es liegt nahe, dass die Türbilder daher Medeas Potential für den zukünftigen Handlungsverlauf vorstellen.

---

[566]Siehe FRANK in [99], MANUWALD in [228], S. 311f. und z. B. Val. Fl. 5,391f., 6,491, 7,408-11 sowie 7,1-20, 7,127-52, 7,292-322 und 7,153-86, 7,323f.

5.1.2.3 Intertextuelle Kommentierung der Türbilder

Auch intertextuelle Referenzen, die mit einzelnen Wortfügungen oder Motivkomplexen Bilder v. a. aus Vergils *Aeneis* evozieren, fungieren als bedeutungserweiternder Kommentar und Vergleichsfolie.[567] Darüber hinaus baut die Ekphrasis mythologisches Wissen der Rezipienten über die Argonauten und die Medeageschichte insgesamt ein, da sie einen Verlauf skizziert, der sich in frühere tragische Gestaltungen einfügt; das Resultat ist eine ebensolche Erwartungshaltung auch für die *Argonautica*.[568]

Einzelverweise
Wichtig ist z. B. das hölzerne Pferd, von dem Äneas *Aen.* 2,13b-267 erzählt und auf das in der Ekphrasis der Tempeltürbilder zweimal Bezug genommen wird. Einmal zitiert der Bau der Argo *texitur Argea pinus Pagasaea securi* V 435 durch die Verbindung von *(in)texere* und Baumholz den Bau des Pferdes *sectaque intexunt abiete Aen.* 2,16 und *roboribus textis Aen.* 2,186, ein weiteres Mal ist das Pferd Vorbild für das Geschenk der Medea an ihre Nebenbuhlerin *donum exitiale* V 447, das den Ausdruck *innuptae donum exitiale Minervae Aen.* 2,31 in Versstellung, Wortverbindung und Hochzeitskontext aufnimmt; auf diesem Weg werden der Bau der Argo und Medeas Geschenk mit demselben Hintersinn versehen, mit dem auch heute noch das „trojanische Pferd"

---

[567] Für Hinweise auf die Verbindungen siehe jeweils die entsprechenden Stellen im Kommentar von WIJSMAN und z. B. KLEYWEGT in [191]; im Folgenden werden nur die am besten intertextuell markierten Bezüge herausgegriffen.

[568] Vgl. z. B. Pind. *P.* 4, die ΜΗΔΕΙΑ des Euripides, die ΕΥΡΩΠΗ des Moschos, die fragmentarisch erhaltenen Tragödien von Ennius, Pacuvius und Accius, Catull. 64, das nur teilweise überlieferte Epos des Varro Atacinus, Ov. *met.* 7,1-403, *epist.* 6 und 12 sowie seine nur z. T. erhaltene Tragödie *Medea*, Senecas *Medea* sowie Curiatius Maternus' und Lucans gleichnamigen, aber verlorenen Tragödien. Darüber hinaus gibt es eine Vielzahl von mythologischen Einschüben mit Medea und Jason in größere Einheiten wie Hor. *epod.* 3,9-14, Tib. 1,2,51 und 2,4,55f., Prop. 1,15,17-20, 2,22,11f., 2,24,45f., 3,11,9-18 und 3,19,17f., Ov. *am.* 2,14,29-34, 2,18,23-33, *ars* 3,33f., *epist.* 1,4,23-46, 17,229 und *fast.* 1,491, Lucan. 2,715-9, 4,552-6 und 10,464-7; Ausschnitte aus dem Argonautenmythos auch Verg. *ecl.* 6,43f. und *georg.* 3,6 sowie Lucan. 3,193-7. Da diese Gestaltungen jedoch nur die Basis der *Argonautica* bilden, wird hierauf nicht weiter eingegangen.

verbunden ist. Zweites Beispiel sind *Aen.* 4,168 die Nymphen bei der Eheschließung von Dido und Äneas in der Höhle mit dem Folgevers, der diesen Tag als ersten ihrer Leiden bezeichnet, sowie die Rachegöttinnen, die in Didos todessehnsüchtigem Traum die Flucht des Orestes vor der Mutter begleiten, was Vorbild für V 445 ist,[569] so dass das Leiden der Dido vergleichende Vorlage für das Leiden der Medea ist. Drittens hat die Wirkung des giftigen Geschenkes einer Frau an ihre Nebenbuhlerin, um eine Hochzeit zu verhindern, V 450f. ihre Vorlage in der Schlange, die Allekto auf Latinus' Frau Amata wirft, wodurch diese innerlich vergiftet und schließlich wahnsinnig wird (was allerdings nicht zur beabsichtigten Verhinderung der Hochzeit von Äneas und Lavinia führt) *Aen.* 7,354f.[570] Und schließlich ist in Val. Fl. 5,420-3 die Vorlage *Aen.* 12,824f. deutlich zu erkennen, als Juno Juppiter darum bittet, dass die Latiner auch nach ihrer Niederlage Namen und Tracht für die Zukunft behalten dürften, damit Troja endgültig untergehe.[571] Den Kolchern ergeht es anders als den Latinern, sie haben den ägyptischen Namen und die typische Leinenkleidung abgegeben und damit ihre Identität gewandelt; durch den Perspektivenwechsel bei Valerius Flaccus entsprechen sie der Sicht der Trojaner, was zum einen eine komplementäre Gestaltung zur *Aeneis* darstellt, zum anderen ein Modell für die Formulierung derartiger „Volksentstehungen" bietet.[572]

---

[569] Vgl. Motivik, Wortfügung und z. T. gleiche Versstellung von *Aen.* 4,168 *summoque ululurunt vertice Nymphae* und *Aen.* 4,473 *ultricesque sedent in limine Dirae* mit Val. Fl. 5,445 *ultrices spectant a culmine Dirae.*

[570] Vgl. Val. Fl. 5,450f. *rutilis correpta venenis/ implicat igne domos* mit *Aen.* 7,354f. *veneno/ ...ossibus implicat ignem.* In denselben Kontext gehört *Aen.* 1,659 *donisque furentem/ incendat reginam atque ossibus implicet ignem,* als Venus Cupido statt Askanius zu Dido schickt.

[571] Vgl. Motivik, Versstellung, Silbenzahl und Wortfügung von *Aen.* 12,824f. *neu Troas fieri iubeas Teucrosque vocari/ aut vocem mutare viros aut vertere vestem* mit Val. Fl. 5,420-3 *hos...Colchosque vocari/ imperet. ...illi.../ .../ et iam Sarmaticis permutant carbasa bracis.*

[572] Von inhaltlich geringerer Bedeutung sind die Referenzen auf Lucan, von denen ich eine herausgreife: *imbribus annum* am Ende von Lucan. 3,70 ist in Versstellung und Vokabular genaue Vorlage für Val. Fl. 5,422; hinzu kommt derselbe Kontext, nämlich dass das jeweilige Land fruchtbar ist (Lucan. 3,68 *ubere* und Val. Fl. 5,422 *pinguem*). Der Unterschied liegt jedoch darin, dass Libyen bzw. Nordafrika gerade durch den Regen so ertragreich ist, während das weiter nach Süden reichende

Motivkomplexe
Mit Verg. *Aen.* 6, *Aen.* 8 und Hom. *Il.* 18 sollen drei Beispiele für größere Entsprechungen herausgegriffen werden:
Der Beginn von Verg. *Aen.* 6 bietet durch sprachliche und motivische Parallelen mythische Varianten und Kommentare zu Türbildmotiven Val. Fl. 5. Dädalus hat am cumäischen Apollotempel verschiedene Bildkomplexe gestaltet bzw. geplant,[573] die mit seiner Vergangenheit in Verbindung stehen und Variationen über das Thema „Liebe" und „Väterlicher Schmerz über den Verlust des Kindes" darstellen. Dies ist auch auf den Bildern Val. Fl. 5 thematisiert: *Barbarus...Phasis amore furens* 5,424f. und *victam* 5,428 erinnern an *crudelis amor* und *supposta* 6,24, *regina* V 441 dagegen an *magnum reginae...miseratus amorem* der Ariadne 6,28, wodurch Medeas Liebe als ebenso bemitleidenswert assoziiert wird.[574] *Clamantemque procul linquens...parentem* 5,441 ruft den väterlichen Schmerz über den Verlust des Kindes wach; am interessantesten ist jedoch der Bezug von Val. Fl. 5,432 auf *Aen.* 6,30b-33a: Das Phaethon-Thema, als dessen Abschluss dieser Vers gewählt ist, hat inhaltlich mit dem beabsichtigten Icarus-Thema viel gemeinsam, denn beides ist ein Beispiel für Hybris und Vater-Sohn-Konflikt, bei beiden spielt das Fliegen bzw. Fahren in der Luft und die Sonnenwärme eine entscheidende Rolle, und beide Geschichten enden mit dem Tod des Sohnes und Schmerz des Vaters. Deutliche Replik auf die vergilische Darstellung ist dabei *formidantem patrios Pyroenta dolores* V 432, wenn das Pferd die bei Vergil unmögliche bildliche Darstellung des väterlichen Schmerzes ebenso indirekt präsentiert und damit – zwar als handlungsimmanenter Akteur, aber durch sein „poetisches Gedächtnis" über den weiteren Verlauf der Geschichte bestens infor-

---

Ägypten diese Eigenschaft auch ohne den Regen und stattdessen durch den Nil hat, worauf Valerius Flaccus durch das direkt dem Zitat vorangestellte *sine imbribus annum* hinweist. Seine Relevanz erhält der Ausdruck also erst durch die aufgedeckte Antithese zum Prätext.
[573] Sowohl Apollo als auch Sol werden als *Phoebus* bezeichnet; vgl. *Aen.* 1,18f. *tibi, Phoebe, sacravit/ ...posuitque immania templa* und Val. Fl. 5,403f. *Phoebi genitoris ad aras/ ventum* sowie die Ausführungen weiter oben in 4.2 S. 150.
[574] Eventuell lässt sich auch die Rache der Medea mit dem Kindermord 5,453f. in die Strafe des Minos für die Athener *Aen.* 6,20-2 einordnen.

miert – über den eigentlichen Handlungsrahmen hinausgehendes Wissen präsentiert.[575]

Die Referenz auf die Beschreibung der Waffen und des Schildes *Aen.* 8,617-731 dient der Ekphrasis Val. Fl. 5 als Bezugspunkt für die prophetische Dimension eines Kunstwerkes und bietet mit Äneas und Kleopatra Vergleichsfolien und Kommentierungen für die Figuren bei Valerius Flaccus.[576] Beide Male ist Vulcanus der Künstler, der *ignipotens* genannt wird und sein prophetisches Wissen zur Gestaltung einsetzt;[577] da bei Valerius Flaccus nur die zweite Hälfte der Bilder proleptisch ist, rahmt Vulcanus diesen Beschreibungsteil (5,433 und 5,452) und ist nur dieser Bereich im Futur gehalten. Ebenso parallel ist, dass jeweils eine Zukunft gezeigt wird, welche die Handlungsfiguren innerhalb des Epos nicht mehr betrifft,[578] und es zu Beginn eine freu-

---

[575] Darüber hinaus ist auf die formale Parallele des gleichen Endes der Ekphrasis mit der Reaktion des Äneas/der Argonauten und dem Übergang zur Haupthandlung hinzuweisen, die den intertextuellen Bezug der beiden Textpassagen insgesamt stärkt: Beide Male wird die Überleitung mit steigerndem *quin* begonnen, und die Verbindung mit dem Hauptgeschehen erfolgt dadurch, dass dieses in einem Nebensatz dem bisherigen Erzählstrang untergeordnet wird; vgl. Val. Fl. 5,455f. *quin idem Minyas operum defixerat error,/ cum se Sole satus patriis penetralibus infert* mit *Aen.* 6,33f. *quin protinus omnia/ perlegerent oculis, ni iam praemissus Achates adforet atque una Phoebi Triviaeque sacerdos*. Die Personen werden aus der gebannten Betrachtung der Darstellungen durch die Ankunft der anderen Personen geradezu herausgerissen, und es unterbleibt formal und inhaltlich eine Verbindung der Bilder mit den Betrachtern.

[576] Hinweise finden sich z. B. bei SCHETTER in [297], S. 308, ADAMIETZ in [2], S. 75f., HERSHKOWITZ in [152], S. 20-3 und SCHMITZER in [305], S. 152-9, die in den zurück- und vorverweisenden Türbildern Val. Fl. 5 eine Kombination aus *Aen.* 1 und *Aen.* 8 sehen.

[577] *Ignipotens* Val. Fl. 5,452 sowie *Aen.* 8,628 und 8,710, *aurea quin etiam praesaga Mulciber arte/ vellera venturosque olim caelarat Achivos* Val. Fl. 5,433f. sowie *illic res Italas Romanorumque triumphos/ haud vatum ignarus venturique inscius aevia/ fecerat ignipotens, illic genus omne futurae/ stirpis Aen.* 8,626-9. Vgl. WIJSMAN, S. 210 und HERSHKOWITZ in [152], S. 21f.

[578] Ich nehme den Handlungsrahmen der *Argonautica* so, wie er erhalten ist; vgl. Anm. 524. Der Unterschied liegt jedoch im Zielpunkt des Anachronismus: Während die Ekphrasis der *Argonautica* auf Ereignisse innerhalb des Mythos verweist (homodiegetische Prolepse), deutet die *Aeneis* auf die Zukunft Roms hin (heterodiegetische Prolepse), was mit der politischen Aufladung der *Aeneis* zusam-

dige Reaktion gibt, die mit dem Zitat von *laetus* gekoppelt ist.[579] Der große Unterschied liegt jedoch in der antithetischen Schlussreaktion und fehlenden Deutung der Zukunft: Während Äneas die Geschenke bewundert und die Bilder eine Bedeutung für die mit ihm verbundene Zukunft haben,[580] die ihm selbst zwar verborgen bleibt,[581] dem Publikum aber durch auktorialen Kommentar an pointierter Stelle als Abschluss der Ekphrasis und des Buches überhaupt *Aen.* 8,731 geboten wird, fehlt eine derartige Vorgabe der Interpretationsperspektive bei Valerius Flaccus bzw. wird nur in sehr allgemeiner Form mit *praesaga...arte* V 433 genannt; gleichzeitig ist die negative Reaktion auf die Bilder durch eine Verdoppelung besonders hervorgehoben.[582] Damit ist zwar die Erwartungshaltung einer prophetischen Dimension der Türbilder bestätigt, nicht aber der positive Bezug auf die Zukunft des imaginierten Betrachters. Dies verstärkt erstens die negative Schattierung des weiteren Handlungsverlaufs, zweitens verleiht es der Ekphrasis eine Autonomie, die nahelegt, die Bilder als Vulcanus' Version der Argonautensage zu verstehen, die zwar mit dem traditionellen, dem Publikum gängigen Verlauf übereinstimmt,[583] aber keinesfalls als für den Text einzig gültige gekennzeichnet ist.

---

menhängt.

[579] Vgl. *Aen.* 8,617-25 *ille deae donis et tanto laetus honore/ expleri nequit atque oculos per singula volvit,/ miraturque interque manus et bracchia versat* mit *varia dux laetus imagine templi* Val. Fl. 5,415, was eindeutig Jason als Betrachter imaginiert; *varia...imagine templi* kann dabei sowohl rückverweisend auf den kosmischen Schmuck als auch vorverweisend auf die Türbilder verstanden werden.

[580] Vgl. *Aen.* 8,729-31 *miratur rerumque ignarus imagine gaudet/ attollens umero famaque et fama nepotum.*

[581] HERSHKOWITZ in [152], S. 22 Anm. 68 weist hierbei auf den interessanten Gedanken hin, dass *clipei non enarabile textum* vielleicht nicht nur die dichterische Schwierigkeit beschreibt, sondern auch die Probleme des Äneas, das von ihm Gesehene in einen verständlichen Zusammenhang zu bringen.

[582] Vgl. Val. Fl. 5,455 *Minyas operum defixerat horror*, womit die Argonauten bezeichnet sind, und *haec tum miracula Colchis/ struxerat Ignipotens nondum noscentibus.../.../...odere tamen visusque reflectunt*, was die Reaktion der Kolcher imaginiert, da sie unmittelbar vor V 454 als einzige Personengruppe im Plural genannt sind, und der Partikel *tamen* als Entgegnung zu *nondum noscentibus* Sinn gibt; anders jedoch WIJSMAN, S. 218, der als Subjekt für *odere* die im folgenden Vers genannten Argonauten verstanden wissen möchte.

[583] HERSHKOWITZ in [152], S. 23.

Darüber hinaus ist es möglich, Personen beider Textpassagen aufeinander zu beziehen und kommentierende Referenzen herzustellen: Erstens leuchtet Äneas als Vergleichsfolie für Jason auf. Weil jedoch seine Zukunft im Gegensatz zu der in der *Aeneis* negativ gezeichnet wird, erscheint er als Antiheld.[584] Zweites Beispiel ist die *Aen.* 8 wichtige Figur der Kleopatra: *Aen.* 8,711-3 ist sie genannt, wie der Nil sie und die anderen Besiegten (*victos*) mit seinen Fluten schützend bedeckt; dieselbe Szenerie findet sich 5,428, wo das Publikum für Äa als *victam* durch das gleiche Motiv und Vokabular zwar zu genau dieser beruhigenden Ahnung verleitet, aber jäh darin getäuscht wird, da der Flussgott in diesem Fall auch der Häscher ist und damit die Szene eben nicht Schutz, sondern Überwindung durch den Feind ausdrückt. *Aen.* 8,707f. transportiert als Ausdruck einer sehr schnellen Schifffahrt ein ebensolches Tempo in 5,436f.; dass es sich bei Vergil um eine Flucht aus Lebensgefahr handelt, stört dabei nicht, sondern unterstreicht eher den Schnelligkeitsaspekt.[585] Und schließlich wird Kleopatra *Aen.* 8,695-8 *regina* und im Zusammenhang mit *caede* und *anguis* genannt, worauf bei Medea *regina* 5,441 und *secet anguibus auras/ caede madens* 5,453f. Bezug nehmen; damit wird nicht nur der exotische, fremdländische Aspekt der Kleopatra-Darstellung in die Charakterzeichnung der Medea projiziert, sondern gleichzeitig auch ein negatives Ende, das der vergilische Text mit den Schlangen *Aen.* 8,697 andeutet.

Eine der Ekphrasis Val. Fl. 5 ähnliche, vom unmittelbaren Handlungsumfeld unabhängige künstlerische Bildpräsentation ist die homerische Schildbeschreibung *Il.* 18,478-608;[586] sie bietet eine Vergleichs-

---

[584] EIGLER in [83], S. 41f. Gegen diese unheroische, an den Jason des Apollonios Rhodios angelehnte Deutung sprechen sich WRIGHT in [363], S. 8-53, der den Jason des Valerius Flaccus als Erben der Tugenden des Hercules und Äneas interpretiert, und TAYLOR in [329] aus, die Jason als typologischen Charakter für Vespasian versteht. Im allgemeinen Sinne kann Jason außerdem als tragische Person verstanden und mit der für sich selbst blinden Figur des Ödipus verglichen werden; vgl. SCHMITZER in [305], S. 153-7.
[585] Vgl. *Aen.* 8,707f. *ipsa videbatur ventis regina vocatis/ vela dare et laxos iam iamque immitere funis* mit Val. Fl. 5,436f. *ipsa subit nudaque vocat dux agmina dextra,/ iamque eadem remos, eadem dea flectit habenas*.
[586] Einzelne Hinweise ohne Deutung bei WIJSMAN, S. 201f. und S. 214 sowie MA-

folie, vor welcher der negative Zug der Türbilder bei Valerius Flaccus umso deutlicher hervortritt: Den intertextuellen Bezug markiert, dass es beide Male Kunstwerke sind, die Hephaistos angefertigt hat,[587] dass zu Beginn der jeweiligen Beschreibungen kosmischer Schmuck steht[588] und eventuell dass die Reaktion der Kolcher 5,454 zur Reaktion der Myrmidonen 19,14f. in Bezug gesetzt werden kann,[589] da οὐδέ τις ἔτλη/ ἄντην εἰσιδέειν, ἀλλ' ἔτρεσαν und *visusque reflectunt* die Verweigerung des Anblicks und den zurückweichenden Impetus gemeinsam haben.[590] Besonders auffällig ist jedoch, dass Elemente im Umfeld der verhassten Hochzeit der Nebenbuhlerin Val. Fl. 5,442-54 eindeutig Bilder aus der ersten homerischen Stadt *Il.* 18,490-508 aufnehmen und sie in ein konträres Umfeld setzten,[591] und dass aus der zweiten Stadtbeschreibung das von Blut rote Gewand *Il.* 18,538 kurz vor dem Abschluss der Bildeinheit εἷμα...δαφοινεὸν αἵματι φωτῶν dem *caede madens* kurz vor Ende der Ekphrasis Val. Fl. 5,454 ähnelt. Des Weiteren ist insgesamt

---

NUWALD in [228], S. 316 Anm. 28.

[587] Einmal ἰδυίῃσι πραπίδεσσιν 18,482 im wissenden Sinne von „verständig, könnend", einmal *praesaga...arte* 5,433 im vorausahnenden Sinne, so dass der Akzent der Handlung variiert; unterstützt wird die Differenz durch das Umfeld, in welchem bei Homer δαίδαλα die Kunstfertigkeit betont, bei Valerius Flaccus dagegen das Futur die Aussage über Zukünftiges. Vgl. auch den Kommentar von AMEIS/HENTZE/CAUER, Bd. 2.2, S. 137, der als Bedeutung „mit kunstsinnigen Gedanken" angibt und darauf verweist, dass die Wendung nur für Hephaistos verwendet werde, wie *Il.* 1,608, 18,380, 20,12 und *Od.* 7,12.

[588] SCHMITZER in [305], S. 153 sieht dadurch die Handlung in einen universalen, kosmischen Rahmen gestellt. Darüber hinaus stützen die homerische Aufzählung von Pleiaden und Hyaden zusammen mit anderen Gestirnen und der Kontext der Okeanosfluten, in denen Sterne versinken, die Deutung auf Pleiaden und Hyaden Val. Fl. 5,413f. *densaeque sequuntur/ Pliades et madidis rorantes crinibus ignes*; vgl. die Diskussion bei WIJSMAN, S. 201f.

[589] Hinweis bei HERSHKOWITZ in [152], S. 22f. Anm 69.

[590] Natürlich muss dabei berücksichtigt werden, dass bei Homer die Reaktion in erster Linie durch das direkt zuvor geschilderte Dröhnen des Schildes hervorgerufen wird; doch bleibt dasselbe Reaktionsschema als Parallele.

[591] Vgl. *urbs erat...gemino...ponto* und ἐν δὲ δύω ποίησε πόλεις, *taedae...iugales* und νύμφας δ' ἐκ θαλάμων δαΐδων ὕπο λαμπομενάων/ ἠγίνεον, *ludus...et cantus* und πολὺς ὑμέναιος ὀρώρει· κοῦροι δ' ὀρχηστῆρες ἐδίνεον, ἐν δ' ἄρα τοῖσιν/ αὐλοὶ φόρμιγγές τε βοὴν ἔχον, aber auch *Dirae* und die gerichtliche Entscheidung über eine Strafe für ein Vergehen *Il.* 18,497-508.

anzumerken, dass die Bezüge innerhalb einer größeren „homerischen" Einheit Buch 5 und 6 stehen, die eine Art trojanischen Krieg in Kolchis inszeniert, was die Referenz auf einer allgemeinen Ebene stärkt.[592]

Schließlich soll als Exkurs an Verg. *Aen.* 12 gezeigt werden, wie intertextuelle Bezüge auch zur Klärung eines textkritischen Problems genutzt werden können:
Val. Fl. 5,436f. ist sowohl die Reihenfolge als auch der Beginn von V 437 mit *ipsa* fraglich.[593] Als wichtiger Bezugspunkt ist richtig *Aen.* 12,471 *ipsa subit manibusque undantis flectit habenas* identifiziert worden, wo Juturna Metiscus, den Wagenlenker ihres Bruders Turnus, wegstößt und selbst die Zügel übernimmt, um ihren Bruder vom Zweikampf mit Äneas fernzuhalten. Die Gemeinsamkeit liegt im Motiv der Hilfe einer Frau bzw. Göttin und im wörtlichen Zitat V 437 und V 436 *ipsa subit nudaque vocat dux agmina dextra,/ iamque eadem remos, eadem dea flectit habenas*. Die gegenüber den Handschriften umgestellte Versreihenfolge stellt die Abfolge der zitierten Wortfügungen her und bewirkt, dass sie die beiden Verse umklammern, was der Anordnung im Prätext (auf einen Vers bezogen) entspricht; darüber hinaus bietet sie eine logische Handlungsabfolge, die andersherum nicht gegeben ist, da *flectit habenas* gerade auch in der zitierten Textstelle eindeutig den Lenkungsvorgang eines Gefährts während der Fahrt bezeichnet.
Der Unterschied zu *Aen.* 12,471 ist jedoch die Ausweitung der wörtlich zitierenden Klammer auf zwei statt auf einen Vers; dies ist kombiniert mit einer umfangreicheren Handlungsfolge, die daher einer genauen Prüfung bedarf: Der Beginn V 436 *iamque eadem remos, eadem dea* ist durch die Geminatio des Demonstrativpronomens und das gemeinsame Bezugswort *dea* als zusammengehörig gekennzeichnet; dabei stellt *remos* ein zu *habenas* am Versende gleichwertiges Objekt dar, so dass

---

[592]Siehe WRIGHT in [363], bes. S. 124-75.
[593]Für eine ausführliche Diskussion der Handschriften und Entscheidungen der jeweiligen Herausgeber siehe WIJSMAN, S. 211f. Die neue Ausgabe von LIBERMAN druckt die Verse in der geänderten Reihenfolge V 437 – V 436 und mit *ipsa* zu Beginn von V 437, DRÄGER zwar ebenfalls in umgestellter Versfolge, aber mit *ipse*. Vgl. für den Vorlagencharakter der *Aeneis* auch HUDSON-WILLIAMS in [169], S. 61f.

der Vers insgesamt eine Einheit bildet. Die Identifikation der Göttin mit Minerva als Subjekt des Verses wird durch Val. Fl. 1,125f. nahegelegt <*Iuno*> *videt...remisque paratis/ Pallada velifero quaerentem bracchia malo*. V 437 vereint dagegen zwei Handlungen, für die unterschiedliche Zuordnungen denkbar sind:

1. Beide werden ebenfalls Minerva zugeschrieben, was *ipsa* zu Beginn rechtfertigen und *eadem* V 436 als Wiederaufnahme erklären würde (γ); Problem dabei ist, dass diese Aktionen für sie nicht bezeugt sind und mit *dux* meist Jason bezeichnet wird.[594]

2. Das Subjekt des Verses ist entsprechend Jason, und daher ist zu Versbeginn *ipse* aufzunehmen (C); diese feine Abweichung gegenüber der Vorlage ist durch den insgesamt gesicherten Zitatenkontext möglich.[595]

3. V 437 wird Juno zugeschrieben, die nach Val. Fl. 1,96-9 und 4,543 die Anwerbung der Mannschaft übernimmt;[596] gestützt wird diese Identifikation durch den bereits genannten Verweis von V 437 für Minervas Aktivitäten auf denselben Kontext im ersten Buch sowie überhaupt durch das dortige gemeinsame Auftreten von Juno und Minerva im Umfeld des Schiffbaus und der Anwerbung.[597] Da diese Lösung weder dem Prätext oder Inhalt des Werkes noch der zwar viel häufigeren, aber nicht alleinigen Bezeichnung von Jason als *dux* widerspricht, plädiere ich gegen die glatte Lösung von WIJSMAN, S. 211f., *ipse* für einen Bezug auf Jason zu setzen.

---

[594] Von allen Kasusrektionen im Singular und mit Ausnahme dieser fraglichen Stelle entfallen auf Jason 31, auf einen unbestimmten Anführer vier und auf die Amme Henioche zwei Nennungen, alle anderen 21 gehören zu jeweils nur einmal so bezeichneten Personen; vgl. auch Jasons Umschreibungen als *ductor* sowie seine Bezeichnung V 415 als *dux* kurz zuvor.

[595] Dagegen spricht aber u. a. auch die schon im Kontext der Schildekphrasis als Vorbild dienende weibliche Referenz auf Kleopatra Aen. 8,707f. *ipsa.../ vela darre et laxos iam iamque immittere funis*.

[596] Val. Fl. 1,96-9 *at Iuno Argolicas pariter Macetumque per urbes/ spargit inexpertos temptare parentibus austros/ Aesoniden, iam stare ratem remisque superbam/ poscere quos revehat rebusque in saecula tollat*, 4,543 *dedit et socios Saturnia reges*.

[597] Vgl. 1,91-129a, bes. V 91f. *accepere deae celerique per aethera lapsu/ diversas petiere vias*.

5.1.2.4 Die Türbilder als episches Rezeptionsphänomen

Die Ekprasis der Türbilder Val. Fl. 5 ist über den Szenentypus und das Vokabular fest in der Epostradition verankert und präsentiert sich dementsprechend als Rezeptionsphänomen eines epischen Motivs. Als Beispiel für die intertextuellen Bezüge sollen das Motiv der Ankunft eines Fremden an einem Herrschersitz und damit Referenzen auf Apoll. Rhod. 3, Hom. *Od.* 6/7, Verg. *Aen.* 7 und *Aen.* 1 herausgegriffen werden.

Apoll. Rhod. 3,196-302, als sich Jason Begleiter für den Weg zu Aietes aussucht, bis zu dem Punkt in der Handlung, als der Dialog zwischen den Argonauten und Aietes beginnt, ist hinsichtlich der Szenenfolge und Einzelszenen die Texteinheit, welche die engste Vorlage zu Val. Fl. 5,325-471 bietet.[598] Abgesehen von einer Umstellung in der Szenenreihenfolge (Aufeinandertreffen von Jason und Medea) und dem Austausch von Personen mit ähnlicher Funktion (Schwester Chalkiope – Amme Henioche), ist das Szenenmuster gleich:[599] Aufbruch mit Gefährten vom Schiff, Nebelverhüllung durch die oberste Göttin für die unerkannte Ankunft, Ekphrasis des Gebäudes, durch göttliche Einwirkung ermöglichte Begegnung mit Medea, ihre Furcht, die von einer engen Vertrauten vertrieben wird, Andeutung der Liebesgeschichte und Gespräch mit Aietes. Unterschiedlich ist jedoch die jeweilige Gebäudeart und Gewichtung der Ekphrasisteile: Während Apoll. Rhod. 3,215-48a den Palast des Aietes in seiner Außenfront samt innerem Bezirk mit gartenähnlichem Bereich, Hof und davon abgehenden Zimmern sowie seinen Bewohnern beschreibt, nennt Val. Fl. 5,426 bzw. V 407-55 einen Sol-Tempel, der dem Äetes als Herrschersitz dient, und beschreibt diesen nur in seinem Außenschmuck; die Ekphrasis der Türbilder, die keine direkte Vorlage bei Apollonios Rho-

---

[598] Kommentare zur Textpassage bei Apollonios Rhodios bieten CAMPBELL in [47], bes. S. 191-224, MANAKIDOU in [225], S. 157-73 und THIEL in [330], S. 106-25.

[599] Kurze Hinweise auf szenische Gemeinsamkeiten und Unterschiede, deren Funktionen hier beiseite gelassen wird, bei ADAMIETZ in [2], S. 75-8, WIJSMAN, S. 196f. und S. 208-10, MANUWALD in [228], S. 316f., HERSHKOWITZ in [152], S. 19f. und S. 201f., SCHMITZER in [305], S. 152 Anm. 45.

dios hat,⁶⁰⁰ bildet dabei das Zentrum. Zwei Referenzen müssen jedoch hervorgehoben werden: Erstens ist *Phaethonta* Val. Fl. 5,429, das zur Identifikation der Szene keinesfalls nötig gewesen wäre, da die trauernden Schwestern als Pappeln ein eindeutiges Identifikationsmerkmal liefern, und das damit eine intertextuelle Markierungsfunktion übernimmt, eine bis in den Kasus übereinstimmende Transliteration von Φαέθοντα Apoll. Rhod. 3,245; dort trägt der Königssohn Apsyrtos diesen Beinamen, der in einem Exkurs erklärt wird.⁶⁰¹ Die Folge ist, dass Phaethon auf den Türbildern einen indirekten Bezug zu einer Figur aus dem Argonautenmythos bekommt, was den inneren Zusammenhang der Bilder mit der umgebenden Handlung stärkt. Zweitens zitiert die Ekphrasis der Atlasgruppe mit *ferreus* den Schmuck, dessen Beschreibung Apoll. Rhod. 3,232f. mit dem aus einem Stück gefertigten Pflug aus hartem Eisen endet (αὐτόγυον στιβαροῦ ἀδάμαντος ἄροτρον). Beide Male ist der Schmuck mit einem Gebäude, dem Sonnengott und dem Künstler Vulcanus/Hephaistos verbunden, und *ferreus* ist eine bedeutungsähnliche Übersetzung von στιβαροῦ ἀδάμαντος, was auch das Problem löst, dass das Attribut nur schwer in den Kontext von Val. Fl. 5,409 passt.⁶⁰² Dadurch verweist der Schmuck nicht nur, wie

---

⁶⁰⁰Apoll. Rhod. 3,235f. werden zwar πολλαί/ δικλίδες εὐπηγεῖς genannt, doch ist der Unterschied zwischen dem Attribut „gutgefügt" und einer 37 Verse umfassenden Ekphrasis gewaltig.

⁶⁰¹Der Beiname ist außerdem noch Apoll. Rhod. 3,1235-7 und 4,224f. genannt, jeweils im Kontext der Wagenlenkung anstelle des Vaters; der Phaethon-Mythos selbst mit dem Sturz in den Eridanos und der Trauer der Schwestern ist 4,596b-611a und 4,621-6 eingefügt, als die Argo zum Eridanos gelangt. Für weitere Parallelen zwischen Apsyrtos und Phaethon siehe FUSILLO in [104], S. 42f., Hinweis auf Verbindungen auch bei MANUWALD in [228], S. 313.

⁶⁰²Siehe WIJSMAN, S. 199, der deshalb mit Blick auf die *Aeneis caelifer* konjiziert; ebendies ist jedoch schlecht begründet, da genauso gut z. B. *maximus* in Frage käme, das Verg. *Aen.* 1,741 und 4,481 als Attribut für Atlas und am Versende belegt ist. Das Problem hängt damit zusammen, was für eine Schmuckart mit der Atlasgruppe imaginiert wird: *ferreus* passt erstens zu einer (ggf. mit Metall verzierten) Reliefarbeit oder einem kriegerischen Kontext, wofür aber Val. Fl. 5,409 keine Hinweise vorliegen (vgl. Verg. *Aen.* 8,700f und Plin. *nat.* 34,140). Zweitens könnte das Attribut auf eine Statuengruppe hinweisen, doch ist dies schwierig: Für Eisenstatuen gibt es nur zwei Belege vor Val. Fl. 5, nämlich den eisernen Hercules des Alcon und das Vorhaben des Timochares, durch einen Magnetstein im Tempel-

oben gezeigt, auf das strahlende Wesen und die kosmische Natur des Sol, sondern gleichzeitig auf den wehrhaften Charakter des Äetes, wodurch die folgende Handlung überschattet wird.[603]

Hom. *Od.* 6/7 bietet mit der Ankunft bei den Phaiaken, der Begegnung mit Nausikaa, der Nebelverhüllung durch Athena und dem Palast des Alkinoos eine ähnliche Szenenfolge und vergleichbares Personal wie Val. Fl. 5,[604] die sich auch in ausgewählten Details entspricht. So beziehen sich z. B. die erste Szenerie der Türbilder mit der Herkunft der Kolcher Val. Fl. 5,416b-21 und der Exkurs über die Herkunft der Phaiaken Hom. *Od.* 6,3b-10 aufeinander:[605] Beide Völker verlassen ihr ursprüngliches Land auf Befehl einer namentlich genannten Person und aufgrund einer Niederlage gegenüber einer stärkeren Volksgruppe, siedeln sich in einer neuen Umgebung an und haben eine ethnographische Besonderheit, die erklärt wird (Bestattungsriten –

---

gewölbe von Alexandria eine eiserne Arsinoë-Statue schweben zu lassen (Plin. *nat.* 34,141 und 34,148; vgl. auch SCHEIBLER in [295], bes. S. 266). Die Härte des Eisens lässt auch keine statuarische Verwendung erwarten, da gerade diese Eigenschaft das Metall viel eher für den Werkzeug-Bereich qualifiziert als für das künstlerische Gebiet, auf dem eine Geschmeidigkeit, die Legierungen wie z. B. Bronze bieten, gefragter ist. Falls man darüber hinaus *ferreus* nur im übertragenen Sinne von „robust, ausdauernd" versteht, ist zwar durch *Aen.* 4,247 *Atlantis duri* diese Bedeutung als Attribut des Atlas gesichert, doch gibt es weder eine Vorlage für die auffällige Bezeichnung mit *ferreus* noch einen Bedeutungsgewinn für den Kontext von Val. Fl. 5,409.

[603]Ist auf diese Weise die intertextuelle Referenz gesichert, kann sie gleichzeitig eine Perspektive für unspezifischere Bezüge eröffnen: So nimmt möglicherweise der ethnographische Exkurs über ein Volk, zu dem Fremde kommen (Val. Fl. 5,417b-23), Apoll. Rhod. 3,200-9 auf (vgl. HERSHKOWITZ in [152], S. 201f.), können *haec miracula* Val. Fl. 5,451 auf θέσκελα ἔργα Apoll. Rhod. 3,229 verweisen (vgl. CAMPBELL in [47], S. 209.) und nimmt die Verbindung Wasser – Pleiaden Val. Fl. 5,414 auf Apoll. Rhod. 3,225-7 Bezug. Eher zum Szenentypus gehört das parallele Überschreiten der Schwelle Val. Fl. 5,426/4073 und Apoll. Rhod. 3,219; unspezifisch sind die Hinweise von WIJSMAN, S. 205 und S. 213f. auf einen Bezug von Val. Fl. 5,417-28 zu Apoll. Rhod. 4,267-81 (Ägypten, Sesostris, Äa) und von Val. Fl. 5,439b zu Apoll. Rhod. 1,569-79 (Gesang des Orpheus).

[604]Kurze Hinweise bei ADAMIETZ in [2], S. 75f., WIJSMAN, S. 196f. und S. 210, HERSHKOWITZ in [152], S. 201 sowie WRIGHT in [363], S. 134f.; zu der exemplarisch ausführlicheren Untersuchung von GARSON siehe Anm. 606.

[605]Hinweis auf den motivischen Bezug bei HERSHKOWITZ in [152], S. 202.

Hosen); darüber hinaus zitiert Val. Fl. 5,420 *imponat agris* Hom. *Od.* 6,8 εἷσεν...Σχερίη in Vokabular und Kasusrektion.⁶⁰⁶ Insgesamt ist die homerische Version jedoch aufgrund von Erweiterungen und Änderungen weiter als Apoll. Rhod. 3 von Val. Fl. 5 entfernt, was sich auch an der Ekphrasis des Türschmuckes zeigt: *Od.* 7,88-94 ist die Tür ein Detail von vielen innerhalb der groß angelegten Palastekphrasis. Sie ist hervorgehoben durch Gold, Silber, einen Türring und zwei flankierende Hunden, die von Hephaistos als ewige Wächter angefertigt wurden, und bezeugt aufgrund des Künstlers, Materials und Motivs Qualität, Reichtum und herrschaftliche Macht ihres Besitzers. Val. Fl. 5,416-55 dagegen ist eine Ekphrasis von Türbildern an einem Tempel, die gut drei Viertel der Gesamtbeschreibung einnimmt, daneben sind lediglich noch der Glanz des Gesamtgebäudes und ein weiteres künstlerisches Figurenwerk von 5,5 Versen erwähnenswert; die Bilder präsentieren eigene Geschichten, die Parallelen zur Epushandlung aufweisen und das literarische Wissen des Vulcanus in den Vordergrund rücken. Außerdem ist die grundlegende Differenz von Hunden neben Türen und Geschichten erzählenden Bildern auf Türen hervorzuheben: Während die Hunde mit der expliziten Wächterfunktion als ein Statussymbol fungieren, also allenfalls eine semantische Verweisfunktion erfüllen, und nur im Umfeld der Türen assoziiert werden, haben die Türbilder eine konkrete Erzählfunktion und sind ausdrücklicher Bestandteil der Türen.

Nach dem Proömium zur zweiten Werkhälfte *Aen.* 7,37-45a wird die friedliche Situation in Latium unter der Herrschaft des Königs

---

⁶⁰⁶Weitere Parallele noch vor der Ekphrasis bieten Teile der bittenden Rede des Fremden an die unerkannte Prinzessin Val. Fl. 5,378-84/Hom. *Od.* 6,149-59, die sich z. T. wortgenau entsprechen. Dessen ungeachtet muss aber auf die sich hieraus unterschiedlich entwickelnde Beziehung Odysseus – Nausikaa und Jason – Medea hingewiesen werden: Was bei Homer eine unerfüllte Hochzeitsoption darstellt, wird bei Valerius Flaccus wie bei seinem engeren Vorbild Apollonios Rhodios tragisch erfüllt; vgl. GARSON in [112], S. 109 und [113], S. 363. S. 110 erklärt er darüber hinaus die für Medea ominös wirken müssenden Worte Jasons damit, dass die homerische Vorlage als Modell für guten Ton diene, womit er der intertextuellen Referenz eine einleuchtende semantische Funktion beilegt.

Latinus dargelegt, und es werden Prodigien und Orakel über Fremde und Freier um seine Tochter Lavinia genannt. Äneas landet mit seinen Gefährten an der Tibermündung, seine Gesandtschaft kommt an einen Tempel, der gleichzeitig Regierungssitz ist, und sieht dort im Schmuck die Vergangenheit des Herrschers und Volkes präsentiert (7,170-91); daraufhin empfängt sie König Latinus zu einer offiziellen Unterredung. Wie anhand der kurzen Skizze deutlich wird, entspricht der inhaltliche Verlauf mit eingeblendeter Vorgeschichte, Situationsschilderung des Landes und unheilvollen Vorzeichen sowie die Art des Gebäudes, an dem der Schmuck zu einer Ekphrasis veranlasst, der Gestaltung bei Valerius Flaccus genauso wie die Position zu Beginn der zweiten Werkhälfte, die nicht mit der Buchgrenze übereinstimmt.[607] *(Colchosque) vocari/ imperet* 5,420f. zitiert dabei an gleicher Versposition *(ille intra tecta) vocari/ imperat* 7,168f., wodurch deutlich auf den Bezug hingewiesen wird, auch wenn der jeweilige Kontext unterschiedlich ist. Der beschriebene Tempelschmuck besteht zwar nicht wie Val. Fl. 5 aus Türbildern, sondern aus Ahnenbildern und *Tropaia* im Vestibül, doch gibt es inhaltliche Gemeinsamkeiten: Beide Male sind die Vergangenheit und eifersüchtige Reaktion einer mächtigen Zauberin auf ihre veschmähte Liebe mit Gift die beiden aufeinanderfolgenden Themen. Letzteres wird *Aen.* 7 am Beispiel des Picus ausgeführt, der aufgrund der Liebe zu seiner Ehefrau Circes Liebe zu ihm zurückweist; aus Eifersucht schlägt sie ihn mit einem goldenen Zweig und verwandelt ihn mit Gift in einen Specht. Natürlich sind die Einzelheiten zur Beziehung zwischen Jason und Medea verschieden, schließlich bemüht sich die Zauberin Circe um den verheirateten Picus und ist er das direkte Ziel ihrer Rache, nicht seine Frau oder gar Kinder; doch stimmt der Rahmen dieser Erzählung und ihr Grundmuster derart mit dem zweiten Teil der Bilder Val. Fl. 5 überein, dass sie als vergleichendes Muster für das Potential und die Reaktion der Medea dienen.[608]

---

[607] Vgl. für Hinweise auf dieselbe Motivik ADADMIETZ in [2], S. 75f. und SCHENK in [296], S. 116 und S. 142, für die gleiche Doppelfunktion des Gebäudes und die Vergangenheitsdarstellungen auf Kunstwerken MANUWALD in [228], S. 317.

[608] Prinzipiell könnte man die Analogie auch noch auf König Latinus und Äetes ausweiten, doch ist dies für unsere Fragestellung hier weniger relevant.

Verg. *Aen.* 1 bietet eine Szenenentsprechung, da Äneas und sein Begleiter Achates in göttlichen Nebel gehüllt als Fremde an den Tempel der Juno gelangen, der von Dido als Herrschersitz genutzt wird; dort schauen sie sich Bilderschmuck an, der Vergangenheit zeigt, und treffen auf die Herrscherin, die ihren Aufgaben nachgeht. Neben kleinen Zitaten[609] ist auf die gleiche Länge der Ekphraseis hinzuweisen, die in den Abgrenzungen Val. Fl. 5,426/407-54 und *Aen.* 1,446-93 48 Verse umfassen.[610] In diesen Gemeinsamkeiten erschöpfen sich allerdings die Parallelen; inhaltlich wichtigster Unterschied ist, dass Äneas aus den Bildern Hoffnung für sein Unternehmen schöpft, während der Schwerpunkt der Bildreaktion Val. Fl. negativ ist.[611] Da in erster Linie der Ausgangspunkt der jeweiligen Kunstwerkbeschreibungen markiert ist, nämlich die unerkannte Ankunft am Herrschersitz in einem Tempel einer fremden Stadt, liegt der interpretatorische Gewinn darin, dies mit dem positiven Ausgang der Beschreibung des Gesehenen in Erinnerung zu rufen, um die Erwartungshaltung V 455f. umso deutlicher ins Gegenteil zu verkehren.[612]

---

[609]Vgl. *aere saeptus* Val. Fl. 5,400 mit *aere saepsit Aen.* 1,411, *regia.../ Iuno* 5,400f. mit *regia Iuno Aen.* 1,443 und *monstrata.../ limina* 5,426/407 mit *monstrarat Aen.* 1,444 und *limina Aen.* 1,448.

[610]Hinweise z. B. bei DRÄGER, S. 464, WIJSMAN, S. 196-8 und MANUWALD in [228], S. 317; als Vorbild für die Konfrontation mit Vergangenheit genannt bei SCHETTER in [297], S. 308, LÜTHJE in [216], S. 223, HERSHKOWITZ in [152], S. 20f. und SCHMITZER in [305], S. 154.

[611]Ebenso sind die vielen szenischen und personalen Erweiterungen und Ersetzungen im Umfeld dieses Tempels zu berücksichtigen, die Apoll. Rhod. 3 viel eher als direktes Vorbild ins Zentrum rücken. Zweitens gibt es keinerlei Hinweis, dass Äneas Türbilder betrachtet, denn das Betrachtungsobjekt ist in seiner Lokalisation ähnlich im Ungewissen belassen wie der kosmische Schmuck Val. Fl. 5, zu dem dann Türbilder als zusätzlicher Schmuck genannt werden. Drittens unterscheiden sich die formalen und inhaltlichen Gestaltungen der Ekphraseis deutlich voneinander: *Aen.* 1 wird die Beschreibung in ständigem Zusammenspiel mit den Reaktionen des Äneas präsentiert, während sie Val. Fl. 5 als eigenständige Einheit dargeboten wird. In Karthago schaut sich Äneas Bilder seiner eigenen Vergangenheit an, erkennt sich selbst auf ihnen (1,448 *se...agnovit*); in Kolchis wird sowohl Zukunft für Jason und Medea als auch Vergangenheit der Kolcher und der Argonauten gezeigt, und zumindest von den Kolchern wird explizit gesagt, dass sie sich nicht darauf erkennen (5,451f. *Colchis/ ...nondum noscentibus*).

[612]Indirekt ist auf diesem Weg auch Dido als Vergleichsfolie für Medea in den

5.1.3 Politische Bedeutungsaufladung der Ekphrasis

Es gibt nur schwache Hinweise für eine politische Aufladung innerhalb der Beschreibung Val. Fl. 5. Besonders deutlich wird dies dadurch, dass die Ekphrasis proleptisch den Fokus der *Argonautica* in der Medea-Tragödie statt in anderweitig denkbaren Zielpunkten römischer Geschichte darlegt.

Für eine politische Bedeutungsebene sprechen intertextuelle Bezüge auf den Solpalast Ov. met. 2 mit seiner Panegyrik des Augustus und dessen Herrschaft[613] sowie allgemein die für Herrscherpanegyrik typischen kosmischen und göttlichen Attribute eines Herrschers und der Glanz:[614] Ov. met. 2 ist vor Val. Fl. 5 das einzig epische Beispiel für die Ekphrasis eines Soltempels, der gleichzeitig als Regierungssitz verwendet wird;[615] beide Male gibt es kosmischen Schmuck, dessen Ekphrasis nach einer Hephthemimeres im Vers beginnt,[616] ist der strahlende Glanz des Gebäudes besonders hervorgehoben und mit gleichem Wortmaterial formuliert.[617] Wenn Phaethon Ov. met. 2,19-23 eintritt, seine Schritte in Richtung Gesicht des Vaters lenkt, aber in einiger Entfernung stehenbleibt, da er seine *lumina* nicht erträgt, so wird dies in dem Vergleich Val. Fl. 5,426b und V 407f. in verdichteter Form aufgenommen (*non aliter quam si radiantis adirent/ ora dei verasque aeterni luminis arces*); mit diesem Hintergrund ist das Gleichnis

---

Kontext bei Valerius Flaccus geholt; vgl. für eine allgemeine Analyse innerhalb der *Argonautica* WRIGHT in [363], bes. S. 54-123.

[613]Vgl. die Analysen weiter oben in 4.2.3.

[614]Dies ist seit den hellenistischen Monarchien typisch und besonders ausgeprägt in der Kaiserzeit; vgl. GORDON/WALLRAFF in [127].

[615]*Regia Solis* Ov. met. 2,1 assoziiert aufgrund der Zugehörigkeit zu einem Gott einen Tempel, von der Grundbedeutung her einen Regierungssitz, was in seiner ambiguen Kombination u. a. auf den palatinischen Baukomplex verweist. Kurze Hinweise auf die folgenden Referenzen finden sich bei WIJSMAN, S. 198 (Glanz) und S. 209f. (Phaethon, Mulciber) sowie SCHMITZER in [305], S. 153 (kosmische Züge).

[616]Val. Fl. 5,409b-14 und Ov. met. 2,5b-18.

[617]Vgl. Val. Fl. 5,407-9a mit met. 2,2-4 bzw. 2,21-23a, besonders *radiantis...ora dei, micat* und *clara micante auro, radiabant valvae*.

nicht nur verständlich, sondern auch eine bewundernswert „vollständige" ovidische Reminiszenz.[618] Neben der Parallele des *Mulciber* als Künstler[619] ist außerdem auf Phaethon hinzuweisen, der sowohl Thema der Türbilder Val. Fl. 5,429-32 als auch Hauptperson der in der ersten Hälfte von Ov. *met.* 2 ausführlich erzählten Geschichte ist.[620] Auf diese Weise werden zwar die auf den Türbildern dargestellte Geschichte der Kolcher und die Argonautenhandlung intertextuell in eine Weltordnung gesetzt,[621] doch fehlt eine Verbindung zwischen Äetes und dem römischen Kaiserhaus bzw. zwischen Kolchern und Römern, um in der Ekphrasis eine konkrete politische Bedeutung festzumachen. Ein zweites, nur gering markiertes Beispiel ist die Referenz von *toto ratis una profundo* Val. Fl. 5,438 auf *prima...freta pervia/ fatididemque ratem* 1,1f. mit der gemeinsamen Betonung des Anspruchs der Argo, einziges und damit erstes Schiff zu sein; hiermit werden in die Türbilder indirekt politische Verweise transportiert, die sich im Proömium und ersten Buch finden lassen:[622] Hier gibt es Referenzen auf das römische Volk und sogar auf die zeitgenössische Kaiserfamilie mit der Instrumentalisierung der Argonautenfahrt als Folie für die Britannienexpedition Vespasians,[623] es wird eine historische Entwicklung angedeutet, in der die Argonautenfahrt eine neue historische Epoche eröffnet, die den Niedergang Asiens, Aufstieg Griechenlands und die Ablösung der Griechen durch die Römer bewirkt,[624] was Ausdruck des Fortschritts im Sinne eines Sieges über Barbarei ist, und gezeigt, dass menschlicher

---

[618] Trotz des Hinweises auf Ov. *met.* 2 urteilt WIJSMAN, S. 198 „The simile is an excentric and incomplete one: they cross the threshold and enter a building (*tecta*) < that is as radiant> as if the god was in fact present".
[619] Vgl. Val. Fl. 5,433 und 5,452 mit Ov. *met.* 2,5.
[620] Vgl. die vier Verse bei Valerius Flaccus in Bezug auf ihren Inhalt mit Ov. *met.* 2,314-8 (verstreute Pferde, Joch, Achse), 2,319-24 (Eridanus nimmt fallenden Stern auf) und 2,340-66 (Trauer und Verwandlung der Heliaden).
[621] Kurzer Hinweis bei SCHMITZER in [305], S. 153.
[622] Zum Proömium allgemein vgl. LEFÈVRE in [213].
[623] Vgl. für ähnliche Vorgehensweisen Varro Atacinus mit Caesars Britannienfahrt oder die Basilica Neptuni auf dem Marsfeld mit einem Gemälde des Argonautenzugs nach Agrippas Seesie von Actium sowie KURFESS in [205], Sp. 10 und SCHMITZER in [305], S. 143f. Den einzigen direkten Verweis auf die Römer insgesamt bietet im Übrigen Val. Fl. 6,402 *Romanas veluti...legiones.*
[624] Vgl. 1,498-500 und die Juppiterrede 1,531-60.

Tatendrang den Göttern gefällt und von ihnen geführt wird;[625] doch ist dies auf die genannten Stellen zu Beginn des Werkes begrenzt und tritt in keinen engeren Zusammenhang zur weiteren Haupthandlung, sondern erscheint eher als anfänglicher Bezugsrahmen. Zwar gibt es auch im weiteren Verlauf des Werkes auf die Zukunft gerichtete Ausblicke, sie referieren jedoch statt auf zeitgenössische Gegenwart wie beispielsweise in der *Aeneis* auf außerhalb der *Argonautica* liegende Punkte im Mythos, sind also nicht hetero-, sondern homodiegetisch. Dies wird unterstützt, indem auch die mythologische Gelehrsamkeit, die man von Apollonios Rhodios kennt und die gerne für Aitiologien genutzt wird,[626] deutlich in den Hintergrund tritt.

Auf die Ekphrasis Val. Fl. 5 bezogen bedeutet dies, dass sich die Argonauten mit den Türbildern am Soltempel eben nicht an einer der Stationen zum Ziel „Rom" befinden, wie es z. B. *Aen.* 6 der Fall war, sondern, wie mit dem Thema der zweiten Hälfte der Türbilder ganz deutlich wird, an der Abzweigung zu einem rein literarischen Gleis. Die auf Rom ausgerichtete Linie wird innerhalb der *Argonautica* von Hercules weitergeführt,[627] der jedoch seit Buch 3 von den Argonauten getrennt ist und auf den fortan nur noch rückverwiesen wird.[628] So macht auch das Ende der *Argonautica* 8,467 Sinn, indem eben nur die eigentliche Argonautenfahrt zur Gewinnung des Vlieses die Haupthandlung bildet und genau in dem Moment abbricht, als der Erzählduktus in die dramatische κρίσις geführt ist und sich zur Tragödie zwischen Medea und Jason zu neigen droht; durch die unzähligen schlimmen Vorverweise ist das Ziel deutlich und durch seine mythologische Omnipräsenz dem Publikum ähnlich klar vor Augen wie die eigene Gegenwart als Ziel der *Aeneis* – die *Argonautica* haben also eine umfassende Teleologie, aber eben nicht im strahlenden Rom, sondern in der düsteren

---

[625] Vgl. die Ansprache Juppiters an Hercules, Castor und Pollux *tendite in astra, viri* 1,563 sowie die ständigen Opfer, Gebete und göttlichen Offenbarungen. Siehe zu dieser historisch-religiösen Linie VON ALBRECHT in [7], S. 743f.

[626] Vgl. FELETTI in [91], S. 112 und FUHRER in [102], S. 19f.

[627] Vgl. 2,570-2 mit deutlichen Anspielungen auf die *Aeneis* über das trojanische Pferd, den Ruhm eines besseren Trojas und die einzige Nennung von *genus Aeneadum* innerhalb der *Argonautica*; Hinweis bei VON ALBRECHT in [7], S. 744.

[628] Z. B. 4,5-7, 5,129-39, 5,574, 6,462-4, 7,623f. oder 8,125f.

Medea-Tragödie. Damit setzt sich Valerius Flaccus deutlich von Vergil oder auch seinem direkten Vorgänger Lucan ab: Weder propagiert er Erfolge eines zeitgenössischen Retters als Gipfel einer bis in mythologische Zeit zurückreichenden Entwicklung noch macht er überhaupt Taten und Auseinandersetzungen aus Gegenwart oder jüngerer Vergangenheit zu seinem Thema;[629] sein Ziel und Thema ist mythologisch. Stattdessen tritt etwas in den Vordergrund, was in der *Aeneis* eine Zwischenepisode war: Die Tragödie der Dido-Geschichte, bei der ähnlich wie bei der Medea-Tragödie das schlimme Ende stets präsent ist,[630] Themen wie die Grenzen menschlicher Freiheit, das Verfallensein an Leidenschaft und die tragische Verkettung von Tun und Leiden[631] sowie pessimistische Tendenzen mit einem nicht wegzudiskutierenden negativen Ende,[632] in dem sich auch flavische Zeitströmung manifestiert.[633]

5.1.4 Selbstreferentielle Inszenierung des Dichters

Anders als bei den bisherigen Türbildekphraseis ist Val. Fl. 5 kaum ein konstruktiver Aspekt festzustellen oder z. B. die dichterische Leistung hinsichtlich der eines bildenden Künstlers parallelisiert; lediglich die Figur des Orpheus 5,439 weckt derartiges Assoziationspotential.

---

[629] Vgl. auch die *recusatio* 1,11-4, wenn das eigene Thema gegen das des Epos des Domitian auf die Taten dessen Vaters und Bruders im jüdischen Krieg 1,12-4 gestellt wird. Interessanterweise folgt direkt darauf Domitians zukünftige Tätigkeit als Tempelbauer und Inititator kultischer Verehrung, die sowohl konkret als auch übertragen verstanden werden kann, womit eine ähnliche Verbindung wie die Doppelrolle des Dichters im Proömium *georg.* 3 vorliegt; markiert wird dieser intertextuelle Bezug durch das Zitat von *Idume/-eus georg.* 3,12/Val. Fl. 1,12, *delubra georg.* 3,23/Val. Fl. 1,15 sowie die Überleitung zum Vorliegenden mit *interea georg.* 3,40 bzw. *nunc* Val. Fl. 1,20. Vgl. LEFÈVRE in [213], bes. S. 28-32 und S. 38-40.
[630] EIGLER in [83], S. 131.
[631] VON ALBRECHT in [7], S. 744.
[632] Vgl. MANUWALD in [228], S. 318.
[633] Vgl. MCGUIRE in [139] und z. B. EIGLER in [83], S. 43.

Odrysio gaudebant carmine phocae V 439 mit Orpheus als mythischem Ursänger und -dichter thematisiert die erfreuende Wirkung des Gesanges.[634] Wenn dies innerhalb der Ekphrasis eines Kunstwerkes aufgegriffen wird, die an sich im Spannungsverhältnis von Dichtkunst zu bildender Kunst steht, so ist das sicher kein Zufall oder eine bloße Übernahme eines z. B. bei Apollonios Rhodios vorgefundenen Motivs,[635] sondern ist viel eher als Selbstbildnis und bildliche Formulierung der Dichtungsfunktion zu deuten.[636] Eine erfreuende Funktion der Dichtung schließt zwar andere Potentiale nicht aus, doch passt zu diesem Bild des Orpheus und unterstützt es, dass sowohl eine politische Akzentuierung der Ekphrasis als auch eine Deutungsfigur bzw. ein entsprechender auktorialer Kommentar fehlen.[637]

Auch wenn eine Gleichsetzung von bildender Kunst und Dichtung nicht deutlich imaginiert wird, gibt es doch sprachliche Konnotationen von bildender Kunst: Die allgemeine Visualisierung des Gebäudes und seines Schmuckes,[638] die Angaben zum bildenden Künstler und seiner Tätigkeit,[639] die Adverbien, die eine räumliche Assoziation ermöglichen,[640] der Ausdruck *operum horror* V 455 sowie die Option, aufgrund der sprachlichen Gliederung zwei Türflügel zu imaginieren (V 416-32 und V 433-54)[641] und eventuell mit der z. T. vorhandenen Übereinstimmung von Themen- und Versende eine räumliche Gliederung der

---

[634] Vgl. ebenso Val. Fl. 1,187, 1,227f., 4,85-9 und 5,98-100.

[635] Vgl. Apoll. Rhod. 1,569-79 für die Szenerie allgemein sowie 1,26-31 und 1,512-5 für die Wirkung des Gesangs.

[636] Als Ergänzung siehe auch die im Proömium umschriebene Rolle des Dichters als *vates*, seinen Prioritätsanspruch durch das erste Wort *prima* sowie die am Beispiel der *pietas* der Hypsipyle 2,242-6 aufgezeigte Dichtungsfunktion, Personen und ihren Ruhm ewig fortleben zu lassen. Zu den ersten beiden Aspekten siehe FUHRER in [102], S. 26 und HERSHKOWITZ in [152], S. 35.

[637] Vgl. die Ergebnisse des letzten Unterkapitels sowie aus 5.1.2.3, S. 183.

[638] Vgl. den Gesamteindruck des Gebäudes V 407-9a und die Detailbetrachtung des Schmucks V 409-54. Hinweise auf sprachliche Signale, jedoch mit anderer Deutung bei MANUWALD in [228], S. 308-11.

[639] Vgl. *Mulciber* V 433 und *Ignipotens* V 452 sowie *caelarat* V 432 und *struxerat* V 452.

[640] Vgl. *hinc* V 415 und V 422, *hic* V 417 und *contra* V 442.

[641] Vgl. auch *fores* V 416.

Türbilder zu verbinden;[642] eine damit implizierte Symmetrie der Anzahl der Themen/Bildeinheiten pro Türflügel lässt sich jedoch nur mit Gewalt herstellen, da die Szenenbegrenzung besonders zum Schluss in der Medea-Episode mehr oder weniger beliebig ist.[643] Allenfalls könnte man dieses Ineinandergreifen der Szenen als Stilzitat hellenistischer Kunst deuten und damit in seiner Semantik als literarisches Pendant des Ausdrucks von Emotionen fassen, was inhaltlich hervorragend zu der großen Medea-Einheit passen würde.[644]

Einem konstruktiven Aspekt deutlich entgegen wirken jedoch narrative Elemente wie das durch den Kontext eindeutig temporale *tum* V 451, der wertende Ausdruck *paelex infelix* V 449f., der Tempuswechsel von beschreibenden zu kommentierenden Einheiten[645] sowie das Fehlen von Angaben, die eine konkrete räumliche Vorstellung für das Gebäude[646] und die Lokalisierung des kosmischen Schmuckes evozieren könnten.[647]

---

[642] Vgl. den Mythos vom Flussgott Phasis und der Nymphe Äa V 424-8 sowie den vom Sturz des Phaethon V 429-32.

[643] Vgl. für eine Zusammenstellung der wichtigsten Vorschläge für die „Verteilung" der Szenen auf den Türflügeln z. B. WIJSMAN, S. 203f.

[644] Vgl. den Hinweis von SCHMITZER in [305], S. 154 auf den pergamenischen Telephos-Fries.

[645] Vgl. das Plusquamperfekt *caelarat* V 434 und *struxerat* V 452 mit der zusammenfassenden Bemerkung *haec...miracula*.

[646] Darüber hinaus sind für Kolchis weder prominente Bauwerke bekannt, auf die die Ekphrasis der Tempeltürbilder verweisen könnte, noch gar ein Soltempel; vgl. für die überhaupt dürftige Informationslage zu Kolchis und dem Schwarzmeergebiet die Lemmata in den großen Lexika, z. B. DANOFF in [61], Sp. 1140, wo dieser für Phasis einen großen Kybeletempel nennt, auf den aber keine Textindizien hinweisen. Für den Bezug auf den palatinischen Apollotempel siehe die Analyse weiter oben in 5.1.3.

[647] Bei der Atlasgruppe V 409b-14 ist wegen fehlender Angaben nicht zu entscheiden, um welche Kunstwerkart es sich handelt und wo sie platziert ist: *Stat* V 409 legt eine Statuengruppe nahe, und mit Blick auf die Referenz zu *Aen.* 7,177-89 ist eine Aufstellung wie bei *effigies* und *tropaea* im Eingangsbereich denkbar. MANUWALD in [228], S. 309 nennt dagegen als Vorlage für eine Positionierung auf dem Dach des Tempels Prop. 2,31,11 zusammen mit Ov. *met.* 2,3 und damit den palatinischen Apollotempel; eine Lokalisierung zumindest im Dachbereich, unabhängig ob als Giebel- oder Dachschmuck, ist auch unter Berücksichtigung des allgemeinen Prinzips der Blicklenkung von oben nach unten möglich.

5.2 Silius Italicus 3

Der Schwerpunkt der Ekphrasis der Türbilder am Herculestempel in Gades zu Beginn von Sil. 3 liegt in ihrer narrativen Funktionalisierung: Erstens bietet die Beschreibung der Türen, welche die Taten des Hercules in Art einer Aristie mit seiner Vergöttlichung am Ende abbilden, die Gottheit mit seinen erfolgreich bestandenen *labores* als Vorbildfigur für Hannibal und seine sich unmittelbar anschließende Alpenüberquerung an. Damit ist die Ekphrasis perspektivischer Rahmen für den folgenden Themenkomplex und als Abschluss einer Reihe von Prolepsen auf die Alpenüberquerung gleichsam letzte Handlungsmotivation und das Tor zu Italien. Gleichzeitig signalisiert das Türmotiv den Schauplatzwechsel, den es durch die Ekphrasis zunächst noch retardiert, und symbolisiert eine Grenzüberschreitung, da das Vorhaben der Gebirgsüberquerung bisher nur dem Gott möglich war.

Zweitens spiegelt und intensiviert die Beschreibung Grundmotive des Epos, indem durch *labor* erlangter Ruhm und die in Mühen sich bewährende *virtus* auf den Türen abgebildet sind. Diese werden also nicht nur als wesentliche Aspekte der Handlungen Hannibals, sondern durch spätere Wiederaufnahme auch derjenigen weiterer Hauptfiguren wie Scipio und Fabius gekennzeichnet, wie sich am Beispiel der großen Juppiterprophetie in Buch 3 oder der Szene mit Scipio am Scheideweg in Buch 15 zeigt.

Doch stehen drittens zu Beginn der *Punica* und v. a. von Buch 3 eindeutig die Beziehungen Hannibals zu Hercules im Vordergrund: So wird der Gott als zum fremdländischen Hannibal zugehörig präsentiert, indem die Beschreibung des Herculeskultes in Gades von außergewöhnlicher Exotik gekennzeichnet ist, die durch ein Konglomerat aus ägyptischen, griechischen und kleinasiatischen Kultassoziationen entsteht. Darüber hinaus erscheint er geradezu als von dem Punier okkupiert, indem dieser unmittelbar nach der Zerstörung der Herculesstadt Sagunt die Beute dem Schutzgott seiner Gegner weiht; damit ist Hercules zur Machtdemonstration des Hannibal instrumentalisiert. Nichtsdestotrotz schüren intertextuelle Referenzen der Ekphrasis auf die Leitfunktion, die Apollo *Aen.* 6 und Hercules *Aen.* 8 für Äneas übernehmen, ebensolche Erwartungen auch für Hercules gegenüber dem Punier. Doch werden diese nicht erfüllt, wie negative Andeutungen in der Ekphrasis und ihrem unmittelbaren Umfeld zeigen: Der auf den Türen abgebildete Herculesgegner Antäus taucht 200 Verse später durch einen Namensvetter im Heer des Hannibal auf, und die Orakeleinholung, die das dritte Buch rahmt, steht unter der Andeutung eines Betruges durch die Götter; indem Hannibal die Stadt, die von Hercules als Gott des Eides beschützt wird, zerstört und den Herculespriester Theron ermordet, ist in die folgende Ekphrasis einer monumentalen Herculesstation Vertragsbrüchigkeit und Gottlosigkeit hineintransportiert. Fortgesetzt wird die negative Reihe durch den Pyrenäenübergang, der fast vollständig durch den mit dem Fehlverhalten des Hercules gebrandmarkten Mythos von ihm und Pyrene besetzt ist, sowie die Angst Hannibals Truppen, sich mit der Alpenüberquerung gegen die Götter aufzulehnen. Hercules ist damit für Hannibal nicht nur leitendes Vorbild, sondern Mittel zur Machtdemonstration, Rivale und Folie, an der sich seine Hybris zeigt. Deutet sich hierin das Versagen der göttlichen Hilfe nur an, so wird es spätestens Buch 8 deutlich, als Hercules im Götterkampf bei Cannae auf Seiten der Römer kämpft.

Viertens ist, wie bereits angedeutet, die Ekphrasis des Ortes zu einem der vielen intertextuellen Verweis der *Punica* auf die *Aeneis* funktionalisiert, worin sich ihr rückwärtsgewandter, literarischer Fokus zeigt: So ist Gades ähnlich wie Cumae *Aen.* 6 als religiöser Ort stilisiert, indem ausgeblendet wird, dass Gades zur Zeit der imaginierten Handlung barqidische Militärstation und Handelsstützpunkt war; stattdessen leitet die Einholung eines Orakels und Weihung an einem Tempel eine Ekphrasis ein, in der mit Hilfe von außergewöhnlich ausführlichen Sakralvorschriften ein alter und traditionsbewahrender Kult vorgestellt wird. Selbst eine semantische Stilisierung mit archaisierenden und distanzierenden Elementen ist wahrzunehmen, was trotz der angenommenen Begrenzung des Verfahrens auf augusteische Dichter eben durch diesen intertextuellen Bezug zu erklären ist. Diesen signalisiert im Übrigen am deutlichsten der Bruch, der zwischen der letzten Sakralvorschrift der Bilderlosigkeit und der unmittelbar sich anschließenden Bildbeschreibung klafft: Indem hier ohne Glättung zwei verschiedene

Versatzstücke derart aufeinanderprallen, dass inhaltlich ein Paradoxon entsteht, wird unübersehbar die intertextuelle Referenz markiert.

Damit präsentiert sich die Ekphrasis als episches Rezeptionsphänomen, wozu auch der fehlende politische Assoziationsraum passt: Weder gibt es Hinweise darauf, dass Hercules in den *Punica* und zu Beginn von Buch 3 als Identifikationsfigur für ein Mitglied des Kaiserhauses verstanden werden soll, noch dass in der Ekphrasis sich das Stadtbild Roms manifestiert. Im Gegenteil, der Hauptbezugspunkt der Türbildbeschreibung ist Hannibal als einer der größten Feinde Roms, und die Lokalisierung des Tempels am Rand einer Provinz vermeidet geradezu einen romzentrierten Blick. Darüber hinaus zeigen die Türbilder Hercules nicht in seiner in der Kaiserzeit vorwiegend anzutreffenden Vorbildfunktion als stoischen Tugendhelden, sondern als vergöttlichten Sieger nach mühseligen Kämpfen, was seiner spätrepublikanischen Prägung entspricht; zusammen mit dem Aktionsraum der *Punica* weist dies zeitlich weit zurück und distanziert sich eindeutig von zeitgenössischen Bezügen – statt eines Blickes in die Gegenwart oder Zukunft fokussieren die Verweise in einer rein literarischen, rückwärtsgewandten Vergangenheit.

In ähnlicher Weise wird eine Inszenierung des Dichters vermieden: Weder ist ein bildender Künstler genannt, der als Vergleichsfolie für den Dichter fungieren könnte, noch gibt es andere Hinweise auf einen selbstreflexiven Reflexionsraum; stattdessen unterdrückt die passive Angabe *caelantur* jegliche Assoziation einer Persönlichkeit.

5.2.1 Text, Inhaltsübersicht und Einordnung in den Kontext

Nachdem die ersten beiden Bücher über die Geschehnisse um Sagunt mit dem Fall der Stadt geschlossen haben, wechselt der Ort zu Beginn des dritten Buches: Hannibal schickt Bostar zum Ammonsorakel nach Nordafrika, um eine Prophetie über den weiteren Kriegsverlauf zu erhalten, und eilt selbst ans Ende der Welt nach Gades in Südwestspanien, wo er Hercules einen Teil der Siegesbeute weiht. Es folgt eine

Ekphrasis des dortigen Tempels: Das Gebäude steht schon sehr lange, wie an den Balken aus der Gründungszeit zu sehen ist, da der Heros es mit seiner Anwesenheit schützt. Ausführlich werden die Kultvorschriften aufgezählt: Frauen und Schweine haben keinen Zutritt, gedeckte Leinenkleidung wird gefordert; das Opfergewand ist ungegürtet und nach alter Tradition mit breitem Streifen versehen; die Priester leben barfuß, mit geschorenem Haar und keusch und sorgen für das Altarfeuer; anstelle von Götterbildern erfüllen sie den Ort mit Würde und heiliger Ehrfurcht. An den Türen sind Taten des Hercules zu sehen (V 32-44): die lernäische Hydra, der nemeische Löwe, Cerberus, die Rosse des Diomedes, der erymanthische Eber, die arkadische Hirschkuh, der Riese Antaeus, die Kentauren und der Flussgott Achelous sowie die Verbrennung des Hercules auf dem Oeta und seine Apotheose. Nach diesen Sinnbildern der *virtus* sieht Hannibal den Gezeitenwechsel, der in einer weiteren Ekphrasis dargestellt wird (V 46b-60):

>   *Exin clavigeri venerati numinis aras*
> 15 *captivis onerat donis, quae nuper ab arce*
>   *victor fumantis rapuit semusta Sagunti.*
>   *vulgatum, nec cassa fides, ab origine fani*
>   *impositas durare trabes solasque per aevum*
>   *condentum novisse manus. hinc credere gaudent*
> 20 *consedisse deum seniumque repellere templis.*
>   *tum quis fas et honos adyti penetralia nosse*
>   *femineos prohibent gressus ac limine curant*
>   *saetigeros arcere sues. nec discolor ulli*
>   *ante aras cultus; velantur corpora lino,*
> 25 *et Pelusiaco praefulget stamine vertex.*
>   *discinctis mos tura dare atque e lege parentum*
>   *sacrificam lato vestem distinguere clavo.*
>   *per nudus tonsaeque comae castumque cubile.*
>   *irrestincta focis servant altaria flammae.*
> 30 *sed nulla effigies simulacrave nota deorum*
>   *maiestate locum et sacro implevere timore.*

>   *In foribus labor Alcidae: Lernaea recisis*
>   *anguibus hydra iacet, nexuque elisa leonis*
>   *ora Cleonaei patulo caelantur hiatu.*
> 35 *at Stygius saevis terrens latratibus umbras*
>   *ianitor aeterno tum primum tractus ab antro*
>   *vincla indignatur, metuitque Megaera catenas.*
>   *iuxta Thraces equi pestisque Erymanthia et altos*
>   *aeripedis ramos superantia cornua cervi.*
> 40 *nec levior vinci Libycae telluris alumnus*
>   *matre super stratique, genus deforme, bimembres*
>   *Centauri frontemque minor nunc amnis Acarnan.*
>   *inter quae fulget sacratis ignibus Oete,*
>   *ingentemque animam rapiunt ad sidera flammae.*
> 45 *Postquam oculos varia implevit virtutis imago,*
>   *mira dehinc cernit: surgentis mole profundi*
>   *invectum terris subitum mare nullaque circa*
>   *litora et infuso stagnantes aequore campos.*
>   *nam qua caeruleis Nereus evolvitur antris*
> 50 *atque imo freta contorquet Neptunia fundo,*
>   *proruptum exundat pelagus, caecosque relaxans*
>   *Oceanus fontes torrentibus ingruit undis.*
>   *tum vada ceu saevo penitus permota tridenti*
>   *luctantur terris tumefactum imponere pontum.*
> 55 *mox remeat gurges tractoque relabitur aestu;*
>   *at ratis erepto campis deserta profundo*
>   *et fusi transtris exspectant aequora nautae.*
>   *Cymothoes ea regna vagae pelagique labores*
>   *Luna movet, Luna immissis per caerula bigis*
> 60 *fertque refertque fretum, sequiturque reciproca Tethys.*
>   *Haec propere spectata duci; nam multa fatigant.*

Direkt im Anschluss wendet sich der Feldherr wieder dem Kriegsgeschehen zu und schickt seine Ehefrau mit Sohn zurück nach Karthago, um sie in Sicherheit zu bringen.

5.2.2 Narrative Funktionalisierung des Motivs

5.2.2.1 Funktion der Türbilder im engeren Kontext

Die Türbilder stehen durch ihren Inhalt und ihre Präsentation in Bezug zum Tempelinhaber Hercules und zu ihrem Betrachter Hannibal; die gesamte Ekphrasis V 17-60 (Tempel, Türbilder und dort lokalisiertes Wasserschauspiel) hat im Handlungsverlauf retardierende und motivierende Funktion. Zusätzlich ist der Ort Gades narrativ funktionalisiert: Er ist als Gegenbild zu Sagunt stilisiert, sein Heiligtum zum Siegesmonument instrumentalisiert, und er fungiert als eine der drei wichtigen Herculesstationen in den *Punica*, die mit Hannibal verbunden werden.

Die Türbilder Sil. 3,32-45 zeigen Taten des Tempelinhabers Hercules, so dass die grundlegende Funktion darin besteht, die verehrte Gottheit vorzustellen und in ihren Erfolgen zu preisen. Auffällig ist dabei, dass die westlichen Abenteuer des Hercules fehlen, obwohl deren Darstellung für einen Tempel am westlichen Ende der damaligen Welt eine typische Möglichkeit für Lokalpatriotismus geboten hätte. Es liegt daher nahe, die Intention nicht darin zu sehen, Hercules als Lokalgottheit oder gar westlichen (= römischen) Gott zu präsentieren, sondern ihn z. B. für die Projektion einer anderen Religion bzw. kulturellen Zugehörigkeit zu öffnen.[648]

Die *labores* des Hercules werden von Hannibal angeschaut, wodurch die Bilder und ihr Betrachter für Rezipienten zueinander in Bezug gesetzt werden. Da die Taten als triumphierender Sieg inmitten niedergeworfener Feinde präsentiert werden,[649] fungieren sie als Vorbild für und Verweis auf folgende *labores* des Hannibal; insbesondere ist damit die Alpenüberquerung assoziiert,[650] die bereits in frühester Ju-

---

[648] Ausführlicher zur exotischen Stilisierung des Gottes und seines Kultes siehe weiter unten 5.2.2.3.
[649] Siehe z. B. *iacet* V 33, *vinci* V 40 und *strati* V 41.
[650] Vgl. Sil. 3,90-2 (Hannibal spricht zu seinem Sohn): *nos clausae nivibus rupes suppostaque caelo/ saxa manent; nos Alcidae, mirante noverca,/ sudatus labor et, bellis labor acrior, Alpes.*

gend erträumt, beschworen und prophezeit wurde,[651] so dass die Tempeltürbilder für ihn im übertragenen Sinn als Tür zu Italien stehen, den folgenden Themenkomplex rahmen und einen Schauplatzwechsel signalisieren. Gleichzeitig ist wichtig festzuhalten, dass das Vorhaben der Gebirgsüberquerung bisher nur dem Gott möglich war, die Türbilder für Hannibal also auch eine Grenzüberschreitung symbolisieren.[652]

Die gesamte Ekphrasis V 17-60 hat im Handlungsverlauf zwei weitere Funktionen: Einerseits stellt sie eine Retardation dar, da strukturell und inhaltlich die Haupthandlung unterbrochen ist; lediglich V 45f. *postquam oculos varia implevit virtutis imago,/ mira dehinc cernit* unterbrechen die Ekphrasis und gliedern sie in einen Teil, der die Geschichte des Tempels darstellt (V 17-31) und die Türbilder beschreibt (V 32-44), und einen Teil, dessen Thema das Wasserschauspiel ist (V 46-60). Diese Handlungspause lässt die bisherige Themeneinheit um die Ereignisse in Sagunt zur Ruhe kommen und erhöht gleichzeitig die Spannung für die folgenden Geschehnisse. Denn andererseits ist die Ekphrasis auch eine Handlungsmotivation: sie bilden nach einer Reihe von Prolepsen auf die Alpenüberquerung die gleichsam letzte Handlungsmotivation, da mit den *labores* und ihrer Betrachtung durch Hannibal die unmittelbar folgende Alpenüberquerung motivisch vorbereitet ist und so evoziert wird, dass der Marsch letztlich durch die Bilder ausgelöst ist.

Die wichtigste Funktion von Gades im engeren Kontext ist es, Gegenbild zu Sagunt zu sein, das die ersten beiden Bücher beherrscht hat. Dies wird durch drei Aspekte deutlich:
Erstens sind beide Städte in den *Punica* von Hercules geprägt: Gades

---

[651] Vgl. Sil. 1,65, 1,117 und 1,127f.; 1,141 wird auch das erste Mal Gades genannt, wohin der *Tyrius ductor* zieht, was sich nur durch den unmittelbaren Zusammenhang auf Hamilkar bezieht und wodurch gleichzeitig Hannibals Aufenthalt proleptisch enthalten ist.

[652] In diesem Kontext ist es zudem möglich, die Auslassung der westlichen Abenteuer wie auf den Türbildern *georg.* 3 als Alexander-Nachfolge zu deuten, dessen Vorbild ebenfalls Hercules/Herakles war.

hat ein sehr altes Heiligtum des Gottes,[653] Sagunt ist von Hercules gegründet, was sich im Handlungsverlauf u. a. an der prominenten Rolle des Herculespriesters Theron zeigt.[654] Zweitens sind beide Städte durch ein ähnliches Wortfeld aufeinander bezogen, da am Ende von Buch 2 die saguntinischen Leichen mit Resten verglichen werden, die übrigbleiben, wenn ein hungriger Löwe über Schafe hergestürzt ist, was sprachlich der Darstellung des nemeischen Löwens auf den Türbildern ähnelt.[655] Gades setzt sich jedoch von Sagunt ab, indem Sil. 3 Hannibal als einen religiösen Menschen zeigt, der den Altar der Gottheit verehrt, ihr Beute weiht (V 14-6), seinen Tempelschmuck anschaut (V 45) und zuvor sogar noch Bostar zu einem ehrwürdigen Heiligtum nach Nordafrika schickt, um von dort eine Weissagung zu erhalten (V 5-13).[656] In Sagunt dagegen ist Hannibals Handeln mehrmals negativ als Vertragsbruch und gegen die Götter gerichtet charakterisiert;[657] besonders deutlich wird dies dadurch, dass Sagunt zur Herculesstadt stilisiert wird, womit Abstrakta wie „Vertragsbruch" und „Gottlosigkeit" konkret fassbar werden, da Hercules auch der Gott des Eides

---

[653] Siehe die Besprechung der literarischen und archäologischen Zeugnisse weiter unten in 5.2.2.3.

[654] Vgl. Sil. 1,273-87, 1,368-70 (Stadtmauern als *Herculeus labor*), 1,505 *conditor Alcide* und 2,654f.; zu Theron vgl. z. B. 2,149f., 2,154-9 und 2,237-69. Für Sagunt als Herculesstadt gibt es keine weiteren literarischen Zeugnisse, archäologisch sind nur ein Artemision und Dianatempel belegt, nach HILL in [159], S. 115 gibt es in Sagunt einen numismatischen Beleg für einen Hercules-/Melqart-Kopf; vgl. auch PÉREZ VILATELA in [263]. Intratextuelles Pendant zu Sagunt ist Petilia 12,432f. *infelix fidei miseraeque secunda Sagunto,/ et quondam Herculeam servare superba pharetram.*

[655] Vgl. *leo, hianti ore, patuloque...gutture* Sil. 2,684-6 mit *leonis ora Cleonaei patulo...hiatu* Sil. 3,33f.

[656] Diese Charakterisierung stimmt mit vielen belegten religiösen Handlungen des Hannibal überein; vgl. HUSS in [174], der von der Beobachtung ausgeht, dass die Römer Hannibal des Vertragsbruches bezichtigen und ihn entsprechend als Frevler gegen Götter darstellen, die über die Heiligkeit der Verträge wachen.

[657] Z. B. Sil. 1,268-70 und 1,296f. (vor Angriff auf Sagunt), 2,270-326, bes. V 270-6 und V 293-8 (Rede des Hanno), 2,451f. (Endszene auf dem Schild des Hannibal) und die Tötung des Theron 2,267-9. Wichtig ist v. a. die Szene zwischen Hercules und Fides 2,475-512 und der auktoriale Ausruf 2,700f. *audite, o gentes, neu rumpite foedera pacis/ nec regnis postferte fidem.*

ist.⁶⁵⁸

Die Handlungen in Gades setzen sich aber nicht nur von denen in Sagunt ab, sondern beschließen auch die dortigen Ereignisse mit einem deutlichen Triumphzeichen: Wenn Hannibal einem Gott opfert, der zuvor als Schutzgottheit des Gegners präsentiert wurde, und dies dazu noch mit Beute aus ebendieser Stadt tut (V 14-6), so stellt das eine Okkupation dieser Gottheit und eine Machtdemonstration dar, durch die das Heiligtum von Gades zum Siegesmonument wird.⁶⁵⁹

Schließlich ist Gades intratextuell eine von drei wichtigen Herculesstationen des Hannibal, durch welche die Gottheit nicht nur als Vorbild, sondern auch als Rivale Hannibals dargeboten wird, den er besiegt und übertrifft.⁶⁶⁰ Hierzu gehört die gerade genannte Einnahme von Sagunt mit dem *Tropaion* in Gades sowie die folgende Überquerung der Pyrenäen und Alpen: Sil. 3,415-43 ist Hercules als Vergleichsfolie präsent durch den Mythos von Hercules und Pyrene, während die Alpenüberquerung unterschiedlich bewertete Bezüge zur Gottheit bietet: Als Vorbild für die Tat ist Hercules 2,356f.,⁶⁶¹ 11,134-7,⁶⁶² 11,217f.⁶⁶³

---

⁶⁵⁸Damit sind die Ereignisse in Sagunt eine Stellungnahme zur Frage der Kriegsschuld und -motivation; Ähnliches ist mit der Niederbrennung des Tempels von Liternum Sil. 6,653-123 formuliert und bereits mit *armatus nullus divum pudor* Sil. 1,58.

⁶⁵⁹Dieses Verfahren ähnelt Statuenumwidmungen wie z. B. in Delphi, wo 168 v. Chr. Aemilius Paullus ein ursprünglich mit Perseus V. in Auftrag gegebenes Standbild umwidmete, indem er das begonnene Denkmal mit einer Statue von sich fertigstellen ließ; vgl. Liv. 45,28,7 und Plut. *Aemilius* 28,4.

⁶⁶⁰Die bisherigen Interpretationen der Ekphrasis von Gades und seiner Tempeltürbilder gehen in eine andere Richtung; so weist z. B. GALINSKY in [107], S. 161 neutral darauf hin, dass Hannibal trotz der Türbilder nicht der herculeischen *virtus* folge; KISSEL in [189], S. 155 dagegen sieht in Gades Hannibals „unverfroren ichbezogenes Herculesbild" dargestellt, und da er sich zudem an einen griechisch-römischen Gott wende, zeige dies ein „völlig verständnisloses Heraustreten aus der Weltordnung der römischen, d.h. allgemeingültigen, Götterwelt". Nach BASSETT in [25], S. 267f. schließlich werde gezeigt, wie Hannibal es trotz guter Anlagen und Aktionen nicht wert sei, mit Hercules assoziiert zu werden.

⁶⁶¹Sil. 2,356f. hetzt Gestar zum Krieg; es sei beschämend, Angst vor dem Weg über die Alpen zu haben, den bereits Hercules beschritten habe.

⁶⁶²Sil. 11,134-7 loben die Capuaner Hannibal, dass er Hercules an Ruhm gleichkomme.

⁶⁶³Sil. 11,217f. bezeichnet sich Hannibal als jemand, *cui patuere Alpes, saxa im-*

und 15,503-6 genannt,[664] als Rivale des Hercules wird Hannibal 4,4f. imaginiert,[665] und eine Übertrumpfung der Gottheit ist 3,513-7[666] und 4,63-6 formuliert.[667]

5.2.2.2 Funktion der Türbilder im weiteren Kontext

Die Ekphrasis und die Lokalisation der Türbilder am Herculestempel in Gades haben im weiteren Kontext zwei wichtige Funktionen: Sie spiegeln das Grundmotiv des durch *labor* erlangten Ruhmes und der sich in Mühe bewährenden *virtus* wider; und als Herculesstation des Hannibal wird Gades den Apollostationen des vergilischen Äneas gegenübergestellt, was gleichzeitig mit negativen statt mit aus der *Aeneis* bekannten positiven Zukunftsverweisen verbunden ist.

labor und *virtus*

Insgesamt ist *virtus* 79-mal in den *Punica* belegt, zusätzlich in personifizierter Form fünfmal, *labor* sogar 115-mal, was die allgemeine Präsenz der Motive verdeutlicht; inhaltlich am wichtigsten ist Sil. 3,557-629, als Juppiter Venus die Zukunft prophezeit und verkündet, dass Leiden für die Römer nützlich sei, weil dadurch himmelswürdige Männer entstünden und an der Weltherrschaft teilhaben würden.[668] Hercules

---

pellentia caelum/ atque uni calcata deo.
[664] Sil. 15,503-6 überschreitet Hasdrubal auf den Spuren des Hercules die Alpen und vergleicht den Marsch des Bruders mit der Gottheit.
[665] Sil. 4,4f. nennt als Gerücht in Italien *aemulaque Herculei iactantem facta laboris/ descendisse ducem.*
[666] Vgl. Sil. 3,496 *primus inexpertas adiit Tirynthius arces* mit 3,516f. *rumpit inaccessos aditus atque ardua primus/ exsuperat.*
[667] Sil. 4,63-5 spricht Hannibal zum Heer: *qua ponere gressum/ Amphitryoniadae fuerit labor, isse sub armis/ Poenorum turmas.*
[668] Vgl. bes. *hinc nomina nostro/ non indigna polo referet labor; hinc tibi Paulus,/ hinc Fabius gratusque mihi Marcellus opimis* 3,585-8 und *virtus caelestis ad astra/ efferet* 3,594f. sowie das Wortfeld „Ruhm" mit *honor* (V 576), *laus* (V 577) und *fama* (V 578).

ist dabei Vorbild für mehrere Handlungsfiguren;[669] neben Hannibal werden besonders Fabius[670] und Scipio mit ihm verbunden,[671] wodurch mehrere Optionen des Umgangs mit Hercules als Vorbild innerhalb der *Punica* vorgeführt und somit Hannibal, Fabius und Scipio vergleichend nebeneinandergestellt werden. Da sich Sil. 3 jedoch explizit Hannibal die Türbilder mit den Taten des Hercules anschaut, beschränken sich die folgenden Analysen auf ihn.

Hercules und Apollo
Während v. a. zu Beginn der *Punica* Hercules mit Bezügen zu Hannibal präsentiert wird, wodurch er phasenweise als Gottheit des Barqiden erscheint, tritt er gleichzeitig in Gegensatz zu Apollo, der seit Urzeiten als Roms Gott dargestellt wird:
Sil. 1,509-14 meint Hannibal, Hercules müsse ein Feind Roms sein, da er ein Feind Trojas war;[672] in Buch 3 verehrt er den Gott in Gades und wird ihm angeglichen, indem die Wege der beiden Figuren über die Alpen z. T. parallelisiert werden, und 4,71-6 glauben schließlich die Römer, dass die Götter Hannibal über die Alpen geführt haben, und

---

[669]Siehe zu den Unterschieden der herculeischen Exempelfunktion und der idealen Verkörperung der Gottheit in Scipio KISSEL in [189] sowie weiter unten die Analyse in 5.2.3.

[670]Als Nachkomme des Hercules bereits Sil. 2,3 genannt (*Fabius, Tirynthia proles*), dann v. a. 7,35, 7,43f., 7,59f., 7,591f. und 8,217. Im Übrigen ist auch der Namensgeber der Insel Sardinien Sardus Nachfahre des libyschen Hercules; vgl. Sil. 12,359f.

[671]Während Hannibals Nachfolge v. a. zu Beginn thematisiert ist, tritt Scipio besonders am Ende des Werkes immer mehr in den Vordergrund; vgl. die berühmten Szenen Sil. 15,1-128 (Scipio am Scheideweg), 17,649f. (Scipio als Sieger wie Hercules nach dem Sieg über die Giganten) oder auch 13,630-3 (Mutter Pomponia weilt in der Unterwelt zusammen mit Alcmene und Leda im Elysium).

[672]Ein bemerkenswerter Hinweis auf das intertextuelle Wissen einer textimmanenten Figur; vgl. Hom. *Il.* 5,638-42, wo der Heraklide Tlepolemos dem mit Troja verbündeten Lykier Sarpedon die Zerstörung Trojas durch Herakles vorhält, oder Verg. *Aen.* 7,655-69 und 10,319-22, wo Aventinus als Sohn des Hercules und Melampus als früherer Gefolgsmann des Hercules nun Bundesgenossen des Turnus sind.

erwähnen in diesem Kontext Hercules;[673] Apollo hingegen wird neben seiner Funktion als Dichter- und Sehergott[674] durch Einzelfiguren wie Corvinius und Äquanus[675] und seine eigenen gegen Hannibal gerichteten Aktionen als Gott Roms charakterisiert: Sil. 5,204f. verschwindet Apollo traurig nach Delos, als er das Kampfglück des Hannibal sieht, 7,87 wird Apollo zusammen mit anderen Göttern während der Notzeit in Rom verehrt, 12,406-13 wendet er die Lanze des auf Seiten des Hannibal kämpfenden Hostus von Ennius ab, und 12,706-11 hält Juno Hannibal vom Sturm auf Rom zurück, indem sie zeigt, dass Götter die Stadt verteidigen, allen voran Apollo Palatinus.

Punica und *Aeneis*

Über diesen göttlichen Gegensatz treten die *Punica* auch in Kontrast zur *Aeneis*; zusätzlich werden vergilisch geprägte, italische Äneasstationen durch Hercules und Hannibal besetzt, so dass statt apollinischer Landmarken in der *Aeneis* herculeische in den *Punica* dargeboten werden:

Auslöser für den Vergleich ist der von Dädalus erbaute Apollotempel von Cumae, dessen Beschreibung in deutlich vergilischer Tradition steht (12,85-106);[676] dieser bildet den Auftakt für Hannibals *Sightsee-*

---

[673] Sil. 4,71-6 *discat, quanto stat celsius arce Herculea vallum...super ardua ductum huc egere dei;* vgl. z. B. auch Liv. 21,41,7.

[674] Dichtung: Sil. 3,621, 4,400, 4,526, 8,504, 9,345, 12,222, 12,407-13, 13,539, 13,789, 14,28 und 14,467f.; Weissagung: 3,99, 5,78, 9,62, 12,323, 13,400, 13,412, 15,311.

[675] Vgl. z. B. Sil. 5,78, wo der Römer Corvinius einen Raben als Apollozeichen auf seinem Helm trägt, 5,179-81, als Flaminius die Soldaten und u. a. Äquanus anfeuert, der in Spuren Apollos wandeln und nach einem Sieg ihm opfern soll; vgl. auch 7,662 und 8,492 den dem Apollo heiligen Berg Soracte im Norden von Rom.

[676] Vgl. die wörtlichen Parallelen *sic fama est* Sil. 12,90 und *ut fama est* Aen. 6,14, *tollere in auras/ ausus se penna* Sil. 12,92f. und *pennis ausus se credere caelo* Aen. 6,15, *enavit* Sil. 12,95 und *enavit* Aen. 6,16, *dolori* Sil. 12,99 und *dolor* Aen. 6,31, *templa.../ instituit Phoebi atque audaces exuit alas* Sil. 12,102f. und *tibi, Phoebe, sacravit/ remigium alarum posuitque immania templa* Aen. 6,18f. sowie die Nennung des Apollonorakels von Delphi mit Grotte und Priesterin Sil. 12,320-41.

ing einer vergilisch geprägten Landschaft unter Führung der Capuaner Oberschicht,[677] bei der er 12,107-32 Puteoli, Baiae und den Lukaner- und Avernersee gezeigt bekommt,[678] wo Hercules einen Damm zwischen beiden Seen gezogen und die Rinder des Geryon darüber getrieben haben soll (V 118f.),[679] 12,133-54 die phlegräischen Felder mit dem Vesuv, wo die von Hercules bezwungenen Giganten angeblich versuchen, die Erde aufzureißen, sowie 12,155f. Misenum und Bauli, wohin Hercules der Legende nach die geryonischen Rinder gebracht hat.[680] Darüber hinaus ist speziell Gades als Herculesstation in den *Punica* ein Pendant zu der prominenten Apollostation *Aen.* 6 und tritt Hannibal zudem in Bezug zu Äneas, der *Aen.* 8 am jährlichen Herculesopfer bei Euander teilnimmt, so dass die Erwartungshaltung provoziert wird, Hercules übernehme eine ähnliche Leitfunktion für Hannibal wie Apollo und Hercules es für Äneas bei Vergil getan hätten; diese wird jedoch nicht erfüllt.

Die Ekphrasis Verg. *Aen.* 6 weist auf mehreren Ebenen Parallelen zu Sil. 3 auf:[681] Formal stimmt die Position zu Beginn eines Buches überein, die mit einem inhaltlichem Einschnitt gekoppelt ist, wobei jeweils V 1-13 vom letzten Buch zum aktuellen überleiten. Beide Male wird die Gründungsgeschichte des Tempels mit fast identischer Position und Länge erzählt und hat die Ekphrasis der Türbilder fast denselben Um-

---

[677] Vgl. besonders den Beginn von *Aen.* 6 mit dem Unterweltseingang am Avernersee, dem Tod des Misenus und der Assoziation der *campi Phlegraei* sowie die Analysen weiter oben in 4.1.

[678] Die Funktion der touristischen Attraktionen Sil. 12,111f. ist vergleichbar mit der des Wasserstandswechsels in Gades; siehe *propinqua stagnorum terraeque...miracula* 12,111f. und 3,46ff. *mira dehinc cernit*.

[679] Dies ist gleichzeitig ein Verweis auf Agrippa, der 37 v. Chr. einen solchen Damm gebaut hat, und damit auf den augusteischen Kontext der *Aeneis*; siehe auch Prop. 1,11,2 und 3,18,4.

[680] Ähnliche Funktion hat Sil. 15,302, als der mit Hannibal verbündete Philipp V. von Makedonien auf seinem Kriegszug im Vorbeifahren den Tempel des Apollo Actius sieht, und Sil. 15,311, als der König das Orakel von Delphi wahrnimmt.

[681] SPALTENSTEIN, S. 181 weist auf Verg. *Aen.* 6 als Vorlage hin, ebenso BONNET in [34], S. 218f., die den Bezug jedoch im Kontext der Frage nach der Historizität der Türflügel als Gegenargument verwendet.

fang.[682] Hinzu kommt das gleiche Motiv der Orakelbefragung[683] mit ähnlichen Wortfügungen und einem Zitat,[684] die Motivgleichheit, dass die Gottheit anwesend ist,[685] was von wörtlichen Übereinstimmungen gestützt wird,[686] sowie sprachliche Anklänge innerhalb der Türbildekphraseis.[687] Wichtigster Unterschied ist jedoch, dass Gades Sil. 3 nicht gleichzeitig auch als Orakelstation wie Cumae *Aen.* 6 dargestellt wird, obwohl es sogar eine berühmte Orakelstätte gewesen ist, sondern diese Funktion zu Beginn von Sil. 3 nach Afrika verlegt wird, was den exotischen Kontext der Ekphrasis erhöht.[688]

Die Referenz auf Verg. *Aen.* 8 parallelisiert eine der Stationen, welche die beiden Helden Äneas und Hannibal passieren und bei denen Hercules als ihre Leitfigur dargeboten wird: Den Bezug stellen ähnliche Motive her wie die Überschreitung der Türschwelle durch Hercules und Hannibal,[689] Hervorhebung von Türschmuck,[690] das Opfer am Herculesaltar,[691] die Beschreibung von Kultzeremonie und Kleidung[692] und die Aufzählung von Herculestaten über den späteren Kanon hinaus, wobei der nemeische Löwe, die Unterwelt, Kentauren und lernäische

---

[682] Vgl. für die Gründungsgeschichte *Aen.* 6,14-9 und Sil. 3,14-20, für die Türbilder *Aen.* 6,20-33a und Sil. 3,32-44.
[683] *Aen.* 6,11f., Sil. 3,5-13 (trotz Auslagerung nach Ägypten).
[684] Vgl. *quibus altus Apollo/ praesidet Aen.* 6,9f. mit *qua sublime sedens, Cirrhaeis aemulus antris* Sil. 3,9 sowie *futura* in Versendstellung *Aen.* 6,12 und Sil. 3,12.
[685] Apollo *Aen.* 6,9-12 und Hercules Sil. 3,19f.
[686] Vgl. *ut fama est Aen.* 6,14 mit *vulgatum* Sil. 3,17 sowie *credere Aen.* 6,15 und Sil. 3,19.
[687] Vgl. *in foribus letum Androgeo Aen.* 6,20 mit *in foribus labor Alcidae* Sil. 3,32 in selber Stellung am Versanfang, mit l-/A-Anapher und gleicher Binnengliederung durch die Hephthemimeres sowie die Beschreibung des Minotaurus *mixtumque genus prolesque biformis/ Minotaurus Aen.* 6,25f. mit *genus deforme, bimembres/ Centauri* Sil. 3,41f.
[688] Vgl. für Gades als Orakelstätte und zur Exotik die Belege und Ausführungen weiter unten in 5.2.2.3.
[689] *Aen.* 8,362f. *haec...limina victor/ Alcides subiit* entspricht Sil. 3,4 *victor adit...limina.*
[690] *Aen.* 8,196f.: An der Tür zur Cacushöhle hängen Skalpelle; Sil. 3,32-44: Am Herculestempel sind von ihm vernichtete Gegner abgebildet.
[691] Vgl. *Aen.* 8,102-305 mit Sil. 3,14.
[692] Vgl. *Aen.* 8,280-7 und 8,301-5 mit Sil. 3,21-31.

Hydra in beiden enthalten sind und wörtliche Parallelen aufweisen.[693] Wichtigster Unterschied hierbei ist jedoch, dass die ausführliche Beschreibung der westlichen Aufgabe mit Cacus (*Aen.* 8,184-279) und die kultische Anrufung des Hercules (*Aen.* 8,301f.) in der Ekphrasis Sil. 3 fehlen. Damit tritt Hannibal zwar in die Fußstapfen des Hercules genauso wie Äneas, als er das Haus des Euander im Vor-Rom betrat, das bereits Hercules besucht hat, doch übernimmt die Gottheit für ihn eine andere Funktion: Der intertextuelle Bezug schürt zwar die Erwartungshaltung, dass Hercules auch für Hannibal eine Gottheit ist, die er um Beistand bittet und den diese ihm gewährt, doch übernimmt Hercules in den *Punica* keine positive Weisungsfunktion für ihn. Wie oben gezeigt, ist er eher Demonstrationsobjekt für Hannibals eigene Macht und Überlegenheit; ergänzen lässt sich dies durch die fehlende Unterstützung der Gottheit für seinen Kampf gegen die Römer, wie es am deutlichsten Sil. 9,292f. zeigt, als Hercules in der Götterschlacht bei Cannae auf Seiten der Römer steht.[694]

Negative Vorausdeutungen für Hannibal

Diese fehlende Unterstützung durch Hercules reiht sich in eine Kette von negativen Vorausdeutungen ein, welche die *Punica* durchziehen; Hannibal selbst bleibt das Ende seines Kriegszuges meist verborgen, wodurch er als tragische Figur gezeichnet wird. Begleitet wird dies von positiven Verweisen für die römische Gegenseite, so dass eine Spannung zwischen erwartetem und tatsächlichem Schicksal sowie Handeln der Akteure in diesem Spielraum erzeugt wird.

---

[693] Vgl. *Aen.* 8,280-300 mit Sil. 3,32-44 sowie die wörtlichen Parallelen *labores*: *Aen.* 8,291 und Sil. 3,32, Kentauren: *nubigenas...bimembris/ Hylaeumque Pholumque Aen.* 8,293f. und *genus deforme, bimembres/ Centauri* Sil. 3,41, Unterwelt: *te Stygii* an selber Versposition *Aen.* 8,296 wie Sil. 3,35 *at Stygius*, ebenso beide Male *ianitor* und *antro* genannt und ähnliches Vokabular *tremuere Aen.* 8,296 wie *terrens...metuit* Sil. 3,35-7, lernäische Hydra: *Lernaeus...anguis Aen.* 8,300 und Sil. 3,32f. *Lernaea.../ anguibus*.

[694] Vgl. außerdem Sil. 2,475-512, als Hercules über das Schicksal seiner Stadt Sagunt trauert und sich an die ebenfalls verletzte Fides wendet, die den Saguntinern Ruhm ermöglicht, und 3,262-4, wo Antäus, ein Nachfahr des Feindes des Hercules, als Führer im Heer des Hannibal genannt wird.

Bereits die erste Nennung von Gades Sil. 1,140-3 steht in einem Kontext, der nichts Gutes für Hannibal verheißt: Nachdem er auf Drängen seines Vaters im Heiligtum der Dido Rache an den Römern für den 1. Punischen Krieg geschworen hat, zieht der *Tyrius ductor* direkt im Anschluss zu den Grenzen der Welt nach Gades, trägt den Krieg zu den Säulen des Hercules und stirbt. Nur durch den Kontext ist eine inhaltliche Deutung der unbestimmt gelassenen Person auf Hamilkar gegeben; da innerhalb der *Punica* aber meist Hannibal so bezeichnet wird, ist auch er proleptisch hierin enthalten. Unterstützt wird dies durch die düstere Ekphrasis des Dido-Heiligtums[695] und dortige Weissagung; Hannibal erhält zwar Andeutungen, die er positiv auf sich deuten kann, doch bleiben ihm durch Junos Zutun seine langen Leiden verhüllt (Sil. 1,139: *latent casus longique labores*).[696] Diese verdeckt gehaltenen *labores* werden zu Beginn von Buch 3 mit den Türbildern aufgegriffen, so dass vor dem Marsch auf Rom noch einmal der Jugendschwur und die bevorstehenden Leiden in Erinnerung gerufen werden.[697] Hierhin

---

[695] Vgl. Sil. 1,83-103: Der Tempel ist der Ort des Selbstmordes der Dido, die Ahnenbilder sind als *marmore maesto* charakterisiert, am Eingang liegt Giftschmutz und es werden dort grausige Riten und Orgien veranstaltet.

[696] Hinzu kommt, dass die Ekphrasis des Tempels deutliche Züge aus Verg. Aen. 1, 6 und 7 enthält, im Vergleich mit diesen jedoch in deutlich negativer Stimmung steht, die sich nicht allein auf den Unterweltskontext zurückführen lässt; vgl. die insgesamt positive, Gewissheit vermittelnde Einbettung, auch wenn u. a. Leid genannt wird, Aen. 1,461-4 (Reaktion des Äneas), Aen. 6 (Hilfe der Sibylle in der Unterwelt) und Aen. 7 (freundliche Aufnahme und Hilfe des Latinus sowie Formulierungen wie *placido...edidit ore* 7,194). Bezüge zu Aen. 1: ähnliche Verbindung der Stadt und des Tempels mit Dido und Juno Sil. 1,21-6 und Aen. 1,441ff. sowie wörtliche Parallelen, z. B. *urbe fuit media sacrum genetricis Elissae* Sil. 1,81 und *lucus in urbe fuit media* Aen. 1,441; Aen. 7: Aufzählung von Ahnenbildern und Waffen, vgl. Sil. 1,86-92 mit Aen. 7,177-91 sowie *effigies* Sil. 1,87 und Aen. 7,177; Aen. 6: Cluster von gleichen Motiven und Elementen, aber in unterschiedlicher Verbindung, vgl. die Aufgabe der Priesterin, zu weissagen Sil. 1,93f. und Aen. 6,10-3, die 100 Altäre für Ober- und Unterweltsgötter bzw. Mündungen und Schächte der Grotte Sil. 1,91f. und Aen. 6,43f., die Gesichtsreaktion des Ahnenbildes der Dido bei Beginn der Weissagung bzw. der Sibylle Sil. 1,98 und Aen. 6,46f., das Opfer eines schwarzen Tieres an Hekate Sil. 1,119f. und Aen. 6,243-54, die Weissagung der Priesterin Sil. 1,120-37 und Aen. 6,42-54 und V 77-101.

[697] Im übrigen sind Gades und die Säulen des Hercules auch in der zweiten Werkhälfte für Hannibal negativ konnotiert: Sil. 14,146f. stürzt das römische Heer

gehört auch, dass auf den Türbildern Sil. 3,40f. der Kampf mit Antäus imaginiert wird und dieser Feind im Heer des Hannibal präsent ist, da es dort einen Anführer mit ebendiesem Namen gibt.[698]

Nächstes Beispiel ist das Orakel des Ammon in Nordafrika: Zum ersten Mal ist es Sil. 1,414-7 mit dem Garamanten Hiarbas genannt, der als Bewohner des Wahrsagehains zu Hannibals Heer gehört; in einem auktorialen Kommentar wird darauf hingewiesen, dass dieser vom Orakel und von Juppiter belogen worden sei, da sie ihm seine Heimkehr verheißen hätten.[699] Sil. 3,6-13 wird Bostar zu ebendiesem Orakel ausgesandt; wenn er 3,647-714 die freudige Prognose des Orakels überbringt, so schwingt eine ebensolche Lügenassoziation wie bei Hiarbas mit und überschattet für Rezipienten die positive Prophetie.[700] Der Pyrenäen- und Alpenübergang enthält zwei bedeutende negative Züge: Sil. 3,415-43 ist die Darstellung des Pyrenäenübergangs fast vollständig durch den sehr traurigen und mit dem Fehlverhalten des Gottes gebrandmarkten Mythos von Hercules und Pyrene besetzt;[701] und 3,500-2 haben z. B. Hannibals Truppen Angst, sich mit dem Alpenübergang gegen die Götter aufzulehnen, wodurch das Vorhaben des Hannibal als Grenzüberschreitung, Frevel bzw. Hybris gekennzeichnet wird.[702]

---

in Sizilien auf die Karthager wie die Meeresströmung los, welche die Säulen des Hercules umpeitscht, 16,149 läuft der König Masinissa beim Krieg an Säulen des Hercules zu den Römern über, 16,194 besucht König Syphax Gades und wird kurz darauf von Scipio im Triumphzug nach Rom geführt (16,272-4), 16,497 kämpfen zwei scipionische Soldaten aus Gades im Wettlauf um den Helm des Hasdrubal als Hauptpreis (den sie aber nicht gewinnen), und 17,637f. werden beim Triumph des Scipio Darstellungen der eroberten Länder mitgeführt, u. a. auch von Gades.

[698] Sil. 3,262-4: *ducit et tot populos, ingens et corpore et armis,/ Herculeam factis servans et nomine famam,/ Antaeus celsumque caput super agmina tollit*; Hinweis bei KISSEL in [189], S. 155. Im Übrigen war auch das ihn unterstützende Volk der Cerretaner ursprünglich Hercules-Anhänger: Sil. 3,357f. *nec Cerretani, quondam Tirynthia castra,/ ...ferre arma morati*.

[699] Sil. 1,416f.: *frustra reditum sortes tibi saepe locutas/ mentitumque Iovem increpitans, occumbis, Hiarba*.

[700] Sil. 1,648f. *laetus...Bostar et stimulavit corda* und 1,713f. *talia portabat laetis oracula Bostar/ impleratque viros pugnae proprioris amore*.

[701] Vgl. z. B. Sil. 3,421 *hospitis Alcidae crimen*, V 423f. *lugendam...reliquit/ Pyrenen*, V 426 *causa fuit leti miserae deus*, V 431 *ingratos raptoris amores*.

[702] Die schreckliche Charakterisierung der Alpen (z. B. 3,503 *terrore loci* oder 3,540 *super clades atque importuna locorum*) transportiert zwar zusätzlich ein düsteres

Weiteres Beispiel sind die Bilder am Tempel von Liternum Sil. 6,653-716. Hannibal sieht dort in einer Säulenhalle Bilder mit den Erfolgen der Römer im 1. Punischen Krieg und u. a. dem besiegtem Hamilkar; durch intertextuellen Bezug auf Äneas am Junotempel Verg. *Aen.* 1 ist die Erwartungshaltung provoziert, dass er Hoffnung schöpft,[703] doch stattdessen reagiert er mit wutentbranntem, rivalisierendem Prahlen mit (zukünftigen) Siegen und Verbrennung des Tempels.[704] Der Sieg des Feindes wird also nicht wie *Aen.* 1 positiv umgedeutet, sondern Hannibal rebelliert gegen ihn und beseitigt ihn oberflächlich nach dem Muster „aus den Augen, aus dem Sinn", wodurch er selbst als verblendet gezeigt wird.[705] Thematisch angeschlossen werden kann hier die Ekphrasis des von Dädalus erbauten Apollotempels Sil. 12,85-106, die intertextuell das siegreiche Rom in die *Punica* transportiert, da der Tempel in der *Aeneis* auf den palatinischen Baukomplex und damit die endgültige Vormachtstellung der Römer verweist.[706] Dies ist jedoch nur für Rezipienten zu erkennen; Hannibal ignoriert seine Bedeutung, indem er bei der Exegese die ungenutzten Tage zählt und sich des Stillstandes schämt (12,104-6). Eine deutliche Irreführung stellt

---

Stimmungsbild in Hannibals Aktionen, ist aber gleichzeitig topisch für die Überwindung von Hindernissen.

[703] *Aen.* 1 werden zwar keine Türbilder, aber auch Bilder an einem Tempel beschrieben, die einen Krieg aus der Vergangenheit zeigen. Hinzuweisen ist besonders auf die parallele Struktur, die ständig die Ebenen der Beschreibung und des Betrachters vermischt (vgl. z. B. *cernit* Sil. 6,670 oder *videt* 6,672) sowie die Präsentation von Aktion statt Statik durch AcPs (vgl. z. B. *ruentem/ ...pubem* Sil. 6,672f. oder *dictantes...Latinos* 6,693; für Belegbeispiele zu *Aen.* 1 siehe die Analyse weiter oben in 4.1.2.3, S. 108-10.

[704] Sil. 6,698f. *quae postquam infesto percensuit omnia vultu/ arridens Poenus, lanta proclamat ab ira* und 6,716 *in cineres monumenta date atque involvite flammis.*

[705] Gleichzeitig nimmt die Ekphrasis auch Bezug auf Sil. 3 durch das gleiche Motiv der Bilder an einem Tempel und sprachliche Parallelen; vgl. z. B. *non leviora* Sil. 6,700 mit *nec leviora* 3,40 jeweils zu Versbeginn. Dadurch entsteht eine Großeinheit Buch 3 – Buch 6, welche die Hercules-Nachfolge vorläufig abschließt und im Folgenden das eigentliche Kriegsgeschehen in den Vordergrund rückt.

[706] Dabei besteht natürlich eine Differenz zwischen den Punischen Kriegen und den Bürgerkriegen, die im engeren Sinne mit dem Sieg bei Actium beendet wurden, doch hat dieser Erfolg mit dem Beginn der *pax Augusta* eine durchaus über sich selbst darüberhinausweisende Siegesfunktion.

Sil. 8,28-38 dar, als Juno Anna schickt, um ihm den Sieg bei Cannae zu versprechen; kurz darauf kündigt Dido jedoch ihrer Schwester im Traum den Sieg Roms an (8,159-84). Schließlich werden aber auch für Hannibal die Hinweise auf eine Niederlage konkreter: Sil. 10,326-71 und 12,686-728 warnen Juno und Somnus Hannibal vor einem Zug gegen Rom, da die Stadt von Juppiter geschützt werde.[707]

Als Gegenpart gibt es zahlreiche positive Verweise für die römische Gegenseite: Sil. 3,557-629 prophezeit beispielsweise Juppiter Venus eine positive Zukunft der Römer, 4,470-7 weissagt Mars dem P. Scipio Africanus, dass er Karthago besiegen wird, 7,1-19 umfassen das Loblied auf Fabius, der Rom vor dem Untergang bewahrt, 7,409-93 prophezeit Proteus den Sieg Roms und der Scipionen über Karthago, 9,542-50 weist Juppiter auf den späteren Sieg des Scipio und Untergang Hannibals hin, 12,320-41 ermutigt das Orakel von Delphi die Römer, 13,874-93 weissagt Sibylle dem Scipio in der Unterwelt das schlimme Lebensende des Hannibal, 17,33-47 setzt die Matrone Claudia mühelos das feststeckende Schiff in Bewegung, was Hoffnung auf ein Kriegsende weckt, und 17,52-8 setzt Scipio mit zwei Adlern als gutes Prodigium nach Afrika über.

5.2.2.3 Der Ort und sein Kult

Die Auseinandersetzung mit der *Aeneis* lässt sich auch in der Stilisierung des Ortes Gades bemerken; die topographische Verortung greift in ähnlicher Weise wie bei Cumae Verg. *Aen.* 6 auf reale Begebenheiten und literarische Topoi zurück und stilisiert Gades zur altehrwürdigen Stadt und zu einem hochreligiösen Zentrum. Hierzu gehört insbesondere der ausführliche Katalog von Sakralvorschriften, der in seinen Kultassoziationen in einem Exkurs genauer betrachtet werden soll.

---

[707] Begleitet wird dies von Sil. 17,341-84, als Juno und Juppiter das Ende des Krieges beschließen: Hannibal soll Italien nie mehr betreten, Karthago erhält eine Gnadenfrist.

Topographie, Geschichte und Legenden

Die Stadt Gades/Cádiz liegt an der Südwestspitze Spaniens am Ende der großen Heerstraße, was sie zur Zeit des Augustus zusammen mit Corduba zur größten Handelsstadt des Landes machte; in ihrer Einwohnerzahl stand sie nur Rom nach.[708] Ursprünglich lag sie wohl auf einem ca. 18 km langen Inselkomplex, deren südlichster Teil, das heutige Santipetri, das in der Antike berühmte Herakleion trug.

Wie Karthago ist Gades eine Gründung des phönizischen Tyrus, die von einem Orakel am Ort der Säulen des Herakles befohlen wurde. Zur afrikanischen Schwesterstadt gab es enge Kontakte, da Gades für Karthago wichtiger Handels- und Militärstützpunkt war;[709] nach den Verlusten von Sizilien, Sardinien und Korsika nach dem 1. Punischen Krieg ist es Ausgangspunkt für den karthagischen Staat, in Spanien eine neue territoriale und materielle Basis zu schaffen. Ebendieses Vorhaben ist eng mit den Barqiden verknüpft, die sich durch das Prestigeprojekt „Eroberung Spaniens" zu Hause eine solide Machtbasis schaffen und in Spanien relativ unabhängig herrschen.[710] So setzt im Frühjahr 237 v. Chr. Hamilkar mit Streitkräften, seinem neunjährigen

---

[708] Die Informationen zu Gades widersprechen sich im Detail; ausführliche Angaben macht Strab. 3,4f. Daneben sei auf die im Folgenden ebenfalls verwendeten Beschreibungen von Diod. 5,20, Vell. 1,2, Mela 3,46, Plin. *nat.* 2,100, 3,7,15, 4,120 und 16,216, Philostr. *Ap.* 5,1-3, 5,5 und 5,8, Itin. *Anton. Aug.* 408,3f., Avien. *ora* 267-83 hingewiesen sowie die chronologisch geordnete Sammlung antiker Schriftquellen bei SCHULTEN in [309]. Moderne Literatur zu den literarischen, archäologischen, epigraphischen und numismatischen Testimonien z. B. SCHULTEN in [307] und [308], GARCÍA Y BELLIDO in [110] und [111], BONNET in [34], S. 203-236 sowie ihre kritische Besprechung von AMES in [9], S. 120-4.

[709] Dies zeigt sich u. a. auch darin, dass Gades seit etwa 280 v. Chr. als einzige ehemals phönizische Stadt in Iberien karthagisches Münzrecht besaß. Alle im folgenden gemachten Angaben zur Beziehung von Karthago und Gades beruhen auf den Ausführungen von HUSS in [175]. Die Handelskontakte zu Iberien sind wegen der dortigen Silber-, Eisen- und Zinnvorkommen seit dem 2. Jahrtausend vor Chr. wahrscheinlich, aber erst seit dem 8. Jh. v. Chr. archäologisch nachzuweisen; als die Gaditaner Ende des 6. Jh. v. Chr. Karthago um militärische Hilfe in einem wirtschaftlichen Konflikt mit Nachbarstämmen bitten, bleiben die Punier und kontrollieren zeitweise ganze Landstriche in Südspanien.

[710] Vgl. z. B. die mindestens acht Serien barqidischer Münzen in Gades und Carthago Nova, die sich in Feingehalt und Darstellungsart deutlich von den in Karthago geprägten Stücken unterscheiden.

Sohn Hannibal und Schwiegersohn Hasdrubal von Karthago nach Gades über, und im folgenden 2. Punischen Krieg ist die Stadt im Winter oder in Krisensituationen immer wieder ihr Rückzugsort; als Mago 206 den Befehl erhält, mit der Flotte nach Italien überzusetzen, verlieren sie ihren letzten und wichtigsten Stützpunkt an die Römer.[711]
In spätrepublikanischer Zeit baut der in Gades geborenen L. Cornelius Balbus eine neue Stadt wohl auf der Hauptinsel und dem Festland; unter Agrippa ist Gades Flottenstation. Neben dem Herakleion und Statuen- und Statuettenfunden sind ein Tempel der Astarte mit Orakelhöhle (auch als Tempel der *Venus marina*/Aphrodite oder Juno/Hera bezeichnet), des Kronos und Augustus, Nekropolen sowie ein heute nicht mehr sichtbares Amphitheater belegt; darüber hinaus werden im Kontext von Gades immer wieder Gezeitenwechsel und Brunnen mit wechselnden Wasserständen genannt sowie Bäume, die entweder golden sind oder aus abgebrochenen Zweigen Milch und aus Wurzeln roten Saft hervorquellen lassen.[712]

Vom Tempel selbst ist nur wenig erhalten, da er im 16. Jh. von einem Fort ersetzt wurde;[713] sein Vermögen, sein Alter und seine Heiligkeit werden als sehr hoch angegeben, zumal er im Zusammenhang mit der Stadtgründung errichtet wurde und angeblich die Gebeine des toten Herakles beherbergt hat.[714] Konkrete Angaben zum Tempel wie

---

[711] Vorangegangen waren bereits Verhandlungen der Gaditaner mit Scipio über einen Seitenwechsel der Stadt, doch Mago entdeckte die Verschwörung, was die für die Karthager brenzlige Situation kurzzeitig noch einmal entschärfte.

[712] Das letzte antike Zeugnis über die Stadt ist Avien. *ora* 270-4, der außer ehrwürdigen Herculesfeiern nur verlassene Trümmer gesehen hat.

[713] Informationen bieten v. a. Strab. 3,5,5-9, Mela 3,46 sowie Philostr. *Ap.* 5,1-8. Arr. *an.* 2,16,4 bezeichnet ihn als von phönizischer Art, was nach SCHULTEN in [307], S. 72 und BENDALA GALÁN in [27], S. 350 das Charakteristikum eines großen, offenen Innenhofes bedeutet; BONNET in [34], S. 210-3 zieht römische Münzen heran, um eine Vorstellung vom Gebäude zu erhalten. Der Tempel soll in Entsprechung der zwölf Taten des Heros zwölf Meilen von der Stadt entfernt und mit einer Prachtstraße über einen Damm mit ihr verbunden gewesen sein; vgl. SCHULTEN in [308], S. 213 und GARCÍA Y BELLIDO in [110], S. 82.

[714] Mela 3,46; Sall. *Iug.* 18: *postquam in Hispania Hercules, sicuti Afri putant, interiit*. M. Terentius Varro ließ z. B. als Legat des Pompeius 49 v. Chr. alles Geld und die *ornamenta* aus dem Tempel in die Stadt schaffen; da Gades aber Caesar

Balken aus der Gründungszeit, rituelle Vorschriften und den Verzicht auf Götterbilder im Tempel macht nur Sil. 3,17-31.[715] Archäologisch nachgewiesen sind die beiden von Poseidonios bezeugten Brunnen mit wechselndem Wasserstand im Heiligtum, die in der Antike Anziehungspunkt für wissenschaftliche Untersuchungen gewesen sind.[716] Über die Säulen im Kontext von Gades herrscht Uneinigkeit: Nach Strab. 3,5,5f. standen eherne Stelen von acht Ellen Höhe (= gut 3m) mit dem Verzeichnis der Baukosten der Phönizier im Tempel, die von den berühmten „Säulen des Herakles" als Markierung der Erdgrenze unterschieden werden müssen; als solche fungierten nach ihm entweder Vorgebirge oder zusätzlich errichtete Säulen, auf denen allenfalls die Heraklestaten verzeichnet gewesen sein dürften.[717] Unumstritten ist aber die semantische Bedeutung der „Säulen des Herakles" als Bezeichnung für „Ende der Welt", wie es *hominum finem Gades Calpenque secutus,/ dum fert Herculeis Garamantica signa columnis* Sil. 1,141f. deutlich ausdrückt und die auch hinter der Angabe 3,3f. stehen.[718]

---

die Treue hielt, dankte er ihnen, indem er alles in den Tempel zurückbringen ließ, was ihn jedoch nicht davon abhielt, nach der Schlacht von Munda 45 v. Chr. den Schatz ebenfalls zu plündern. Vgl. Caes. *civ.* 2,18-21 und Dio 43,39,4.

[715] Die Philostr. *Ap.* 5,5 genannten steinernen Altäre mit Abbildungen der zwölf Taten des Herakles sind vermutlich von den bei Silius beschriebenen Türbildern abhängig.

[716] Vgl. Strab. 3,5,7-9, wo auch andere Meinungen über Anzahl und Lage der Brunnen referiert werden.

[717] In diesem Kontext dürfte wohl auch Hdt. 2,44 mit seinem Zeugnis über den Heraklestempel in Tyros stehen: In diesem stünden zwei Stelen, eine aus Gold, eine aus nachts leuchtendem Smaragd; der Tempel sei gleichzeitig mit der Stadt gegründet worden und dementsprechend sehr alt, was zusammen mit dem Bericht des Ach. Tat. 2,14 über besondere (Öl-)Bäume dort sehr an die Berichte über Gades erinnert. Wohl eine Nachwirkung dieser Zeugnisse ist Philostr. *Ap.* 5,5 mit der Angabe eines Ölbaumes im Herakleion von Gades und von zwei viereckigen Stelen aus Gold und Silber, die über eine Elle hoch und oben mit Inschriften unbekannten Alphabets versehen sind. Für das Motiv vgl. auch die beiden Säulen Jachin und Boas vor dem Tempel des Salomo 1. Kön. 7,15-22, bei dem 6,33-6 zudem Türen mit Schnitzwerk (Cherubim, Palmen, Blumenwerk) und Goldüberzug genannt werden.

[718] Für ähnliche Verbindungen von Gades mit dem äußersten Punkt der Erde im Westen, aber ohne Säulen, siehe z. B. Pind. *N.* 4,69, Hor. *carm.* 2,2,9-11, Sil. 17,637-9 und Philostr. *Ap.* 5,1.

Vergleich mit Sil. 3
Wie der kurze Überblick gezeigt hat, wird der Handlungsort eindeutig und mit hervorstechenden Charakteristika in Gades lokalisiert: Der Herculestempel und die wechselnden Wasserstände stimmen mit den Realia überein; unentscheidbar, ob sie zu den literarischen Topoi gerechnet werden müssen, sind die Säulen zur Erdgrenzmarkierung und das hohe Alter des Tempels, da dies archäologisch nicht nachzuweisen, aber vielfältig literarisch belegt ist. Auffällig ist, dass das dort vorhandene Orakel nicht in die Ekphrasis eingebunden ist, sondern dass stattdessen Bostar nach Afrika geschickt wird und dass Gades nicht als karthagische bzw. barqidische Militärstation oder als Handelsstützpunkt dargestellt ist, was es besonders zur Zeit der imaginierten Eposhandlung war, sondern als rein kultischer Ort. Letzteres lässt einerseits eine religiöse Stilisierung des Ortes erkennen, andererseits auch den Rückgriff auf einen literarischen Topos; denn die deutliche und bereits mehrfach wahrgenommene *Aeneis*-Nachfolge zeigt sich auch hier, indem die Stilisierung Cumaes, dem Ort, an dem sich Äneas Tempeltürbilder angeschaut hat, in Sil. 3 projiziert wird.

So steht der Beginn von Sil. 3 in sakralem Kontext durch das Motiv des Tempels und durch die Betrachtung seines Schmuckes (V 45), durch die Verehrung der Gottheit und Weihung von Beute (V 14-6), durch die Aussendung des Bostar zum Orakel (V 5-13)[719] und durch den Katalog von Sakralvorschriften (V 16-31), der nirgendwo anders belegt und in seiner Länge und Einbettung in epischen Kontext sehr ungewöhnlich ist. Dieses Assoziationsfeld ist umso auffälliger, als damit intratextuell ein Kontrast zu den kurz zuvor noch unreligiösen Handlungen des Hannibal in Sagunt geschaffen wird und auch die Kultvorschrift der Bilderlosigkeit (V 30f.) direkt auf die Beschreibung der Türbilder mit den Taten des Gottes prallt (V 32-44).[720] Hinzu kommt

---

[719] Dies ist umso wichtiger, als die Aktion bei dem ansonsten übereinstimmenden Bericht Liv. 21,21f. fehlt.
[720] Diese Problematik ist auch innerhalb des Epos zu erklären, wie die Funktionalisierung von Gades als Gegenbild zu Sagunt weiter oben S. 206-9 gezeigt hat; siehe außerdem zur Erklärung der Assoziation von Exotik weiter unten den Punkt

der Kult, der als alt und konservativ präsentiert wird und Ehrwürdigkeit vermittelt: Erstens ist dies explizit mit *sed nulla effigies simulacrave nota deorum/ maiestate locum et sacro implevere timore* V 30f. formuliert. Zweitens wird neben der konkreten Nennung von Begriffen wie *ab origine fani* V 17, *durare* V 18 und *condentum...manus* V 19 mit derselben semantischen Aufladung der sprachlichen Mittel gearbeitet wie bei Vergil, indem besonders archaisierende und homerische Wendungen verwendet werden und Distanz sprachlich abgebildet wird:[721] Archaisierende und an homerischen Sprachgebrauch erinnernde Formen sind die Synkope *nosse* V 21, Periphrasen,[722] Attributvorliebe,[723] *constructio ad sensum*,[724] Elision von *est* V 28, der griechische Ausdruck *adyti* V 21, der *accusativus graecus* bei *frontem...minor* V 42, das Patronymikon *Alcidae* V 32 sowie die Ortsattribute anstelle von Namen;[725] Distanz ist evoziert durch die Trennung der Ekphrasis von der Haupthandlung,[726] die zeitlichen Angaben,[727] die Infinitiv-Konstruktionen statt direkter Verbhandlungen[728] sowie die Referenz auf fremde Sprecher und Autoritäten.[729] Dass dieses semantische System zu Beginn von Sil. 3 greift, obwohl die von SCHMIDT nahegeleg-

---

„Der Tempelinhaber und sein Kult".

[721] BONNET in [34], S. 209f. behauptet zwar, dass die Kultpraxis deshalb so konservativ sei, weil sie so alt sei, doch ist es in diesem Zusammenhang wichtiger, die literarische Darstellung und beabsichtigte Wirkung zu analysieren als Rückschlüsse auf die realen Gegebenheiten zu ziehen. Im Übrigen ist die Ekphrasis damit konträr zu der des Wasserschauspiels V 46-60 stilisiert, in der genrehafte Züge vorherrschen, die zusammen mit der Thematik an die Ekphrasis Ov. met. 2,5-18 erinnern.

[722] *Clavigeri...numinis* V 14, *femineos...gressus* V 22.

[723] *Saetigeros...sues* V 23, *Pelusiaco...stamine* V 25.

[724] *Quis fas...nosse...prohibent...ac...curant* V 21f.

[725] *Lernaea...hydra* V 32f., *leonis...Cleonaei* V 33f., *Stygius...ianitor* V 35f., *Thraces equi* V 38, *pestis...Erymanthia* V 38, *Libyacae telluris alumnus* V 40, *amnis Acarnan* V 42.

[726] Vgl. die Analyse weiter oben S. 206.

[727] Vgl. den Unterschied von *nuper* V 15 vor Beginn der Ekphrasis und von *ab origine fani* V 17 zu Beginn der Beschreibung.

[728] *Vulgatum...durare...novisse* V 17-9, *credere gaudent consedisse...que repellere* V 19f., *fas et honos...nosse* V 21, *curant...arcere* V 22f., *mos...dare atque...distinguere* V 26f.

[729] *Vulgatum, nec cassa fides* V 17 als Ausdruck doppelter Distanz sowie *credere* V 19, *fas et honos* V 21 und *mos* V 26.

te Begrenzung des Verfahrens auf augusteische Dichter beizubehalten sinnvoll erscheint,[730] ist dadurch zu erklären, dass die Ekphrasis sich intertextuell eng an die *Aen.* 6 gestaltete Ekphrasis anschließt.[731]

Der Tempelinhaber und sein Kult

Hercules ist einer der prominentesten und ältesten Heroen im römischen Pantheon, der entsprechend mehrere Homonyme vorzuweisen hat.[732] Für uns sind besonders die Identifizierung mit dem griechischem Ἡρακλῆς, der sich in der Ikonographie durch Keule und Löwenfell spezifiziert, sowie mit dem phönizischen Melqart interessant, der seinerseits zwar keine ausgeprägte Ikonographie hat und auch anikonisch in Form einer (Doppel-)Säule erscheint, doch bisweilen als schreitender Gott mit konischer Mütze, Streitaxt in der linken und *anch*-Zeichen in der rechten dargestellt wird; letzterer wird auf griechischem Boden auch „tyrischer Herakles" und auf römischem Gebiet „Hercules Gaditanus" genannt.[733] Hercules hat in Rom mehrere heilige Bauten, besonders im Bereich des Forum Boarium;[734] Prop. 4,9 weist darauf hin, dass Frauen von seinen Ritualen an der *Ara maxima* ausgeschlossen waren, was als Gegenreaktion auf den Frauen vorbehaltenen Kult der Bona Dea dargestellt wird. Für Herakles ist zwar ebenfalls Misogynie typisch, doch kein Kontinuum; neben wichtigen Kultorten in Theben und Thasos[735] gibt es z. B. auf dem Berg Oeta einen Feuerkult

---

[730] Vgl. die Ausführungen in 2.2, S. 17.

[731] Hierhin lässt sich vermutlich auch die Beobachtung einordnen, dass keine so ausgeprägte semantische Mischung und Feinabstimmung der Einzelelemente wie beispielsweise bei Vergil und Ovid festzustellen ist.

[732] Cic. *nat. deor.* 3,42 nennt beispielsweise bei der Katalogisierung seiner Lokalkulte sechs Varianten.

[733] Vgl. BENDALA GALÁN in [27], S. 349-52 und AMES in [9], S. 119 und zur anikonischen Verehrung CIS 1,122 und 1,122*bis*; zur Vermischung der Gottheiten siehe z. B. Hdt. 2,44.

[734] Siehe z. B. die *Herculis invicti Ara maxima* mit dem *fanum Euandri*, die *Herculis victoris aedes Aemiliana* oder die von M. Fulvius Nobilior 187 v. Chr. im Circus Flaminius errichtete *Herculis Musarum aedes* sowie PLATNER/ASHBY in [269], S. 251-8 und die entsprechenden Lemmata LTUR 3, S. 11-26.

[735] Hier sind als Besonderheit die kultischen Mahlzeiten und seine Verbindung zu jungen Männern zu nennen.

für ihn.[736] Melqart schließlich ist der Haupt- und Stadtgott von Tyros, von wo aus er über Kolonisation und Handel im Mittelmeerraum verbreitet wurde, u. a. nach Karthago, Gades und Zypern.[737]
In Gades ist aufgrund der Größe und Bedeutung des Heiligtums Hercules in römischer Zeit eindeutig der Hauptgott.[738] Dabei hält die übliche Nomenklatur *Hercules Gaditanus* die phönizische bzw. allgemein fremdländische Konnotation wach, denn durch den Verweis auf die Stadt wird auf eine spezielle Ausprägung, eine lokale Gegebenheit hingewiesen.[739] Das muss nun nicht unbedingt heißen, dass in Gades, das Beziehungen zu Melqart-Hochburgen wie Karthago und Tyros unterhielt, ebendieser Melqart verehrt worden ist, da berücksichtigt werden muss, dass das einzig epigraphische, phönizische Zeugnis der Stadt eben nicht von Melqart, sondern Milkashtart spricht.[740] Aber es liegt nahe, dass auf den karthagischen Einfluss und die mit Tyros verbundene Gründungssage verwiesen wird, und dies nicht nur trotz, sondern aufgrund der Romanisierung.[741]

Darüber hinaus verleiht die punisch-phönizischen Konnotation dem Gott auf einer allgemeineren Ebene einen exotischen Charakter, der in die allgemeine Begeisterung für ausländische Kulte seit dem Ausgang

---

[736] Vgl. GRAF in [131] und PICARD in [268].
[737] Vgl. BONNET in [34] und AMES in [9], S. 118-41.
[738] Vgl. z. B. *Herculeas Erythia ad litora Gades* Sil. 16,194 und *tutela Rhodos est beata Solis,/ Gades Herculis* Priap. 75,8f. Hierzu passt, dass seit dem 3. Jh. v. Chr. bis in die Kaiserzeit hinein das typische Münzzeichen von Gades ein Kopf des Gottes mit Löwenfell ist, ergänzt um maritime Attribute wie Thunfisch oder selten Delphin; vgl. BONNET in [34], S. 210 und S. 229.
[739] Vgl. auch die buntgemischte Zuweisung antiker Autoren, z. B. die Angabe von jeweils einem Altar für den ägyptischen (bildlos, aus Erz) und thebanischen Herakles (Abbildung von zwölf Taten, steinern) Philostr. *Ap.* 5,4f., *templum Aegyptii Herculis* Mela 3,46 oder Diod. 4,18.
[740] Vgl. BONNET in [34], S. 209f. Sie spitzt ihre Argumentation jedoch darauf zu, dass die Autoren wohl auf ein zeitlich früheres Ereignis zurückgriffen und es ggf. auch einen Polytheismus gegeben haben könne.
[741] Nach AMES in [9], S. 133f. und S. 136 hängt die Verbreitung des Kultes in der Provinz Baetica vielmehr mit der Romanisierung als der phönizisch-punischen Vorzeit Iberiens zusammen; der romanisierte Melqart pesonifiziere die romanisierte Baetica, besonders ihre punische Oberschicht, und ähnele einer Superstruktur.

der späten Republik passt. Dies spiegelt sich in der 16 Verse langen Beschreibung des Tempels und seines Kultes wider, wo ein fremder Kult vorgestellt wird, indem an Bekanntes angeknüpft wird; hierauf deuten die Verneinungshäufung,[742] Zusammensetzungen, die eine Verneinung oder ein Gegenteil ausdrücken,[743] Ausdrücke des Abhaltens oder der Grenzziehung[744] sowie des Rechtes[745] hin. Typisch für derartige Kataloge sind die Aufzählung von Sakralvorschriften,[746] insbesondere Kleidungsvorschriften (V 23-8), der Ausschluss von Personengruppen (V 22),[747] die Limitierung von Weihgaben (V 23), die Keuschheit (V 28) und die Formulierung von Aufgaben (V 22f., V 26 und V 29). Zur exotischen Stilisierung kann erstens das Paradoxon der Bilderlosigkeit V 30f. gerechnet werden, das sowohl in der reichen Bilderwelt antiker Tempel überraschend ist als auch, wie weiter oben bereits angemerkt, in hartem Kontrast zu der direkt folgenden Beschreibung der Türbilder steht.[748] Zweitens gehört hierhin die Vermischung von Kultassoziationen innerhalb der Ekphrasis: Es wird eine Masse an ausländischen Kulten versammelt, mit denen die Römer Kontakt hatten; dabei ist die Assoziation des Isis-Kultes und Ägyptens am deutlichsten, ein phönizischer Kontext am wenigsten wahrzunehmen. Dies meint jedoch nicht, dass ein ägyptischer Kult dargestellt ist, sondern dass die mit ihm transportierte Exotik mit anderen Assoziationen ausländischer Kulte kombiniert wird, um auf einen exotischen, ausländischen Kult zu verweisen, in dem vielleicht auch Vorstellungen über die Religion

---

[742] *Nec* V 17 und V 23, besonders die Litotes *nec discolor* V 23 und *nulla* V 30.

[743] *Discinctis* V 26, *irrestincta* V 29 und im erweiterten Sinne *discolor* V 23.

[744] *Prohibent* V 22, *arcere* V 23 und *limine* V 22.

[745] *Fas et honos* V 21.

[746] Vgl. für Beispiele von Regelungen in Heiligtümern und Sanktionen DILLON in [69], S. 149-82.

[747] Frauen und Sklaven sind üblicherweise Klassen, für die es Vorschriften gibt. Dass hier Frauen ausgeschlossen sind, kann auf einen Herculeskult verweisen (siehe oben); als Männern vorbehalten ist noch der Mithras-Kult bekannt, vgl. z. B. MERKELBACH in [234], S. 160. Damit stehen diese Kulte im Gegensatz zu den reinen Frauenkulten der Bona Dea, Vesta, Ceres und z. T. auch Diana (Plut. *qu. R.* 3); vgl. für Beispiele in der griechischen Religion DILLON in [70], bes. S. 109-38.

[748] Für nicht sinnvoll halte ich die Erklärung, dass zwischen kultischen und dekorativen Bildern unterschieden wird, da eine solche Trennung durch nichts angezeigt und auch nur schwer vorstellbar ist.

des Hannibal enthalten sind.[749]

Im einzelnen sind die Hinweise auf die verschiedenen Kulte folgende: Auf einen ägyptischen Kult[750] verweisen die Nennung des Ammoneions im Vorfeld, das Orakelstätte des widderköpfigen Ammun Re in der Oase Siwa in Nordägypten war, die wechselnden Wasserstände Sil. 3,46b-60, die auf das ägyptische Nilometer anspielen,[751] die Kleidung aus Leinen, die Glatze und Keuschheit, für die der Isis-/Serapis-Kult bekannt war, und der lange Vorschriftenkatalog, für den ägyptische Priester bekannt waren.[752] Der griechische Herakles ist durch *clavigeri* V 14 und den Inhalt der Türbilder assoziiert sowie durch die Tatsache, dass er direkt zuvor als Stadtgott Sagunts präsent war durch den Priester Theron mit Löwenfell und kurze Zeit später als Vorbild für die Alpenüberquerung; außerdem passt das kultische Frauenverbot zu ihm, auch wenn es nicht ausschließlich für Herakles gilt. Ein jahwitischer Kult ist konnotiert durch die fehlenden Kultbilder,[753] möglicherweise auch durch die Kombination von mit Bildern verzierten Tempeltüren und Säulen im Kontext des Tempels, was für den Tempel des Salomo belegt ist.[754] Anikonismus ist jedoch darüber hinaus auch für den kleinasiatischen Kult der Mater Magna/Kybele bekannt, die als schwarzer Meteorstein verehrt wurde;[755] hinzu kommt ein dadurch

---

[749] Dabei muss insbesondere berücksichtigt werden, dass der jeweilige religionsgeschichtliche Hintergrund breiter ist als er in einer schlagwortartigen Funktionalisierung bzw. semantischen Verwendung von Einzelelementen berücksichtigt werden könnte.

[750] Pomp. Mela 2,46 und Philostr. *imag.* 2,33 bezeichnen den Charakter des Rituals im Übrigen als ägyptisch.

[751] Vgl. für eine Abbildung z. B. das Nilmosaik von Präneste und MEYBOOM in [236].

[752] Vgl. für relig. Texte und Ägyptisierung im Zusammenhang des Isis-Kultes zur Zeit Domitians z. B. LEMBKE in [212], S. 137-43 und für einen Überblick über den Kult mit Bildmaterial MERKELBACH in [235]. Die Existenz ägyptischer Kulte in der Baetica hängt mit ihrer Romanisierung zusammen und wird ist durch die Nähe zu Nordafrika begünstigt; die Zeugnisse für den Isis-Kult sind nach AMES in [9], S. 149-53 in das 1./2. Jh. n. Chr. zu datieren.

[753] Vgl. BONNET in [34].

[754] Siehe 1. Kön. 6,33-6 und 7,15-22; bei Sil. 3 sind die Säulen indirekt V 4 präsent.

[755] Die Existenz ihres Kultes in Spanien bezeugen die Taurobolien-Inschriften aus Cordoba, vgl. AMES in [9], S. 162-72.

möglicherweise gegebenes Pendant zu Sil. 17,1-47, wo in einem ähnlich hochreligiösen Umfeld[756] einer Frau eine prominente Rolle beim Steckenbleiben des Schiffes zugesprochen wird. Als (semitisch-)phönizisch bezeichnen zwar Diod. 5,20,3, Arr. *an.* 2,16,4 und App. *Ib.* 2,8 den Kult, und eventuell lässt sich auch die Betonung des Scheiterhaufens und Seelenraubs zu den Sternen durch die Endposition innerhalb der Türbildbeschreibung V 43f. als Anspielung auf einen Ritus im Kult des Melqart verstehen, da es eine feierliche Zeremonie mit Scheiterhaufen im Vorspiel seiner jährlichen Auferstehung gab,[757] doch widerspricht das Frauenverbot im Tempel der Tatsache, dass es in karthagischen Tempeln Priesterinnen (*Khnt*) und Oberpriesterinnen (*rb Khnt*) gab, genauso wie das Schweineverbot.[758]

5.2.3 Politische Bedeutungsaufladung der Ekphrasis

Gades liegt am Westrand der römischen Welt, noch nicht einmal im Kernland Italien, so dass mit der Ekphrasis die Aufmerksamkeit auf eine bedeutende Randlokalität gelenkt wird statt eines romzentrierten Blickes, wie er aus den ersten Türbildbeschreibungen bekannt ist. Weder lässt sich eine Projektion von Rom in die Darstellung von Gades feststellen noch eine direkte Verbindung zum römischen Kaiserhaus: Zwar ist Hercules eine Universalgottheit und gerade in der Kaiserzeit Folie für Herrscheridentifikation und -kult,[759] stammt Kaiser Trajan

---

[756] Vgl. z. B. den sibyllinischen Orakelspruch, die Priesteranweisungen, die Nennung einer Jungfrau und der *pia munera*.
[757] Vgl. TSIRKIN in [339].
[758] Vgl. HUSS in [175], S. 382.
[759] Vgl. HAASE in [142] und BONNET in [34], S. 229f.; kritisch zur römischen Republik CLASSEN in [52] und zur Kaiserzeit CLAUSS in [54]. Für Domitian bestätigen dies Mart. 5,65, 9,64f. und 9,101 (Tempel des Hercules an der Via Appia und Statue des Gottes mit Gesichtszügen des Kaisers) sowie Mart. 9,43f. und Stat. *silv.* 4,6 (Ἡρακλῆς ἐπιτραπέζιος); für Trajan siehe die Stiftung der Ἡράκλεια ἐπινίκια, den Herculesvergleich Plin. *paneg.* 14,5 und das Votum der Arvalen *pro salute et reditu et victoria imperatoris Traiani*, das dem Hercules Victor ab dem 25.3.101

aus Spanien und lässt sich eventuell über die Aneinanderreihung von erfolgreichen Taten eines übernatürlichen Helden ein Bezug zur Trajanssäule herstellen, die wenige Jahre nach der Publikation der *Punica* 113 n. Chr. geweiht wurde,[760] sowie über das Frauenverbot eine Verbindung zur *Ara Maxima* in Rom; doch gibt es keine Hinweise, dass Hercules in den *Punica* als Vergleichsfolie für Domitian oder den späteren Trajan fungiert.

Im Gegenteil, erstens ist Hauptbezugspunkt der Türbilder Hannibal, der sich als Feind der Römer die göttlichen Siege als Beispiele von *virtus* anschaut, von dem seine Herculesverehrung allgemein bekannt und direkt zuvor Sil. 3,13-5 imaginiert wird[761] und auf den möglicherweise der Kult in seiner exotischen Stilisierung verweist. Dieser Bezug wird dadurch gestützt, dass der Name Melqart (*mlk*) im Namen des Vater des Hannibal, Hamilkar Barkas (*hmlk*), steckt, was soviel wie „mein Bruder ist Melqart" oder „Gnade ist Melqart" bedeutet;[762] außerdem gibt es in Gades geprägte Münzen mit einem der Barqiden in der Pose des Gottes[763] und führt sich die Familie direkt auf die Karthagogründerin Dido/Elissa zurück, die bei ihrer Flucht aus Tyros die Kultgegenstände des Hercules, dessen Priester ihr ermorde-

---

neben den anderen Göttern gilt; siehe STRACK in [324], Bd. 1, S. 95-105, und zur Statuette des Ἡρακλῆς ἐπιτραπέζιος des Lysipp, die nach Alexander, Hannibal und Sulla nun Novius Vindex gehört, NEWLANDS in [245], S. 73-87, die die Statuette mit dem literarischen Werk des Statius und der Frage nach der kulturellen Autorität und Leitung im flavischen Rom verbindet.

[760] Das umlaufende, kolorierte Reliefband zeigte die Feldzüge Trajans gegen die Daker, auf den vergöttlichten Stand des Kaisers wiesen dessen goldene Statue als oberer Abschluss der Säule, die Aschenurne im Podest und der auf dem Forum errichtete *templum divi Traiani* hin. Für antike Textzeugnisse vgl. z. B. PLATNER/ASHBY, S. 237-45, für die Säule im Kontext des Forums ZANKER in [364] und SEELENTAG in [311], S. 298-408, für die Säule DAVIES in [62], MAFFEI in [220] und COARELLI in [58] sowie für den Fries BAUMER/HÖLSCHER/WINKLER in [26], BODE in [31], KOEPPEL in [198] und [199].

[761] Außerdem bezeugt von Liv. 21,21,9: *Hannibal...Gades profectus Herculi vota exsolvit novisque se obligat votis, si cetera prospera evenisset*; siehe auch Liv. 21,22,5: *ab Gadibus Carthaginem ad hiberna exercitus rediit*.

[762] Siehe für die Übersetzung MEYER in [237], Sp. 2650 und GÜNTHER in [138], Sp. 104.

[763] Siehe HUSS in [174], S. 234 und in [175], S. 396.

ter Ehemann Acherbas gewesen war, mitgenommen hatte.[764] Zudem ist Hercules Teil der politischen Propaganda gewesen, wie die Nachricht zeigt, dass Hannibal ständig die von Lysipp gefertigte Statue des Ἡρακλῆς ἐπιτραπέζιος bei sich getragen habe, die vor ihm Alexander dem Großen gehört habe,[765] sowie sein in Herculesnachfolge propagierter Marsch von Spanien über die Pyrenäen und Alpen nach Italien.[766] Zweitens wird auf den Türbildern mit den Siegen und Eroberungen des Hercules pointiert seine Rolle als göttliche Identifikationsfigur in (spät-)republikanischer Zeit assoziiert, die sich von seiner Vorbildfunktion als stoischer Tugendheld in der Kaiserzeit deutlich unterscheidet[767] und hervorragend zum Aktionsraum „Vergangenheit" der *Punica* passt. Prominente Beispiele dafür bieten der Scipionenzweig der Cornelier sowie die *gentes* der Minucier, Fabier und Fulvier:[768] Bereits 305 v. Chr. wurde auf dem Kapitol in Rom eine große Hercules-Statue aufgestellt, und zwar im zeitlichen Umfeld der Diktatur eines Scipionen, des Konsulats eines Minuciers und Suffektkonsulats eines Fulviers;[769] eine konkrete Hercules-Nachfolge für Scipio ist zwar erst seit Sil. 15 (Scipio am Scheideweg) bekannt, göttliche Abstammung wurde aber schon vorher propagiert.[770] Um 217 v. Chr. weihte M. Mi-

---

[764] Iust. 18,4,15: *sacris Heculis, cuius sacerdos Acherbas fuerat, repetitis exilio sedes quaerunt.*

[765] Vgl. Mart. 9,43f. und Stat. *silv.* 4,6.

[766] Vgl. z. B. Nep. *Hann.* 3,4 oder seinen Traum vor dem Marsch, in dem ihn Juppiter mit der Invasion beauftragt und ihm für den Weg einen zum *concilium deorum* gehörenden *dux, iuvenis divina specie* mitgibt: Cic. *div.* 1,49, Liv. 21,22,6-9, Val. Max. 1,7 *ext.* 1, Sil. 3,163-264, Pol. 3,47,9; vgl. ebenso den Spott des Scipio in seiner Rede vor den Soldaten Liv. 21,41,6f. *aemulus itinerum Herculis - ut ipse fert.* Zur ὁδὸς Ἡρακλεῖα, zu Hannibals Weg und den insgesamt vier Pässen über die Alpen siehe SEIBERT in [312] und [313], S. 106-13.

[767] Vgl. MASTRONCINQUE in [230] und GRAF in [130] sowie DERICHS in [65], bes. S. 26-32, und für die folgenden Beispiele auch ANDERSON in [10].

[768] SEIBERT in [313], S. 160 Anm. 103 weist darauf hin, dass die Wahl des Q. Fabius Maximus 217 v. Chr. zum Diktator und des M. Minucius Rufus zum Magister equitum vielleicht auch dadurch motiviert gewesen sein könne, dass die Römer ihrerseits Hannibal „herculeische" Männer entgegensetzen wollten; zur „Rechtfertigung" römischer Senatoren, nicht genügend Vorkehrungen für den gleichsam göttlichen Alpenübergang getroffen zu haben, siehe SEIBERT in [314], S. 212f.

[769] Liv. 9,44,16.

[770] Liv. 26,19,6.

nucius einen Hercules-Altar in Rom, und auch sonst war die Familie eng mit dem Hercules-Kult verbunden.[771] Die *gens Fabia* leitete ihre Abstammung von Hercules ab, so dass z. B. Q. Fabius Maximus Cunctator ein direkter Nachkomme des Gottes war; er war es auch, der nach der Einnahme von Tarent 209 v. Chr. als einziges Götterbild die Kolossalstatue des von Lysipp gefertigten Herakles nach Rom bringen und daneben eine bronzene Reiterstatue von sich auf dem Kapitol aufstellen ließ.[772] Und M. Fulvius Nobilior ist bekannt für seinen nach der Einnahme von Ambracia 187 v. Chr. geweihten Tempel des *Hercules Musarum*, in den er Statuen des Beuteguts überführen ließ. Die Verehrung des Gottes und Kombination mit einzelnen Persönlichkeiten hält auch in der Folgezeit an, wie der Einführung des Kultes für *Hercules victor* in Rom nach der Schlacht von Pydna zu entnehmen ist,[773] und erreicht in der späten Republik mit Sulla,[774] Pompeius und Antonius,[775] Caesar[776] und später Octavian/Augustus einen neuen Höhepunkt.[777]

---

[771] Vgl. REBUFFAT in [283], S. 164f. und CIL 6,284.

[772] Plut. *Fabius* 22,8, Strab. 6,3,1, Plin. *nat.* 34,40; zur Abstammung vgl. Plut. *Fabius* 1,2, Ov. *fast.* 2,237-42 und *Pont.* 3,3,100, Iuv. 8,14. Vgl. auch App. *Ib.* 65 für ein Opfer des Fabius Maximus, Sohn des Aemilius Paullus, 145 v. Chr. in Gades.

[773] Vgl. die Belege bei DERICHS in [65], S. 26-32 und für die Kulteinführung BONNET in [34], S. 215.

[774] Neben Stat. *silv.* 4,6 bestätigen dies z. B. Denaremissionen mit dem Bild des Gottes und die Übergabe des erneuerten Tempel des *Hercules Magnus Custos*; vgl. Ov. *fast.* 6,209-12 und DERICHS in [65], S. 33.

[775] Pompeius: z. B. Hor. *epod.* 9,7f., Plin. *nat.* 7,95-9 und ANDERSON in [10], S. 37-9; Antonius: ZANKER in [367], S. 53f. mit einer Auswahl an Testimonien.

[776] Vgl. die Statue des Caesar mit dem Titel des Hercules *invicto deo* im Tempel auf dem Quirinal, seine *laudes Herculis* sowie seine Affinität zum *Hercules Gaditanus*: Suet. *Iul.* 7 und 56,7, Cass. Dio 37,52.

[777] Für Hercules als Vorbild für die Beseitigung von und Errettung aus monströsen Gefahren, Wiederherstellung von Ordnung, den universellen Eroberergeist und nicht zuletzt für Hercules als Prototyp eines durch *virtus* vergöttlichten Menschen vgl. z. B. Verg. *ecl.* 4,63 und Hor. *carm.* 3,14, 3,3, 4,5 und *epist.* 2,1, Verg. *Aen.* 6,801-3 oder Ov. *Pont.* 4,8,61-4, das Fest des Sieges über Cacus an der *Ara maxima* am 2.9., dem Tag des Sieges von Actium, oder das Stiftungsfest des Tempels für *Hercules invictus* am 13.8., dem ersten Festtag des Dreifachtriumphes Actium/Illyrien/Ägypten, sowie SCHMITZER in [305], S. 166-70.

Mit dieser Funktionalisierung der Gottheit für Hannibal und mit den rückwärtsgewandten Verweisen auf die republikanische Vergangenheit distanzieren sich die *Punica* deutlich von einem Bezug zur Gegenwart.[778] Stattdessen ist ein eher literarischer Fokus im Sinne einer intertextuellen Verortung der Dichtung festzustellen: Wie die Analysen des vorigen Unterkapitels gezeigt haben,[779] sind die Türbilder und die Darstellung des Ortes Gades mit seinem Tempel ein episches, insbesondere vergilisches Rezeptionsphänomen. Nicht übernommen worden ist jedoch erstens die dortige Wichtigkeit der heterodiegetischen Prolepsen,[780] im Vordergund stehen stattdessen homodiegetische Verweise, wie sie weiter oben am Beispiel der negativen Schattierung für Hannibal aufgezeigt worden sind. Und zweitens unterscheiden sich die *Punica* durch die einzigartige Position des Hercules: Während er in der *Aeneis* ein Glied unter anderen in der Kette geschichtlichen Fortschritts ist (Hercules – Äneas – Romulus – Augustus), ist er in den *Punica* die für die Handlungszeit absolut gesetzte Norm, an der die Akteure gemessen werden.[781] Aber die *Punica* positionieren sich nicht nur in Bezug auf die *Aeneis*, sondern auch in Bezug auf ihren direkten epischen Vorgänger; zwei Punkte sollen herausgegriffen werden, um zu zeigen, wie sie sich zwischen das vergilische und lucanische Epos stellen:[782] Erstens wird an den Krieg mit Hannibal in der *Aeneis* durch Vorverweise, in den *Pharsalia* durch Rückverweise erinnert, so dass er als historisches Phänomen zwischen Äneas und den Bürgerkriegen zu lokalisieren ist und gleichzeitig den Wendepunkt in der römischen Geschichte mar-

---

[778] Anders KISSEL in [189], S. 159f., der den fehlenden Bezug auf das Kaiserhaus damit begründet, dass Hercules nicht nur Vorbild, sondern gleichzeitig auch Urbild eines unter einem Tyrannen leidenden Menschen gewesen sei, so dass er nicht sowohl als Ideal als auch für einen Tyrann selbst habe gebraucht werden können.

[779] Vgl. daneben z. B. auch das Proömium mit seiner pointierten *Aeneis*-Nachfolge sowie VON ALBRECHT in [4].

[780] Sil. 3,557-629 bietet die einzige ausführliche Prolepse auf Rom mit Preisung des flavischen Kaiserhauses, die in deutlicher Nachfolge der Juppiterprophetie Aen. 1,254-96 mit selber Technik des zeitlich rückverlegten Ausblicks auf die zeitgenössische Gegenwart als Gipfel einer langen Entwicklung steht; für einen Vergleich des Kaisers mit Bacchus siehe Sil. 3,615.

[781] KISSEL in [189], S. 156-61.

[782] Siehe hierzu insgesamt KISSEL in [189].

kiert (Ursprung der Römer – Höhepunkt – Untergang). Damit sind die *Punica* das historische *missing link* und geschichtsphilosophische Gegenbild zu den Werken der Vorgänger.[783] Während zweitens Äneas und Fabius Zuversicht ausstrahlen und sich ohne individuelle Ausprägung in den Dienst der *fata* stellen, strahlen Lucans Figuren und Hannibal Ausweglosigkeit aus und beanspruchen für ihr Individuum absolute Geltung in der Geschichte;[784] Scipio als der Hauptheld der *Punica* liegt mit seiner Charakterzeichnung jedoch in der Mitte zwischen den Extremen der Antriebskräfte.[785]

5.2.4 Selbstreferentielle Inszenierung des Dichters

Weder ist in der Ekphrasis des Tempels und seiner Türbilder ein bildender Künstler genannt, der als Vergleichsfolie für den Dichter fungieren könnte,[786] noch gibt es einen Hinweis auf dichterische Tätigkeit oder den Dichter als Person; stattdessen unterdrückt die passive Angabe *caelantur* jegliche Assoziation einer Persönlichkeit. Allenfalls über den konstruktiven Aspekt der Beschreibung, der ein Gebäude mit seinem Schmuck vor dem Auge von Rezipienten imaginiert, ist allgemein und indirekt die dichterische Leistung fassbar:[787]

Visualisiert wird die Tempelanlage insgesamt durch die Angabe des Ortes in Gades V 4 sowie durch *clavigeri...numinis aras* V 14. Eine räumliche Dimension erzeugt die Nacherzählung der Erbauung des Heiligtums und eine zeitliche der Hinweis auf das hohe Alter des Tempels

---

[783] KISSEL in [189], S. 220-2.

[784] Vgl. z. B. die bei Hannibal und Lucans Caesar und Pompeius (z. B. 1,120) zu findende Idee der *aemula virtus*, welche die Figuren untereinander verbindet; Hinweis bei KISSEL in [189], S. 156 Anm. 180.

[785] KISSEL in [189], S. 209f.

[786] Vgl. das unpersönliche *caelantur* V 34.

[787] Hingewiesen werden soll jedoch auf die Niederbrennung des Tempels von Liternum bei Cumae Sil. 6,653-716, die sich eventuell als literarische Vernichtung des dort auf den Bildern dargestellten Naevius und des Vergil über das Motiv der Beschreibung von Bildern an einem Tempel in Cumae deuten lässt.

ohne Erneuerung;[788] belebt wird das Gebäude durch die Beschreibung des Kultpersonals V 21-32.[789] Die Türbilder bieten Hinweise auf bildende Kunst durch die Bezeichnung als künstlerischer Akt mit *caelantur* V 34, die Ortsangabe *in foribus* V 32, Ortsadverbien und Präpositionen[790] sowie die Assoziation von (glänzendem) Material;[791] hinzu kommt die plastische Ausdrucksweise,[792] das Fehlen von Bewegungsverben, statt derer statische und ergebnisorientierte Verbformen verwendet werden,[793] die Parataxe der Bildthemen, die als Imitation der additiven Leseweise von z. B. Friesbildern verstanden werden kann, sowie das Thema der Türbilder, da die Darstellung der Taten des Hercules durchgängig ein beliebtes Thema in der bildenden Kunst gewesen ist.[794] Eventuell gehört hierhin auch die Möglichkeit, die Ekphrasis der Meeresspiegeländerung mit Auswirkungen für die im bzw. auf dem

---

[788] Vgl. *impositas, condentum...manus* V 17-9 und *durare trabes, solasque per aevum condentum novisse manus, deum denmium repellere templis* V 18-20. Diese Motiv verbindet den Herculestempel in Gades im Übrigen mit dem Apollotempel in Utica, dessen hohes Alter ebenfalls durch Balken aus der Gründungszeit angezeigt wird; vgl. *trabes durant* Plin. *nat.* 16,216. Auf diese Weise steht die älteste phönizische Kolonie auf tunesischem Boden, die später an Karthago fiel, im Hintergrund des Tempels in Gades, was ihn in engeren Bezug zu seinem Besucher Hannibal setzt, und wird die Nennung von Utica Sil. 3,241f. zu Beginn des Katalogs der Richtung Pyrenäen ziehenden Städte und Völker vorbereitet; vgl. auch die dortige Betonung des hohen Alters der Stadt und ihres Bezugs zu Karthago und für die Aussagen zu Utica HUSS in [176].

[789] Auffällig ist, dass es keinerlei Materialangaben für das Bauwerk gibt, dafür aber die Kleidung des Kultpersonals umso genauer beschrieben ist.

[790] *Iuxta* V 38, *super* V 41 und *inter* V 43.

[791] *Aeripedis* V 39 und *fulget* V 43.

[792] *Patulo hiatu* V 34 und *bimembres* V 41.

[793] *Recisis* V 32, *iacet* V 33 *elisa* V 33, *tractus* V 36, *vinci, strati* V 40f., *sacratis* V 43.

[794] Über die Anzahl, Auswahl und Reihenfolge der Taten und ihre Kanonisierung einen Überblick zu geben, führt an dieser Stelle zu weit; die Sil. 3 genannten Taten bieten keinen Anhaltspunkt für einen zeitlichen Hinweis oder ein konkretes Gebäude. Siehe LIMC 4 und 5 unter den Lemmata „Herakles" und „Hercle", den Kommentar von BOARDMAN in LIMC 5,1, S. 5-7 und S. 15-7 sowie BROMMER in [38] und [39] sowie prominente Beispiele wie die Metopen mit mindestens elf Taten am athenischen Schatzhaus in Delphi um 490 v. Chr., die zwölf Metopen des Zeustempels in Olympia um 460 v. Chr. oder die neun Taten am Hephaisteion in Athen um 445 v. Chr.

Wasser befindlichen Kreaturen als Abbild der Natur zu verstehen, die in Gegensatz zu der vorigen Ekphrasis von bildender Kunst tritt, da beide Beschreibungen unter dem Gegensatz von Statischem und Bewegten dargeboten werden.[795]

Dagegen sprechen jedoch die Zeitangaben,[796] inhaltlichen Kommentare und Gegenüberstellungen,[797] emotionalen Handlungen,[798] die räumliche Angabe, die von einer Verbform statt von Adverbien oder Präpositionen gemacht wird,[799] der akustische Verweis *saevis latratibus* V 35, der konstante Gebrauch des Präsens, der belebende Wirkung hat,[800] sowie die Personifikationen[801] und die Metonymie *pestis Erymanthia* V 38.

---

[795] Vgl. die vielen Bewegungsverben V 45-60 und besonders die sprachliche Nachahmung der Wogen z. B. V 60 *fertque refertque fretum.*
[796] *Tum primum* V 36, *nunc* V 42.
[797] *At* V 35, *nec levior* V 40, *genus deforme* V 41, *ingentemque animam* V 44.
[798] *Terrens* V 35, *indignatur, metuit* V 37.
[799] *Ramos superantia cornua cervi* V 39.
[800] *Iacet* V 33, *caelantur* V 34, *indignatur, metuitque* V 37, *fulget* V 43, *rapiunt* V 44.
[801] *In foribus labor Alcidae* V 32, *ramos superantia cornua cervi* V 39, *fulget Oeta* V 43, *rapiunt ad sidera flammae* V 44.

6 Schlussbetrachtung

6.1 Zusammenfassung der Einzelergebnisse

Die sechs Textpassagen, die szenische Türbilder beschreiben und ihre Einzelthemen konkret benennen, wurden neben ihrer verschiedenen Gattungszugehörigkeit anhand von fünf Aspekten untersucht und in ihrer Funktion unterschieden. Im Zentrum stand die Analyse der jeweiligen narrativen Funktionalisierung und politischen Aufladung des Motivs sowie der Darstellung dichterischer Leistung innerhalb der Ekphrasis. Hinzu kamen die Frage nach einem zusätzlichen Assoziationsraum, den das Motiv des Tempels bzw. der Tür eröffnet, und nach einer semantischen Bedeutungsebene, die sich durch die sprachliche Stilisierung und Auswahl der einzelnen Beschreibungselemente ergibt.

Folgende Ergebnisse habe die Analysen der letzten drei Kapitel erbracht:

Die vier epischen Ekphraseis Verg. *Aen.* 6, Ov. *met.* 2, Val. Fl. 5 und Sil. 3 sind Paradetexte für eine narrative Funktionalisierung, die bei den letzten beiden Beispielen sogar den Schwerpunkt darstellt: Die Beschreibung des Gebäudes und seiner Türbilder ist jeweils durch vielfältige Bezüge für den Handlungsstrang nutzbar gemacht und entsprechend fest in den engeren und weiteren Erzählduktus eingebaut; besonders die Türbilder bieten dabei eine Fläche für Referenzen zum Kontext. So werden Bezüge zum Gebäudeinhaber und Handlungsfiguren hergestellt, Verg. *Aen.* 6 und Sil. 3 auch Vergleichsfiguren für Äneas und Hannibal vorgestellt; es wird innerhalb der Handlung vor- und zurückverwiesen, was Verg. *Aen.* 6 und Ov. *met.* 2 als Variation von Grundmotiven geschieht, Val. Fl. 5 als Präsentation von Handlungsoptionen, die gleichzeitig den Handlungsverlauf negativ einfärben, und Sil. 3 u. a. als Motivation der Alpenüberquerung.
Bei allen vier Textpassagen nutzt die Tür mit ihren Bildern ihre übertragene Bedeutung als Abschluss von Bisherigem, als Einstieg in neue Thematik und als perspektivische Rahmung für Kommendes; jedesmal

ist damit auch ein Wechsel des Schauplatzes verbunden, so dass die Tür im übertragenen Sinne als Tor zur Unterwelt, zum Himmel, zur Stadt Kolchis und (über die Alpen bzw. Unterwelt) nach Italien und damit als Möglichkeit zur Grenzüberschreitung fungiert. Hinzu kommt, dass die Orte z. T. selbst in Bezug zu anderen Handlungsstationen treten und damit als besondere Landmarken stilisiert sind: Cumae Verg. *Aen.* 6 ist Gegenbild zu Karthago *Aen.* 1, Gades Sil. 3 ist Pendant zu Sagunt Sil. 2. Auffällig ist des Weiteren, dass intertextuelle Referenzen die Türbildekphrasis Ov. *met.* 2 als Alternative zum traditionell epischen Motiv der Schildbeschreibung und Sil. 3 als speziell vergilisches Rezeptionsphänomen stilisieren, während sie Val. Fl. 5 intensiv zur Szenenkommentierung und Personencharakterisierung dienen.

Deutlich wird mit dieser Zusammenfassung, dass die Ekphrasis den Rezipienten einen Reflexionsraum eröffnet, innerhalb dessen die präsentierten Bilder in Bezug zu Bisherigem gesetzt werden und eine Erwartungshaltung für Folgendes erzeugt wird. Möglich ist dies nicht nur durch verschiedene intra- und intertextuellen Signale, sondern auch durch einen Handlungsstopp, der eine Retardation und damit Betonung der Wichtigkeit des Folgenden bewirkt. Die Tür mit ihren Bildern ist also im übertragenen Sinne ein Stoppschild, das – zumindest Rezipienten – zum Innehalten und zur gedanklichen Beschäftigung mit dem Epos auffordert.

Die Besonderheit des ersten Textes Verg. *georg.* 3 ist die Darstellung dichterischer Leistung und Eröffnung eines selbstreferentiellen Assoziationsraumes: Mithilfe der Tempelarchitektur und der Türbilder wird zukünftige dichterische Leistung dargestellt, ein Sieg über dichterische Vorgänger sowie die Beherrschung literarischer Tradition inszeniert und dichterische Konstruktivität pointiert ins Bild gesetzt. Diese Ebene ist auch Prop. 2,31 über die Konnotation der palatinischen Bibliothek als Garant für dichterischen Ruhm vorhanden. In beiden Texten ist wahrzunehmen, dass sie sich u. a. mit Bezug auf die Leistung bzw. Rolle von bildender Kunst und Architektur positionieren. Bei den folgenden epischen Türbildbeschreibungen spielt die Darstellung dichterischer Leistung eine untergeordnete Rolle, da sie nur indirekt über die bildenden Künstler Dädalus bzw. Mulciber und ihre Kunstwerke (Verg. *Aen.* 6 und Ov. *met.* 2) oder allenfalls über die allgemein konstruktive Imagination der Ekphrasis (Val. Fl. 5 und Sil. 3) präsent ist.

Die ersten vier Türbildbeschreibungen sind außerdem deutlich mit politischem Gehalt und Octavianpanegyrik aufgeladen: Die Ekphrasis Verg. *georg.* 3 preist Octavian als Frieden bringenden Triumphator und Kosmokrator, als Euergeten und Stadtgründer, divinisiert ihn und weist auf Italien als Überrest und Keimzelle des goldenen Zeitalters, für das wiederum Octavian Garant ist. Die Beschreibung des palatinischen Gebäudekomplexes Prop. 2,31 kreist um die implizite Frage, ob solch eine panegyrische Anlage auch einen Elegiendichter zur Verherrlichung der Taten des Octavian und Apollo herausfordert. Die Ekphrasis Verg. *Aen.* 6 verweist auf den palatinischen Apollotempel und die sibyllinischen Bücher, setzt sich mit dem Ende der Bürgerkriege und der beginnenden Friedenszeit auseinander und stilisiert sogar Cumae als religiöse Keimzelle Roms. Die Türbilder Ov. *met.* 2 präsentieren dagegen eine von der des palatinischen Apollotempels unabhängige, neue politische Aussage: Nicht Strafe und Leid sind abgebildet, sondern sorgloser Friede; dieser Zustand ist weiterhin mit Augustus verbunden, doch wird seine Herrschaft nun kosmisch eingeordnet. Bei den letzten beiden Türbildbeschreibungen Val. Fl. 5 und Sil. 3 können zwar die jeweiligen Gebäudeinhaber Sol und Hercules allgemein mit den flavischen Kaisern und ihrer politischen Programmatik in Verbindung gebracht werden, doch fehlen Hinweise, diese Verbindung auch in den entsprechenden Textpassagen zu assoziieren.

Schließlich ist festzuhalten, dass die Türbildbeschreibungen immer mit einer (mehr oder weniger ausführlichen) Gebäudebeschreibung, z. T. auch mit einer Ekphrasis des Ortes kombiniert sind. Während sie Verg. *georg.* 3 und Prop. 2,31 nur Teil der ausführlichen Tempelekphrasis und in deren Konzept eingebunden sind, werden sie in den epischen Zeugnissen zum wesentlichen Element, indem sie dort zur narrativen Aussagefläche funktionalisiert sind. Hervorzuheben ist in diesem Kontext das hohe semantische Bedeutungspotential der beiden

Textpassagen Verg. *Aen.* 6 und Ov. *met.* 2: Ihre Vielschichtigkeit, die durch die Möglichkeit einer narrativen, politischen und poetologischen Assoziationsebene entsteht, wird um die Konnotationen von „Tempel" und „Tür" wesentlich erweitert; sie sind zusätzlich angereichert, indem ihnen durch eine ähnliche Semantik von Zitaten und Stilisierungen Bedeutungsräume erschlossen werden können, wie sie HÖLSCHER für die bildende Kunst und SCHMIDT für die horazische Sabinumdichtung und Jambik gezeigt haben. Ein ähnliches Potential, besonders hinsichtlich der Tempelarchitektur, weist die Ekphrasis Verg. *georg.* 3 auf. Dass das semantische Verweissystem auch in der Beschreibung Sil. 3 greift, ist aus der Perspektive seiner engen Vergilnachfolge und starken Prägung durch die Ekphrasis Verg. *Aen.* 6 zu sehen. Insgesamt ist damit der Formierungsprozess zu einem epischen Formular zu beobachten: Die ersten vier Türbildekphraseis stehen in augusteischem Umfeld und setzen sich programmatisch mit zeitgenössischen Ereignissen sowie speziell den Türbildern am palatinischen Apollotempel und Octavian/Augustus auseinander. Der besonders bei den beiden nichtepischen Zeugnissen festzustellende dichterische Selbstreflexionsraum wird zwar Verg. *Aen.* 6 und Ov. *met.* 2 aufgenommen, doch deutlich einer narrativen Funktionalisierung für den epischen Kontext untergeordnet; diese tritt v. a. bei den beiden letzten Beispielen in den Vordergrund, bei denen die Beschreibung von Türbildern neben der anderer Bildträger als topisches Element eingesetzt ist.

6.2 Entstehen und Verschwinden eines Motivs

Zur Entstehung des Ekphrasismotivs „Türbilder" lassen sich von literarischer Seite zwei Aspekte ausmachen:
1. Pind. *P.* 6 ist Vorlage für die Funktionalisierung einer Gebäudefront als panegyrische Projektionsfläche und Bereitstellung einer poetologischen Aussageebene durch die Allegorie eines dichterischen Gebäudes. In dem Epinikion wird im übertragenen Sinn für eine folgende Dichtung und zum ewigen Lobpreis eines siegreichen Herrschers ein

Schatzhaus mit Siegesdarstellungen an der Front errichtet, bei dem ein Tempel assoziiert werden kann. Eine ähnliche Allegorie findet sich Enn. *Ann.* 411-3 VAHLEN, wo Könige danach streben, sich im *nomen* verkörperten Ruhm zu erbauen, doch ist hier der Kontext schlecht überliefert.

2. Das Motiv reiht sich in die Ekphrasis- und Epostradition ein: Die Beschreibung von Türbildern kann einerseits in die von ausgefallenen und neuartigen Kunstwerken eingeordnet werden, die besonders aus dem Umfeld hellenistischer Panegyrik bekannt sind;[802] andererseits knüpft sie sowohl an die epischen Kunstwerkekphraseis wie den Schild des Achill Hom. *Il.* 18 als auch die typischen Gebäudebeschreibungen an, die zum Szenentypus der „Ankunft eines Fremden am Palast" gehören und entsprechend mit einem Neueinsatz der Handlung verbunden sind. Zu Beispielen dieser epischen Ekphrasisarten konnten bei der Analyse der einzelnen Türbildbeschreibungen deutliche intertextuelle Referenzen festgestellt werden.

Gleichzeitig stellt sich gerade durch die epische Ekphrasistradition die Frage nach der Notwendigkeit bzw. nach dem Mehrwert des „neuen" Motivs der Türbilder, bei deren Beantwortung drei Komplexe zu berücksichtigen sind:

1. Tempeltürbilder unterscheiden sich von den typisch epischen Beschreibungsmotiven im jeweils evozierten Kontext: Waffen gehören in militärisches Umfeld, Becher, Gewänder und Spangen sind kleine Alltagsgegenstände, bei Tempeltüren sind besonders die monumentalen, sakralen, sieghaften und sinnstiftenden Assoziationen hervorzuheben sowie die Funktionen, Örtlichkeiten zu markieren, Handlung zu stoppen und neu zu eröffnen; dabei ermöglicht eine Tür durch ihre übertragene und konkrete Bedeutung, sie in besonderer Weise in den Kontext zu integrieren und narrativ zu funktionalisieren.[803] Somit lässt sich über das Ekphrasismotiv selbst eine Aufladung der Bildaussagen und des Kontextes erreichen, die bei den anderen Motiven nicht gegeben ist.

---

[802] Vgl. 2.2 S. 14 Anm. 25.
[803] Ausführlicher hierzu siehe die Zusammenstellung in 2.2, S. 8-10.

2. Durch die Vorlage Pind. *P.* 6 und die beiden ersten nichtepischen Zeugnisse Verg. *georg.* 3 und Prop. 2,31 ist zusätzlich eine poetologische und panegyrische Bedeutungsebene erschlossen, die sich auch in den ersten epischen Beispielen findet – mit den Türbildern ist eine neue Form für dichterische Aussagen außerhalb der typischen Platzierung im Proömium gegeben.

3. Die Existenz von Tempeltürbildbeschreibungen ist auch ein Produkt ihrer Zeit. Das auffällige Architekturdetail taucht nahezu gleichzeitig in der bildenden Kunst (am palatinischen Apollotempel) und in der Literatur in jeweils hochpolitischem Kontext auf; allgegenwärtig sind zu diesem Zeitpunkt die oben aufgezählten Konnotationen von Monumentalität, Sakralität, Sieg, programmatischer Selbstdarstellung und euergetischer Inszenierung.[804] Zu Beginn des Jahres, in dem die *Georgica* veröffentlicht werden, werden das erste Mal seit Jahrhunderten die Türen des Janustempels geschlossen, im darauf folgenden Jahr 28 v. Chr. wird der palatinische Apollotempel geweiht, womit die Beschreibungen von Tempeltürbildern auch zum Instrument zeitgenössischer Herrschafts- und Leistungsdarstellung werden und die Konnotation erhalten, das Ende von Krieg und den Beginn von Frieden darzustellen.[805] Natürlich schafft sich Dichtung ihren Raum für Beschreibungen selbst, doch wird die Wahl des Motivs dadurch unterstützt, dass es im Erfahrungshorizont der Rezipienten liegt; hierhin gehört ebenso die Semantik der dichterischen Zitate und Stilisierungen, welche der von HÖLSCHER für die bildende Kunst aufgezeigten ähnelt.

Diese Punkte binden das Türbildmotiv an ähnliche Phänomene an, heben es aber gleichzeitig auch von ihnen ab, sogar wenn diese z. B. ebenfalls im Tempelkontext stehen:
Macrobius berichtet von den Fasten des M. Fulvius Nobilior am Tempel des *Hercules Musarum* in Form eines Kalendergemäldes,[806] in dem

---

[804] Ausführlicher hierzu siehe die Ausführungen in 2.2, S. 13f.

[805] Zur möglichen Funktion von Türbildern, Repräsentationsbauten östlicher Herrscher zu zitieren und damit in einem Schmuckelement die erreichte Herrschaft über Ost und West darzustellen, siehe den abschließenden Ausblick in 7.1.

[806] Siehe Macr. *Sat.* 1,12,16 und RÜPKE in [290], bes. S. 331-68.

die *dies natales templorum* der von siegreichen Feldherren gegründeten Tempel und nach und nach auch die Konsuln und Zensoren verzeichnet waren; der Kontext eines Heiligtums, der als Versammlungsort der Dichter bestimmt war, stellte erstens eine Aufforderung zu historischer Dichtung dar, was in deutlicher Nähe zu den Türbildern Verg. *georg.* 3 und Prop. 2,31 steht, und zweitens eine Raumgewinnung für politische Öffentlichkeit und aristokratischen Wettbewerb, die so erfolgreich war, dass hieran auch ein zweites Beispiel anknüpft: Die Weltkarte des Agrippa an der Wand der Porticus Vipsania auf dem Marsfeld, deren literarisches Pendant die Italienkarte am Tempel der Tellus Varro *rust.* 1,2,1f. ist.[807] Beide Darstellungen sind darüber hinaus Ausdruck der Idee, Herrschaft fassbar zu machen bzw. Herrrschaftsbereiche darzustellen, sie gleichsam zu inventarisieren,[808] was enge Verbindungen z. B. zur Türbildbeschreibung Ov. *met.* 2 aufweist.[809]
Trotz der Gemeinsamkeiten unterscheidet sich das Türbildmotiv jedoch von den Beispielen eben darin, dass es in besonderer Weise in

---

[807] Hauptquelle für Agrippas Weltkarte ist Plin. *nat.* 3,17, einen Überblick über die Anlage sowie antike und moderne Literatur bietet COARELLI in [57], S. 151-3. Der Italienkarte bei Varro folgt ausführliche Panegyrik des Landes Italien, wodurch ihr die Funktion einer Vignette, eines bildnishaften und verdichtenden Elementes innerhalb einer Italien-patriotischen Programmatik zukommt; für ähnliches Italienlob zur selben Zeit, aber ohne Bildelement, siehe die *laus Italiae* Verg. *georg.* 2,136-76, Dion. Hal. *ant.* 1,36f., Vitr. 6,1,10f. und später Plin. *nat.* 3, bes. 3,38-74.

[808] In der bildenden Kunst ist als ähnliches Phänomen z. B. auf das Nilmosaik von Präneste hinzuweisen, wie es COARELLI in [56], S. 24 tut; zum Mosaik selbst siehe MEYBOOM in [236]. Zur Frage der „Inventarisierung" des römischen Herrschaftbereiches siehe NICOLET in [247] (S. 109-31: Agrippa), zu antiken Karten allgemein DILKE in [68] (S. 39-54: Agrippa) und zur Einordnung der Karte des Agrippa in eine Reihe von Vorgängern und Nachfolgern wie die Karten von Eratosthenes, Hipparchos von Nikaia sowie Marinos und Ptolemios und kaiserzeitliche Itinerarien bzw. Reiseführer wie die *Tabula Peutingeriana* mit Straßennetz von Spanien bis Indien oder das *Itinerarium maritimum Antonini Augusti* mit Entfernungsangaben von Häfen und Inseln im Mittelmeer sowie Kurzbeschreibungen siehe WISEMAN in [358].

[809] Für den griechischen Raum ist z. B. auf Bilderreihen zu verweisen, wie sie von der Stoa poikile in Athen und der Lesche der Knidier in Delphi bekannt sind; interessant ist darüber hinaus das Iobakchenheiligtum in Athen, wo eine Säule des Saalbaus die Vereinssatzung trug, womit auch metaphorisch die tragende Rolle der Statuten ersichtlich ist. Siehe hierzu SCHÄFER in [294], S. 188.

den Erzählkontext eingebunden werden kann, indem es seine konkrete und übertragene Bedeutung nutzt. Als Paradebeispiel sei auf Ov. *met.* 2 verwiesen, wo die Ekphrasis genau zwischen der Ankunft des Phaethon an der Tür und seinem Eintritt in den Palast steht und glatt in die Handlung eingefügt ist, die mit *quo...venit et intravit* wieder einsetzt; damit vertreten die Türbilder das Tor zum Himmel und die Tür zum Palast, und die Tür nutzt ihre übertragene Bedeutung, den Beginn der Haupthandlung im Bild zu umschreiben.

Übrig bleibt, eine Erklärung für die relativ kurze Existenz des Türbildmotivs in der (epischen) Ekphrasistradition zu wagen: Sieht man vom schlechten Überlieferungszustand des griechischen und römischen Epos insgesamt ab, wodurch die Testimonienlage verzerrt sein kann, ist neben den bisher vorgestellten Aspekten auch auf zeitgenössische Tendenzen in der Architektur wie die Entwicklung des römischen Frontaltempels hinzuweisen,[810] der als zusätzlicher Faktor dafür denkbar ist, dass Beschreibungen szenischer Türbilder vorher in der griechischen Literatur fehlen. Ist mit der obigen Zusammenstellung der besondere Charakter des seltenen Motivs deutlich geworden, liegt darin auch eine Möglichkeit, das rasche Ende zu erklären: Die Türbilder sind so sehr ein augusteisches Phänomen, in ihren politischen Bezügen so mit Octavian/Augustus verbunden und in ihrer selbstreferentiellen Bedeutungsebene geradezu Ausdruck des dichterischen Selbstverständnisses dieser Zeit, dass eben diese Assoziationsräume bei den späteren Belegen fehlen bzw. kaum noch wahrzunehmen sind. Das Motiv ist zwar in die Epostradition eingebunden und daher auch als topisches Element in starker narrativer Funktionalisierung bei Valerius Flaccus und Silius Italicus zu finden, hat aber seine Besonderheit eingebüßt. Für diese nun eher beliebigen Variationen des Beschreibungselementes eröffnet sich eine zusätzliche Bedeutungsebene v. a. durch den intertextuellen Bezug auf die epischen Vorbilder Verg. *Aen.* 6 und Ov. *met.* 2.

---

[810]Natürlich gab es auch vorher Schauseiten der Tempel z. B. durch ihre jeweilige Ausrichtung oder den Giebelschmuck, doch sind archaische und klasssiche griechische Tempel vom Grundsatz der Allansichtigkeit geprägt.

7 Anhang

7.1 Tür und Türbilder in der archäologischen Überlieferung

Abbildung 1: Françoisvase

Abbildung 2: Hölzerne Cellatür, Isistempel von Kenchreai

Die archäologische Testimonienlage für Türen in der griechisch-römischen Antike lässt sich kurz und knapp umreißen: Direkte Zeugnisse für Türrahmen gibt es wenige,[811] für Türschwellen im Vergleich dazu recht viele,[812] und für die uns interessierenden Türflügel nur eine kleine überschaubare Anzahl.[813] Unser Wissen über dieses architektonische Bauteil beruht daher zu einem großen Teil auf indirekten Zeug-

---

[811] Siehe z. B. die monumentalen Überreste eines Tempeltores auf der Insel Naxos, die delphischen Schatzhäuser oder das Gebäude der Eumachia in Pompeji; weitere griechische Zeugnisse sind in BÜSING-KOLBE in [45] zusammengetragen.

[812] Z. B. in Ostia am Kapitol und am Isistempel in Pompeji; literarische Belege bieten z. B. Liv. 10,23,12 (Bronzeschwellen am Kapitol) und Verg. Aen. 8,720 (Marmorschwelle am palatinischen Apollotempel).

[813] Bei der Suche nach tatsächlich erhaltenen Türen oder Türflügeln bin ich auf insgesamt 28 Exemplare gestoßen, was ich nicht mit dem Anspruch auf Vollständigkeit hier nenne, sondern um eine ungefähre Größenordnung anzugeben: Sieben hölzerne aus dem 1. bis 4. Jh. n. Chr. (Haus, Laden, Tempel, Schiffsaufbauten), fünf bronzene aus v. a. dem 3./4. Jh. n. Chr. (Kurie, Romulustempel, unbekannte antike Anbringungsorte), eine bronzene Gittertür aus dem 1. oder 4. Jh. n. Chr. (unbekannter Anbringungsort) und 15 Marmortüren vom 5. Jh. v. Chr. bis zum 2. Jh. n. Chr. (Gräber; v. a. in diesem Bereich dürften wohl noch mehr Testimonien erhalten sein, die aber, wenn der Rückschluss vom erhaltenen Material erlaubt ist, keine wesentliche Varianz darstellen). Vgl. dazu auch die Abbildungen in diesem Kapitel sowie die Ausführungen S. 249-51; dabei sind die ausgewähl-

nissen wie Nachbildungen in der Reliefkunst, Malerei, Keramik und literarischen Belegen.[814] Der Grund für die schlechte Überlieferungslage dürfte hauptsächlich auf das vergängliche Material der Türflügel zurückzuführen sein, die wohl zumeist aus Holz gefertigt waren,[815] seltener aus Bronze,[816] Elfenbein[817] oder Marmor.[818] Auf diesem Korpus waren Verzierungen in Form von ornamentalen Bronzebeschlägen, Nägeln, Buckeln, Türziehern oder auch Gittern üblich,[819] am Asklepiostempel in Epidauros[820] z. B. auch in Form von Elfenbein- oder Holzintarsien.[821] Wichtig ist außerdem die Rahmung und Untergliederung

---

ten Bilder als eine in Bezug auf die dargestellten Typen repräsentative Auswahl aus Originaltüren, Wandmalerei, Keramik, Staatsrelief, Münzen und Grabkunst gedacht.

[814] Einen Überblick über die verschiedenen Bezeichnungen der einzelnen Türelemente bietet EBERT in [78], Sp. 740f.

[815] Siehe z. B. die Türen in den makedonischen Kammergräbern, die im Relief Holztüren nachahmen (vgl. GOSSEL in [128], S. 54), die Beschreibung der Türen in Odysseus' Haus (Flügel, Rahmen und Schwelle aus Holz, ohne jeglichen Schmuck) Hom. *Od.* 17,339-41, 21,137 und 22,126-8 (weitere griechische Textstellen zusammengetragen von KLENK in [190], S. 35f.), die Janustempeltür bei Verg. *Aen.* 7,609f. (*aeternaque ferri robora*) oder den Aschenabdruck von Türen in Pompeji („Haus mit dem schönen Impluvium" Reg. 1, Ins. 9, Nr. 1; „Haus der Sittier" Reg. 9, Ins. 7, Nr. 3).

[816] Siehe Paus. 5,11,4f. (Cellatür des Zeustempels von Olympia).

[817] Aufgrund ihres Kontextes historisch gesichert (vgl. S. 261-4) sind die Beschreibung der Türen des Minervatempels von Syrakus Cic. *Verr.* 2,4,124 als chryselephantines Werk (*valvas magnificentiores ex auro atque ebore perfectiores*) und des palatinischen Apollotempels Prop. 2,31,13-5 (*valvae, nobile dentis opus*); vgl. auch Anm. 821 und 917.

[818] Vgl. z. B. zu den Königsgräbern in Vergina ANDRONICOS in [12] oder zum Tumulus in Langaza MACRIDY in [219].

[819] Für einen zeichnerischen Überblick zu den im römischen Bereich verwendeten Verzierungen siehe DURM in [77], Abb. 377-87; für Beispiele speziell zu Makedonien siehe z. B. GOSSEL in [128], S. 54 und MILLER in [241], Rekonstruktionszeichnung 1-3 (Nachbildungen in Gräbern), zu Griechenland allgemein KLENK in [190], S. 37f., zu Etrurien POTTIER in [273], S. 607 (Urnen in Hausform) und zur römischen Zeit meine Abbildungen 3-13.

[820] Vgl. die Bauinschrift IG 4^2,102 bzw. LAUTER und SEMMLINGER in [209], S. 38-55, V 44f. und 64f. Dieses Textzeugnis ist auch insofern wichtig, als es detaillierten Aufschluss über Materialien, Bauteile und Arbeitsschritte bei der Türherstellung bietet.

[821] Bei dichterischen Aussagen ist es aufgrund der Möglichkeit einer Metonymie

  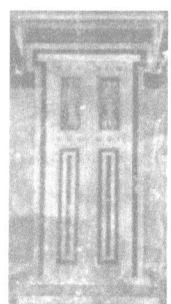

Abbildung 3: Abbildung 4: Abbildung 5:
Wandmalerei aus Boscoreale und Oplontis

der Türflügel gewesen: Alle erhaltenen direkten und indirekten Zeugnisse zeigen durch gemalten oder zusätzlich angebrachten Schmuck eine Unterteilung der Tür in Felder, und der Rahmen mit seinem eigenen Schmuck[822] klassifiziert die gesamte Tür in eine bestimmte Architekturordnung, ähnlich wie es von Tempeln her bekannt ist.[823] Der Vollständigkeit halber sei noch angeführt, dass erstens antike Türen in

---

unmöglich, eindeutig zu entscheiden, ob eine Materialangabe für die Türen selbst, den Schmuck auf ihnen oder sogar den Bewohner des Gebäudes, zu dem die Türen gehören, steht, da häufig alle drei Aspekte von Bedeutung sind; vgl. z. B. Ov. *met.* 2,4 (*argenti bifores radiabant lumine valvae*) sowie die Beispiele Anm. 917.

[822] Z. B. Pfosten, Schwelle, Hyperthyron, Kapitelle, Zierleisten, Faszien, Geison, Kyma, Eierstäbe, Astragale, Bemalung, Verjüngung usw., aber auch bildlicher Schmuck, wie die marmorne Türlaibung der Cella des palatinischen Apollotempels mit Dreifüßen, aus denen Ranken hochwuchsen; vgl. ZANKER in [367], S. 92 und CARETTONI in [49], S. 265. BÜSING-KOLBE in [45], S. 169 weist darauf hin, dass die Verkleidung eines Holzrahmens mit Metallarbeiten (siehe z. B. die Bronzeoxidation an den Laibungsleisten des Athener-Schatzhauses in Delphi oder der Osttür des Erechtheions in Athen) nicht nur aus ästhetischen Gründen geschehen sein wird, sondern auch eine technische Notwendigkeit war, um das Holz nicht direkt den Witterungseinflüssen auszusetzen. Dass sich diese Annahme genauso auf die Türflügel übertragen lässt, hat schon KLENK in [190], S. 37 festgestellt.

[823] Grundlegend für eine Typologisierung von griechischen Türrahmen ist BÜSING-KOLBE in [45]; literarische Zeugnisse zu Türrahmen aus den homerischen Epen sind besprochen von DRERUP in [74], Abschnitt O 110f.; zu etruskischen Gräbern siehe PRAYON in [274], S. 98-107.

der Regel zweiflüglig gewesen sind und vermutlich bei Privathäusern nach innen aufgingen, bei öffentlichen Gebäuden und Tempeln meist nach außen;[824] und zweitens sind statt einer Tür bei Schatzhäusern auch bronzene Gitter vor dem Türrahmen nachgewiesen, die die Betrachter einerseits auf Distanz hielten, andererseits ihnen den Anblick der ausgestellten Stiftungen ermöglichten.[825]

Von bildlichem Schmuck auf Türen abgegrenzt werden müssen schließlich Dedikationsinschriften,[826] Segenssprüche oder Unheil abwehrende Symbole im Türbereich,[827] Willkommensgrüße durch ein geschriebenes *salve*,[828] sowie der Brauch, im Bereich der Eingangstür Spolien, Ahnenbilder oder sonstige Hinweise auf den Lebenslauf des Bewohners anzubringen.[829]

---

[824] Siehe KLENK in [190], S. 14-9 und BÜSING-KOLBE in [45], S. 67 Anm. 1: „Nahezu alle Türen der Antike hatten zwei Flügel. Nur sehr kleine Türen und solche anspruchsloser Gebäude waren einflüglig, wie man überhaupt zwischen repräsentativer Architektur – der in viel größerem Umfang erhaltenen – und Gebrauchsarchitektur unterscheiden muß". Ergänzend dazu Vitr. 4,6,5 *quadrifores* und der Befund in Pompeji von so großen Schwellen, dass man von vier Flügeln ausgeht; siehe auch die teilweise erhaltene Falttür in Herculaneum (III,11) und Abb. 3. Für den Öffnungsmechanismus Vitr. 4,6,6 *aperturas habent in exteriores partes* heranzuziehen, ist eine unzulässige Verallgemeinerung seiner Aussage über die „attische" Türform und, wie KLENK schon in [190], S. 18f. bemerkt, für den Verkehr in Rom wohl kaum vorstellbar; vgl. ebenso POTTIER in [273], S. 607f., BLÜMNER in [30], S. 19 und als Beispiel für eine Ausnahme Plut. *Poblicius* 20. Eine Übersicht auch über die differierenden Schließmechanismen von Türen zu geben, führt an dieser Stelle zu weit vom eigentlichen Thema ab. Es sei nur soviel gesagt, dass es sowohl Schlüssel- als auch Balkensysteme gab. Siehe dazu z. B. den Abdruck eines Verschlusses in Pompeji, Reg. IX, Ins. VIII, Nr. 10 (*taberna*), Aen. 7,609 (Türen des Janustempels) und die bisher genannte Literatur.

[825] Siehe BÜSING in [45], S. 90f.

[826] Z. B. über die Tür im Fries Liv. 40,52.

[827] Vgl. für eine Auswahl an Testimonien BLÜMNER in [30], S. 15.

[828] Z. T. auch Begrüßung durch einen sprechenden Vogel, einen Hund mit ggf. darauf hinweisendem Schriftzug oder durch einen menschlichen *ianitor/ostiarius*; vgl. die Zeugnisse bei BLÜMNER in [30], S. 15f. und S. 28f., zu sprechenden Vögeln *Petron.* 28, Mart. 7,87,6 und Pers. *prol.* 8.

[829] Siehe z. B. Plin. *nat.* 35,7, Petron. 30,1, Suet. *Nero* 38,2 (Haus); Cic. *Phil.* 2,68; Gall. *carm. frg.* 3 BLÄNSDORF (*multorum templa deorum/ fixa legam spolieis deivitiora tueis*), Verg. *Aen.* 3,286f., 5,359f. und 8,720-2 (Tempel). Vgl. WISEMAN in [359], S. 98-100 (dort auch eine Auswahl der antiken Belegstellen) und allgemein zur Funktion WALLACE-HADRILL in [344], S. 38-61 sowie LINDSAY in [215].

Abbildung 6: Mattei Relief, *adventus Augusti*

Abbildung 7: Sesterz, Concordiatempel

Abbildung 8: Sarkophag, Odysseus und Argos am Palast

Unter den gesamten Testimonien hervorzuheben sind fünf der uns erhaltenen antiken Türen:[830]

1. Am bekanntesten ist die 5,80 m hohe und insgesamt 3,65 m breite Bronzetür der *curia*, die seit dem 17. Jh. am mittleren Portal von San Giovanni in Laterano angebracht ist (Abb. 9); die heute am ursprünglichen Platz auf dem Forum Romanum zu sehenden Türflügel sind moderne Nachbildungen (Abb. 10).[831] Die Türflügel sind jeweils in drei mal zwei längliche Kompartimente unterteilt, von denen die beiden mittleren ungefähr doppelt so lang sind wie die beiden oben und unten. Jedes Feld ist mit einem floralen Rahmen umgeben,[832] die

---

[830] Für eine Zusammenstellung der bis 1957 bekannten Türen von der Antike bis zur Romanik siehe HIEPE in [158]; die Mehrheit besteht dabei aus unverzierten Grabtüren. Die im folgenden genannten Testimonien sind nach drei Kriterien ausgewählt: Sie bieten ein bei HIEPE nicht erwähntes Exemplar, sie stehen stellvertretend für eine ganze Gruppe und/oder sie sind prominente Beispiele.

[831] Nach HUELSEN in [172], S. 110 fand man zum Zeitpunkt ihrer Versetzung, als die Türen für den Transport auseinandergenommen wurden, mehrere antike Münzen, unter denen auch eine des Domitian war. Eine ungefähre Datierung der Türen ist aufgrund der ansonsten fehlenden Berichte also nur mit zwei Prämissen möglich, wenn nämlich diese Domitiansmünze erstens das älteste Exemplar war (was der Autor leider nicht sagt) und sie zweitens während der ersten Anbringung der Türen an der *curia* dorthin gelangte. Für die Geschichte der Tür siehe auch COARELLI in [55], S. 65-7.

[832] Nach WALSH in [345], S. 45 ist dies eventuell erst eine Zutat aus der Renaissance, womit er HIEPE in [158], S. 71-4 widerspricht, der gerade durch diese Akanthusranken die Türflügel in ungefähr domitianische Zeit datiert.

Sechsergliederung ist durch kleine Buckelstränge unterstrichen, und jeder Flügel für sich ist mit einem umlaufenden Band gerahmt, das aus zwei sich abwechselnden Sternformen gebildet wird.[833]

2. Ebenso populär ist die 4,90 m hohe und insgesamt 3,02 m breite Bronzetür am sogenannten Romulustempel[834] auf dem Forum Romanum (Abb. 11), die zwar 1632 mitsamt ihren flankierenden Porphyrsäulen an die Nordseite des Gebäudes versetzt wurde, seit dem Ende des 19. Jh. aber wieder an ihrem ursprünglichen Platz hängt. Sie stammt noch aus der Zeit, in der das Gebäude unter Kaiser Konstantin errichtet worden ist,[835] und zeigt auf jedem Flügel eine Unterteilung in zwei Felder im ungefähren Verhältnis von 1 zu 2. Betont ist diese Gliederung durch ein umlaufendes Band von kleinen Buckeln und dadurch, dass die einzelnen Kompartimente nach innen durch einen weiteren Rahmen mit zwei Zierleisten plastisch zurückgesetzt sind.

3. Ein anderer Typ ist die 2,33 m hohe und 0,95 m breite bronzene Gittertür von der Albansschanze in Mainz (Abb. 13), ein 1845 bei Schanzarbeiten gefundener (linker) Türflügel, der von den Arbeitern in 200 Einzelstücke zerschlagen, von der Sammlung Nassauischer Altertümer zu Wiesbaden erworben und von HABEL rekonstruiert wurde. Die Tür ist im ungefähren Verhältnis 1 zu 2 gegliedert: Die obere Türfüllung besteht aus diagonalem Netzgitter, die untere aus schuppenartigem Bogengitter. Da weder die Tür als Ganzes noch ihre einzelnen Teile absolut datiert werden können, versucht HASSEL[836] eine relative Fixierung anhand des lesbischen (Herz-) Kymations, das auf dem Türrahmen innen umläuft. Stilistisch plausibel, aber vorsichtig

---

[833] Wahrscheinlich erst im 17. Jh. hinzugefügt worden, vgl. WALSH in [345], S. 50; dagegen wiederum HIEPE in [158], S. 61-71.

[834] Ob das Gebäude nun in Verbindung mit dem gleichnamigen Sohn des Kaisers Maxentius stand, wie es eine mittelalterliche Lokalisierung möchte, oder Heiligtum der Penaten war, ist für unseren Zusammenhang belanglos. Einen Überblick über die Geschichte und Forschungskontroverse bezüglich des Gebäudes bietet z. B. COARELLI in [55], S. 93f.; dort auch die weiteren Hinweise.

[835] Gesichert durch Inschriftenfragmente, die im 16. Jh. noch vorhanden waren und die den Senatsbeschluss und die Weihung durch den Kaiser bezeugt haben; HIEPE in [158], S. 25 hält jedoch aus stilistischen Gründen eine Entstehung in der frühen Kaiserzeit für wahrscheinlicher.

[836] HASSEL in [147], S. 148-52.

Abbildung 9: S. Giovanni in Laterano, Rom

Abbildung 10: Curie (Nachbildung), Rom

Abbildung 11: Romulustempel, Rom

formuliert, da anderweitige zeitliche Absicherungen fehlen, gelangt er so auf die Zeitspanne 40-70 n. Chr.[837]

4. Als Beispiel für eine sehr gut erhaltene Holztür dient die vom Isis-Tempel in Kenchreai (Abb. 2) aus der Zeit um 100 n. Chr. (5. Bauperiode der Tempelanlage), die sich heute im Museum von Isthmia befindet.[838] Am Südwestende des römischen Hafens von Korinth wurden vor der Front des Tempels inmitten mehrerer Holzteile die beiden 1,56 m hohen und gut 0,45 m breiten Türflügel gefunden, die wohl die Cellatür bildeten. Sie sind jeweils durch drei schmale und zwei lange rechteckige Felder, die dreifach zurückgesetzt sind, symmetrisch der Länge nach untergliedert und weisen außer Löchern für Eisennägel keine weiteren Verzierungshinweise auf.

5. Aufgrund ihrer „musikalischen" Besonderheit ist als Vertreterin der Grabtüren-Gruppe die „singende" Tür aus der Tomba del Colle in Chiusi zu nennen: Die beiden schmucklosen Türflügel aus Travertin verschließen mit ihrer Höhe von 1,33 m und Breite von 0,46 m noch *in*

---

[837] Damit löst er auch die aufgrund der zwischenzeitlich gemachten Funde überholte Datierung von JAEGER in [179] ab, der das Gitter aus konstantinischer Zeit stammend vermutete.

[838] Vgl. SCRANTON, SHAW und IBRAHIM in [310], S. 56-9, Abb. 44f. und Taf. 53 B.

 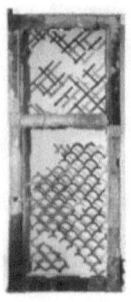 

Abbildung 12: Grabaltar, Rom   Abbildung 13: Türflügel, Wiesbaden   Abbildung 14: Türstein, Afyon

situ das Grab aus der Zeit um 450 v. Chr.; bei hoher Bodenfeuchtigkeit, die sich bis in den Stein hineinzieht, reiben die steinernen Türzapfen in den bronzenen Pfannen oben im Türsturz und unten in der Schwelle, wodurch ein posaunenähnlicher, anschwellender Ton hervorgerufen wird.[839]

Wie aus den bisherigen Ausführungen und Abbildungen folgt, haben antike Türen offenbar ein recht einheitliches Aussehen gehabt,[840] das zwar nicht schmucklos, aber doch ohne figürliche Darstellungen in Form von erzählenden Bildern gewesen ist. Dieser Grundaussage widersprechen auch nicht die folgenden zwei Phänomene:
1. Die Türzieher in der verbreiteten Form von Löwen- oder Medusenköpfen (siehe Abb. 3 und 4), deren praktische Funktion selten gesichert ist: So kann z. B. der älteste bronzene Löwenkopf aus Olynth[841] aufgrund der Fundumstände nicht zugewiesen werden, bei anderen Zeugnissen erweckt die (zu) hohe oder die vervielfachte Anbringung Zweifel am tatsächlichen Gebrauch. Andererseits nennt der inschriftlich erste Beleg für dieses Motiv auf einer Tempeltür Beschädigungen,

---

[839]Beschreibung und Abbildung bei PASCHINGER in [262] und 80 Jahre vorher schon bei ALTMANN in [8], S. 17 und Abb. 11.
[840]Vgl. BÜSING-KOLBE in [45], S. 66.
[841]Ca. 450-400 v. Chr.; vgl. WEBER in [346], S. 57f.

die plausibel auf längere Benutzung zurückgehen können:[842] An der Cellatür am Hekatompedon auf der Athener Akropolis waren die Rosetten bzw. das Kymation um den Löwenkopf, das Gorgoneion und der Widderkopf als beschädigt vermerkt worden.[843] Die Forschung ist sich darüber einig, dass Türzieher wahrscheinlich nur ursprünglich Gebrauchsgegenstand waren und bald anderweitig verwendet wurden;[844] allerdings werden die „neuen" Funktionen unterschiedlich akzentuiert: Während z. B. WEBER schon im Hellenismus rein dekorative Tendenzen zu erkennen meint und dafür u. a. die Verwendung als Applikation auf dem Kohlebecken des Schiffsfundes von Mahdia oder als Verschluss auf klassischen Brustpanzern anführt,[845] betont MENDE die inhaltliche Bedeutung als apotropäischer Wächter und Herrscherattribut,[846] was v. a. für den christlichen Bereich gelte. Festzuhalten bleibt also die eher semantische Funktion figürlicher Türzieher als ihre konkrete Erzählfunktion.

2. Seltene Beispiele wie die zwei Viktorien auf den oberen Paneelen einer Tür, die auf einer Wandmalerei im westlichen Atrium der Villa von Oplontis zu sehen sind (Abb. 5) oder der Frauenkopf auf der „Bräutigams Thür" einer rotfigurigen nolanischen Hydria.[847] Natürlich kann nicht ausgeschlossen werden, dass diese Malereien auf eine reale Vorlage zurückgehen, doch sprechen – neben dem bisher zusammengetragenen Wissen über antike Türen – zwei wichtige Punkte dagegen: Bei

---

[842] IG 2,2,708. Die Inschrift stammt von 341/340 v. Chr., doch gehören die genannten Elemente wohl zum perikleischen Parthenon 100 Jahre vorher, was sie zeitlich mit dem Fund aus Olynth gleichordnet; vgl. MICHAELIS in [239], S. 316f., sowie WEBER in [346], S. 53 und 57.

[843] Vgl. die Tür in Abb. 12 oben, die mit dem (eventuell nur in der Vergangenheit üblichen) praktischen Gebrauch von Türziehern zumindest spielt.

[844] Für die Entwicklung des Löwenkopf-Ring-Motives von der griechischen Klassik bis ins christliche Mittelalter siehe MENDE in [232], bes. S. 128-36, für die Entwicklung bis zur Übernahme als typisch sepulkrales Ornament der syrisch-römischen Sarkophage siehe WEBER in [346], bes. S. 52-60.

[845] WEBER in [346], S. 52-4 und S. 60-2.

[846] MENDE in [232], S. 133f. und 136.

[847] Berlin, Vasensammlung, Nr. 1752; abgebildet bei GERHARD in [120], S. 47f. mit Taf. 28: eine Tür, auf die im rechten unteren Feld schematisch ein Frauenkopf gezeichnet ist, der nach GERHARD die Braut an der Tür des Bräutigams wiedergibt; sie selbst ist auf einem Stuhl sitzend im rechten Bildfeld zu sehen.

Abbildung 15: Bronzebeschläge des linken Palasttores, Balawat

Abbildung 16: Teil des Ishtar-Tores, Babylon

Abbildung 17: Bernwardstür, Hildesheim

der Wandmalerei ist erstens der betreffende Teil der Villendekoration dem späten Zweiten Pompeianischen Stil zuzurechnen, der sich durch zunehmenden Illusionismus auszeichnet; zweitens legt hier das stilisierte „Siegesumfeld" der Tür (bes. die Schilde oben zu beiden Seiten der Tür; im Bildausschnitt nicht sichtbar)[848] einen bildsemantischen Verweischarakter nahe. Ähnliches gilt für das Beispiel aus der Vasenmalerei, bei dem der Verdacht nicht von der Hand zu weisen ist, dass der Maler den Frauenkopf benutzt hat, um der Tür das notwendige Attribut zu verleihen, damit die Szene insgesamt verständlich ist.

Es ist nun aber nicht so, dass wir gar keine figürlichen und szenischen Bilder auf Türen aus der Antike kennen:
1. Im mesopotamischen Bereich sind derartige Testimonien vorhanden,[849] von denen eines der berühmtesten und besterhaltenen Beispie-

---

[848] Auch literarisch sind gerade Türpfosten in der Funktion belegt, Ort zur Anbringung von Triumphinsignien zu sein; siehe z. B. Aen. 3,286-8 oder 8,720-2.

[849] Hierin gehört auch die Beschreibung aus dem Alten Testament zu den Türen des Salomontempels in Jerusalem (1. Kön. 6,31f.: Türflügel zum Chorraum, 6,33-5: Türflügel zum Tempel selbst), die als Holztüren mit Schnitzwerk von Palmen, Blumen und Cherubim beschrieben werden, was alles wiederum mit Gold überzogen ist. Zur Datierung der Textstelle zwischen das 10. und 6. Jh. v. Chr. vgl. die Über-

le in Abb. 15 zu sehen ist: Die Bronzebeschläge der beiden Torflügel des Sommerpalastes der Könige Assurnasirpal II. und Salmanassar III. (9. Jh. v. Chr.) aus Balawat (Imgûr-Bêl) im Nordirak, die heute im British Museum aufbewahrt werden. Sie zeigen aneinandergereihte Szenen der Königsgeschichte auf Reliefbändern, die durch Nagelleisten voneinander getrennt sind.[850]

Aufgrund seiner Bekanntheit ist zwar nicht direkt als ein Beispiel für Figuren auf Türflügeln, aber für Figuren auf den Mauern der dazugehörigen monumentalen Doppeltoranlage das Tor der Göttin Ishtar aus der Stadtmauer von Babylon im mittleren Irak zu nennen (Abb. 16), das unter Nebukadnezzar II. um 570 v. Chr. mit farbigen Reliefs (Tieren, Personen, Ornamenten) aus Glasziegeln errichtet worden ist und sich heute im Pergamonmuseum in Berlin befindet.[851]

2. Auf archäologischen Zeugnissen, die im Grabkontext stehen, erscheinen (oft leicht geöffnete[852]) Türen, die den Übergang ins Jenseits symbolisieren und auf ihrer Außenseite häufig Felder mit Gegenständen oder Figuren tragen. Zu dieser Gruppe gehören v. a. Sarkophage des 2./3. Jh. n. Chr.,[853] aber auch die weniger bekannten Türsteine, steinerne Grabmäler mit Scheintüren, die meist in die architektonische Gliederung eingebunden sind und den Aufbau realer Türen der örtlichen Architektur nachahmen.[854] Ihr Schmuck lässt sich in drei Grup-

---

sicht über die verschiedenen Ansätze bei KAISER in [184], S. 166-8. Siehe auch Hes. 41,23-5a (zwei drehbare Türflügel mit Cherubim und Palmwedeln am Tempel der zukünftigen Gottesstadt).

[850] Die einzelne Bildzone ist ca. 9,2 cm hoch, ein Doppelstreifen mit zwei Nagelleisten ca. 27 cm; siehe für weitere Informationen BARNETT in [19].

[851] Für Beschreibungen siehe KOLDEWEY in [200]. Dort findet sich auch auf S. 44 in der Übersetzung einer der Stifter-Inschriften der Hinweis auf die wohl reliefosen Türflügel: „Zederne kupferbezogene Türflügel, Schwellen und Angeln aus Bronze richtete ich in seinen Türen auf". Zur Verbindung mit dem eigentlichen Thema „Türflügel" siehe auch weiter unten Anm. 822 mit CARETTONI in [49], Abb. 156 und Text S. 265, durch welche eine Assoziation der Türrahmung des Ishtar-Tores zur Türlaibung des palatinischen Apollotempels geweckt wird.

[852] Zu diesem Motiv siehe HAARLØV in [141] und die Rezension ihres Werkes von WAELKENS in [342].

[853] Vgl. z. B. oben Abb. 19 mit vier Jahreszeiten-Eroten zwischen zwölf Löwen- bzw. Medusenhäuptern.

[854] Zu diesem speziell phrygischen Phänomen siehe WAELKENS in [343] und vgl. als

Abbildung 18: Türstein, Istanbul   Abbildung 19: Sarkophag, Rom   Abbildung 20: Elfenbeinkasten, London

pen unterteilen: Die erste wird gebildet von typischen Grabsymbolen wie Eroten, Adler, Löwe oder Obstkorb; die zweite von Gegenständen, die sich auf die Verstorbenen beziehen (bes. auf ihre Tätigkeit im Leben);[855] und die dritte von Darstellungen der Verstorbenen selbst.[856] Ein wenig außerhalb dieser Gruppen steht das für unsere Fragestellung zwar sehr späte, aber wichtige Zeugnis in Abb. 18: Neben Schlüsselloch und Efeublatt im oberen Türbereich sowie Spindel und Spinnrocken im Hintergrund unten ist Herakles mit seinen Identifizierungsattributen Keule und Löwenfell zu erkennen, der mit der linken Hand an einer Leine den dreiköpfigen Kerberos hält. Natürlich steht diese Darstellung in engem Kontext zu Unterweltsvorstellungen und ist auch in ihren Einzelheiten typologisch; was aber viel interessanter ist, ist die Frage, ob mit diesen Figuren hier nicht eine ganze Geschichte erzählt wird, nämlich ein Teil des Mythos' des Dodekathlos, und sie somit über einen bildsemantischen Verweis hinaus die bisher verneinte konkrete Erzählfunktion haben.[857]

Beispiele oben Abb. 14 und 18.
[855]Vgl. oben Abb. 14, bei der auf dem linken Türflügel der Hammer eines Steinmetzes und eine Kalamotheke (= typisch männliche Attribute), auf dem rechten ein Handspiegel und ein Korb mit Spinnutensilien zu erkennen sind (= typisch weibliche Attribute).
[856]Diese Gliederung geht zurück auf WAELKENS in [343], S. 17f.
[857]Dies wird besonders nahegelegt durch die aus dem bisher zu erkennenden Schema herausfallende Verbindung des linken und rechten Türschmucks durch die Leine.

3. Die christliche Kunst schließlich ist der Bereich, aus dem uns heute am meisten Bilder auf Türen bekannt sind. In den direkten Grabkontext gehören, neben ähnlichen Zeugnissen wie oben angeführt, Beispiele wie in Abb. 20 gezeigt, eine Elfenbeintafel mit dem Grabbau Christi, bei der auf dem rechten Türflügel figürliche Reliefs mit dem auferweckten Lazarus und einer sitzenden Gestalt zu sehen sind (der linke Flügel ist leider schlecht erhalten); etwas später setzen dann die Kirchenportale ein: Die erste reliefierte Holztür[858] ist die von San Ambrogio in Mailand mit Bildern aus der David-Geschichte (spätes 4. Jh.), gefolgt von der von Santa Sabina in Rom mit Szenen aus dem AT und NT (um 430), und als erste reliefierte Bronzetür ist die Bernwardstür in Hildesheim zu nennen, ebenfalls mit Darstellungen aus dem AT und NT (um 1015, siehe Abb. 17), die als Zeuge für „den im Mittelalter wichtigsten Typus der Bronzetür, die vielfach untergliederte und reliefierte Bilderwand", gilt.[859]

Als Resümee auf die Frage, wie von archäologischer Seite das Phänomen von Bildern auf Türen in der griechisch-römischen Antike zu beantworten ist, sind drei Punkte festzuhalten:
1. Direkte Zeugnisse für Türbilder sind nicht erhalten. Die wenigen direkten Testimonien für Türen überhaupt sind bilderlos und zeigen recht einheitlichen ornamentalen Schmuck.
2. Auf indirekten Zeugnissen sind Bilder auf antiken Türen belegt, auch wenn die „typische" antike Tür wohl ohne derartigen Schmuck zu denken ist. Diese Zeugnisse lassen sich unterteilen in

---

Denn diese hat über ihre rein dingliche Funktion hinaus zwei übertragene Bedeutungen: Ikonographisch ermöglicht die Leine nicht nur eine Korrespondenz, sondern eine Verbindung der beiden Einzelfiguren auf den verschiedenen Türflügeln; und diese ikonographische Verbindung bewirkt inhaltlich den Unterschied zwischen für sich allein stehenden Einzelfiguren oder Gegenständen, die auch als Symbol oder *pars pro toto* verwendet sein können, und einer Szene, die aus mehreren Figuren angeordnet ist, welche aus dem Kontext ihren Bedeutungsgehalt erhalten.

[858] Aufgrund stilistischer Kriterien ordnet HIEPE in [158], S. 82f. dagegen das hölzerne Hauptportal der Barbarakirche in Alt-Kairo mit ihren christlichen Figuren und Szenen zeitlich noch vor dem Mailänder Portal ein.

[859] Zitat und die Referenzen auf San Ambrogio und Santa Sabina bei MENDE in [233], S. 20.

a) Testimonien, die ganz selten einzelne Figuren zeigen und durch ihren Kontext bildsemantische Funktion nahelegen (Abb. 5), keinesfalls aber narrativ sind;
b) Testimonien aus dem Grabkontext, die Grabsymbole, Verstorbene oder auf sie bezogene Gegenstände ihrer Lebenstätigkeit zeigen (Abb. 14 und 19), und dabei ebenfalls keine konkrete Erzählfunktion übernehmen; nur der späte Türstein aus der ersten Hälfte des 3. Jhs. n. Chr. mit der Herakles-Kerberos-Darstellung (Abb. 18) könnte eventuell durch seinen mythischen Inhalt und die Tatsache, dass eine ganze Szene angedeutet ist, eine Ausnahme bilden;[860]
c) Testimonien, die der christlichen Kunst entstammen (Abb. 20).
3. Archäologische Hinweise sowohl für szenische Darstellungen als auch Bilder überhaupt auf Türen sind im mesopotamischen Raum zu finden.

Berücksichtigt man, dass für den griechisch-römischen Bereich Testimonien für figürliche Türbilder indirekt und aus den beiden eng umrissenen Gebieten der Grab- und christlichen Kunst erhalten sind,[861] liegt ein Zusammenhang zu späteren Kirchenportalen wie in Hildesheim nahe.[862] Nimmt man darüber hinaus das Ergebnis des nächsten Unterkapitels vorweg, dass es literarische Belege für szenische Türbilder nur am palatinischen Apollotempel und am Minervatempel von Syrakus[863] gibt, so ist die Versuchung groß, diese motivisch an die Be-

---

[860] Die Darstellung ist jedoch zeitlich zu spät und als Grabkunst v. a. deutlich von der Gattung „Tempeltür" zu trennen, als dass sie die epischen Ekphraseis beeinflusst haben kann.
[861] Dementsprechend unhaltbar sind also Formulierungen wie der „Typus der bilderlosen antiken Tür" (MENDE in [233], S. 18) oder die genau gegenteilige Ausssage der „Gattung der mit Reliefs verzierten Tempeltür", wie es SIMON in [317], S. 214 bei der Besprechung von *Aen.* 6,20-34 formuliert hat; der genaue Kontext ihres Zitats: „Wie bei den Gemälden im Junotempel von Karthago..., so hat sich Vergil an die Gesetze der Bildkunst gehalten, genauer: an die Gattung der mit Reliefs verzierten Tempeltür".
[862] Ob eine derartige Szenenreihung bereits einen Vorläufer in der römischen Literatur hat, ist schwer zu sagen, da dichterische Sequenzen weder auf das imaginierte Kunstwerk noch unbedingt auf einen realen Erfahrungshorizont verweisen müssen, obwohl zumindest eine Anknüpfung daran gezeigt wurde.
[863] Zur Schwierigkeit, dieses Testimonium als Beleg für szenische Türbilder zu

lege in Mesopotamien anzubinden;[864] eine mögliche Funktion dieses Zitats eines Elementes östlicher Repräsentationsbauten speziell am augusteischen Apollotempel, der in seinem Programm den Übergang vom Bürgerkrieg zur *pax Augusta* darstellt, könnte dabei sein, die erreichte Herrschaft über Ost und West auch in einem Schmuckelement darzustellen, das sich der Aufmerksamkeit von Besuchern aufgrund seiner Rarität sicher sein konnte.

7.2 Tür und Türbilder in der literarischen Überlieferung

Auffällig ist, dass auch die Textzeugnisse zu Bildern auf Türen rar sind, den archäologischen Befund also bestätigen. Das früheste[865] und gleichzeitig einzige nichtpoetische Testimonium für Darstellungen auf einer Tempeltür ist Cic. *Verr.* 2,4,124 (Athenatempel von Syrakus); aufgrund des Kontextes (Beweisführung innerhalb einer Gerichtsrede), Funktion des Schmucks (Beispiel für die pietätlose Habgier des Verres) und der Berufung auf die Richter als Zeugen für die besonders prächtigen Türflügel ist gesichert, dass es ein historisches Zeugnis für die Existenz von Türbildern ist; der Testimonienwert ist jedoch dadurch geschmälert ist, dass weder explizit von Bildern gesprochen noch ein Bildthema genannt wird.[866] Das einzige Testimonium, das sicher einen derartigen Türschmuck beschreibt, ist Prop. 2,31,12-4 (palatinischer Apollotempel), in dessen Umfeld Verg. *georg.* 3,26-33 (Allegorie auf ein zukünftiges poetisches Werk), *Aen.* 6,20-7 (cumäischer Apollotempel) und Ov. *met.* 2,4-18 (Palast des Sol) stehen, auch wenn

---

werten, siehe weiter unten 7.2, S. 261-4.

[864] Untersuchungen hierzu fehlen; SIMON vermutet in einem Brief an PÖSCHL (teilweise zitiert in [270], S. 123) eine Verbindungslinie von Mesopotamien über das archaische Etrurien oder die hellenistischen Reiche zu den Römern.

[865] Diskutiert wird noch Naev. *carm. frg.* 8 BLÄNSDORF bzw. 4 STRZELECKI, doch siehe dazu die Besprechung weiter unten S. 273.

[866] Vgl. die ausführliche Besprechung des Zeugnisses weiter unten.

diese Belege primär literarische Funktionen erfüllen, wie die Analyse gezeigt hat; hinzu kommen Val. Fl. 5,416-54 (Tempel des Sol und Regentensitz des Aietes in Kolchis) und Sil. 3,32-44 (Herculestempel in Gades), bei denen gezeigt wurde, dass spätestens ab hier das Motiv der Beschreibung von Türbildern fest in die Epostradition eingebunden und daher topisch ist. Möglich ist schließlich noch, dass auch der kapitolinische Juppitertempel um 400 n. Chr. Türbilder gehabt hat, da Claud. 28,46 in insgesamt panegyrischem Kontext bei der Ekphrasis des Tempels *caelatasque fores* nennt. Leider werden die Türflügel in ihrem Schmuck nicht weiter präzisiert: Weder ist es möglich, eine Parallelstelle hinzuzuziehen,[867] noch ist es dem Textverlauf angemessen, die vorher genannten Giganten als vorweggenommenen Inhalt der Darstellung auf der Tür zu deuten;[868] daher bleibt es fraglich, ob überhaupt Bilder oder nicht anderweitig ziselierte Ornamente auf der Tür gemeint sind.

Als Exkurs und daher nur kurz zu nennen sind an dieser Stelle auch die christlichen Belege 2. Chron. 4,22 und Hes. 41,25 mitsamt ihrer jeweiligen Kommentarliteratur:[869] *ostia celavit templi interioris...et ostia templi forinsecus aurea* (von Salomon erbauter Tempel in Jerusalem) und *celata erant in ipsis ostiis templi cherubin et scalptura palmarum* (Vision des Hesekiel über neues Israel mit Tempel in Jerusalem).[870]

---

[867] Nicht auf diese Tempeltüren bezieht sich Claud. 28,375, wo Triumphbilder gemeint sind, die zum kapitolinischen Tempel gebracht werden, auf denen im Erzrelief u. a. Schlachten dargestellt sind: *iamque parabantur pompae simulacra futurae/ Tarpeio spectanda Iovi: caelat metallo/ classis ut auratum sulcaret remige fluctum*; vgl. DEWAR, S. 276f.

[868] So schlägt es MÜLLER, S. 35 vor. Vielmehr ist mit *iuvat infra tecta Tonantis/ cernere Tarpeia pendentes rupe Gigantas/ caelatasque fores mediisque volantia signa/nubibus* eine für derartige Ekphraseis typische Konzeption der Blicklenkung von oben nach unten an der Tempelfassade (und im Anschluss zum Statuenschmuck) gegeben, wie wir sie z. B. von Prop. 2,31 oder Ov. *fast.* 5,559-66 her kennen: Dach/Giebelrelief – Tür – Statue(n) am Boden.

[869] Lateinischer Text: Vulg. *II par.* 4,22 und *Ezech.* 41,25 mit Kommentar Hier. *in Ezech.* 505, p. 404f.

[870] Ähnlich ist noch Ios. *ant. Iud.* 15,11,3 (= § 394, Herodestempel: Tor des Chorraums mit goldenen Türflügeln, über denen ein langer babylonischer Vorhang herabwallt, der mit verschiedenen Farben ein Bild des Weltalls darstellt, unterstützt von Stickerei, die den Himmel mit Ausnahme der Tierkreiszeichen zeigt), eine Stel-

Vor einem Überblick über weitere literarische Belege von Türbildern,[871] die v. a. literarische Funktion erfüllen und weniger ein Testimonium für Türbilder an historischen Gebäuden sind, soll zunächst das schwierige Zeugnis Cic. *Verr.* 2,4,124 ausführlicher beleuchtet werden:

Confirmare hoc liquido, iudices, possum, valvas magnificentiores, ex auro atque ebore perfectiores, nullas umquam in templo fuisse. ... Ex ebore diligentissime perfecta argumenta erant in valvis; ea detrahenda curavit omnia. Gorgonis os pulcherrimum cinctum anguibus revellit atque abstulit, et tamen indicavit se non solum artificio sed etiam pretio quaestuque duci; nam bullas aureas omnis ex iis valvis, quae erant multae et graves, non dubitavit auferre; quarum iste non opere delectabatur sed pondere. Itaque eius modi valvas reliquit ut quae olim ad ornandum templum erant maxime nunc tantum ad claudendum factae esse videantur.

Da *argumenta* etwas sein muss, das man von Türen entfernen kann (*ea detrahenda curavit omnia*), können hier keine Geschichten im Sinn von „Themen", die ausgeführt worden sind, gemeint sein,[872] sondern sind

---

le, die zwar nicht genau dem Typ der Bilder auf Tempeltüren entspricht, aber mit ihren zusätzlichen Vorhängen Vergleichbares bezeichnet; Parallelstelle (mit abweichender Beschreibung) *bel. Iud.* 5,5,4 (= § 210-4).

[871] Der Vollständigkeit halber soll angeführt werden, dass ich in der griechischen Literatur keinen Beleg für Türbilder gefunden habe. Das einzige, was neben den in Anm. 870 aufgeführten Belegen zu finden ist, sind durch die verwendeten Materialien hervorgehobene Türen wie z. B. Diod. 5,46,6 die Tempeltüren auf Kreta, die aus Silber, Gold, Elfenbein und Zitrusholz gefertigt waren, oder als ein typischer Beleg Aristoph. *Av.* 614, der bezeugt, dass es Tempeltüren aus Gold bzw. wohl eher mit Goldbelag gab. Neben kulturellen Unterschieden (siehe die Überlegungen weiter oben am Ende von 7.1) könnte ein Grund für das Fehlen auch die schlechte Überlieferungslage des griechischen Epos sein, wenn man die Anbindung des Motivs im lateinischen Epos berücksichtigt.

[872] So z. B. Quint. *inst.* 5,19,9f., der bei der Erläuterung der verschiedenen Bedeutungen des Wortes zu dem Schluss kommt, dass jeder zur schriftlichen Behandlung bestimmte Stoff so genannt werden kann (*omnem ad scribendum destinatam materiam ita appellari*), woher sich auch der Ausdruck unter den bildenden Künstlern verbreitet habe: *id inter opifices quoque vulgatum...unde Vergilii 'argumentum ingens'*. Gemeint ist damit die Darstellung der Io auf dem Schild *Aen.* 7,791, zu der auch Servius kommentiert: *aut fabula, ut Cicero <Verr. 5,124>...aut re vera argumentum, quo se Graecum probare cupiebat.*

konkret die „Bildwerke" selbst bezeichnet.[873] Während z. B. GRUBEN diese Stelle zum Anlass nimmt, tatsächlich für den griechischen Kulturraum „Prachttüren mit...figürlichen Elfenbeinschnitzereien" anzunehmen,[874] ist z. B. PÖSCHL auffallend vorsichtig: „Tempeltüren mit figürlichem Schmuck sind uns aus der griechischen Klassik nicht bekannt, und auch aus dem Hellenismus haben wir keine sicheren Belege", weiter in der dazu gehörenden Anmerkung: „Der Athene-Tempel in Syrakus hatte nach Cic. Verr. 5,124 Tempeltüren mit Bildschmuck".[875] Versuche, den Türschmuck zeitlich genauer einzuordnen, scheitern: Weder nennt Cicero eine Zeitangabe noch ist es möglich, aufgrund des Ausdrucks *Gorgonis os pulcherrimum* den Zeitraum einzugrenzen. Zwar kann man, wenn man *pulcherrimum* nicht als absolute Angabe, sondern konkret klassifizierend versteht, innerhalb der antiken Gorgoneion-Darstellungen dieses Testimonium dem „Schönen Typus" zurechnen, der im Gegensatz zum vorigen fratzenhaften Aussehen ab der Mitte des 5. Jh. besonders in den griechisch besiedelten Gebieten Unteritaliens und Siziliens vorherrscht;[876] doch ist diese Darstellungsart ohne Unterbrechung bis in die Kaiserzeit (und darüber hinaus) typisch,[877] was also für die Bestimmung unseres Türschmucks wenig

---

[873] Vgl. dazu HEY in [157], Sp. 550,2-4; so auch ohne weitere Begründung bei PÖSCHL in [271], S. 184 Anm. 25. Mit dieser Stelle vergleichbar sind der Gebrauch von *argumenta* in Prop. 3,9,13f.: *argumenta magis sunt Mentoris addita formae;/ at Myos exiguum flectit acanthus iter*, eine Gegenüberstellung des Künstlers Mentor, der sich in der Ziselierung von Figuren und Handlungen auszeichnete, und des Mys, der nach Properz eher ornamentales Rankenwerk darstellte (zur Gewichtung der beiden Künstler vgl. Plin. nat. 33,154f.), sowie Ov. met. 13,683f.: *fabricaverat Alcon/ Hyleus et longo caelaverat argumento*, ein Becher mit einem Band von Bildern, die anschließend beschrieben werden. Siehe dazu ROTHSTEIN, Bd. 2, S. 72.
[874] GRUBEN in [136], Sp. 3138. Ob diese allerdings bei der Errichtung des Tempels nach der Besiegung der Karthager 480 bei Himera durch Hieron und Gelon von Syrakus schon angebracht gewesen sein sollen oder erst später hinzukamen, bleibt dabei offen; siehe auch GRUBEN in [137], S. 273 oder WICKERT in [352], Sp. 1539f.
[875] PÖSCHL in [270], S. 123. Aber auch er verrät nicht, wie er auf die eventuelle Datierung in den Hellenismus kommt.
[876] Vgl. dazu FLOREN in [94], S. 196f.
[877] Siehe hierzu KRAUSKOPF in [202], S. 327-30; für den berühmtesten Vertreters dieses Typus, die Medusa Rondanini gilt nach PAOLETTI in [256], S. 347f.: „Cronologia oscillante tra il V sec. a. C...l'epoca ellenistica...e l'età imperiale".

hilfreich ist.

Ferner bleibt auch unklar, was die *argumenta* gezeigt haben; dies ist recht auffällig, da Cicero z. B. direkt vorher bei einer im Argumentationsaufbau vergleichbaren Bilddarstellung das Thema genannt hat.[878] Offensichtlich geht es ihm an dieser Stelle allein um die Schönheit der Türen, für die er sich ja auch auf griechische Quellen beruft (die wir aber nicht besitzen) und die er noch dadurch zu steigern versucht, dass er eine emotionale Übertreibung abstreitet.[879]

Damit ist die Funktion des Türflügelschmucks im Kontext des Werkes eindeutig: Sie sind eines von vielen Beispielen, die pietätlose Habgier des Verres zu beweisen. Dieses rhetorische Umfeld legt zwar Übertreibungen trotz ihrer Negation nahe, doch kann zumindest von der tatsächlichen Existenz der *argumenta* ausgegangen werden, da einige der anwesenden Richter sie nach Ciceros Aussage selbst gesehen haben.[880]

Wie wertvoll diese Textpassage für den literarischen Beleg von Tempeltürbildern ist, hängt also allein von der Wortbedeutung der *argumenta* ab: Meine Idee, dass sie exemplifiziert werden durch das direkt im Anschluss genannte Gorgonenhaupt,[881] womit wir uns im zwar besonders prächtig ausgestalteten, aber durchaus üblichen Rahmen des ornamentalen Türflügelschmuckes bewegen, der auch im weitesten Rahmen in die Rubrik „figürlich" eingeordnet werden kann, lässt sich leider nicht durch andere Belege dieser Einschränkung des Bedeutungs-

---

[878] Cic. *Verr.* 4,122 *pugna erat equestris Agathocli regis in tabulis picta praeclare; iis autem tabulis interiores templi parietes vestiebantur. nihil erat ea pictura nobilius, nihil Syracusis quod magis visendum putaretur...omnis eas tabulas abstulit, parietes quorum ornatus tot saecula manserant,...nudos ac deformatos reliquit.*

[879] *Vereor ne haec qui non viderunt omnia me nimis augere atque ornare arbitrentur; quod tamen nemo suspicari debet, tam esse me cupidum ut tot viros primarios velim, praesertim ex iudicum numero, qui Syracusis fuerint, qui haec viderint, esse temeritati et mendacio meo conscios... Incredibile dictu est quam multi Graeci de harum valvarum pulchritudine scriptum reliquerint. Nimium forsitan haec illi mirentur atque efferant; esto.*

[880] Vgl. das Zitat in der vorigen Anmerkung.

[881] Ähnliches wohl schon von WICKERT in [352], Sp. 1540 vermutet: „die mit Gold und Elfenbein verzierten Türflügel (aus Elfenbein *Gorgonis os pulcherrimum cinctum anguibus...*)".

gehalts stützen; denn im Normalfall meinen *argumenta* im Bereich der bildenden Kunst eher szenische Darstellungen.[882]

Im folgenden werden die Testimonien vorgestellt, die zwar keine Hinweise auf mit Bildern geschmückte Türen an historisch verifizierbaren Gebäuden bieten, aber trotzdem die Existenz des Motivs (zumindest in der Literatur) beweisen; sie sind für ihren literarischen Kontext funktionalisiert und beschreiben den Bilderschmuck nur summarisch:
a) Sechs Zeugnisse nennen das Thema ihres Türbildes, führen den Schmuck selbst aber nicht weiter aus: Entweder weist die Darstellung auf den Bewohner des Gebäudes metonymisch voraus, an dem sich die Tür befindet (Waffen des Hercules Stat. *Theb.* 4,161f. sowie Mars, Romulus und Remus als Ahnen Auson. *epigr.* 26,9),[883] oder es wird die dazugehörige Geschichte vorher erzählt, so dass das Bild sich summarisch darauf zurückbezieht (Cipus(kopf) Ov. *met.* 15,620f. und Val. Max. 5,6,3), oder sie ist ein so bekannter Mythos, dass darauf durch eine Abbildung als Stellvertreter verwiesen wird (Pferd(ekopf) Dares 40 und Serv. *Aen.* 2,15).
b) Drei Zeugnisse beschränken sich auf die Angaben *caelatus* (Ov. *met.* 8,702), *pictus* (Stat. *Theb.* 10,52) oder die Nennung von indischem Schildpatt in seiner besonderen Verwendung (Lucan. 10,120f.). Bei diesen Belegen ist es wie weiter oben Claud. 28,46 aufgrund der knappen Formulierung zwar nicht eindeutig, ob auch sie mit Türbildern versehen gedacht sind, doch wird die Assoziation daran nahegelegt: Erstens gehören die Testimonien zu der geringen Zahl derjenigen Türen, die sich überhaupt durch dauerhaften Schmuck (welcher Art auch immer) von allen anderen abheben. Zweitens verweist *caelatus* auf das besonders bei den ausführlichen Bilderbelegen verwendete Verb (Ov. *met.* 2,6, Val. Fl. 5,434, Sil. 3,34), wozu *pictus* als Variation gesehen werden könnte.[884] Und drittens entspricht der Tempelkontext der Gebäude, zu

---

[882]Vgl. dazu die von HEY in [157], Sp. 550 aufgeführten Belege.

[883]Für eine Parallele zu dieser letzten Art des Vorverweises siehe die archäologischen Belege aus dem Grabkontext (Abb. 14 und 19).

[884]*Caelare* wird neben den genannten Belegen auch sonst häufig mit einer die Bildthematik konkretisierenden Angabe verwendet (z. B. Verg. *Aen.* 1,640f. ⟨in va-

dem die jeweiligen Türen gehören, dem der Belege mit ausführlicher Bildekphrasis.[885]

Stat. *Theb.* 4,161f. beschreibt die Hütte des Molorchus, in der Hercules vor seinem Kampf mit dem nemeischen Löwen übernachtet hat und die danach als „Wallfahrtsort" berühmt wurde, mit *gloria nota casae, foribus simulata salignis/ hospitis arma dei*. Auch wenn dies nicht ein Tempel mit Kultpersonal ist, so gilt er dennoch als (vorübergehende) Götterwohnung und zeigt als besonderes Kennzeichen die Waffen des Gottes auf den Türen, die als Erinnerungsmarken und gewissermaßen Stellvertreter auf den ehemaligen Gast verweisen.[886] Auson. 19,45,9 (= Epigramm 26,9) dient als Beleg dafür, dass zu einem späteren Zeitpunkt und in einer anderen Gattung Bilder auch auf den anderen Teilen einer Tür und v. a. an einem Privathaus gedacht werden können: Ein reicher Aufschneider brüstet sich mit Mars, Romulus und Remus als seinen eigenen Vorfahren und lässt diese sogar in sein Tafelsilber ziselieren und nach Art eines Siegels auf seine Türschwellen mit Wachs einbrennen (*hos...ceris inurens ianuarum limina*).

---

sibus aureis⟩ *caelataque in auro/ fortia facta patrum* oder Ov. *met.* 13,684 ⟨*cratera*⟩ *fabricaverat Alcon Hyleus et longo caelarat argumento*), für die Ziselierung reiner Ornamentik gibt es keinen Beleg.

[885] Zwei weitere *caelatus*-Belege werden von der Besprechung ausgeschlossen: Erstens die schlechter bezeugte Überlieferungsvariante Ov. *met.* 2,819 *caelataque fores virga patefecit* statt *caelestique fores virga patefecit*, gegen die sich zudem inhaltlich einwenden lässt, dass im Lichte des bisher Dargestellten die Hervorhebung einer einfachen Zimmertür der Aglauros durch Bilder gegenüber der himmlischen Rute des Merkur unwahrscheinlich ist. Zweitens Stat. *Theb.* 7,56 *caelataque ferro/ fragmina portarum* innerhalb einer Ekphrasis des Marstempels, bei der als Spolien u. a. die Trümmer eisengetriebener Stadttore an den Türen genannt werden; hierbei ist das Signalwort *caelata*, das sich durch Enallage inhaltlich auf *portarum* bezieht, durch *ferro* ergänzt und hat damit seinen inhaltlichen Schwerpunkt in der durch das Eisen ausgedrückten Wehrhaftigkeit und nicht darin, dass hier unter Umständen Bilder auf Stadttoren dargestellt waren.

[886] Für *simulare* in der Bedeutung „darstellen" siehe auch Hor. *epist.* 2,1,240f. sowie Ov. *met.* 6,80; daher ist hier auch nicht der ansonsten viel besser bezeugte Brauch gemeint, (erbeutete) Waffen an Haus-/Tempeltüren zu hängen; dafür vgl. S. 272 mit Anm. 829.

In dieser Tendenz, Bilder nicht nur an Tempeltüren zu imaginieren, stehen die nächsten vier Zeugnissen, die über je einen Kopf an zwei Stadttoren berichten: Val. Max. 5,6,3 mit der dazugehörigen Quelle Ov. *met.* 15,620f. nennt an der Porta Raudusculana in Rom ein ehernes Bild des Prätoren Genucius Cipus mit Hörnern, die ihm gewachsen sein sollen (nach Deutung des Prodigiums ging er lieber in die Verbannung als König Roms zu werden), und nach Dares 40 mit Serv. *Aen.* 2,15 war am Scäischen Tor in Troja ein Pferdekopf dargestellt.

Zunächst zur Porta Raudusculana: Ov. *met.* 15,620f. *cornuaque aeratis miram referentia formam/ postibus insculpunt longum mansura per aevum* als der frühere Beleg lässt das Gebäude unspezifisch, unterscheidet sich aber deutlich von den bisher genannten Belegen in der Positionierung innerhalb der Tür: Ein Kopf einer mythischen Person[887] ist nicht auf Türflügeln, sondern auf Türpfosten abgebildet.[888] Dieser ist der Zielpunkt einer vorangegangenen 54 Verse langen Geschichte und verweist ähnlich wie die Waffen des Hercules auf den Türen des Molorchus metonymisch auf seinen Besitzer. Sobald Valerius Maximus hinzugezogen wird,[889] verengt sich die Architektur rückblickend auf eines der Stadttore Roms; gleichzeitig befindet sich das Bild nicht mehr explizit auf den Pfosten, Ovids Pfostenattribut *aeratis* bleibt aber insofern erhalten, als der Zielpunkt der Erzählung nun ist, dass das eherne Bild Aition für den Namen des Stadttores sei.

Dieses Verhältnis von Ov. *met.* 15,620f. und Val. Max. 5,6,3 bedarf noch einiger Erklärungen:

Natürlich kann *postes* auch metonymisch für die Tür als Ganzes verwendet werden,[890] so dass der Schritt zu *porta* darin schon angelegt

---

[887]Vgl. schon Plin. *nat.* 11,123: *Actaeonem et Cipum etiam in Latia historia fabulosus reor.*

[888]Vgl. dazu das im vorigen Unterkapitel Anm. 822 genannte archäologische Zeugnis der Türlaibung des palatinischen Apollotempels, die mit zwei Dreifüßen und daraus hervorwachsenden Ranken geschmückt ist.

[889]Val. Max. 5,6,3 *cuius testandae gratia capitis effigies aerea portae, qua excesserat, inclusa est dictaque Rauduscula: nam olim aera raudera dicebantur*, wobei die Überlieferung schwankt zwischen *effigies aerea portae* und *effigies aereae portae*, also einem ehernen Bild auf einem Stadttor oder einem Bild auf einem ehernen Stadttor.

[890]Siehe dazu die sprachlichen Beobachtungen am Ende dieses Unterkapitels.

ist. Dass Ovid aber spezifisch Pfosten nennt, weil er diese und nicht die Tür insgesamt oder gar ihre Türflügel meint, legen seine Formulierungen bei den anderen mit Bildern geschmückten Türen *met. 2,4 (bifores...valvae)* und *8,702 (caelataeque fores)* nahe, zumal er V 621 auch nicht durch metrische Zwänge unausweichlich davon abgehalten wird, den Ort anders anzugeben.[891] Dass die Pfosten als Anbringungsort des Bildes bei Valerius Maximus verschwinden und eine Abbildung auf einem Stadttor suggeriert wird, lässt sich hingegen durch zwei Überlegungen erhellen: Erstens ist für den Prosaisten an diesem Stadttor weder der genaue Anbringungsort noch das Bild an sich für seine Begründung des Namens wichtig, sondern nur sein Material, um das Erz des Bildes und den Namen des Tores in sprachlichen und davon abgeleiteten kausalen Zusammenhang zu bringen.[892] Zweitens stehen natürlich die bis dahin vorliegenden Zeugnisse für Türbilder im Hintergrund, so dass Bilder auf Türflügeln durchaus assoziiert werden können.[893] Damit ist die Etymologie in besonderer Weise ausgezeichnet, denn das Erz, das dem Tor seinen Namen gegeben haben soll, ist nicht in der an vielen Türen zu findenden Form von Verschlüssen oder unspektakulären Ornamenten angebracht oder gar das eigentliche Material der Torflügel bzw. Schutzüberzug einzelner Türbestandteile,[894] sondern ein Türbild, das v. a. als außerordentlicher Schmuck von Tempeltüren bekannt ist. Somit ist zu vermuten, dass mit Val. Max. 5,6,3 das Motiv der Türbilder von Tempeln über Paläste nun auch auf Stadt-

---

[891] Problemlos möglich wäre z. B. *inculpunt foribus* oder *inculpunt portae*.

[892] In seiner etymologischen Deutung folgen ihm später Varro, *ling.* 5,163 *deinde ⟨sequitur porta⟩ Rauduscula, quod aerata fuit. aes raudus dictum.* sowie Fest. *p.* 338,26f. LINDSAY *Raudusculana porta appellata quod rudis inpolita sit relicta, vel quia aere...* (hier bricht leider die Überlieferung ab) und *p.* 322,2-5 LINDSAY *Cincius de verbis proscis sic ait: Quemadmodum omnis fere materia non deformata rudis appellatur, ...sic aes infectum ruduscculum.*

[893] Wie es im Übrigen auch die meisten Übersetzer der Ovid-Stelle tun; siehe beispielsweise BREITENBACH, S. 1092 („am bronzenen Tor...Hörner hineinzumeißeln") und RÖSCH, S. 397 („und sie schneiden ins Erz des Tores ein Bild"). Dagegen z. B. die englische Loeb-Version von MILLER wörtlich: „they engraved upon the bronze pillars of the gates".

[894] Siehe die archäologischen Betrachtungen im letzten Unterkapitel.

tore übertragen wird.[895]

Deutlicher ist die motivische Übertragung beim Scäischen Tor als der zweiten literarischen Fiktion für ein Stadttor mit Bild; während der erste Schritt von einem Tempel zum Palast durch die miteinander vermischte Architektur klein ist,[896] ist die Kluft zu den Stadttoren inhaltlich und sprachlich recht groß, aber vermutlich über die beiden soeben besprochenen Zeugnisse Ov. *met.* 15,620f und Val. Max. 5,6,3 erleichtert:

Dares 40 beschreibt das Stadttor mit *exercitum ad portam Scaeam adducant, ubi extrinsecus caput equi sculptum est*, und Serv. *Aen.* 2,15 vermerkt bei der Erklärung des Trojanischen Pferdes *ut alii, porta quam eis Antenor aperuit, equum pictum habuisse memoratur*. Dabei fällt ähnlich wie bei den Zeugnissen zur Porta Raudusculana die unterschiedliche Aussage und in diesem Fall auch sprachliche Formulierung der beiden Testimonien auf: Das zeitlich frühere[897] nennt das Bild eines ganzen Pferdes, das auf dem Stadttor *pictum* gewesen sei. In der

---

[895] Unentschlossen und v. a. ohne greifende Erklärungsversuche BÖMER, Bd. 7, S. 416f.; bei ihm findet sich auch auf S. 403f. ein Überblick über die an anderem Punkt ansetzenden Deutungsversuche des Kopfes („Verbindung zwischen *cip(p)us* und *Cipus*", „le symbole des 'puissants'", „Zeichen religiös-politischer Macht"). Wichtig ist dabei sein Hinweis auf die von MARG in [229], S. 56 zuerst formulierte anti-augusteische Erzählabsicht der Gesamtgeschichte. Einen ersten Verdacht auf etymologische Gründe für das eherne Torbild schon bei JORDAN in [181], S. 251 Anm. 7; dort auch der wenig hilfreiche Versuch, mit dem Tor von Volterra (abgebildet z. B. bei ABEKEN in [1], Taf. 2.4a) und seinem plastischen Kopf als Schlussstein des Torbogens ein archäologisches Vergleichsstück zu bieten.

[896] Siehe zu archäologischen Befunden z. B. das Haus des Augustus auf dem Palatin und dazu ANDERSON, S. 229, ISLER in [177], FÖRTSCH in [95], WALLACE-HADRILL in [344], S. 38-61 und WISEMAN in [359]. Für poetische Belege vgl. z. B. Verg. *Aen.* 1,496-508, wo Dido im Junotempel ihre Königsherrschaft ausübt, oder *Aen.* 7,170-95 den Palast des Latinus, der gleichzeitig auch religiöses Zentrum ist (*hoc illis curia templum,/ hae sacris sedes epulis; hic ariete caeso/ perpetuis soliti patres considere mensis*) genauso wie Val. Fl. 5,416-54 oder das literarische Vorbild des Alkinoospalastes Hom. *Od.* 7,81b-132, sowie das typische Tempelcharakteristikum der hohen Säulen, das z. B. Ov. *met.* 2,1 *sublimibus alta columnis* und Verg. *Aen.* 7,170 *centum sublime columnis* verwendet wird.

[897] Servius wird allgemein um 400 n. Chr. datiert; Dares hingegen ist nach BESCHORNER, S. 254-65 in der zweiten Hälfte des 5. Jh. n. Chr. anzusiedeln.

Grundbedeutung meint dies „gemalt", und es ist die Frage, ob es bei entsprechendem Umfeld auch im Sinne von *sculptum* bzw. *caelatum*, also „eingraviert", verwendet sein kann.[898] Bei Dares ist nur noch ein Pferdekopf (*caput equi*) genannt, der zudem mit dem eindeutigen Verb *sculptum est* versehen ist – beides Konkretisierungen, die an die Formulierung von Varro und Valerius Maximus (*capitis effigies*) und Ovid (*insculptum est*) zur Porta Rauduscalana erinnern. Ein Grund für den Pferdekopf auf dem Scäischen Tor bei Dares dürfte also in der Anknüpfung an die von Valerius Maximus an Ovid met. 15,620f. festgemachte Seitenlinie der Tradition der Türbilder liegen.[899] Eine explizite textimmanente Motivation für den Pferdekopf als Türbild wird nicht gegeben; reizvoll ist neben allgemeinen Konnotationen zu Troja[900] besonders die Idee von BESCHORNER, S. 185: Der Pferdekopf fungiere als Ersatz für die von Dares weggelassene Episode des Trojanischen Pferdes, da sie eine Weiterentwicklung der aufgezeigten Motivlinie bedeute.[901] Damit muss die Geschichte, nicht mehr erzählt werden, da das Bild vollständig das Wort vertritt.

In der kleinen Gruppe von Belegen ohne konkrete Bildnennung ist Ov. *met.* 8,702 für das Ergebnis, dass, wenn überhaupt, dann v. a. Tem-

---

[898] Siehe dazu das weiter oben besprochene Zeugnis Stat. *Theb.* 10,52 *pictas fores*.

[899] Und deshalb ist auch hier keineswegs, genausowenig wie bei den vorigen Zeugnissen, von einem „**über** dem Skaiischen Tor eingemeißeltem Pferdekopf" die Rede, wie es bei BESCHORNER, S. 185 noch heißt (Fettdruck von mir).

[900] Z. B. über die Schutzgöttin Athene als alte Pferdegöttin, dem Pferd als typischem und wesentlichem Faktor bei der Ausbildung der mykenischen Herrscherkultur (= Troja VI) oder auch, mit stärkerem Bezug zur erzählten Geschichte des Trojanischen Krieges, eine Anspielung auf das Trojanische Pferd oder die von Serv. 2,15 gezogene Verbindung, dass Troja in einer Reiterschlacht besiegt worden sei bzw. der Berg, hinter dem sich die Griechen versteckt hätten, Hippus geheißen habe.

[901] Und in diesem Sinne ist Dares 40 auch wesentlich radikaler als z. B. Stat. *Theb.* 4,161f., wo mit den Waffen des Herakles ja indirekt auch auf den Mythos vom Kampf mit dem Nemeischen Löwen verwiesen wird. Erstens ist dies dort aber nur eine untergeordnete Funktion, da es in erster Linie um einen metonymischen Verweis auf den (ehemaligen) Bewohner des Gebäudes geht, und zweitens ist das Türbild nur einer von mehreren Hinweisen auf den Gott innerhalb von insgesamt acht Versen.

pel mit Bildern geschmückt waren, besonders aussagekräftig: V 698-702 beschreiben den Moment, als sich Jupiter bei Philemon und Baucis für seine gastliche Aufnahme bedankt, folgendermaßen: *dum deflent fata suorum,/ illa vetus, dominis etiam casa parva duobus/ vertitur in templum: furcas subiere columnae,/ stramina flavescunt, adopertaque marmore tellus/ caelataeque fores aurataque tecta videntur.* Ihre Hütte, die als einzige vor der Vernichtung bewahrt blieb, erhält das Aussehen eines Tempels (deren Priester sie dann werden), und Kennzeichen dieser Verwandlung sind neben Säulen sowie Gold- und Marmorglanz auch Türen mit ziseliertem Schmuck.

Theb. 10,52 lässt Statius die Argiverfrauen, als sie Juno um Hilfe bei Thebens Vernichtung bitten, ihr Antlitz an *pictas fores* drücken; hier ist zwar durch den Kontext offensichtlich, dass es sich um Tempeltüren handelt,[902] nicht jedoch, ob diese Türen bemalt, durch unterschiedliches Material lediglich bunt oder tatsächlich mit eingravierten Bildern (welcher Art auch immer) versehen sind.[903] Entscheidend ist, dass die Idee aufgegriffen worden ist, Tempeltüren von „normalen" Türen zu unterscheiden. Dies gilt ebenso für Lucan. 10,120, eine Tür zu einem Raum, in dem Kleopatra zu Caesars Ehren ein Bankett gibt, wo u. a. *ebur atria vestit/ et suffecta manu foribus testudinis Indae/ terga sedent, crebro maculas distincta zmaragdo.* Es sind zwar nicht konkret Bilderdarstellungen genannt, doch ist aufgrund des dichterischen Kommentars V 111f. *iste locus templi...instar erat* deutlich, dass durch den besonderen Türschmuck die Assoziation an einen Tempel provoziert wird und sich Luxus und Dekadenz gerade darin zeigen, dass Kleopatra derartigen Schmuck für einen Bankettsaal verwenden lässt.

---

[902] Stat. *Theb.* 10,52f.: *pictasque fores et frigida vultu/ saxa terunt parvosque docent procumbere natos.*

[903] Es gibt keinen eindeutigen Beleg dafür, dass *pictus* im Kontext von Metallen im Sinne von *caelatus* oder (bei Stein/Holz) wie *sculptus* verwendet wurde. Naheliegend ist dies jedoch außer für das hier genannte Zeugnis auch für das weiter unten besprochene Serv. *Aen.* 2,15 und für die typisch epischen Belege von *arma picta* (Verg. *Aen.* 8,588, 11,660, 12,281 und Sil. 8,466, 14,496), wenn man als Analogie das Weben eines Stoffes hinzuzieht (z. B. Ov. *met.* 6,23/72/95 und Val. Fl. 3,10). Vgl. jedoch die Verwendung von *pictura* in Verg. *Aen.* 1,464, um gemalte Bilder an/in einem Tempel zu bezeichnen.

Wenn wir nun nochmals alle Belege in den Blick nehmen, soll zusammenfassend der Blick auf sechs Punkte gelenkt werden:
1. Insgesamt besitzen wir 17 literarische Testimonien für Türen, die gegenüber allen anderen Stellen, bei denen von Türen die Rede ist, durch ihren (dauerhaften) Schmuck besonders ausgezeichnet werden. Bei allen geht die Bezeichnung dieses Schmuckes über das allgemeine Wortfeld von *ornare* hinaus.[904]
2. Der Anbringungsort des (bildlichen) Schmuckes sind meist explizit die Türflügel, die mit *fores* bezeichnet werden, Cic. *Verr.* 2,4,124, Prop. 2,31,12 und Ov. *met.* 2,4 auch mit *valvae*. Davon abweichend nennt Ov. *met.* 15,621 Türpfosten, Auson. *epigr.* 26,9 eine Türschwelle; unspezifisch bleibt die Angabe *porta* bei Val. Max. 5,6,3, Dares 40 und Serv. *Aen.* 2,15. Bei den letzten drei Belegen ist jedoch davon auszugehen, dass die Bilder ebenfalls auf den Türflügeln gedacht sind.
3. Die Hauptmasse der Belege bezieht sich auf Türen an einem Tempel, was insbesondere für die frühen und ausführlichen Testimonien gilt. Davon ausgehend werden Paläste und Häuser/Säle mit beabsichtigter Tempelassoziation einbezogen (was sich in die architektonisch und literarisch auch sonst gut belegten Ähnlichkeiten einreiht), um diese von anderen alltäglichen, profanen Türen abzuheben. In einer Seitenlinie wird das Motiv der besonders geschmückten Tür auch auf zwei Stadttore übertragen: bei der Porta Rauduscolana in Rom wohl angeregt durch Ov. *met.* 15,620f. und die beabsichtigte etymologische Erklärung des Tornamens Val. Max. 5,6,3, beim Scäischen Tor in Troja wahrscheinlich veranlasst durch diese Vorgabe und für uns fassbar mit Serv. *Aen.* 2,15 sowie Dares 40.
4. Die Gesamtzahl der Zeugnisse lässt sich nach ihrem realen Testimonienwert in zwei Gruppen teilen: Die drei Belege Cic. *Verr.* 2,4,124, Prop. 2,31,12-4 und Claud. 28,46 beschreiben bzw. verweisen auf Tempeltürenschmuck, der zu tatsächlich archäologisch nachweisbaren Gebäuden gehört und der aufgrund des jeweils preisenden Kontextes auch als zu dieser Zeit real existierend angesehen werden muss. Alle anderen Belege sind in dem Sinne fiktiv, dass sie Türschmuck von Gebäuden

---

[904] Derartige Testimonien werden nicht berücksichtigt; siehe dazu weiter unten S. 274.

nennen, die poetische Fiktion sind; dass diese dabei innerhalb ihres Werkes real gedacht sind, gehört zur poetischen Konstruktion. Dass auch diese fiktiven Zeugnisse auf reale Türbilder Bezug nehmen und wohl auch von diesen angeregt sind, ist anzunehmen.

5. Zwei Drittel der Belege stammen aus dem Epos, die bis auf Claud. 28,46 alle zur Gruppe der „fiktiven Zeugnisse" gehören. Dabei sind neben Verg. *georg.* 3 und Prop. 2,31 die epischen Testimonien Verg. *Aen.* 6, Ov. *met.* 2, Val. Fl. 5 und Sil. 3 die einzigen, die uns ausführliche Beschreibungen szenischer Türbilder bieten. Daher ist der Gattung „Epos" eine wesentliche Funktion für die Existenz dieser kleinen Gruppe zuzusprechen.

6. a) Aus der griechischen Literatur sind weder Ekphraseis von Türbildern bekannt noch überhaupt Belege für Türbilder vorhanden.[905]

b) In der lateinischen christlichen Literatur sind Bilder an Tempeltüren Vulg. *II par.* 4,22 und *Ezech.* 41,25 sowie der jeweils zugehörigen Kommentarliteratur bezeugt.

Abgegrenzt werden müssen die literarischen Belege für Türbilder von drei Gruppen:

1. Von tatsächlichen Spolien an den Türen die Rede ist Sil. 1,617-29 und Ov. *fast.* 5,561f.[906] Wie weiter oben Stat. *Theb.* 4,161f. gezeigt hat, kann zwar nicht ausgeschlossen werden, dass Waffen oder Kriegsbeute auch bildlich auf Türen dargestellt wurden (dann mit Anspie-

---

[905] Siehe jedoch Ios. *ant. Iud.* 15,11,3 und *bell. Iud.* 5,5,4 mit Anm. 870f. weiter oben.

[906] Sil. 1,617-29: *in foribus sacris primoque in limine templi/ captivi currus, belli decus...pendent;...arma revertentis pompa gestata Camilli/ hic spolia Aeacidae* (Tempel in Rom, vor dem die Versammlung der Kosuln und saguntischen Gesandschaft stattfindet), Ov. *fast.* 5,561f.: *perspicit in foribus diversae tela figurae/ armaque terrarum milite victa suo.* (Mars-Ultor-Tempel auf dem Forum Augustum). Obwohl nach BRANDT in [36], Sp. 1065,37-40 *in foribus* sowohl „auf den Türflügeln" als auch „im Eingang" heißen kann, werden beide Stellen unter „*in foribus (-e): i. q. in tabulis ostiorum*" verzeichnet. Dagegen wendet sich meiner Meinung nach zu Recht KLODT in [194], Anm. 42; beide Möglichkeiten hat auch schon HÜBNER in [170], Sp. 449 gesehen. Im Übrigen kann man aufgrund der singulären Ähnlichkeit der beiden Stellen vermuten, dass Silius Italicus ebenfalls den Schmuck des Mars-Ultor-Tempels assoziiert und auf Ovid Bezug nimmt.

lung auf oder als Ersatz für tatsächliche Spolien),[907] wie es z. B. im Durchgang des Titusbogens oder auf der Trajanssäule geschehen ist; doch unterscheidet sich die Statius-Stelle in einem wichtigen Punkt vom ovidischen Beleg: Statius hebt mit *simulata* seine nur im Bild als vorhanden gedachten Waffen explizit von dem Brauch ab, Spolien selbst vor der Eingangstür und im Eingangsbereich eines Tempels oder Hauses aufzuhängen, der direkt und besser bezeugt ist[908] und daher wohl diesen Hinweis zum Zwecke der Eindeutigkeit nötig machte. Entsprechend unterzuordnen ist der Einwand, dass aufgrund der Formulierungsvorgaben von Vergil *georg.* 3,26 *in foribus pugnam* und *Aen.* 6,20 *in foribus letum Androgeo* auch bei Ovid ein Hinweis auf Türbilder vorliegt.

2. Die Bilder am karthagischen Junotempel Verg. *Aen.* 1,453-95 verführen zwar dazu, in der Folge der bisher zusammengestellten Reihe auch an den Türen des Tempels platziert zu werden, doch sind sie in ihrer Lokalität nicht weiter spezifiziert. Eher deuten *pictura*, die Farbnennungen und *ex ordine* auf mehrere gemalte Bilder hin, die in friesartiger Anordnung an den Außenwänden angebracht waren, eventuell auch in Form von aufgehängten Bildern.[909] Dasselbe gilt für Naev. *carm. frg.* 8 BLÄNSDORF bzw. 4 STRZELECKI *inerant signa expressa, quo modo Titani,/ bicorpores Gigantes magnique Atlantes/ Runcus ac Purpureus, filii Terras*, ein Fragment, das selbst keinen Anhaltspunkt bietet für eine Lokalisierung (und schon gar nicht auf Türen); nichtsdestotrotz wird es – abhängig von der jeweiligen Platzierung des Fragmentes im Gesamtwerk – als bildliche Darstellung am Zeustempel von Agrigent,[910] auf dem Schiff des Aeneas, einem Mantel, den Aeneas Dido schenkte, einem Schild oder einem Becher gesehen, also im Prinzip auf jedem Träger von Bildern, der aus der antiken Litera-

---

[907] Für den Brauch, Spolien vor der Eingangstür und im Eingangsbereich eines Tempels oder Hauses aufzuhängen, siehe die Literatur in Anm. 829.
[908] Siehe die in Anm. 829 genannten Testimonien und Literatur.
[909] Vgl. dazu SIMON in [317], S. 206-9, AUSTIN, S. 158 oder WILLIAMS, S. 192.
[910] Hinzugezogen wird dafür meist die Diod. 13,82,4 bezeugte Gigantomachie und Iliupersis, die allerdings durch Statuen in der umgebenden Portikus (!) dargestellt wurde.

tur bekannt ist.[911] Aufgrund der fehlenden Türhinweise werden beide Zeugnisse ausgeschlossen.

3. Die drei prosaischen Testimonien Hirt. *Gall.* 8,51,2 *nihil relinquebatur, quod ad ornatum portarum...excogitari poterat*, Sen. *epist.* 67,11 *ea...,quae excipiuntur foribus ornatis* und Plin. *epist.* 5,11,1 *te...in portarum ornatum pecuniam promisisse*, sowie Iuv. 6,227f. *ornatas paulo ante fores, pendentia linquit/ vela domus et adhuc virides in limine ramos* sind in ihrer Schmuckbezeugung zu wenig konkret, als dass sie als Beleg für mögliche Bilder gewertet werden können.

Abschließend soll noch ein Blick auf typische Handlungen im Kontext von Türen und Türbezeichnungen geworfen werden; dabei ist das lateinische Epos als Grundlage genommen, da der überwiegende Teil der betrachteten Belege dieser Gattung entstammt.[912]

Typische Handlungen, mit denen im Epos Türen verbunden sind, sind die Grundfunktionen des Öffnens und damit des Hinein-/Herauslassens bzw. des Schließens und Versperrens.[913] Damit sind sie Ausdruck einer Grenze, die je nach Perspektive Schutz ist – und daher bewacht wird – oder Hindernis – und gegebenenfalls einzureißen versucht wird – oder durch die man nach Durchschreiten in eine andere „Welt" gelangt.[914] Handlungsträger sind Türen an den Stellen, an de-

---

[911]Einen Überblick über die Kontroverse bieten BARCHIESI in [17], S. 276-81 und WIGODSKY in [353], S. 27f.

[912]Trotz der Beschränkung auf das Epos streben die Beispiele Vollständigkeit an (sofern nicht anders vermerkt). Zugrundegelegt sind dabei die Werke nichtchristlicher Autoren bis um 400 n. Chr. Bei den Türbegriffen wird als Vergleich zusätzlich die Verwendung bei Vitruv aufgeführt. Grundlage für die Zusammenstellung sind v. a. die entsprechenden Lemmata des ThlL und die BTL; hinzu treten für weitere Belegstellen neben den jeweiligen Konkordanzen, OLD und GEORGES spezielle Belegsammlungen, die am entsprechenden Ort angeführt werden.

[913]Z. B. Verg. *Aen.* 8,585 *exierat portis...apertis*, Ov. *met.* 4,93f. *versato cardine Thisbe/ egreditur*, Stat. *Theb.* 7,482f. ⟨*Iocaste*⟩ *claustra adversa ferit tremulisque ululatibus orat/ admitti*.

[914]Z. B. Sil. 13,193 *tres claustra aequaevo servabant corpore fratres*, Verg. *Aen.* 2,492f. *labat ariete crebro/ ianua*, Lucan. 3,343 *vi perfringere portas* und Claud. *rapt. Pros.* 2,169f. ⟨*Diti cupienti*⟩ *exire sub orbem/ ianua nulla patet*.

nen sie Geräusche machen oder als Prodigium für ein Ereignis stehen (göttliche Anwesenheit/negativer Ausgang einer bevorstehenden Tat), dann meist zusammen mit weiteren ungewöhnlichen Erscheinungen.[915] Im Gegensatz zu diesen Belegen nur passiv eingesetzt sind Türen, wenn sie als reine Ortsangabe dienen.[916] Schließlich werden auch ihre Eigenschaften hervorgehoben, die sich in zwei Gruppen unterteilen lassen: Entweder ist das Material genannt, und/oder es wird ihre Standfestigkeit betont,[917] oder sie spiegeln direkt Eigenschaften ihres Besitzers wider, kennzeichnen also vorab denjenigen, der hinter der Tür wohnt.[918]

Typische Bezeichnungen für „Tür" sind *ianua, porta, ostium, fores* und *valvae*; *aditus, ingressus, introitus* und *vestibulum* bezeichnen eher den Zutritt oder Eingang(sbereich), betonen also eine Handlung im Gegensatz zum Gegenstand „Tür". Daneben treten gerade in der Dichtung auch Teile oder Funktionen der Tür an die Stelle der Tür als

---

[915] Geräusch: z. B. Verg. Aen. 1,449 (*foribus cardo stridebat aenis*), Val. Fl. 6,112f. (*sonat horrida Ditis/ ianua*); Prodigium: Ov. met. 3,699 (*sponte sua patuisse fores*), 4,486f. (*postes tremuisse feruntur/ Aeolii, pallorque fores infecit acernas*), 9,783 (*templi tremuere fores*), Sil. 3,693 (*subito stridore tremendum/ impulsae patuere fores*), 7,48f. (*sed dirum egressis omen) Scelerata minaci/ stridenis sonitu tremuerunt limina portae*), Stat. Theb. 1,346f. (*iam claustra rigentis/ Aeoliae percussa sonant*), 3,39f. (*tunc visa levari/ culmina septenaeque iugo concurrere portae*), Claud. rapt. Pros. 1,270f. (*sed cardine verso/ cernit adesse deas*).
[916] Z. B. Verg. Aen. 12,661f. *pro portis.../ sustentant acies*, Ov. met. 10,224 *ante horum fores stabat Iovis Hospitis ara*.
[917] Z. B. Verg. Aen. 1,449 *foribus aenis*, Ov. met. 4,185 *valvas...eburneas*, 4,487 *fores...acernas*, Lucan 1,62 *ferrea...limina*, Val. Fl. 1,609 *validam...portam*, 2,273 *validas...fores*, Sil. 13,551f. *laxata lucida nocte/ claustra nitent*.
[918] Z. B. Ov. met. 2,113 *purpureas fores* (Aurora), 7,744 *insidiosa...limina* (Cephalus), 8,638 *humiles...postes* (Philemon und Baucis), Val. Fl. 6,113f. *horrida/ ianua* (Pluto), 7,328 *saevae...fores* (Medeas „Giftküche"). Diese „Repräsentationsfunktion" haben z. B. auch die meist halbgeöffnet dargestellten Türen auf Sarkophagen zur Andeutung des Übergangs ins Jenseits, die Scheintüren als Tor zur Unterwelt in etruskischen Gräbern (siehe PRAYON in [274], S. 103) oder die halbgeöffneten Tempeltüren auf Opferbildern von Staatsreliefs (vgl. Abb. 6 links; weitere Beispiele bei MAIER in [221]). Ihre Funktion ist es, die Gottheit und ihr Walten während der dargestellten Zeremonie zu symbolisieren. Hierhin gehört auch ein literarisches Zeugnis wie Obsequ. 13, dass das Aufspringen von Tempeltüren ein typisches Prodigium sei.

Ganzes (Synekdoche/Metonymie), v. a. *limen*,[919] *postis*,[920] *cardo*[921] und *claustrum*.[922]

Auffällig ist die unterschiedliche Verwendung der Türbegriffe im Epos:
Porta ist der Ausdruck, mit dem hauptsächlich ein Stadt- oder Lagertor bezeichnet wird, wofür es besonders in der *Aeneis* Vergils, den *Punica* des Silius Italicus und der *Thebais* des Statius aufgrund ihrer Thematik sehr viele Belege gibt.[923] Unter den Bedeutungen, die in diesen ca. 85% aller epischen Belege nicht erfasst sind, sind drei hervorzuheben: Mit ca. 8% die größte Gruppe bilden die Unterweltstore,[924]

---

[919] Z. B. Verg. *Aen.* 6,525 (*pandere*), Sil. 6,73 (*pulsare*), Stat. *Ach.* 2,34 (*reserare*), *Theb.* 7,17 (*egredi*), Lucan. 1,62 (*compescere*); ev. auch Verg. *georg.* 2,504 (*penetrare*).

[920] Vgl. hierzu den Hinweis bei BLÜMNER in [30], S. 16 Anm. 7 und HOWELL in [168]; neben mehreren Belegen, bei denen die Bedeutung changiert zwischen „Pfosten" und „Tür" (z. B. Verg. *Aen.* 8,227 oder Val. Fl. 7,109 und 7,322), können als eindeutig angeführt werden z. B. Verg. *Aen.* 7,622 (*rumpere*), Ov. *met.* 8,638 (*intrare*), Sil. 11,253 (*intrare*), Stat. *Theb.* 3,347 (*iam illinc a -ibus/ vociferans*), Lucan. 5,531 (*recludere*), Claud. *rapt. Pros.* 3,147 (*resupinare*) sowie Lucr. 3,369 (*cernere res animus sublatis -ibus ipsis*).

[921] *Cardo* allein heißt nie „Tür"; zusammen mit *vertere/versare* oder bei Manilius auch *laxare* und teilweise mit Häufung anderer Worte aus dem Türenkontext (*obices, postes*) ist jedoch auffällig, dass „nachdem die Türangel gedreht worden war" gleichbedeutend mit „nachdem die Tür geöffnet worden war" verwendet wird: Verg. *Aen.* 3,448, Ov. *met.* 4,93, Sil. 13,251, Claud. *rapt. Pros.* 1,270 und 3,147 (hier mit *neglegere* statt *vertere*) und Manil. 5,76; nur auf diesem Hintergrund ist dann auch Stat. *Theb.* 8,349 *multo laxantur cardine Thebae* als „viele Türöffnungen" verständlich.

[922] Nur bei Silius Italicus und Statius sind eindeutige Belege im Sinne einer „verschlossenen Tür" vorhanden: Sil. 13,191 (Stadttore) und 13,551 (Pforte in Unterwelt) sowie Stat. *Theb.* 1,346 (Türen des Äolusreiches), 5,561 (Stadttore), 7,482 (feindliche Lagertore), 10,474 (Stadttor Thebens); Lucan. 1,253 *Latii...claustra tueri* verwendet den Ausdruck sogar in übertragener Bedeutung für „verschlossenes Tor zum Latinerreich" (= Ariminum als nördlichste Stadt).

[923] Z. B. Verg. *Aen.* 2,612 und 9,183, Sil. 2,31 und 4,513, Stat. *Theb.* 1,386 und 4,11, aber auch Ov. *met.* 3,560, Val. Fl. 1,676, Lucan. 2,135, Claud. 26,215 und *rapt. Pros.* 2,143. Ebenfalls nur als Stadt-/Lagertor bei Vitruv (1,3,1, 15,2, 3,2,2 und 2,9,15).

[924] Damit sind sowohl die Tore zur Unterwelt als auch innerhalb von ihr gemeint (sofern sie nicht zu einem Palast o. ä. gehören): Verg. *Aen.* 6,552/574 (dazu 6,893:

und zu jeweils 2,5% sind „Palasttor"[925] und die Tür des berühmten Janustorbogens gemeint (*porta belli*), die in Kriegszeiten offenstand.[926] Gerade die Kriegstür verdient eine etwas genauere Betrachtung, da sie nicht nur, wie weiter unten zu sehen ist, mit zwei weiteren Türbegriffen bezeichnet wird, sondern auch der Status des Gebäudes, an dem sie angebracht war, nicht sofort zu erkennen ist: Die exakte Lage des Torbogens ist zwar unklar,[927] doch gehörte er nach Varro *ling.* 5,165 zu einem der drei Stadttore in den alten Palatinmauern, und Liv. 1,19,2 gibt seine Lage am unteren Ende des Argiletum an, womit die Kriegstüren also zu einer Stadttoranlage gehörten. Dass diese gleichzeitig auch Kultbau des *Ianus Geminus* war,[928] begründet vielleicht die Varianz in der Bezeichnung mit *ianua* und *ostium*, berechtigt aber nicht, von einem Tempel zu sprechen, wie es in der Sekundärliteratur zuweilen geschieht.[929]

Im Vergleich mit den anderen Gattungen sind die Bedeutungen von *porta* gleich, haben aber einen deutlicheren Schwerpunkt in der Grundbedeutung „Stadt-/ Lagertor".[930]

Ostium wird im Epos im Vergleich mit anderer Literatur auffallend wenig in seiner Bedeutung als „Tür" gebraucht (ca. 15%); meistens

---

Tore des Traumgottes), Ov. *met.* 10,13, Sil. 13,421/465 und 13,531/541/545/565, Val. Fl. 1,832/847 und 3,253 sowie Stat. *Theb.* 1,96, 8,56, 11,421 und 12,558; zum selben Bereich gehört auch Lucr. 3,67 *leti portas*.

[925] Verg. *Aen.* 6,631, Ov. *met.* 4,439, 8,70 und 12,45, Val. Fl. 3,70 und 7,300.

[926] Enn. *ann.* 267 V., Verg. *Aen.* 1,294, 7,607/617/621 und Val. Fl. 3,253 (*porta trucis coit infera belli*), das aufgrund seiner Attribute in meiner Statistik doppelt gezählt wird; siehe Anm. 924 zu den Unterweltstoren.

[927] Siehe TORTORIA in LTUR 3, S. 92f.

[928] Dies ergibt sich aus der von *ire* abgeleiteten Bedeutung des Gottes; vgl. dazu die Zitate antiker Etymologen in Anm. 939.

[929] So z. B. NORDEN in [249], S. 53-61. Einen guten Überblick über den Gott Ianus und seine Kultorte bei GRAF in [131] (dort auch der Hinweis auf den eigentlichen Tempel beim Marcellustheater). Zu *ostium* und *ianua* siehe die Abschnitte weiter unten.

[930] Hierzu bieten antike Etymologen als Erklärung eine Ableitung von *portare* an im Sinne eines (vom Pflug) umgrenzten Bereiches, der an der Stelle der *porta* unterbrochen ist, weil dort z. B. ein Stadtgründer seinen Pflug hochgehoben hat (Cato *orig.* 18 (= Isid. *orig.* 15,2,3)), oder eines jeglichen Ausganges, durch den etwas hinein- oder herausgetragen werden kann (Serv. *Aen.* 1,83).

meint es „Mündung eines Flusses/Meeres",[931] auch im Sinne von „Hafen".[932] Aus den zehn epischen Belegen für *ostium* als „Tür" greife ich aufgrund ihrer motivischen Parallele zu den anderen Türbegriffen[933] die Bezeichnung des Tors zur Unterwelt Verg. Aen. 6,109, 8,667 und *georg.* 4,467, der Palasttür Sil. 13,587 sowie der Türflügel zum Kriegstorbogen Val. Fl. 5,307 und Stat. Theb. 5,146 heraus.[934] Alle drei Varianten können durch typisch epische Thematik erklärt werden;[935] dabei ist jedoch *ostium* für die Tür im Janustorbogen auffällig, unabhängig davon, ob nun die Vorstellung „Stadttor" oder „Tempeltür" den Schwerpunkt bildet.[936]

Ianua ist der Begriff, der im Epos zu knapp 75% das Tor zur Unterwelt oder zum Tod bezeichnet.[937] Unter den restlichen fünf Stellen sollen wieder hervorgehoben werden[938] die Benennung des (Priamos-)Pala-

---

[931] So z. B. Verg. *Aen.* 1,114, Ov. *met.* 2,255, Sil. 8,362, Val. Fl. 1,716, Stat. *Theb.* 6,328, Lucan. 3,231 und Lucr. 6,715; auch übertragen auf jede Art von (geschlängelter) Bahn: Verg. *Aen.* 6,43/81 und Lucr. 4,94. Zum Vergleich: Vitruv 4,6,1 (Tempeltür), 6,3,6 (Haustür), 8,3,11 (Flussmündung).

[932] Verg. *Aen.* 1,400 und 5,281 sowie Val. Fl. 2,574. Die beiden Bedeutungsvarianten Tür/Mündung spiegeln sich in den zwei Richtungen der antiken Etymologie wieder: Serv. *Aen.* 6,43 z. B. meint, dass (zumindest bei Vitruv) *ostium* mit *obstare*, also einem Abhalten vom Hineingehen zusammenhängt (was eher ein Gebäude als Objekt nahelegt), Prisc. *gramm.* 3,474,7 dagegen leitet es von *os* ab (womit eher ein Gewässer in Verbindung gebracht werden kann).

[933] Daneben gibt es noch die weniger signifikanten Stellen Sil. 13,422 und Stat. *Theb.* 5,146 mit abundantem *ostium* beim Genetiv *portae* sowie Lucr. 3,366 mit „Tür" in allgemeiner Bedeutung.

[934] Dabei ist es für die Sache an sich zunächst völlig unerheblich, ob das Bewegen der Kriegstüren als tatsächliche Tat oder metaphorischer Ausdruck für „Krieg beginnen/erklären" verwendet wird; gleiches gilt auch für die Belege mit *porta*.

[935] Obwohl es für die Verbindung mit „Unterwelt" auch (poetische) außerepische Belege gibt; siehe z. B. Plaut. *Trin.* 525.

[936] Nach dem ThlL begegnet *ostium* in diesen beiden Bedeutungen neben Inschriften erst wieder in christlichem Kontext oder/und sehr spät; nur Vitr. 4,6,1 kennt mit diesem einzigen Beleg *ostium* auch als Tempeltür.

[937] Unterwelt: Verg. *Aen.* 6,106/127, Val. Fl. 6,113, Claud. *rapt. Pros.* 2,170, Lucr. 6,672, Manil. 2,951 und Gratt. 70; Sil. 13,549 ist ein Tor innerhalb der Unterwelt gemeint. Tod: Verg. *Aen.* 2,661, Sil. 11,187, Val. Fl. 3,386 und 4,231 sowie Lucr. 1,1112 und 5,373.

[938] Daneben noch Lucr. 4,272 (Tür allgemein) und 4,532 (übertragen: Tür zum Mund = Kehle).

stes Verg. *Aen.* 2,493, die Kriegstüren Sil. 17,356 und die Tempeltür Verg. *Aen.* 3,449; während sich die beiden ersten Belege in den Motivkontext der anderen Türbegriffe einreihen, ist sowohl innerhalb des Bedeutungsspektrums für *ianua* als auch innerhalb der bisher dargestellten Türbegriffe die *Aeneis* mit *ianua* für den Apollotempel in Buthrotum singulär.

Dieser Befund weicht insgesamt deutlich von der außerepischen Verwendung ab: Quer durch alle anderen Gattungen meint *ianua* dort zuallererst die Tür eines (profanen) Gebäudes, z. T. sogar speziell den ersten Eingang.[939] Natürlich werden auch Türen an Tempeln[940] oder zur Unterwelt[941] mit diesem Begriff bezeichnet, aber in weit untergeordnetem Maße.

Fores ist der Begriff, der am häufigsten für jede Art von Tür im Epos verwendet wird:[942] Ob Türen von Häusern, Palästen, Höhlen oder anderen Gebäuden (mit Ausnahme von Tempeln), Zimmern oder unspezifisch gebrauchte Türen – sie machen 65% der Belege aus.[943] Mit weiteren 30% ist die große Gruppe von Türen an Tempeln zu nennen, die zu Inhabern quer durch den gesamten Götterapparat gehören.[944]

---

[939] Dies haben auch schon antike Etymologen gesehen (wenn auch rigoroser ausgedrückt), wie z. B. Serv. *Aen.* 1,449: *ianua...est primus domus ingressus, dicta quia Iano consecratum est omne principium.* oder Cic. *nat. deor.* 2,67: *Ianum..., quod ab eundo nomen est ductum, ex quo...foresque in liminibus profanarum aedium ianuae nominantur.* Vitruv verwendet *ianua* für Türen am/im (Wohn-)Haus 6,5,3 und sechsmal innerhalb von 6,7.

[940] Z. B. Prop. 4,9,62, Suet. *Aug.* 91,2 sowie mehrere Belege aus christlichem Umfeld.

[941] Besonders in der Dichtung: z. B. Prop. 4,11,2 oder Sen. *apocol.* 13.

[942] Wobei nicht zu erkennen ist, dass *fores* besonders für Türen, die nach außen oder zum Forum gehen, verwendet werden, wie man aus den Erklärungen antiker Etymologen schließen könnte, z. B. Isid. *diff.* 1,308 *fores, quae foras vertuntur*, Gramm. *suppl.* 215,15f. *fores pluraliter sunt ostia domorum, quae extrinsecus aperiuntur* oder Paul. Fest. p. 84,15 ⟨a forum⟩ *fores...dicuntur.*

[943] Z. B. Verg. *Aen.* 8,196 (Höhle des Cacus), Ov. *met.* 2,18 (Palast des Sol), 2,768 (Haus der Invidia), 4,453 (Gefängnis), Stat. *Theb.* 4,135 (Zimmer) und Claud. *rapt. Pros.* 2,7.

[944] Z. B. Verg. *Aen.* 1,505 (Juno) und 6, 20 (Apollo), Ov. *met.* 9,783 (Isis), 15,407 (Sol) und 15,671 (Äskulap), Sil. 3,32 (Hercules) und 3,693 (Ammon), Val. Fl. 2,273 (Bacchus) und 5,416 (Apollo), Stat. *Theb.* 8,129 (Apollo), Lucan. 3,117 (Saturn), 5,127 (Apollo) und 9,544 (Ammon). Hinzugerechnet habe ich auch die Tür des

Dass *fores* jede Art von Tür bezeichnen kann, deckt sich mit der Verwendung in der außerepischen Literatur; eine unterschiedliche Tendenz ist jedoch, dass nach der bisherigen Befundlage mit der einzigen Ausnahme Verg. *Aen.* 3,449 nur *fores* im Epos für Tempeltüren verwendet wird, wofür in der sonstigen Literatur prinzipiell jeder der Türbegriffe stehen kann.[945]

Ein weiteres Problem, das sich bei den anderen Türbegriffen bisher nicht stellte, muss genannt werden: Im Singular bedeutet *foris* der Türflügel, im Plural dementsprechend entweder die Türflügel oder die Tür, selten auch Türen.[946] Für die Verwendung eines Singulars gibt es im Epos keinen Beleg, im Gegensatz zur anderweitigen Dichtung oder Prosa.[947] Erforderlich ist bei den Pluralen die Bedeutung „Türflügel" v. a. da, wo durch Attribute oder durch im Anschluss gliedernde Ortsadverbien tatsächlich eine Duplizität[948] innerhalb einer einzigen Tür angezeigt wird, was sich beschränkt auf Lucr. 4,276 *fores ipsae dextra laevaque*, Verg. *georg.* 3,26-30 *in foribus pugnam...faciam...addam urbes Asiae*,[949] *Aen.* 6,20-3 (*in foribus letum Androgeo...contra elata mari respondet Cnosia tellus*), Ov. *met.* 2,18 (*signaque sex foribus dextris totidemque sinistris*), Sil. 3,32-8 (*in foribus labor Alcidae...iuxta Thraces equi*) und Val. Fl. 5,416-42 (*ad geminas fert ora fores cunabula gentis/ Colchidos hic ortusque tuens...urbs erat hinc contra*). Bei allen anderen Stellen schwingen mal mehr, mal weniger die Türflügel

---

Bankettsaals Lucan. 10,120, in dem Kleopatra für Caesar ein Fest gibt und der *ipse locus templi...instar erat.* Bei Vitruv kommen *fores* nur als Tempeltür vor (4,4,1, 4,6,4 und 4,6,5).

[945] Es ist zwar zu erkennen, dass auch hier eher zu *fores* gegriffen wird und erst in sehr später Zeit oder christlichem Kontext alle Türbegriffe ohne ersichtlichen Unterschied benutzt werden (vgl. die jeweiligen Lemmata im ThlL), doch zeigen Belege wie Vitr. 4,6,1 (*ostium*), Prop. 4,9,62 und Suet. *Aug.* 91,2 (*ianua*) oder Prop. 2,31,12 und Liv. 37,3,2 (*valvae*) die bestehenden Alternativen; vgl. jedoch auch Cic.*nat. deor.* 2,67 *fores...in liminibus profanarum aedium ianuae nominantur.* Über den Sonderfall des Janus-„Tempels" siehe S. 277 oben.

[946] So Sil. 16,316, Stat. *Theb.* 5,449 und 8,348, eventuell auch Lucan. 10,120.

[947] Siehe z. B. Plaut. *Amph.* 496, Hor. *sat.* 1,2,67 sowie Liv. 6,34,6 und Petron. 92,2.

[948] Ganz selten mehrgliedriger: Varro *Men.* 577 *trisulcae fores.*

[949] Wobei diese Stelle als einzige nur durch das in der Mitte stehende Verb *addam* einen Hinweis auf zwei Türflügel gibt.

im Gegensatz zur gesamten Türkonstruktion mit.[950]

Valvae schließlich ist der Begriff, zu dem es bisher am wenigsten Überblicke gibt, weshalb er etwas ausführlicher dargestellt und dabei auch das Adjektiv *valvatus* einbezogen wird.

Die genaue Bedeutung ist unklar,[951] wird aber mit dem Verb *volvere* in Verbindung gebracht, so dass wohl eine Art „Falt-/Klapptür" gemeint ist.[952] Üblicherweise ist es ein Pluralwort, das daher wie *fores* meist „die Tür" bedeutet. „Türflügel" heißt es bei Prop. 2,31,12 (*valvae...,altera...,altera*),[953] „Türen" bedeutet es wahrscheinlich nur zweimal bei Plin. epist. 2,17,5,[954] und der Singular *valva* ist allein bei Pompon. *Atell.* 91 und Petron. 96,1 zu finden.[955]

Insgesamt habe ich bis zum 4. Jh. n. Chr.[956] 68 literarische und zehn epigraphische Belege[957] für *valvae* und vier für *valvatus*[958] zusammen-

---

[950] So z. B. bei Lucr. 4,1179, Verg. *Aen.* 8,196, Ov. *met.* 4,487, Sil. 1,617, Stat. *Theb.* 4,161 und 10,52.

[951] Vgl. FENSTERBUSCH, Anm. 143 zu Vitr. 4,6,6.

[952] Vgl. Serv. *Aen.* 1,449 *valvae autem sunt, quae revolvuntur*, Isid. *orig.* 15,7,4 *valvae...et duplices et complicabiles sunt*, Gramm. *suppl.* 215,16f. *valvae vero ⟨sunt ostia domorum⟩, quae intrinsecus ⟨aperiuntur⟩, a velando, eo quod velant* und Vitr. 4,6,6 *ipsaque* (= attische Türen) *non fiunt clathrata neque bifora sed valvatae, et aperturas habent in exteriores partes* sowie WALDE/HOFMANN, S. 730.

[953] Wohl auch bei Plin. *nat.* 16,214/215 und 34,13; nicht hingegen Ov. *met.* 2,4 *bifores...valvae*, wo durch das Attribut die Zweiteiligkeit der Gesamttür ausgedrückt wird.

[954] ⟨*triclinium*⟩*...undique valvas aut fenestras non minores valvis habet*; eventuell auch Plin. *nat.* 34,13,5.

[955] Sen. *Herc. f.* 999 wird statt des überlieferten, aber unhaltbaren *aula* die Verbesserung *valva* oder *clava* diskutiert; aufgrund der von ZWIERLEIN in seinem Kommentar, S. 65 zusammengestellten Argumente schließe ich mich seinem Votum für *clava* an und halte damit *valva* für unwahrscheinlich.

[956] Hinzu kommen die beiden Erklärungen von Servius und Isidor (vgl. Anm. 952), drei Belege bei Sidonius Apollinaris (*carm.* 11,23 *duplices...valvas* (Venustempel), 22,207 *volubilibus...valvis* (Bankettraum) und *epist.* 5,17,8 *valvis bipatentibus* (Pförtnerhaus) und aus christlichem Kontext der außergewöhnliche Singular Ven. Fort. *carminum Spuriorum Appendix (In laudem Sanctae Mariae)* 295, p. 378 LEO.

[957] CIL 3,10917/11903, 5,3257, 6,6906/8978/30899/30915, 11,4123, 14,2793 und ILS 2162; siehe die Listen bei EGELHAAF-GAISER in [80], S. 551 und EBERT in [78], Sp. 741.

[958] Varro *ling.* 8,14,29 (Triklinium) sowie Vitr. 4,6,5, 4,6,6 (Tempel) und 6,3,10

tragen können. Der Kontext der Adjektive ist rein technisch und beschränkt sich auf die Prosa; von den Belegen für *valvae* entfallen 25% auf die Dichtung[959] und damit 75% auf die Prosa.[960] Das Bedeutungsspektrum reicht von der Hauptmasse einer Tür an einem Tempel,[961] Haus/Palast[962] oder jeglicher Art von Zimmer[963] bis hin zu einer entweder völlig unkonkret gelassenen Tür[964] oder sehr speziellen Art wie die Tür einer Kurie, eines Bühnenhauses, Grabes, wie ein Stadttor oder auch (im übertragenen Sinne) eine Zugangstür zum römischen Reich.[965]

Bei einem Blick auf die epischen Belege fällt auf, dass von den insgesamt 17 dichterischen Stellen nur fünf aus dem Epos stammen, und zwar vier von Ovid und eine von Nemesian. Diese Seltenheit bedeutet nicht nur von der Anzahl und den Autoren her eine deutliche Beschränkung, sondern wird auch begleitet von einer inhaltlichen Verengung auf Türen eines Hauses/Palastes;[966] auffällig ist besonders, dass die prosaische Hauptbedeutung einer Tempeltür keine Entsprechung findet.[967]

Zusammenfassend lassen sich vier Punkte für den übergeordneten Bezug zu den in dieser Arbeit genauer betrachteten Ekphraseis von

---

(Oecus).

[959] Dies entspricht 17 Stellen, von denen jedoch der Beleg Sen. *Herc. f.* 99 aufgrund eines textkritischen Problems als unwahrscheinliche Lesart abgezogen werden kann; siehe dazu oben Anm. 955.

[960] Dies entspricht 51 Belegen, wobei Fest. *p.* 350,19-21 und 354,33f. Zitate von Pacuv. *trag.* 214 und Cic. *Verr.* 2,4,94 sind.

[961] Gut die Hälfte der prosaischen Belege (z. B. Liv. 37,3,2 und fünfmal bei Vitruv) und nur in dichterischer (Prop. 2,31,12).

[962] Z. B. Cic. *dom.* 60, Apul. *met.* 5,1 und Juv. 9,97, Ov. *met.* 2,4.

[963] Z. B. Plin. *epist.* 2,17,5 und Vitr. 6,3,10 (Oecus).

[964] Z. B. Plin. *nat.* 16,225 oder Auson. 11,26.

[965] Kurie: Val. Max. 2,1,9, 2,2,7 und Spart. *Did.* 2,4; Bühnenhaus: Vitr. 5,5,7, 5,6,3 und 5,6,8; Grab: Apul. *met.* 8,14; Stadttor: Amm. 24,2,15; röm. Reich: Val. Max. 7,2,6.

[966] Ov. *met.* 1,172 (Götterhäuser), 2,4 (Palast des Sol), 4,185 (Haus des Vulcanus), 4,762 (Königspalast des Cepheus) und Nemes. *cyn.* 168 (allgemein; eventuell Zimmer/Verschlag für Hunde).

[967] Nur Prop. 2,31,12; siehe Anm. 961.

Türbildern festhalten:
1. Es gibt in der lateinischen Literatur fünf eigene Begriffe und v. a. in der Dichtung vier metonymische Bezeichnungen für eine Tür im gegenständlichen Sinne. Bis auf *porta* werden sie alle auch für Tempeltüren verwendet, wobei eine Vorliebe für *fores* festzustellen ist.
2. *Fores* ist der einzige Türbegriff, der im Epos für Tempeltüren verwendet wird. Eine Ausnahme stellt Verg. *Aen.* 3,449 mit *ianua* für den Apollotempel in Buthrotum dar; dies gilt jedoch nicht für die oft an einem Tempel vermuteten Kriegstüren, da sie zu einer Stadttoranlage gehören.
3. Die Duplizität „Türflügel" bei den Begriffen *fores* und *valvae* ist mit der Ausnahme Lucr. 4,276 nur bei den ausführlichen Türbildekphraseis notwendig und wird durch Attribute oder gliedernde Ortsadverbien ausgedrückt; Verg. *georg.* 3,26-30 geschieht dies als einziges nicht direkt sprachlich, sondern z. B. durch gliedernde Wortstellung.
4. *Valvae* heißt im Epos immer Tür an/in einem Palast/Haus und nie Tempeltür, was die vorrangige Bedeutung in der Prosa ist und wofür es dichterisch das prominente Testimonium Prop. 2,31,12 gibt. Zu dieser Bedeutungseinschränkung tritt – neben einer allgemein geringeren dichterischen Beliebtheit des Wortes – auch eine deutliche Verringerung der Anzahl der Epiker, die es in ihren Werken verwendet haben: Neben einer Stelle bei Nemesian finden sich *valvae* lediglich an vier Stellen in Ovids Metamorphosen.

8 Nachweis der benutzten Quellen

8.1 Lexika, Textausgaben und Kommentare

[BTL] Bibliotheca Teubneriana Latina 1-3, hrsg. von K.G. SAUR VERLAG (München/Leipzig) und BREPOLS N. V. TURNHOUT (Belgien), unter wissenschaftlicher Leitung von CTLO (Centre Traditio Litterarum Occidentalium), CD-Rom Ausgabe 1999-2004.

[CIL] Corpus Inscriptionum Latinarum, hrsg. von der AKADEMIE DER WISSENSCHAFTEN DER BUNDESREPUBLIK DEUTSCHLAND, Berlin 1863-1987 (bisher).

[CIS] Corpus Inscriptionum Semiticarum, hrsg. von der ACADÉMIE DES INSCRIPTIONES ET BELLES-LETTERES, 5 Bde., Paris 1881-1962.

[GEORGES] KARL ERNST GEORGES, Ausführliches Lateinisch-Deutsches Handwörterbuch, 2 Bde., Hannover/Leipzig 1913[8].

[HITZL] KONRAD HITZL, Bibliographie zur Archäologischen Denkmälerkunde, Subsidia Classica 2 (1999).

[HUNGER] HERBERT HUNGER, Lexikon der griechischen und römischen Mythologie, Wien 1959[5].

[IG] Inscriptiones Graecae, hrsg. von der AKADEMIE DER WISSENSCHAFTEN DER BUNDESREPUBLIK DEUTSCHLAND, Berlin 1873-1981 (bisher).

[ILS] Inscriptiones Latinae Selectae, hrsg. von HERRMANN DESSAU, Bd. 1-3.2, Berlin 1852-1916.

[KlP] Der Kleine Pauly, hrsg. von K. ZIEGLER U. A., 5 Bde., Stuttgart/München 1979.

[LAW] Lexikon der Alten Welt, hrsg. von C. ANDRESEN U. A., Tübingen/Zürich 1965.

[LIMC] Lexicon Iconographicum Mythologiae Classicae, hrsg. von der FONDATION POUR LE LIMC, 8 Doppelbände, Zürich/München 1981-97.

[LTUR] Lexicon Topographicum Urbis Romae, hrsg. von EVA MARGARETA STEINBY, 5 Bde. mit Index, Berlin 1993-2000.

[NP] Der Neue Pauly, hrsg. von HUBERT CANCIK U. A., 15 Bde., Stuttgart/Weimar 1996-2003.

[OLD] OXFORD LATIN DICTIONARY, hrsg. von P. G. W. Glare, Oxford 1982^2.

[RE] Paulys Realencyclopädie der classischen Altertumswissenschaft. Neue Bearbeitung von G. WISSOWA U. A., hrsg. von K. ZIEGLER und W. JOHN, Stuttgart 1893-1980.

[RGG] Religion in Geschichte und Gegenwart. Handwörterbuch für Theologie und Religionswissenschaft, hrsg. von H. D. BELZ U. A., 6 Bde., Tübingen $1998 - 2003^4$.

[ROSCHER] W. H. ROSCHER (Hrsg.), Ausführliches Lexikon der griechischen und römischen Mythologie, 6 Bde. und 2 Suppl., Leipzig 1884-1937.

[ThGL] THESAURUS GRAECAE LINGUAE, hrsg. von HEINRICH STEPHANUS U. A., 8 Bde., Paris o. J., Nachdruck 1954.

[ThlL] THESAURUS LINGUAE LATINAE, hrsg. von der Akademie der Wissenschaften Berlin, Göttingen, Leipzig, München und Wien, Leipzig 1900-2000 (bisher).

[WALDE/HOFMANN] A. WALDE und J. B. HOFMANN, Lateinisches etymologisches Wörterbuch, Bd. 1 Heidelberg 1965^4, Bd. 2 Heidelberg 1954^3.

[Ach. Tat.] Achille Tatius d' Alexandrie. Le Roman de Leucippé et Clitophon, rec. JEAN-PHILIPPE GARNAUT, Paris 1991.

[Agath.] Agathiae Myrinaei Historiarum libri quinque, rec. RUDOLF KEYDELL, Corpus Fontium Historiae Byzantinae, Bd. 2, Berlin 1967.

[Aischin.] Aeschines orationes, ed. MERVIN R. DILLS, Stuttgart/Leipzig 1997.

[Amm.] Ammiani Marcellini rerum gestarum libri qui supersunt, 2 Bde., rec. VICTOR GARDTHAUSEN, Stuttgart 1967^2 (unv. zu 1875^1).

[Anth. Pal.] Epigrammatum Anthologia Palatina cum Planudeis et appendice nova, graece et latine ed. FRED. DÜBNER, 3 Bde., Paris 1871-90.

[Apoll. Rhod.] Apollonii Rhodii Argonautica, rec. HERMANN FRÄNKEL, Oxford 1961.

[Apoll. Rhod.] Apollonius von Rhodos. Das Argonautenepos, hrsg., übersetzt und erläutert von REINHOLD GLEI und STEPHANIE NATZEL-GLEI, Texte zur Forschung 63, 2 Bde., Darmstadt 1996.

[App.] Appiani historia Romana, Bd. 1 ed. PAUL VIERECK, A.G. ROSS und EMIOL GABBA, Leipzig 1962^2, Bd. 2 ex recensione LUDWIG MENDELSSOHN ed. PAUL VIERECK, Leipzig 1905^2, Bd. 3 (Index nominum) ed. J. E. VON NIEJENHUIS, Stuttgart/Leipzig 1992.

[Apul.] Apulei Platonici Madaurensis opera quae supersunt. Bd. 1: metamorphoseon libri 11, ed. RUDOLF HELM, Leipzig 1968 (unv. zu 1931^3).

[Aristoph.] Aristophanis comoediae, rec. F. W. HALL und W. H. GELDART, 2 Bde., Oxford 1906/7.

[Aristot.] Aristote. Histoire des animaux, rec. PIERRE LOUIS, 3 Bde., Paris 1964-9.

[Aristot.] Aristotelis de arte poetica liber, rec. brevique adnotationen instruxit RUDOLF KASSEL, Oxford 1968.

[Aristot.] Aristoteles, Poetik. gr.-dt., übersetzt und hrsg. von MANFRED FUHRMANN, Stuttgart 1994.

[Arr.] Flavii Arriani quae exstant omnia, ed. A. G. ROOS und G. WIRTH, 2 Bde., Leipzig 1968².

[Ascon.] Q. Asconii Pediani oratinum Cuiceronis quinque enarratio rec. ADOLF KIESSLING und R. SCHOELL, Berlin 1875.

[Athen.] Athenaei Naucraticae Dipnosophistarum libri 15, rec. GEORG KAIBEL, 3 Bde., Stuttgart 1887-90.

[Aug.] sermones S. Augustini, ed. A. MAI, Nova patrum bibliotheca 1, S. 1-470.

[Ps. Aug.] sermones S. Augustini operum supplementum secundum, ed. CAILLAU und SAINT-IVES, Paris 1836.

[Auson.] Decimi Magni Ausonii Burdigalensis opuscula, rec. RUDOLF PEIPER, Stuttgart 1976 (unv. zu 1886).

[Avien.] Rufi Festi Avieni carmina, rec. ALFRED HOLDER, Innsbruck 1887.

[Avien.] Rufus Festus Avienus ora maritima, lat.-dt., hrsg., übersetzt und mit Anmerkungen versehen von DIETRICH STICHTENOTH, Darmstadt 1968.

[Bakchyl.] Bacchylides post BRUNO SNELL ed. HERWIG MAEHLER, Stuttgart/Leipzig 1992.

[Bakchyl.] HERWIG MAEHLER, Die Lieder des Bacchylides. Text, Übersetzung und Kommentar, 2 Bde.,
1. Bd.: Die Siegeslieder, Mnemosyne Suppl. 62 (1982).
2. Bd.: Die Dithyramben und Fragmente, Mnemosyne Suppl. 167 (1997).

[Bakchyl.] HERWIG MAEHLER, Bakchylides. Lieder und Fragmente. Griechisch-deutsch, Schriften und Quellen der Alten Welt 20, Darmstadt1968.

[Boeth.] Boethius de consolatione philosophiae. opuscula theologica, ed. CLAUDIO MORESCHINI, München/Leipzig 2000.

[Caes.] C. Iulii Caesaris commentarii rerum gestarum, 2 Bde., ed. WOLFGANG HERING, Leipzig 1987.

[Caes.] Commentarii belli civilis, ed. ALFRED KLOTZ, Leipzig 1929².

[Caes.] Commentarii belli Alexandrini, belli Africi, belli Hispaniensis, ed. ALFRED KLOTZ, Leipzig 1927.

[Cass. Dio] Cassii Dionis Cocceiani historiarum Romanarum quae supersunt, ed. URS PHILIPP BOISSEVAIN, 4 Bde. und Index von W. NAWIJN, Berlin 1895-1931.

[Cato] Historicorum Romanorum Reliquiae, rec. HERMANN PETER, 2 Bde., Stuttgart 1967².

[Catull.] C. Valerii Catulli Carmina, rec. R. A. B. MYNORS, Oxford 1958.

[Catull.] C. Valerius Catullus, hrsg. und erklärt von WILHELM KROLL, Stuttgart 1968⁵.

[Cic.] M. Tullius Cicero, orationes, Bd. 2 (pro Milone, pro Marcello, pro Ligario, pro rege Deiotaro, Philippicae), rec. ALBERT CURTIS CLARK, Oxford 1988³.

[Cic.] M. Tulli Cicero, orationes, Bd. 3 (divinatio in Q. Caecilium, in C. Verrem), rec. WILHELM PETERSON, Oxford o. J. (unv. zu 1917²).

[Cic.] M. Tulli Cicero, orationes, Bd. 5 (cum senatui gratias egit, cum populo gratias egit, de domo sua, de haruspicum responso, pro Sestio, in Vatinium, de provinciis consularibus, pro Balbo), rec. WILHELM PETERSON, Oxford 1990² (unv. zu 1911¹).

[Cic.] M. Tullli Ciceronis scripta quae manserunt omnia, Fasc. 39 (de re publica), rec. KONRAD ZIEGLER, Leipzig 1964⁶.

[Cic.] M. Tulli Ciceronis scripta quae manserunt omnia, Fasc. 45 (de natura deorum post Otto Plasberg), ed. WILHELM AX, Stuttgart 1980² (unv. zu 1933).

[Cic.] [Cic.] M. Tulli Ciceronis scripta quae manserunt omnia, Fasc. 46 (de divinatione, de fato/Timaeus), ed. WILHELM AX, Stuttgart 1977.

[Cic.] M. Tullius Cicero, epistulae ad familiares, libri I-XVI, ed. D. R. SHACKLETON BAILEY, Stuttgart 1988.

[Claud.] Claudii Claudiani carmina, ed. JOHN BARRIE HALL, Leipzig 1985.

[Claud.] CLAIRE GRUZELIER, Claudian. De raptu Proserpinae, ed. with introduction, translation and commentary, Oxford 1993.

[Claud.] MICHAEL DEWAR, Claudian. Panegyricus de sexto consulatu Honorii Augusti, ed. with introduction, translation and literary commentary, Oxford 1996.

[Claud.] KARL ALBERT MÜLLER, Claudians Festgedicht auf das sechste Konsulat des Kaisers Honorius, Diss. Heidelberg 1937, Berlin 1938.

[Claud.] PEDER G. CHRIASTIANSEN, Concordantia in Claudianum, Alpha-Omega Reihe A Bd. 47, Hildesheim/Zürich/New York 1988.

[Dares] Daretis Phrygii de excidio Troiae Historia, rec. FERDINAND MEISTER, Stuttgart/Leipzig 1991^2 (unv. zu Leipzig 1873^1).

[Dares] ANDREAS BESCHORNER, Untersuchungen zu Dares Phrygius, Diss. München 1991, Classica Monacensia 4, Tübingen 1992.

[Demokr.] HERMANN DIELS, Die Fragmente der Vorsokratiker, griechisch-deutsch, 10. Auflage hrsg. von WALTHER KRANZ, Berlin $1960/1^10$, Bd. 2 Nr. 68 S. 81-230.

[Diod.] Diodori Bibliotheca Historica, post I. BEKKER und L. DINDORF rec. FRIEDRICH VOGEL und C. TH. FISCHER, 5 Bde., Stuttgart 1964 (unv. zu 1893^3 Bd. 1-3, 1906^5 Bd. 4 und 5).

[Dion. Hal.] Dionysi Halicarnasensis Antiquitatum Romanarum quae supersunt, ed. KARL JACOBY, 4 Bde., Leipzig 1885-1905.

[Dion. Hal.] Dionysii Halicarnasei quae exstant, edd. HERMANN USENER und LUDWIG RADERMACHER, Bd. 5 und 6 (opuscula 1 und 2), Stuttgart 1665 (unv. zu Leipzig 1899-1924).

[Enn.] Enniani poesis reliquiae, rec. JOHANNES VAHLEN, Leipzig 1903^2.

[Enn.] OTTO SKUTSCH, The Annals of Q. Ennius. ed. with introduction and commentary, Oxford 1985.

[Eur.] Tragicorum Graecorum Fragmenta, rec. AUGUST NAUCK, supplementum adiecit BRUNO SNELL, Hildesheim 1964.

[Eur.] Poetae Melici Graeci, ed. D. L. PAGE, Oxford 1962, S. 391 (*fr.* 755f.).

[Fest.] Sexti Pompei Festi de verborum significatione quae supersunt cum Pauli epitome, ed. EMIL THEWREWK DE PONOR, Budapest 1889.

[Fest.] Sexti Pompei Festi de verborum significatione quae supersunt cum Pauli epitome, Thewrewkianis copiis usus ed. WALLACE M. LINDSAY, Hildesheim/New York 1978 (unv. zu Leipzig 1913).

[Gall.] Fragmenta poetarum Latinorum epicorum et lyricorum praeter Ennium et Lucilium, post W. MOREL novis curis adhibitis ed. KARL BÜCHNER, editionem tertiam auctam curavit JÜRGEN BLÄNSDORF, Stuttgart/Leipzig 1995^3.

[Gell.] A. Gellii Noctes Atticae, rec. PETER K. MARSHALL, 2 Bde., Oxford 1968.

[Gorg.] HERMANN DIELS, Die Fragmente der Vorsokratiker, gr.-dt., 10. Auflage hrsg. von WALTHER KRANZ, Berlin 1961^{10}, Bd. 2, S. 271-307.

[Gramm.] Grammatici Lationi ex recensione Henrici Keilii, Supplementum continens Anecdota Helvetica, rec. HERMANN HAGEN, Hildesheim 1961.

[Gratt.] Poetae Latini minores, rec. et emendavit EMIL BAEHRENS, Bd. 1, Leipzig 1879.

[Herakl.] Héraclite. Allegories d'Hom'ere, rec. et trad. FÉLIX BUFFIÈRE, Paris 1962.

[Herakl.] HERMANN DIELS, Die Fragmente der Vorsokratiker, gr.-dt., 10. Auflage hrsg. von WALTHER KRANZ, Berlin $1960/1^{10}$, Bd. 1 Nr. 22 S. 139-90.

[Hdt.] Herodotus, Historiae, 2 Bde., ed. H. B. ROSÉN, Stuttgart/Leipzig 1987-97.

[Hes.] Hesiod, Theogony, ed. with prolegomena and commentary by M. L. WEST, Oxford 1966.

[Hes.] Hesiod Works & Days, esd. with prolegomena and commentary by M. L. WEST, Oxford 1978.

[Hier.] Patrologiae cursus completus, series prima, ed. J. P. MIGNE, Bd. 25 (Sancti Eusebii Hieronymi Stridonensis Presbyteri opera omnia, Bd. 5), Paris 1845.

[Hom.] Homeri Illiada, rec. DAVID A. MONRO und THOMAS W. ALLEN, 2 Bde., Oxford 1920^3.

[Hom.] Scholia Graeca in Homeri Iliadem (Scholia vetera), rec. HARTMUT ERBSE, 7 Bde., Berlin 1969-88.

[Hom.] Homeri Odyssea, rec. THOMAS W. ALLEN, 2 Bde., Oxford 1992 (unv. zu 1917^2).

[Hor.] Q. Horati Flacci opera, ed. STEPHAN BORSZÁK, Leipzig 1984.

[Hor.] DAVID WEST, Horace Odes III. Dulce periculum, Text, translation and commentary, Oxford 2002.

[Hor.] C. O. BRINK, Horace on poetry, 3 Bde., Cambridge 1963, 1971 und 1982.

[Hyg.] Hygini fabulae, ed. PETER K. MARSHALL, Stuttgart/Leipzig 1993.

[Ios.] Flavii Iosephi opera, ed. BENEDICT NIESE, 7 Bde., Berlin 1887-95.

[Isid.] Patrologiae cursus completus, ed. J. P. MIGNE, Bd. 82 (originum sive etymologiarum libri XX), Paris 1850.

[Isid.] Patrologiae cursus completus, ed. J. P. MIGNE, Bd. 83 (differentiarum libri), Turnholti o. J.

[Itin.] Itinerarium Antonini Augusti et Hierosolymitanum, edd. G. PARTHEY und M. PINDER, Berlin 1848.

[Iust.] M. Iuniani Iustini epitoma historiarum philippicarum Pompei Trogi, accedunt prologi in Pompeium Trogum, post FRANZ RÜHL ed. OTTO SEEL, Stuttgart/Leipzig 1972^2.

[Iuv.] D. Iunii Iuvenalis saturae sedecim, ed. JACOB WILLIS, Stuttgart/Leipzig 1997.

[Kall.] Callimachus, ed. RUDOLF PFEIFFER, 2 Bde., Oxford 1949.

[Kall.] P. J. PARSONS, „Callimachus: Victoria Berenices", ZPE 25 (1977), S. 1-50 mit Nachtrag von R. KASSEL S. 51.

[Liv.] Titi Livi ab urbe condita libri, rec. ROBERT MAXWELL OGILVIE, Bd. 1 (B 1-5), Oxford 1974.

[Liv.] Titi Livi ab urbe condita libri, erklärt von WILHELM WEISSENBORN, bearbeitet von HERMANN JOHANNES MÜLLER, Bd. 3 (B. 6-8), Zürich/Berlin 1965^8 (unv. zu 1924^6).

[Liv.] Titi Livi ab urbe condita libri, rec. PATRICK G. WALSH, Buch 28-30, Leipzig 1989^2.

[Liv.] Titi Livi ab urbe condita libri, erklärt von WILHELM WEISSENBORN, bearbeitet von HERMANN JOHANNES MÜLLER, Bd. 8 (B. 35-8), Berlin 1962^4 (unv. zu 1907^3).

[Longin.] Libellus de sublimitate Dionysio Longino fere adscriptus, rec. D. A. RUSSELL, Oxford 1968.

[Lucan.] M. Annaei Lucani de bello civili libri X, ed. D. R. SHACKLETON BAILEY, Stuttgart/Leipzig 1997^2.

[Lucan.] ROY J. DEFERRARI, SCHWESTER MARIA WALBURG FANNIUS und SCHWESTER ANNE STANISLAUS SULLIVAN, A concordance of Lucan, Ann Arbor (Michigan) 1940.

[Lucan.] GEORGE W. MOONEY, Index to the Pharsalia of Lucan, Hermathema 44, 1. Supplement, Dublin/London 1927.

[Lucr.] T. Lucreti Cari de rerum natura libri sex, ed. JOSEPH MARTIN, Leipzig 1963^5.

[Lucr.] CYRIL BAILEY, Titi Lucreti Cari de rerum natura libri sex, ed. with prolegomena, critical apparatus, translation and commentary, 3 Bde., Oxford 1963.

[Lucr.] S. GOVAERTS, Lucrece. De rerum natura. Index verborum, Série du L.A.S.L.A. (Laboratoire d'analyse statistique des langues anciennes), Fascicule 11, Liege 1986.

[Lucr.] JOHANNES PAULSON, Index Lucretianus nach den Ausgaben von Lachmann, Bernays, Munro, Brieger und Giussani, Darmstadt 1961³ (unv. zu Göteborg 1926²).

[Lucr.] LOUIS ROBERTS, A concordance of Lucretius, Berkeley 1968.

[Lukian.] Luciani opera, rec. M. D. MACLEOD, 4 Bde, Oxford 1972-87.

[Macr.] Ambrosii Theodosii Macrobii Saturnalia et Commentarii in Ciceronis somnium Scipionis, rec. JAKOB WILLIS, 2 Bde., Stuttgart/Leipzig 1994².

[Manil.] M. Manilii astronomicon libri, rec. et enarravit A. E. HOUSMAN, 5 Bde., Cambridge 1912-30.

[Mart.] M. Val. Martialis epigrammata, rec. brevique adnotatione critica instruxit WALLACE M. LINDSAY, Oxford 1965².

[Mela] Pomponii Melae de Chorographia libri tres, ed. KARL FRICK, Stuttgart 1967.

[Mela] Pomponius Mela, Kreuzfahrt durch die alte Welt, Zweisprachige Ausgabe von KAI BRODERSEN, Darmstadt 1994.

[Mon. Ancyr.] Res gestae divi Augusti. Das Monumentum Ancyranum, hrsg. und erklärt von HANS VOLKMANN, Kleine Texte für Vorlesungen und Übungen 29/30, Berlin 1969³.

[Mosch.] A. S. F. GOW, Bucolici Graeci, Oxford 1952, S. 133-9.

[Mosch.] Die Europa des Moschos. Text, Übersetzung und Kommentar von WINFRIED BÜHLER, Hermes Einzelschriften 13, Wiesbaden 1960.

[Naev.] Fragmenta poetarum Latinorum epicorum et lyricorum praeter Ennium et Lucilium, post W. MOREL novis curis adhibitis ed. K. BÜCHNER, editionem tertiam auctam curavit JÜRGEN BLÄNSDORF, Stuttgart/Leipzig 1995.

[Naev.] Cn. Naevii Belli Punici carminis quae supersunt, ed. WŁADYSŁAW STRZELECKI, Leipzig 1964.

[Nemes.] Fragmenta poetarum Latinorum epicorum et lyricorum praeter Ennium et Lucilium, post W. MOREL novis curis adhibitis ed. KARL BÜCHNER, editionem tertiam auctam curavit JÜRGEN BLÄNSDORF, Stuttgart/Leipzig 1995³.

[Nemes.] HEATHER J. WILLIAMS, The eclogues and cynegetica of Nemesianus, ed. with an introduction and commentary, Mnemosyne Suppl. 88, Leiden 1986.

[Nonn.] Nonni Panopolitani Dionysiaca, rec. ARTHUR LUDWICH, 2 Bde., Leipzig 1909-11.

[Ov.] P. Ovidii Nasonis Metamorphoses, ed. WILLIAM S. ANDERSON, Leipzig 1982².

[Ov.] WILLIAM S. ANDERSON, Ovid's Metamorphoses Books 1-5, ed. with introduction and commentary, Norman/London 1996.

[Ov.] FRANZ BÖMER, P. Ovidius Naso. Metamorphosen. Kommentar, 7 Bde., Heidelberg 1969-86.

[Ov.] MORIZ HAUPT, P. Ovidius Metamorphosen, 3 Bde., Zürich/Dublin 1936¹⁰.

[Ov.] D. E. HILL, Ovid. Metamorphoses I-IV, ed. with translation and notes, Warminster 1985.

[Ov.] Ovid. Metamorphoses, translated by A. D. MELVILLE, with an introduction and notes by E. J. KENNEY, Oxford/New York 1986.

[Ov.] Ovid. Metamorphoses, with an English translation by FRANK JUSTUS MILLER, 2 Bde., London 1956-58.

[Ov.] J. J. MOORE-BLUNT, A commentary on Ovid Metamorphoses II, Classical and Byzantine Monographs 3, Uithoorn 1997.

[Ov.] Publius Ovidius Naso. Metamorphosen. Epos in 15 Büchern, hrsg. und übersetzt von HERMANN BREITENBACH, Zürich 1958.

[Ov.] Publius Ovidius Naso. Metamorphosen, in dt. Hexameter übertragen und mit Text hrsg. von ERICH RÖSCH, München 1964.

[Ov.] P. Ovidi Nasonis fastorum libri sex, recc. E. H. ALTON, D.E.W. WORMELL und EDWARD COURTNEY, Leipzig 1988³.

[Ov.] P. Ovidi Nasonis Tristia, ed. JOHN BARRIE HALL, Stuttgart/ Leipzig 1995.

[Ov.] P. Ovidius Naso. Tristia, hrsg., übersetzt und erklärt von GEORG LUCK, 2 Bde., Heidelberg 1967-77.

[Ov.] P. Ovidius Nasonis tristium libri quinque, Ibis, ex Ponto libri quattuor, Halieutica, fragmenta, rec. brevique adnotatione instruxit S. G. OWEN, Oxford 1915.

[Ov.] ROY J. DEFERRARI, SCHWESTER M. INVIOLATA BARRY und MARTIN R. P. MCGUIRE, A concordance of Ovid, Ann Arbor (Michigan) 1939.

[Pacuv.] Scaenicae Romanorum poesis fragmenta, rec. OTTO RIBBECK, Bd. 1 (tragicorum fragmenta), Hildesheim 1962^3 (unv. zu Leipzig 1871^2).

[Paneg.] XII Panegyrici Latini, rec. EMILL BAEHERENS, Leipzig 1874.

[Paneg.] XII Panegyrici Latini, rec. R. A. B. MYNORS, Oxford 1964.

[Paus.] Pausaniae Graeciae descriptio, ed. FRIEDRICH SPIRO, 3 Bde., Leipzig 1959 (unv. zu 1903^1).

[Petrar.] Francesco Petrarca L'Africa, ed. NICOLA FESTA, Florenz 1926.

[Petrar.] Petrarque. L'Afrique. 1338-1374, Vorwort von HENRI LAMARQUE, Einleitung, Übersetzung und Anmerkungen von REBECCA LENOIR, Édition Jérôme Millon, Grenoble 2002.

[Petron.] Petronii Arbitri satyricon reliquiae, ed. KONRAD MÜLLER, Stuttgart/Leipzig 1995^4.

[Philostr.] Flavii Philostrati opera auctiora, ed. C. L. KAYSER, 2 Bde., Leipzig 1870/1.

[Philostr.] Philostratos. Das Leben des Apollonios von Tyana, gr.-dt., hrsg., übersetzt und erläutert von VRONI MUMPRECHT, München 1983.

[Pind.] Pindari carmina cum fragmentis, Bd. 1 (epinicia) post BRUNO SNELL ed. HERWIG MAEHLER, Leipzig 1984^4, Bd. 2 (fragmenta, indices), ed. HERWIG MAEHLER, Leipzig 1989.

[Pind.] DORTHE FISKER, Pindars erste olympische Ode, Odense University Classical Studies 15 (1990).

[Pind.] DOUGLAS E. GERBER, Pindar's Olympian One: A commentary, Phoenix Supplement 15, Toronto/Buffalo/London 1982.

[Plat.] Platonis opera, rec. JOHANNES BURNET, 5 Bde., Oxford 1900-1907.

[Plaut.] Plauti comoediae, rec. et emendavit FRIEDRICH LEO, 2 Bde., Berlin 1958 (unv. zu Berlin 1895/96).

[Plin.] C. Plini Secundi naturalis historiae libri XXXVII, post Ludovici Iani obitum ed. KARL MAYHOFF, 6 Bde., Stuttgart 1967-70 (unv. zu 1865-1909).

[Plin.] C. Plini Caecili Secundi epistularum libri novem. epistularum ad Traianum liber. Panegyricus, rec. RUDOLPH HANSLIK, Leipzig 1958[3].

[Plut.] Plutarchus, vitae parallelae, ed. KONRAD ZIEGLER, 6 Bde., Bd. 1 Indizes ed. KONRAD ZIEGLER und H. GÄRTNER, Leipzig 1957 – 80[2].

[Plut.] Plutarchi Charonensis moralia, em. DANIEL WYTTENBACH, 7 Bde., Leipzig 1888-96.

[Plut.] Plutarchis moralia, Bd. 1 rec. et emendaverunt W. R. PATON und I. WEGEHAUPT, Stuttgart/Leipzig 1993[2].

[Pol.] Polybii Historiae, editionem a Ludovico Dindorfio curatam retractavit THEODOR BUETTNER-WOBST, 5 Bde., Stutgart 1942 – 80[2] (unv. zu 1889 – 1905[1]).

[Priap.] Poetae Latini minores, rec. et emendavit EMIL BÄHRENS, Band 1, Leipzig 1879, S. 58-87.

[Prisc.] Grammatici Latini ex recensione Henrici Keilii, Bd. 2 und 3 (Institutionum grammaticarum libri XVIII), rec. MARTIN HERTZ, Hildesheim 1961.

[Prob.] Probi qui fertur in Vergilium commentarius in bucolica et georgica, recc. GEORG THILO und HERMANN HAGEN, Bd. 3,2 (Appendix Serviana: ceteros praeter servium et schloia Bernensia Vergilii commentatores continens), Leipzig 1902.

[Prop.] Sex. Propertii elegiarum libri IV, ed. RUDOLF HANSLIK, Leipzig 1979.

[Prop.] MAX ROTHSTEIN, Propertius Sextus. Elegien, 2 Bde., Dublin/ Zürich 1966³ (unv. zu 1920² bzw. 1924²).

[Prop.] LAWRENCE RICHARDSON, Propertius, Elegies I-IV, ed. with introduction and commentary, Norman 1976.

[Quint.] M. Fabi Quintiliani institutionis oratoriae libri duodecim, rec. MICHAEL WINTERBOTTOM, 2 Bde., Oxford 1970.

[Sall.] C. Sallustius Crispus, ed. ALFONS KURFESS, Stuttgart/Leipzig 1957³.

[Sen.] L. Annaeus Seneca. ΑΠΟΚΟΛΛΟΚΥΝΤΩΣΙΣ, ed. RENATA RONCALI, Leipzig 1990.

[Sen.] L. Annaei Senecae tragoediae, rec. et emendavit FRIEDRICH LEO, Berlin 1878.

[Sen.] L. Annaei Senecae tragoediae. incertorum auctorum Hercules (Oetaeus) et Octavia, rec. OTTO ZWIERLEIN, Oxford 1986.

[Sen.] OTTO ZWIERLEIN, Kritischer Kommentar zu den Tragödien Senecas, Akademie der Wissenschaften und der Literatur. Abhandlungen der Geistes- und Sozialwissenschaftlichen Klasse. Einzelveröffentlichung 6 (1986).

[Sen.] L. Annaei Senecae ad Lucilium epistulae morales, rec. L.D. REYNOLDS, 2 Bde., Oxford 1965.

[Serv.] Commentarii in Vergilii carmina Serviani sive commentarii in Virgilium, qui Mauro Servio Honorato tribuuntur, rec. et indicibus instruxit H. ALBERT LION, 2 Bde., Göttingen 1826.

[Serv.] Servii Grammatici qui feruntur in Vergilii carmina commentarii, recc. GEORG THILO und HERMANN HAGEN, 3 Bde., Leipzig 1881-1904.

[Sidon.] C. Sollius Apollinaris Sidonius, rec. PAUL MOHR, Leipzig 1895.

[Sil.] Sili Italici Punica, ed. JOSEF DELZ, Stuttgart 1987.

[Sil.] HERMANN RUPPRECHT, Titus Catius Silius Italicus. Punica. Das Epos vom zweiten Punischen Krieg, Lateinischer Text mit Einleitung, Übersetzung, kurzen Erläuterungen, Eigennamenverzeichnis und Nachwort, 2 Bände, Mitterfels 1991.

[Sil.] FRANCOIS SPALTENSTEIN, Commentaire des Punica de Silius Italicus, 2 Bde., Genf 1986-90.

[Sil.] NORMA D. YOUNG, Index verborum Silianus, Diss. Iowa 1939, Iowa Studies in Classical Philology 8, Iowa (Iowa) 1939.

[Sim.] Poetae Melici Graeci, ed. D. L. PAGE, Oxford 1962, S. 237-323 (Simonides).

[Spart.] Historicorum Romanorum Reliquiae, rec. HERMANN PETER, 2 Bde., Stuttgart 1967^2.

[Stat.] P. Papinius Statius. Achilleis, rec. ALDO MARASTONI, Leipzig 1974.

[Stat.] P. Papinius Statius. Thebais, ed. ALFRED KLOTZ und THOMAS C. KLINNERT, Leipzig 1973^2.

[Stat.] P. Papini Stati silvae, rec. ALDO MARASTONI, Leipzig 1970^2.

[Stat.] ROY J. DEFERRARI und SCHWESTER M. CLEMENT EAGAN, A concordance of Statius, Ann Arbor (Michigan) 1943.

[Strab.] Strabonis Geographica, rec. AUGUST MEINEKE, 3 Bde., Leipzig 1877 (unv. zu Graz 1969.

[Suet.] C. Suetoni Tranquilli opera, rec. MAXIMILIAN IHM, Bd. 1 (de vita Caesarum libri 8), Stuttgart/Leipzig 1993^2.

[Tac.] Cornelii Taciti libri qui supersunt, Bd. 1 ab excessu divi Augusti, ed. HEINRICH HEUBNER, Stuttgart/Leipzig 1994^2.

[Tert.] Q. Septimi Florentis Tertulliani quae supersunt omnia, ed. FRANZ OEHLER, 3 Bde., Leipzig 1851-4.

[Theokr.] Theocritus, ed. with a translation and commentary by A.S.F. GOW, 2 Bde., Cambridge 1950-2.

[Thuk.] Thukydidis historiae, rec. brevique adnotatione critica instruxit HENRY STUART JONES, apparatum criticum correxit et auxit JOHANNES ENOCH POWELL, 2 Bde., Oxford 1942.

[Val. Fl.] C. Valeri Flacci Setini Balbi Argonauticon libros octo, rec. WIDU-WOLFGANG EHLERS, Stuttgart 1980.

[Val. Fl.] Valerius Flaccus. Argonautiques, hrsg. und übersetzt von GAUTHIER LIBERMAN, Bd. 1 (B 1-4) Paris 1997, Bd. 2 (B 5-8) Paris 2002.

[Val. Fl.] C. Valeri Flacci Setini Balbi Argonauticon libri octo enarravit P. LANGEN, 2 Bde., Berlin 1896, Nachdruck Hildesheim 1964.

[Val. Fl.] C. Valerius Flaccus, Argonautica/Die Sendung der Argonauten. Lateinisch/Deutsch, hrsg., übersetzt und kommentiert von PAUL DRÄGER, Studien zur klassischen Philologie 140 (2003).

[Val. Fl.] Caius Valerius Flaccus Setinus Balbus, Argonautica. Die Argonautenfahrt, lat. Text mit Einleitung, Übesetzung, kurzen Erläuterungen und Nachwort von HERMANN RUPPRECHT, Mitterfels 1987.

[Val. Fl.] HENRI J. W. WIJSMAN, Valerius Flaccus Argonautica, Book V. A commentary, Mnemosyne Supplementum 158 (1996).

[Val. Fl.] WILLIAM H. SCHULTE, Index Verborum Valerianus, Hildesheim 1965.

[Val. Fl.] MATTHIAS KORN und WOLFGANG A. SLABY, Concordantia in Valerii Flacci Argonautica, Alpha-Omega Reihe A Bd. 93, 2 Bde., Hildesheim/Zürich/New York 1988.

[Val. Max.] Valerii Maximi factorum et dictorum memorabilium libri novem, cum Iulii Paridis et Ianuarii Nepotiani epitomis, rec. KARL KEMPF, Stuttgart 1966 (unv. zu 1888^2).

[Varro] M. Terenti Varronis de lingua Latina libri, emendavit, apparatu critico instruxit, praefatus est LEONARD und ANDREAS SPENGEL, Berlin 1885.

[Varro] Petronii Saturae et liber Priapeorum. Adiecta sunt Varronis et Senecae saturae similesque reliquiae, rec. FRANZ BÜCHELER und WILHELM HERAEUS, Berlin 1922^6.

[Varro] M. Terentii Varronis rerum rusticarum libri tres, ed. HEINRICH KEIL, Leipzig 1891^2.

[Varro] M. Terentii Varronis rerum rusticarum libri tres, ed. HEINRICH KEIL und GEORG GOETZ, Leipzig 1929².

[Varro] Marcus Terentius Varro, Gespräche über die Landwirtschaft, hrsg., übersetzt und erläutert von DIETER FLACH, 3 Bde., Darmstadt 1996-2002.

[Vell.] Vellei Paterculi historiarum ad M. vinicium consulem libri duo, rec. W. S. WATT, Leipzig 1988.

[Ven. Fort.] Monumenta Germaniae Historica. auctores antiquissimi, Bd. 4.1 (Venanti Honori Clementiani Fortunati Presbyteri Italici opera poetica), rec. et em. FRIEDRICH LEO, München 1981² (unv. zu Berlin 1881²).

[Verg.] P. Vergili Maronis Opera, rec. ROGER A. B. MYNORS, Oxford 1969.

[Verg.] ROLAND G. AUSTIN, P. Vergili Maronis Aeneidos liber primus, with a commentary, Oxford 1971.

[Verg.] C. J. FORDYCE, P. Vergilii Maronis Aeneidos libri 7-8, text with a commentary, Oxford 1977.

[Verg.] K. W. GRANSDEN, Virgil. Aeneid VIII, ed. with a commentary, Cambridge 1976.

[Verg.] EDUARD NORDEN, P. Vergilius Maro. Aeneis Buch VI, Darmstadt 1976⁶.

[Verg.] ROBERT D. WILLIAMS, The Aeneid of Virgil, ed. with introduction and notes, Books 1-6 Glasgow 1972, Books 7-12 Glasgow 1973.

[Verg.] Vergil, Bucolica – Hirtengedichte. Studienausgabe, lat.-dt. hrsg., übersetzt, mit Anmerkungen, interpretierendem Kommentar und Nachwort von MICHAEL VON ALBRECHT, Stuttgart 2001.

[Verg.] P. Vergilius Maro's Georgica, hrsg. und erklärt von E. GLASER, Halle 1872.

[Verg.] Vergil, Landleben. Bucolica, Georgica und Catalepton, lat.-dt. hrsg. von JOHANNES GÖTTE, München 1960⁴.

[Verg.] Vergils Gedichte, Bd. 1: Bukolika und Georgika, erklärt von TH. LADEWIG, C. SCHAPER, P. DEUTICKE und PAUL JAHN, Berlin 1915^9.

[Verg.] Virgil. Georgics, ed. with a commentary by R. A. B. MYNORS, Oxford 1990.

[Verg.] P. Vergilii Maronis Georgica, hrsg. von WILL RICHTER, Das Wort der Antike 5, München 1957.

[Verg.] Virgil Georgics, ed. by RICHARD F. THOMAS, 2 Bde., Cambridge 1988.

[Verg.] Des Publius Virgilius Maro Ländliche Gedichte, übersetzt und erklärt von JOHANN HEINRICH VOSS, 4 Bde., Altona 1800.

[Verg.] WERNER SUERBAUM, „Hundert Jahre Vergil-Forschung: Eine systematische Arbeitsbibliographie mit besonderer Berücksichtigung der Aeneis", ANRW II. 31.1 (1980), S. 3-358.

[Verg.] WERNER SUERBAUM, „Spezialbibliographie zu Vergils Georgica", ANRW II. 31.1 (1980), S. 395-499.

[Verg.] WARD W. BRIGGS, „A Bibliography of Virgils ‚Eclogues' (1927-1977)", ANRW II.31.2 (1981), S. 1265-1357.

[Vitr.] Vitruvii de architectura libri decem, ed. F. KROHN, Leipzig 1912.

[Vitr.] Vitruvii de architectura libri decem, hrsg., übersetzt und mit Anmerkungen versehen von CURT FENSTERBUSCH, Darmstadt 1964.

[Vitr.] Vitruvio architettura (dai libri I-VII), hrsg., übersetzt und mit Anmerkungen versehen von SILVIO FERRI, Rom 1960.

[Vitr.] Vitruvius, Ten books on architecture, übersetzt von INGRID D. ROWLAND, kommentiert und illustriert von THOMAS NOBLE HOWE, zusätzlicher Kommentar von INGRID D. ROWLAND und MICHAEL J. DEWAR, Cambridge 1999.

[Vulg.] Biblia sacra iuxta vulgatam versionem, rec. ROBERT WEBER, 2 Bde., Stuttgart 1975^2.

8.2 Sekundärliteratur

Die Abkürzungen der Zeitschriften folgen dem Verzeichnis in L'Année Philologique, Paris 1998 und dem des Deutschen Archäologischen Instituts, Berlin/New York 1997. Standardhilfsmittel wie z. B. Lexika werden nach dem Siglenverzeichnis in Der Neue Pauly, Bd. 1, Stuttgart 1996, zitiert.

[1] WILHELM ABEKEN, Mittelitalien vor den Zeiten römischer Herrschaft, Stuttgart/Tübingen 1843.

[2] JOACHIM ADAMIETZ, Zur Komposition der Argonautica des Valerius Flaccus, Zetemata 67 (1976).

[3] FREDERICK AHL, Metaformations. Soundplay and wordplay in Ovid and other classical poets, Ithaca/London 1985.

[4] MICHAEL VON ALBRECHT, Silius Italicus. Freiheit und Gebundenheit römischer Epik, Amsterdam 1964.

[5] MICHAEL VON ALBRECHT, „Zur Funktion der Tempora in Ovids elegischer Erzählung (Fast. V. 379-414)", Ovid, hrsg. von M. VON ALBRECHT und E. ZINN, Darmstadt 1968, S. 451-67.

[6] MICHAEL VON ALBRECHT, Interpretationen und Unterrichtsvorschläge zu Ovids „Metamorphosen", Consilia Lehrerkommentare 7, Göttingen 1990^2.

[7] MICHAEL VON ALBRECHT, Geschichte der römischen Literatur. Von Andronicus bis Boethius. Mit Berücksichtigung ihrer Bedeutung für die Neuzeit, 2 Bde., München/New Providence/London/Paris 1994^2.

[8] WALTER ALTMANN, Die römischen Grabaltäre der Kaiserzeit, Berlin 1905.

[9] CECILIA AMES, Untersuchungen zu den Religionen in der Baetica in römischer Zeit, Diss. Tübingen 1993, Tübingen 1998.

[10] ANDREW RUNNI ANDERSON, "Heracles and his successors. A study of a heroic ideal and the recurrence of a heroic type", HSPh 39 (1928), S. 7-58.

[11] MAXWELL L. ANDERSON, Pompeian Frescoes in the Metropolitan Museum of Art, Reprint from The Metropolitan Museum of Art Bulletin (Winter 1987/8), New York 1987.

[12] MANOLIS ANDRONICOS, Vergina. The royal tombs and the ancient city, Athen 1984.

[13] VINCENZO D'ANTO, "Il proemio del 3 libro delle *georgiche* di Virgilio", AFLL 9 (1978), S. 211-30.

[14] THOMAS BAIER, "Ekphraseis und Phantasiai bei Valerius Flaccus. Die Werbung der Argonauten und der Bau der Argo (Arg. 1,100-155)", Zetemata 120 (2004), S. 11-23.

[15] LILIAN BALENSIEFEN, "Überlegungen zu Aufbau und Lage der Danaidenhalle auf dem Palatin", RM 102 (1995), S. 189-209.

[16] LILIAN BALENSIEFEN, "Die Macht der Literatur. Über die Büchersammlung des Augustus auf dem Palatin", Antike Bibliotheken, hrsg. von W. HOEPFNER, AW Sonderband (2002).

[17] MARINO BARCHIESI, Nevico Epico, Padua 1962.

[18] ALESSANDRO BARCHIESI, "Virgilian narrative: ecphrasis", The Cambridge companion to Virgil, hrsg. von CH. MARTINDALE, Cambridge 1997, S. 271-81.

[19] RICHARD D. BARNETT und WERNER FORMAN, Assyrian palace reliefs and their influence on the sculptures of Babylonia and Persia, London 1974.

[20] HEINRICH BARTHOLOMÉ, Ovid und die antike Kunst, Diss. Münster 1934, Leipzig 1935.

[21] ALFONSO BARTOLI, Curia senatus. Lo scavo e il restauro, Rom 1963.

[22] SHADI BARTSCH, Decoding the ancient novel. The reader and the role of description in Heliodorus and Achilles Tatius, Princeton 1989.

[23] SHADI BARTSCH, „Ars and the man: The politics of art in Virgil's Aeneid", CPh 93 (1998), S. 322-42.

[24] R. C. BASS, „Some Aspects of the Structure of the Phaethon Episode in Ovid's Metamorphoses", CQ 27 (1977), S. 402-8.

[25] EDWARD L. BASSETT, „Hercules and the hero of the Punica", The Classical Tradition. Literary and historical studies in honor of Harry Caplan, hrsg. von L. WALLACH, Ithaca/New York 1966, S. 258-73.

[26] LORENZ E. BAUMER, TONIO HÖLSCHER und LORENZ WINKLER, „Narrative Systematik und politisches Konzept in den Reliefs der Trajanssäule. Drei Fallstudien", JdI 106 (1991), S. 261-95.

[27] MANUEL BENDALA GALÁN, „Die orientalischen Religionen Hispaniens in vorrömischer und römischer Zeit", ANRW 2,18,1 (1986).

[28] HANS BERNSDORFF, Kunstwerke und Verwandlungen. Vier Studien zu ihrer Darstellung im Werk Ovids, Studien zur klassischen Philologie 117 (2000).

[29] HORST BLANCK, Das Buch in der Antike, München 1992.

[30] HUGO BLÜMNER, Die römischen Privataltertümer, HdbA 4,2,2 (1911^3).

[31] REINHARD BODE, „Der Bilderfries der Trajanssäule. Ein Interpretationsversuch", BJb 192 (1992), S. 123-74.

[32] FRANZ BÖMER, „Vergil und Augustus", Gymnasium 58 (1951), S. 26-55.

[33] FRANZ BÖMER, „Aeneas landet bei Cumae. Zu Verg. Aen. VI 2 und Ov. met. XIV 102ff.", Gymnasium 93 (1986), S. 97-101.

[34] CORINNE BONNET, Melqart. Cultes et mythes de l'Héraclès tyrien en méditerranée, Studia Phoenicia 8 (1988).

[35] HENRI LE BONNIEC, „Sibyllinische Bücher", LAW (1965), Sp. 2792f.

[36] EDUARD BRANDT, „foris, -is f", ThlL VI.1, Leipzig 1912-26, Sp. 1057-65.

[37] ULRICH BROICH und MANFRED PFISTER, Intertextualität. Formen, Funktionen, anglistische Fallstudien, Tübingen 1985.

[38] FRANK BROMMER, Herakles. Die zwölf Taten des Helden in antiker Kunst und Literatur, Darmstadt 1972^2.

[39] FRANK BROMMER, Herakles II. Die unkanonischen Taten des Helden, Darmstadt 1984.

[40] ROBERT BROWN, „The palace of the Sun in Ovid's metamorphoses", Homo Viator. Classical essays for John Bramble, hrsg. von MICHAEL WHITBY, Bristol 1987, S. 211-20.

[41] VINZENZ BUCHHEIT, „Epikurs Triumph des Geistes", Hermes 99 (1971), S. 303-23.

[42] VINZENZ BUCHHEIT, Der Anspruch des Dichters in Vergils Georgika. Dichtertum und Heilsweg, Darmstadt 1972.

[43] EDMUND BUCHNER, „Ein Kanal für Obelisken. Neues vom Mausoleum des Augustus in Rom", AW 27 (1996), S. 161-8.

[44] KARL BÜCHNER, P. Vergilius Maro. Der Dichter der Römer, Stuttgart 1956.
zuerst erschienen: RE 8 A (1955-8), Sp. 1021-1486.

[45] ANDREA BÜSING-KOLBE, „Frühe griechische Türen", JdI 93 (1978), S. 66-174.

[46] ERICH BURCK, „Rezension zu Klingner, Vergils Georgica", Gnomon 36 (1964), S. 670-9.

[47] MALCOLM CAMPBELL, A commentary on Apollonius Rhodius *Argonautica* III 1-471, Mnemosyne Supplementum 141 (1994).

[48] HUBERT CANCIK, „Der Eingang in die Unterwelt. Ein religionswissenschaftlicher Versuch zu Vergil, Aeneis 6, 236-272", AU 23 (1980), S. 55-69.

[49] GIANFILIPPO CARETTONI, „Die Bauten des Augustus auf dem Palatin", Kaiser Augustus und die verlorene Republik. Eine Ausstellung im Martin-Gropius-Bau Berlin vom 7. Juni - 14. August 1988, Berlin 1988, S. 263-7.

[50] JEAN CHARBONNEAUX, ROLAND MARTIN und FRANÇOIS VILLARD, Das Archaische Griechenland. 620-480 v. Chr., München 1985².

[51] FRANZ CHRIST, Die römische Weltherrschaft in der antiken Dichtung, Tübinger Beiträge zur Altertumswissenschaft 31 (1938).

[52] CARL JOACHIM CLASSEN, „Gottmenschentum in der römischen Republik", Gymnasium 70 (1963), S. 312-38.

[53] WENDELL CLAUSEN, Virgil's Aeneid and the tradition of hellenistic poetry, Sather Classical Lectures 51 (1987).

[54] MANFRED CLAUSS, Kaiser und Gott. Herrscherkult im römischen Reich, Stuttgart/Leipzig 1999.

[55] FILIPPO COARELLI, Rom. Ein archäologischer Führer, Freiburg 1989⁴.

[56] FILIPPO COARELLI, „Tellus, Aedes", LTUR 4 (1999), S. 24f.

[57] FILIPPO COARELLI, „Porticus Vipsania", LTUR 4 (1999), S. 151-3.

[58] FILIPPO COARELLI, The Column of Trajan, Rom 2000.

[59] GIAN BIAGIO CONTE, The rhetoric of imitaion. Genre and poetic memory in Virgil and other Latin poets, Ithaca 1986.

[60] EDMOND COURBAUD, Le Bas-relief romain à représentations historiques, BEFAR 81 (1899).

[61] CHR. M. DANOFF, „Pontos Euxeinos", RE Suppl. 9 (1962), Sp. 866-1175.

[62] PENELOPE J. E. DAVIES, „The politics of perpetuation: Trajan's Column and the art of commemoration", AJA 101 (1997), S. 41-65.

[63] WOLFGANG DECKER, „Nemea", NP 8 (2000), Sp. 815f.

[64] WOLFGANG DECKER, „Olympia", NP 8 (2000), Sp. 1183f.

[65] WILHELM DERICHS, Herakles, Vorbild des Herrschers in der Antike, Diss. Köln 1950.

[66] GÜNTER DIETZ, „Phaethon (Met. I 747–II 400)", Phaethon und Narziss bei Ovid, hrsg. von G. DIETZ und K. HILBERT, Heidelberg 1970, S. 5-46.

[67] JOHANNES DIETZE, Komposition und Quellenbenutzung in Ovids Metamorphosen, Festschrift zur Begrüßung der 48. Versammlung Deutscher Philologwen und Schulmänner in Hamburg Oktober 1905, Hamburg 1905.

[68] OSWALD A. W. DILKE, Greek and Roman Maps, London 1985.

[69] METTHEW DILLON, Pilgrims and pilgrimage in ancient Greece, London/New York 1997.

[70] MATTHEW DILLON, Girls ans women in classical Greek religion, London/New York 2002.

[71] ERNST DOBLHOFER, „Ovid – ein „Urvater der Résistance"? Beobachtungen zur Phaethonerzählung in den Metamorphosen, 1,747-2,400", Festschrift 400 Jahre Akademisches Gymnasium Graz, Graz 1973, S. 143-54.

[72] GLANVILLE DOWNEY, „Ekphrasis", RAC 4 (1959), Sp. 922-44.

[73] HEINRICH DRERUP, „Bildraum und Realraum in der römischen Architektur", RM 66 (1959), S. 147-74.

[74] HEINRICH DRERUP, „Griechische Baukunst in geometrischer Zeit", Archaeologica Homerica 3. Die Denkmäler und das frühgriechische Epos, hrsg. von H.-G. BUCHHOLZ, Göttingen 1988, O 1-136.

[75] D. L. DREW, „Virgil's marble temple. *Georgics* III.10-39", CQ 18 (1924), S. 195-202.

[76] OTTO STEEN DUE, Changing Forms. Studies in the Metamorphoses of Ovid, Diss. Aarhus 1974, Copenhagen 1974.

[77] JOSEF DURM, Handbuch der Architektur. Zweiter Teil 2. Band: Die Baukunst der Etrusker. Die Baukunst der Römer, Stuttgart 1905².

[78] FRIEDRICH EBERT, „Thyra", RE 6 A1 (1936), Sp. 737-42.

[79] ULRIKE EGELHAAF-GAISER, „Ekphrasis. II. Archäologie", NP 3 (1997), Sp. 947-50.

[80] ULRIKE EGELHAAF-GAISER, Kulträume im römischen Alltag, PAwB 2 (2000).

[81] WILHELM EHLERS, „Trivia", RE VII A.1 (1939), Sp. 521f.

[82] THOMAS EICHER, „Was heißt (hier) Intermedialität?", Intermedialität. Vom Bild zum Text, hrsg. von TH. EICHER und U. BLECKMANN, Bielefeld 1994, S. 11-28.

[83] ULRICH EIGLER, „Valerius Flaccus: Auf der Suche nach dem verlorenen Stil?", Zetemata 98 (1998), S. 33-44.

[84] JAŚ ELSNER, „Inventing imperium: texts and the propaganda of monuments in Augustan Rome", Art and text in Roman culture, hrsg. von J. ELSNER, Cambridge 1996, S. 32-53 und S. 284-7.

[85] JAŚ ELSNER, „Introduction. The genres of ekphrasis", Ramus 31, Heft 1/2 (2002), S. 1-18.

[86] KARL-LUDWIG ELVERS, „Fulvius I.", NP 4 (1998), Sp. 702-7.

[87] PETER JOHANNES ENK, „De labyrinthi imagine in foribus templi Cumani insculpta (Vergilii Aen. VI 27)", Mnemosyne 11 (1958), S. 322-30.

[88] OTTO ERDMANN, Beiträge zur Nachahmungskunst Vergils in den Georgika, Diss. Gießen 1913.

[89] MARTINA ERDMANN, „Die Bilder am Apollotempel von Cumae und ihre Bedeutung im Kontext der Aeneis", Gymnasium 105 (1998), S. 481-505.

[90] JOSEPH FARRELL, Vergil's Georgics and the traditions of ancient epic. The art of allusion in literary history, Oxford 1991.

[91] DANIELA FELETTI, „Valerius Flaccus und die *Argonautae* des Varro Atacinus", Zetemata 98 (1998), S. 109-22.

[92] WILLIAM FITZGERALD, „Aeneas, Daedalus and the labyrinth", Arethusa 17 (1984), S. 51-65.

[93] ULRICH FLEISCHER, „Musentempel und Octavianverehrung des Vergil im Proömium zum dritten Buche der Georgica", Hermes 88 (1960), S. 280-331.

[94] JOSEF FLOREN, Studien zur Typologie des Gorgoneion, Orbis Antiquus 29 (1977).

[95] REINHARD FÖRTSCH, „Die Herstellung von Öffentlichkeit in der spätrepublikanischen Wohnarchitektur als Rezeption hellenistischer Basileia", Basileia. Die Paläste der hellenistischen Könige. Internationales Symposium in Berlin vom 16.12.1992 bis 20.12.1992, hrsg. von W. HOEPFNER und G. BRANDS, Mainz 1996, S. 240-9.

[96] JOSEPH E. FONTENROSE, „Apollo and the Sun-God in Ovid", AJPh 61 (1940), S. 429-44.

[97] DON FOWLER, „Opening the gates of war: *Aeneid* 7.601-640", Vergil's Aeneid. Augustan epic and political context, hrsg. von H.-P. STAHL, London 1998, S. 155-74.

[98] ALFONSO DE FRANCISCIS, Die pompejanischen Wandmalereien in der Villa von Oplontis, Recklinghausen 1975.

[99] ELFRIEDA FRANK, „Works of art in the epic of Valerius Flaccus and Silius Italicus", RIL 108 (1974), S. 837-44.

[100] PAUL FRIEDLÄNDER, Johannes von Gaza und Paulus Silentarius. Kunstbeschreibungen justinianischer Zeit, Leipzig 1912.

[101] GÜNTER FUCHS, Architekturdarstellungen auf römischen Münzen der Republik und der frühen Kaiserzeit, aus dem Nachlaß hrsg. von J. BLEICKEN und M. FUHRMANN, Berlin 1969.

[102] THERESE FUHRER, „Ahnung und Wissen: Zur Technik des Erzählens von Bekanntem", Zetemata 98 (1998), S. 11-26.

[103] MANFRED FUHRMANN, Die Dichtungstheorie der Antike. Aristoteles, Horaz, „Longin". Eine Einführung, Düsseldorf/Zürich 2003².

[104] MASSIMO FUSILLO, Il tempo delle argonautiche. Un'analisi del racconto in Apollonio Rodio, Filologia e critica 49, Rom 1985.

[105] URSULA GÄRTNER, Gehalt und Funktion der Gleichnisse bei Valerius Flaccus, Diss. Freiburg 1992, Hermes Einzelschriften 67 (1994).

[106] MONICA R. GALE, Virgil on the nature of things. The Georgics, Lucretius and the didactic tradition, Cambridge 2000.

[107] KARL GALINSKY, The Herakles theme. The adaptions of the hero in literature from Homer to the twentieth century, Oxford 1972.

[108] KARL GALINSKY, Ovid's Metamorphoses. An introduction to the basic aspects, Berkeley/Los Angeles 1975.

[109] JOACHIM GANZERT, „Der Mars-Ultor-Tempel auf dem Augustusforum in Rom", AW 19/3 (1988), S. 36-59.

[110] A. GARCÍA Y BELLIDO, „Hercules Gaditanus", AEA 36 (1963), S. 70-153.

[111] A. GARCÍA Y BELLIDO, Les religions orientales dans l'Espagne Romaine, Leiden 1967.

[112] R. W. GARSON, „Some critical observations on Valerius Flaccus' *Argonautica*. II", CQ 15 (1965), S. 104-20.

[113] R. W. GARSON, „Homeric echoes in Valerius Flaccus' *Argonautica*", CQ 19 (1969), S. 362-6.

[114] JOHANNES GEFFCKEN, Timaios' Geographie des Westens, Philologische Untersuchungen 13, hrsg. von A. KIESSLING und U. V. WILAMOWITZ-MOELLENDORFF, Berlin 1892.

[115] HANS VON GEISAU, „Pelops 1.", KlP 4 (1979), Sp. 607f.

[116] W. GEISSLER, Ad descriptionum historiam symbola, Diss. Leipzig 1916.

[117] GÉRARD GENETTE, Figures III, Paris 1972.

[118] GÉRARD GENETTE, Palimpseste. Die Literatur auf zweiter Stufe, Frankfurt 1993.
Original: Palimpsestes. La littérature au second degré, Paris 1982.

[119] GÉRARD GENETTE, Die Erzählung, aus dem Frz. von A. KNOP, mit einem Vorwort von J. VOGT, München 1994.

[120] EDUARD GERHARD, Trinkschalen und Gefässe des Königlichen Museums zu Berlin und anderer Sammlungen. Zweite Abtheilung: Gefässe, Berlin 1850.

[121] MARION GIEBEL, Ovid, Hamburg 1991.

[122] MARION GIEBEL, Vergil, Rowohlts Monographien, hrsg. von W. MÜLLER und U. NAUMANN, Hamburg 1999^4.

[123] REINHOLD F. GLEI, Der Vater der Dinge. Interpretationen zur politischen, literarischen und kulturellen Dimension des Krieges bei Vergil, BAC (Bochumer Altertumswissenschaftliches Kolloquium) 7, Trier 1991.

[124] REINHOLD F. GLEI, „Der interepische poetologische Diskurs: Zum Verhältnis von *Metamorphosen* und *Aeneis*", New methods in the research of epic, hrsg. von H. L. C. TRISTAM, ScriptOralia 107 (1998), S. 85-104.

[125] EDGAR M. GLENN, The Metamorphoses. Ovid's Roman games, Lanham/London/New York 1986.

[126] ANDREAS GLOCK, „Museion", NP 8 (2000), Sp. 507-11.

[127] RICHARD GORDON und MARTIN WALLRAFF, „Sol", NP 11 (2001), Sp. 692-5.

[128] BERTHILD GOSSEL, Makedonische Kammergräber, Diss. München 1979, Berlin 1980.

[129] FRITZ GRAF, „Ekphrasis. Die Entstehung der Gattung in der Antike", Beschreibungskunst – Kunstbeschreibung. Ekphrasis von der Antike bis zur Gegenwart, hrsg. von G. BOEHM und H. PFOTENHAUER, München 1995, S. 143-55.

[130] FRITZ GRAF, „Herakles. Kult und Mythos", NP 5 (1998), Sp. 387-92.

[131] FRITZ GRAF „Ianus", NP 5 (1998), Sp. 858-61.

[132] PIERRE GRIMAL, *Invidia infelix* et la ' conversion' de Virgile", Hommages à Jean Bayet, hrsg. von M. RENARD und R. SCHILLING, Latomus 70 (1964).

[133] PIERRE GRIMAL, Vergil. Biographie, Zürich/München 1987. Original: Virgile ou la seconde naissance de Rome, Paris 1985.

[134] PIERRE GROS, „Apollo Palatinus", LTUR 1 (1993), S. 54-7 und S. 375f.

[135] GOTTFRIED GRUBEN, „Schatzhaus", LAW (1965), Sp. 2711.

[136] GOTTFRIED GRUBEN, „Tür. [1] In der *griech.* → *Architektur*", LAW (1965), Sp. 3137f.

[137] GOTTFRIED GRUBEN, Die Tempel der Griechen, München 1986^4 (1966^1).

[138] LINDA-MARIE GÜNTHER, „Hamilkar", NP 5 (1998), Sp. 104f.

[139] DONALD T. MCGUIRE, Acts of silence. Civil war, tyranny, and suicide in the Flavian Epics, Altertumswissenschaftliche Texte und Studien 33 (1997).

[140] ROBERT ALAN GURVAL, Actium and Augustus. The politics and emotions of civil war, Ann Arbor 1995.

[141] BRITT HAARLØV, The Half-Open Door. A common Symbolic Motif within Roman Sepulchral Sculpture, Odense University Classical Studies 10 (1977).

[142] MAREILE HAASE, „Herakles", RGG 3 (2000^4), Sp. 1633f.

[143] REINHARD HÄUSSLER, Das historische Epos der Griechen und Römer bis Vergil. Studien zum historischen Epos der Antike, Bd. 1, Heidelberg 1976.

[144] ALBERT W. HALSALL, „Beschreibung", HWdR 1 (1992), Sp. 1495-1510.

[145] ALBERT W. HALSALL, „Descriptio", HWdR 2 (1994), Sp. 549-53.

[146] PHILIP R. HARDIE, Virgil's *Aeneid. Cosmos* and *imperium*, Oxford 1986.

[147] FRANZ JOSEF HASSEL, „Die Bronzetür von der Albansschanze in Mainz", JbZMusMainz 22 (1975), S. 141-52.

[148] EVAN WILLIAM HAUCK, Vergil's contribution to ekphrasis, Diss. Ohio 1985, Ann Arbor 1985.

[149] ADRIAN VON HECK, Breviarium urbis Romae antiquae, Rom 1977.

[150] RICHARD HEINZE, Virgils epische Technik, Leipzig 1903.

[151] HELGA HERDEJÜRGEN, Stadtrömische und italische Girlandensarkophage. Faszikel 1: Die Sarkophage des 1. und 2. Jahrhunderts, Berlin 1996.

[152] DEBRA HERSHKOWITZ, Valerius Flaccus' *Argonautica*. Abbreviated voyages in silver Latin epic, Oxford 1998.

[153] HANS HERTER, „Ovids Verhältnis zur bildenden Kunst. Am Beispiel der Sonnenburg illustriert", Ovidiana. Recherches sur Ovide, hrsg. von N. I. HERESCU, Paris 1958, S. 49-74.

[154] HENNER VON HESBERG, „Mechanische Kunstwerke und ihre Bedeutung für die höfische Kunst des frühen Hellenismus", MarbWPr 1987, S. 47-72.

[155] HENNER VON HESBERG, Formen privater Repräsentation in der Baukunst des 1. und 2. Jahrhunderts v. Chr., Köln/Weimar/Wien 1994.

[156] HENNER VON HESBERG, „Die Bildersprache der Provinz - Konflikte und Harmonisierungen zwischen semantischen Systemen", Was ist eigentlich Provinz? Zur Beschreibung eines Bewußtseins, hrsg. von H. VON HESBERG, Schriften des Archäologischen Instituts der Universität zu Köln, Köln 1995, S. 55-72.

[157] O. HEY, „argumentum" ThlL 2, Sp. 542-50 (1900-6).

[158] PAUL RICHARD HIEPE, Prinzipien der Gesamtgestaltung monumentaler Türen von der Antike bis zur Romanik, Diss. Hamburg 1957.

[159] GEORGE FRANCIS HILL, Notes on the ancient coinage of Hispania citerior, NNM 50 (1931).

[160] STEPHEN HINDS, Allusion and intertext, Cambridge 1998.

[161] TONIO HÖLSCHER, „Römische Bildsprache als semantisches System", Abhandlungen der Heidelberger Akademie der Wissenschaften, Philosophisch-historische Klasse, Abhandlung 2 (1987).

[162] TONIO HÖLSCHER, „Griechische Formensprache und römisches Wertesystem: kultureller Transfer in der Dimension der Zeit", Kultureller Transfer in der Dimension der Zeit, Künstlerischer Austausch, Akten des 28. internationalen Kongresses für Kunstgeschichte, Berlin 1992, Bd. 1, S. 79-92.

[163] TONIO HÖLSCHER, Klassische Archäologie. Grundwissen, Darmstadt 2002.

[164] WOLFRAM HOEPFNER und GUNNAR BRANDS (Hrsg.), Basileia. Die Paläste der hellenistischen Könige. Internationales Symposium vom 16.12.1992 bis 20.12.1992, Mainz 1996.

[165] WOLFRAM HOEPFNER (Hrsg.), Antike Bibliotheken, AW Sonderband (2002).

[166] JOHANN B. HOFMANN und ANTON SZANTYR, Lateinische Syntax und Stilistik, HdbA II,2, München 1972^2.

[167] NICHOLAS HORSFALL (Hrsg.), A companion to the study of Virgil, Mnemosyne Supplementum (1995).

[168] PETER HOWELL, „Postis", Philologus 112 (1968), S. 132-5.

[169] A. HUDSON-WILLIAMS, „Imitative echoes and textual criticism", CQ 9 (1959), S. 61-72.

[170] EMIL HÜBNER. „Gades", RE VII.1 (1910), Sp. 439-61.

[171] CHRISTIAN HÜLSEN, „Avernus lacus", RE II.2 (1896), Sp. 2286.

[172] CHRISTIAN HÜLSEN, Das Forum Romanum. Seine Geschichte. Seine Denkmäler, Rom 1905².

[173] FLORIAN HURKA, Textkritische Studien zu Valerius Flaccus, Hermes Einzelschriften 90 (2003).

[174] WERNER HUSS, „Hannibal und die Religion", Studia Phoenicia 4 (1986), S. 223-38.

[175] WERNER HUSS, Die Karthager, München 1994².

[176] WERNER HUSS, „Utica", NP 12,1 (2002), Sp. 1067f.

[177] HANS PETER ISLER, „Die Residenz der römischen Kaiser auf dem Palatin. Zur Entstehung eines Bautypus", AW 9/2 (1978), S. 2-16.

[178] HANS-PETER ISLER, „Theater II. Architektur", NP 12/1 (2002), Sp. 259-66.

[179] ROLAND JAEGER, „Die Bronzetüren von Bethlehem", JDI 45 (1930), S. 91-115.

[180] W. R. JOHNSON, „The broken world: Virgil and his Augustus", Arethusa 14 (1981), S. 49-56.

[181] H. JORDAN und CHRISTIAN HUELSEN, Topographie der Stadt Rom im Alterthum, 2 Bde., Berlin 1871-1907.

[182] PIERRE JOUGUET, „Rapport sur les fouilles de Médinet-Mâ'di et Médinet-Ghôran", BCH 25 (1901).

[183] HANS JUCKER, „Apollo Palatinus und Apollo Actius auf augusteischen Münzen", MH 39 (1982), S. 82-104.

[184] OTTO KAISER, Einleitung in das Alte Testament, Gütersloh 1984⁵.

[185] R. KASSEL, „Dialoge mit Statuen", ZPE 51 (1983), S. 1-12.

[186] RUDOLF KETTEMANN, Bukolik und Georgik. Studien zu ihrer Affinität bei Vergil und später, Heidelberg 1977.

[187] DIETMAR KIENAST, „Augustus und Alexander", Gymnasium 76 (1969), S. 430-56.

[188] GEOFFREY S. KIRK, Griechische Mythen. Ihre Bedeutung und Funktion, aus dem Englischen übertragen von R. SCHEIN, Berlin 1980.
Originalausgabe: The nature of Greek myths, Harmondsworth 1974.

[189] WALTER KISSEL, Das Geschichtsbild des Silius Italicus, Studien zur klassischen Philologie 2, Frankfurt 1979.

[190] HEINRICH KLENK, Die antike Tür, Diss. Gießen 1924.

[191] A. J. KLEYWEGT, „Die Dichtersprache des Valerius Flaccus", ANRW II 32.4 (1986), S. 2448-90.

[192] FRIEDRICH KLINGNER, Vergils Georgica, Zürich/Stuttgart 1963.

[193] FRIEDRICH KLINGNER, Virgil, Zürich 1967.

[194] CLAUDIA KLODT, „Platzanlagen der Kaiser in der Beschreibung der Dichter", Gymnasium 105 (1998), S. 1-38.

[195] CLAUDIA KLODT, Bescheidene Größe. Die Herrschergestalt, der Kaiserpalast und die Stadt Rom: Literarische Reflexionen monarchischer Selbstdarstelllung, Hypomnemata 137 (2001).

[196] GEORG NIKOLAUS KNAUER, Die Aeneis und Homer. Studien zur poetischen Technik Vergils mit Listen der Homerzitate in der Aeneis, Hypomnemata 7 (1964).

[197] W. F. JACKSON KNIGHT, Roman Vergil, London 1954².

[198] GERHARD M. KOEPPEL, „Der Fries der Trajanssäule in Rom 1: Der Erste Dakische Krieg", BJb 191 (1991), S. 135-98.

[199] GERHARD M. KOEPPEL, „Der Fries der Trajanssäule in Rom 2: Der Zweite Dakische Krieg", BJb 192 (1992), S. 61-122.

[200] ROBERT KOLDEWEY, Das wieder entstehende Babylon. Die bisherigen Ergebnisse der deutschen Ausgrabung, Leipzig 1925⁴.

[201] EGIL KRAGGERUD, „Vergil announcing the *Aeneid*. On *Georgics* 3.1-48", Vergil's Aeneid. Augustean Epic and political context, hrsg. von H.-P. STAHL, London 1998, S. 1-20.

[202] INGRID KRAUSKOPF, „Gorgo, Gorgones – Gorgones (in Etruria)", LIMC 4.1 (1988), S. 288-330.

[203] MURRAY KRIEGER, „Das Problem der Ekphrasis: Wort und Bild, Raum und Zeit – und das literarische Werk", Beschreibungskunst – Kunstbeschreibung. Ekphrasis von der Antike bis zur Gegenwart, hrsg. von G. BOEHM und H. PFOTENHAUER, München 1995, S. 41-57.

[204] GERHARD KUHLMANN, „insuetus", ThlL VII.1 (1964), Sp. 2030.

[205] A. KURFESS, „Valerius Flaccus 170)", RE 8 A1 (1955), Sp. 9-15.

[206] EBERHARD LÄMMERT, Bauformen des Erzählens, Stuttgart 1989[8].

[207] HEINRICH LAUSBERG, Handbuch der literarischen Rhetorik. Eine Grundlegung der Literaturwissenschaft, München 1960.

[208] MARION LAUSBERG, „Ἀρχέτυπον τῆς ἰδίας ποιήσεως. Zur Bildbeschreibung bei Ovid", Boreas 5 (1982), S. 112-23.

[209] HANS LAUTER, Zur gesellschaftlichen Stellung des bildenden Künstlers in der griechischen Klassik. Anhang: Fünf Klassische Bauurkunden, ins Deutsche übertragen von LOTHAR SEMMLINGER, Erlanger Forschungen Reihe A, Geisteswissenschaften Band 23 (1974).

[210] ELEANOR WINSOR LEACH, „Ekphrasis and the theme of artistic failure in Ovid's metamorphoses", Ramus 3 (1974), S. 102-42.

[211] M. OWEN LEE, Virgil as Orpheus. A study of the Georgics, New York 1996.

[212] KATJA LEMBKE, Das Iseum Campense in Rom. Studie über den Isiskult unter Domitian, Archäologie und Geschichte 3, Heidelberg 1994.

[213] ECKHARD LEFÈVRE, „Das Proömium der Argonautica des Valerius Flaccus. Ein Beitrag zur Typik epischer Prooemien der römischen Kaiserzeit", AAWM 1971,6.

[214] ECKARD LEFÈVRE, Das Bild-Programm des Apollo-Tempels auf dem Palatin, Xenia 24 (1989).

[215] HUGH LINDSAY, „The Roman and ancestor worship", Religion in the ancient world. New themes and approaches, hrsg. von M. DILLON, Amsterdam 1996, S. 271-85.

[216] ERICH LÜTHJE, Gehalt und Aufriss der Argonautica des Valerius Flaccus, Diss. Kiel 1971, Kiel 1972.

[217] JOSEPH LUGLI, Fontes ad topographiam veteris urbis Romae pertinentes, 8 Bde., Rom 1952-65.

[218] SVEN LUNDSTRÖM, „Der Eingang des Proömiums zum dritten Buche der Georgica", Hermes 104 (1976), S. 163-91.

[219] THÉODORE MACRIDY, „Un tumulus Macédonien à Langaza", JdI 26 (1911), S. 193-215.

[220] SONIA MAFFEI, „Forum Traiani: Columna", LTUR 2 (1995), S. 356-9.

[221] JOSEF MAIER, Architektur im römischen Relief, Habelts Dissertationsdrucke Reihe Klassische Archäologie, Heft 23, Bonn 1985.

[222] AMEDEO MAIURI, Die Altertümer der Phlegräischen Felder. Vom Grab des Vergil bis zur Höhle von Cumae, deutsch von E. HOHENEMSER, Rom 1938.
Originalausgabe: I campi di Flegréi. Dal sepolcro di Virgilio all' antro di Cuma, Rom 1934.

[223] ALFRED MALLWITZ, Olympia und seine Bauten, München 1972.

[224] ALFRED MALLWITZ, „Olympia und Rom", AW 19/2 (1988), S. 21-45.

[225] FLORA MANAKIDOU, Beschreibung von Kunstwerken in der hellenistischen Dichtung. Ein Beitrag zur hellenistischen Poetik, Diss. Köln 1992, Beiträge zur Altertumskunde 36 (1993).

[226] CHRISTIAN MANN, „Der Dichter und sein Auftraggeber. Die Epinikien Bakchylides' und Pindars als Träger von Ideologien", Zetemata 106 (2000), S. 29-46.

[227] BRIGITTE MANNSPERGER, „Das Stadtbild von Troja in Vergils Aeneis", AW 26 (1995), S. 463-71.

[228] GESINE MANUWALD, „Die Bilder am Tempel in Kolchis", Zetemata 98 (1998), S. 307-18.

[229] WALTER MARG, „Rezension zu H. Fränkel: Ovid. A poet between two worlds, Berkeley/Los Angeles 1945", Gnomon 21 (1949), S. 44-57.

[230] A. MASTROCINQUE, „Hercules", NP 5 (1998), Sp. 403-5.

[231] CLAUDE MEILLIER, „Callimaque (P.L. 76 d, 78 abc, 82, 84, 111 c), Stésichore (?) (P.L. 76 abc)", CRIPEL 4 (1976), S. 255-360.

[232] URSULA MENDE, Die Türzieher des Mittelalters, Denkmäler Deutscher Kunst 6, Bronzegeräte des Mittelalters Bd. 2, Berlin 1981.

[233] URSULA MENDE, Die Bronzetüren des Mittelalters (800-1200), München 1994.

[234] REINHOLD MERKELBACH, Mithras, Königstein 1984.

[235] REINHOLD MERKELBACH, Isis regina – Zeus Sarapis. Die griechisch-ägyptische Religion nach den Quellen dargestellt, Stuttgart/Leipzig 1995.

[236] PAUL G. P. MEYBOOM, The Nile Mosaic of Palestrina. Early evidence of Egyptian religion in Italy, Leiden/New York/Köln 1994.

[237] EDUARD MEYER, „Melqart", ROSCHER 2,2 (1894-7), Sp. 2650-2.

[238] GUSTAV MEYNCKE, „Beiträge zur Kritik des Valerius Flaccus", RhM 22 (1867), S. 362-76.

[239] ADOLF MICHAELIS, Der Parthenon, 2 Bde., Leipzig 1870-1.

[240] GARY B. MILES, Virgil's Georgics. A new interpretation, Berkeley/Los Angeles/London 1980.

[241] STELLA G. MILLER, The tomb of Lyson and Kallikles. A painted Macedonian tomb, Mainz 1993.

[242] W. J. THOMAS MITCHELL, Iconology: image, text, ideology, Chicago 1986.

[243] SARAH P. MORRIS, Daidalos and the origins of greek art, Princeton 1992.

[244] CAROL E. NEWLANDS, „Silvae 3.1 and Statius' poetic temple", CQ 41 (1991), S. 438-52.

[245] CAROL E. NEWLANDS, Statius' *Silvae* and the poetics of Empire, Cambridge 2002.

[246] JOHN KEVIN NEWMAN, The classical epic tradition, Wisconsin 1986.

[247] CLAUDE NICOLET, L'inventaire du monde. Gèographie et politique aux origines del'Empire romain, Paris 1988.

[248] INGE NIELSEN, Hellenistic palaces. Tradition and renewal, Studies in Hellenistic civilization 5, hrsg. von P. BILDE u. a., Aarhus 1994.

[249] EDUARD NORDEN, Ennius und Vergilius. Kriegsbilder aus Roms großer Zeit, Leipzig/Berlin 1915.

[250] ANNETTE NÜNNERICH-ASMUS, Basilika und Portikus. Die Architektur der Säulenhallen als Ausdruck gewandelter Urbanität in später Republik und früher Kaiserzeit, Köln/Weimar/Wien 1994.

[251] TEIVAS OKSALA, Studien zum Verständnis der Einheit und der Bedeutung von Vergils Georgica, Commentationes Humanarum Litterarum 60 (1978), Helsinki 1978.

[252] CÉCILE ORRU, „Ein Raub der Flammen? Die königliche Bibliothek von Alexandria", Antike Bibliotheken, hrsg. von W. HOEPFNER, AW Sonderband 2002.

[253] BROOKS OTIS, Virgil. A study in civilized poetry, Oxford 1963.

[254] BROOKS OTIS, Ovid as an Epic Poet, Cambridge 1966.

[255] JONAS PALM, „Bemerkungen zur Ekphrase in der griechischen Literatur", Kungl. Humanistika Vetenskaps-Samfundet i Uppsala, Årsbok 1965-6, Stockholm 1966.

[256] ORAZIO PAOLETTI, „Gorgones Romanae", LIMC 4.1 (1988), S. 345-62.

[257] EMANUELE PAPI, „Palatium (Età repubblicana – 64 D.C.)" und „Palatium (64 – V sec. D.C.)", LTUR 4 (1999), S. 22-38.

[258] P. J. PARSONS, „Callimachus: Victoria Berenices", ZPE 25 (1977), S. 1-50, mit Nachtrag von R. KASSEL S. 51.

[259] MICHAEL PASCHALIS, „The unifying theme of Daedalus' sculptures on the temple of Apollo Cumanus", Vergilius 32 (1986), S. 33-41.

[260] MICHAEL PASCHALIS, „Virgil and the Delphic oracle", Philologus 130 (1986), S. 44-68.

[261] MICHAEL PASCHALIS, „Reading space. A Re-Examination of Apuleian ekphrasis", Space in the ancient novel. Ancient narrative, Supplementum 1, Groningen 2002, S. 132-42.

[262] ELFRIEDE PASCHINGER, „Die 'singende Türe' von Chiusi", AW 16 (1985), S. 58f.

[263] LUCIANO PÉREZ VILATELA, „El origen de Sagunto en Silio Itálico", Boletín del Centro arqueológico Saguntino 25 (1990), S. 23-40.

[264] CHRISTINE G. PERKELL, The poet's truth. A study of the poet in Virgil's Georgics, Berkeley/Los Angeles/London 1989.

[265] JÜRGEN H. PETERSEN, Mimesis – Imitatio – Nachahmung. Eine Geschichte der europäischen Poetik, München 2000.

[266] ILJA LEONARD PFEIJFFER, First person futures in Pindar, Hermes Einzelschriften 81 (1999).

[267] E. D. PHILLIPS, „Odysseus in Italy", JHS 73 (1953), S. 53-67.

[268] CH. PICARD, „Hercule, héros malheureux et ... bénéfique", Latomus 70 (1964), S. 561-8.

[269] SAMUEL BALL PLATNER, A topographical dictionary of ancient Rome, completed and revised by THOMAS ASHBY, Oxford 1929.

[270] VIKTOR PÖSCHL, „Die Tempeltüren des Dädalus in der Aeneis (VI 14-33)", WJA N. F. 1 (1975), S. 119-23.

[271] VIKTOR PÖSCHL, Die Dichtkunst Virgils. Bild und Symbol in der Äneis, Berlin/New York 1977.

[272] VIKTOR PÖSCHL, „Herrscher und Dichter in Vergils Georgica", in: Hommages a Robert Schilling, hrsg. von H. ZEHNACKER und G. HENTZ, Paris 1983, S. 393-402.

[273] EDUARD POTTIER, „Janua", Dictionaire des antiquités grecques et Romaines, hrsg. von CH. DAREMBERG und E. SAGLIO, Bd. 3 (1899), S. 603-9.

[274] FRIEDHELM PRAYON, „Frühetruskische Grab- und Hausarchitektur", RM 22. Ergänzungsheft (1975).

[275] FELIX PREISSHOFEN, „Kunsttheorie und Kunstbetrachtung", Le classicisme a Rome aux premiers siècles avant et après J.-C. Entretiens sur l'antiquité classique, hrsg. von O. REVERDIN und B. GRANGE, Bd. 25, Genf 1979, S. 263-82.

[276] MARTIN PULBROOK, „Octavian and Vergil's fifth *eclogue*", Studies in Greek and Latin Authors, Maynooth 1987, S. 25-34.

[277] MICHAEL C. J. PUTNAM, Virgil's poem of the earth. Studies in the Georgics, Princeton 1979.

[278] MICHAEL C. J. PUTNAM, Virgil's Aeneid. Interpretation and influence, Chapel Hill/London 1995.

[279] MICHAEL C. J. PUTNAM, Virgil's epic designs. Ekphrasis in the 'Aeneid', New Haven 1998.

[280] RAIMUND J. QUITER, Aeneas und die Sibylle. Die rituellen Motive im sechsten Buch der Aeneis, Beiträge zur klassischen Philologie, Heft 162, Königstein 1984.

[281] GERHARD RADKE, „Vergils Cumaeum carmen", Gymnasium 66 (1959), S. 217-46.

[282] GERHARD RADKE, „Sibyllen", KlP 5 (1975), Sp. 158-61.

[283] RENÉ REBUFFAT, „Unus homo nobis cunctando restituit rem", REL 60 (1982), S. 153-65.

[284] BERNHARD REHM, Das geographische Bild des alten Italien in Vergils Aeneis, Philologus Suppl. 24 Heft 2 (1932).

[285] RUDOLF RIEKS, „Vergils Dichtung als Zeugnis und Deutung der römischen Geschichte", ANRW II 31.2 (1981), S. 728-868.

[286] EMMET ROBBINS, „Epinikion", NP 3 (1997), Sp. 1147f.

[287] CARL ROBERT, „Daidalos 1)", RE IV.2 (1901), Sp. 1994-2007.

[288] WOLFGANG RÖSLER, „Die Entdeckung der Fiktionalität in der Antike", Poetica 12 (1980), S. 283-319.

[289] DOMENICO ROMANO, „Invidia infelix. Virgilio, Georg. III, 37-39", Atti del convegno virgiliano sul bimillenario delle Georgiche, Neapel 1977, S. 505-13.

[290] JÖRG RÜPKE, Kalender und Öffentlichkeit. Die Geschichte der Repräsentation und religiösen Qualifikation von Zeit in Rom, RGGV 40 (1995).

[291] HARRY C. RUTLEDGE, „The opening of Aeneid 6", CJ 67 (1971-2), S. 110-5.

[292] INEZ SCOTT RYBERG, Rites of the state religion in Roman art, MAAR 22 (1955).

[293] ANTONIO SARTORI, „Mantua", NP 7 (1999), Sp. 837f.

[294] ALFRED SCHÄFER, „Raumnutzung und Raumwahrnehmung im Vereinslokal der Iobakchen von Athen", Religiöse Vereine in der römischen Antike. Untersuchungen zu Organisation, Ritual und Raumordnung, Studien und Texte zu Antike und Christentum 13, hrsg. von U. EGELHAAF-GAISER und A. SCHÄFER, Tübingen 2002, S. 173-220.

[295] INGEBORG SCHEIBLER, „Die antiken Bronzestatuen", C. Plinius Secundus d. Ä. Naturkunde lat.-dt., Buch 34 (Metallurgie), hrsg. und übersetzt von R. KÖNIG, München 1989, S. 265-80.

[296] PETER SCHENK, Studien zur poetischen Kunst des Valerius Flaccus. Beobachtungen zur Ausgestaltung des Kriegsthemas in den Argonautica, Zetemata 102 (1999).

[297] WILLY SCHETTER, Die Buchzahl der Argonautica des Valerius Flaccus, Philologus 103 (1959), S. 297-308.

[298] WALTER SCHMID, Vergil-Probleme, Göppinger Akademische Beiträge 120 (1983).

[299] ERNST A. SCHMIDT, Poetische Reflexion. Vergils Bukolik, München 1972.

[300] ERNST A. SCHMIDT, Ovids poetische Menschenwelt. Die Metamorphosen als Metapher und Symphonie, Sitzungsberichte der Heidelberger Akademie der Wissenschaften. Philosophisch-Historische Klasse, Heidelberg 1991.

[301] ERNST A. SCHMIDT, „Öffentliches und privates Ich. Zur Funktion frühgriechischen und alexandrinisch-neoterischen Epochenstils in Horazens Jambik", Philantropia kai Eusebeia. Festschrift für A. Dihle zum 70. Geburtstag, hrsg. von G. W. MOST, H. PETERSMANN und M. RITTER, Heidelberg 1993, S. 454-67.

[302] ERNST A. SCHMIDT, Sabinum. Horaz und sein Landgut im Licenzatal, Schriften der Philosophisch-historischen Klasse der Heidelberger Akademie der Wissenschaften, Bd. 1 (1997).

[303] EVAMARIA SCHMIDT, Geschichte der Karyatide. Funktion und Bedeutung der menschlichen Träger- und Stützfiguten in der Baukunst, Beiträge zur Archäologie 13 (1982).

[304] ULRICH SCHMITZER, Zeitgeschichte in Ovids Metamorphosen. Mythologische Dichtung unter politischem Anspruch, Beiträge zur Altertumskunde 4 (1990).

[305] ULRICH SCHMITZER, „*Praesaga ars* – Zur literarischen Technik der Ekphrasis bei Valerius Flaccus", WJA N. F. 23 (1999), S. 143-60.

[306] RAYMOND V. SCHODER, „Vergil's poetic use of the Cumae area", CJ 67 (1971-2), S. 97-109.

[307] ADOLF SCHULTEN, „Der Heraklestempel von Gades", Festgabe der Philosophischen Fakultät der Friedrich-Alexander-Universität Erlangen zur 55. Versammlung deutscher Philologen und Schulmänner, Erlangen 1925, S. 66-76.

[308] ADOLF SCHULTEN, „Forschungen in Spanien", AA 42 (1927), Beiblatt, Sp. 197-235.

[309] ADOLF SCHULTEN, Fontes Hispaniae Antiquae, 6 Bde, Barcelona 1922-52.

[310] ROBERT SCRANTON, JOSEPH W. SHAW und LEILA IBRAHIM, Kenchreai. Eastern port of Corinth. Results of investigations by the University of Chicago and Indiana University for The American School of Classical Studies at Athens, Bd. 1: Topography and Architecture, Leiden 1978.

[311] GUNNAR SEELENTAG, Taten und Tugenden Traians, Hermes Einzelschriften 91 (2004).

[312] JAKOB SEIBERT, „Der Alpenübergang Hannibals. Ein gelöstes Problem?", Gymnasium 95 (1988), S. 21-73.

[313] JAKOB SEIBERT, Hannibal, Darmstadt 1993.

[314] JAKOB SEIBERT, Forschungen zu Hannibal, Darmstadt 1993.

[315] JAMES EDWARD SHELTON, A narrative commentary on the *Argonautica* of Valerius Flaccus, Diss. Nashville 1971, Ann Arbor 1982.

[316] HOWARD JAMES SHEY, A critical study of the *Argonautica* of Valerius Flaccus, Diss. Iowa 1968, Ann Arbor 1969.

[317] ERIKA SIMON, „Vergil und die Bildkunst", Maia N. S. 34 (1982), S. 203-17.

[318] ULRICH SINN, Olympia. Kult, Sport und Fest in der Antike, München 1996.

[319] RIGGS ALDEN SMITH, Allusions of grandeur. Studies in the intertextuality of the „Metamorphoses" and the „Aeneid", Diss. Pennsylvania 1990, Ann Arbor 1990.

[320] LOTHAR SPAHLINGER, Ars latet arte sua. Untersuchungen zur Poetologie in den Metamorphosen Ovids, Beiträge zur Altertumskunde 83 (1996).

[321] DIANA SPENCER, The Roman Alexander. Reading a cultural myth, Exeter 2002.

[322] EKKEHARD STÄRK, „Kampanien als geistige Landschaft. Interpretationen zum antiken Bild des Golfs von Neapel", Zetemata 93 (1995).

[323] EKKEHARD STÄRK, „Antrum Sibyllae Cumanae und Campi Elysii. Zwei vergilische Lokale in den Phlegräischen Feldern", ASG 75,3 (1998).

[324] PAUL L. STRACK, Untersuchungen zur römischen Reichsprägung des zweiten Jahrhunderts, 3 Bde., Stuttgart 1931-7.

[325] WERNER SUERBAUM, Untersuchungen zur Selbstdarstellung älterer römischer Dichter. Livius Andronicus, Naevius, Ennius, Spudasmata 19 (1968).

[326] WERNER SUERBAUM, „Poeta laureatus et triumphans. Die Dichterkrönung Petrarcas und sein Ennius-Bild", Poetica 5 (1972), S. 293-328.

[327] ANTON SZANTYR, „Bemerkungen zum Aufbau der Vergilischen Ekphrasis", MH 27 (1970), S. 28-40.

[328] GIANLUCA TAGLIAMONTE, „Palatium, Palatinus Mons (Fino alla prima età repubblicana)", LTUR 4 (1999), S. 14-22.

[329] P. RUTH TAYLOR, „Valerius' Flavian *Argonautica*", CQ 44 (1994), S. 212-35.

[330] KARSTEN THIEL, Erzählung und Beschreibung in den Argonautika des Apollonios Rhodios. Ein Beitrag zur Poetik des hellenistischen Epos, Diss. Trier 1992, Palingenesia 45 (1993).

[331] RICHARD F. THOMAS, „Callimachus, the *Victorica Berenices*, and Roman poetry", CQ 33 (1983), S. 92-113.

[332] RICHARD F. THOMAS, „From *recusatio* to commitment: The evolution of the Virgilian program", ARCA 5 (1985), S. 61-73.

[333] RICHARD F. THOMAS, „Virgil's Pindar?", Style and Tradition. Studies in honour of Wendell Clausen, hrsg. von P. E. KNOX und C. FOSS, Stuttgart/Leipzig 1998, S. 99-120.

[334] RICHARD F. THOMAS, Reading Virgil and his texts. Studies in intertextuality, Michigan 1999.

[335] BERTHA TILLY, „Recension of Francesco Della Corte, La Mappa dell'Eneide, Florenz 1972", Gnomon 47 (1975), S. 362-8.

[336] JOHANNES TOEPFFER, Attische Genealogie, Berlin 1889.

[337] EDOARDO TORTORICI, „Ianus Geminus, Aedes", LTUR 4 (1996), S. 92f. mit Abb. 56f. und Bd. 1,102.

[338] GILLES TROUCHET, La metamorphose à L'Oevre. Recherches sur la poétique d'Ovide dans les Mètamorphoses, Paris 1998.

[339] JU. B. TSIRKIN, „The labours, death and resurrection of Melqart as depicted on the gates of the Gades' Herakleion", übersetzt von L. CHISTONOGOVA, Rivista di studi fenici 9 (1981), S. 21-7.

[340] WOLFHART UNTE, „Die Gestalt Apollos im Handlungsablauf von Vergils Aeneis", Gymnasium 101 (1994), S. 204-57.

[341] ALESSANDRO VISCOGLIOSI, „Hercules Musarum, Aedes", LTUR 3 (1996), S. 17-9 und LTUR 2 (1995), S. 464f.

[342] MARC WAELKENS, Rezension zu „Britt Haarløv, The Half-Open Door, Odense 1977", Gnomon 51 (1979), S. 682-92.

[343] MARC WAELKENS, Die kleinasiatischen Türsteine. Typologische und epigraphische Untersuchungen der kleinasiatischen Grabreliefs mit Scheintür, Mainz 1986.

[344] ANDREW WALLACE-HADRILL, Houses and society in Pompeii and Herculaneum, New Jersey 1994.

[345] DAVID A. WALSH, „Doors of the Greek and Roman world", Archaeology 36,1 (1983), S. 44-59.

[346] THOMAS WEBER, Syrisch-römische Sarkophagbeschläge. Orientalische Bronzewerkstätten in römischer Zeit, Damaszener Forschungen 2 (1989).

[347] OTTO WEIPPERT, Alexander-Imitatio und römische Politik in republikanischer Zeit, Diss. Würzburg 1970, Augsburg 1972.

[348] JAKOB WEISS, „Kyme 3)", RE XI.2 (1922), Sp. 2476-8.

[349] MARTIN L. WEST, Introduction to Greek metre, Oxford 1987.

[350] STEPHEN M. WHEELER, „*Imago mundi*. Creation in Ovid's *Metamorphoses*", AJPh 116 (1995), S. 95-121.

[351] PETER WHITE, Promised Verse. Poets in the society of Augustan Rome", Cambridge 1993.

[352] LOTHAR WICKERT, „Syrakusai", RE IV A.2 (1932), Sp. 1478-1547.

[353] MICHAEL WIGODSKY, Vergil and early Latin poetry, Hermes Einzelschriften 24 (1972).

[354] LANCELOT PATRICK WILKINSON, The Georgics of Virgil. A critical survey, Cambridge 1969.

[355] LANCELOT PATRICK WILKINSON, „Pindar and the proem to the third Georgic", in: WALTER WIMMEL (Hrsg.), Forschungen zur römischen Literatur. Festschrift zum 60. Geburtstag von Karl Büchner, Wiesbaden 1970, S. 286-90.

[356] R. D. WILLIAMS, „The pictures on Dido's temple (Aeneis 1.450-93)", CQ 10 (1960), S. 145-51.

[357] WALTER WIMMEL, Kallimachos in Rom. Die Nachfolge seines apologetischen Dichtens in der Augusteerzeit, Hermes Einzelschriften 16 (1960).

[358] TIMOTHY PETER WISEMAN, „Julius Caesar and the *mappa mundi*", Talking to Virgil. A Miscellany, Exeter 1992, S. 22-42 und S. 227-30 sowie Taf. 1f.

[359] TIMOTHY PETER WISEMAN, „Conspicui postes tectaque digna deo. The public image of aristocratic and imperial houses in the late republic and early empire", Historiographie and imagination. Eight essays on Roman culture, Exeter 1994, S. 98-115 und S. 154-61.

[360] HANS-HELMUT und ARMIN WOLF, Der Weg des Odysseus. Tunis-Malta-Italien in den Augen Homers, Die großen Rätsel der Vergangenheit Bd. 1, hrsg. von E. J. WASMUTH, Tübingen 1968.

[361] WERNER WOLF, „Intermedialität", Metzler Lexikon Literatur- und Kulturtheorie, hrsg. von A. NÜNNING, Stuttgart/Weimar 2001^2, S. 284f.

[362] HENNING WREDE, „Die Funktion der Hauptstadt in der Kunst des Prinzipats", Was ist eigentlich Provinz? Zur Beschreibung eines Bewußtseins, hrsg. von H. VON HESBERG, Schriften des Archäologischen Instituts der Universität zu Köln, Köln 1995, S. 33-55.

[363] THOMAS LEE WRIGHT, Valerius Flaccus and the poetics of imitaion, Diss. Virginia 1998, Ann Arbor 1998.

[364] PAUL ZANKER, „Zum Trajansforum in Rom", AA 85 (1970), S. 499-544.

[365] PAUL ZANKER, „Zur Funktion und Bedeutung griechischer Skulptur in der Römerzeit", Le classicisme a Rome aux premiers siècles avant et après J.-C. Entretiens sur l'antiquité classique, hrsg. von O. REVERDIN und B. GRANGE, Bd. 25, Genf 1979, S. 283-314.

[366] PAUL ZANKER, „Der Apollontempel auf dem Palatin. Ausstattung und politische Sinnbezüge nach der Schlacht von Actium", Atti del Seminario del 27 Ottobre 1981 nel 25° Anniversario dell' Accademia di Danimarca, ARID Supplementum 10 (1983), S. 21-40.

[367] PAUL ZANKER, Augustus und die Macht der Bilder, München 1987.

[368] JOHN W. ZARKER, „Aeneas and Theseus in *Aeneid* 6", CJ 62 (1966/7), S. 220-6.

[369] KURT ZARNEWSKI, Die Szenerie-Schilderungen in Ovids Metamorphosen, Diss. Breslau 1925.

8.3 Abbildungsverzeichnis

Abbildung 1 aus [50], Abb. 68:
Françoisvase, Ausschnitt vom Bauch mit Hektor und Polites im Tor der Trojanischen Mauer, um 570 v. Chr., Florenz, Archäologisches Museum.

Abbildung 2 aus [310], Taf. 53B:
Hölzerne Cellatür des Isistempels von Kenchreai, Museum von Isthmia.

Abbildung 3 aus [98], S. 32 Abb. 23:
Wandmalerei, Villa von Oplontis, Triklinium.

Abbildung 4 aus [11], S. 20:
Wandmalerei, Villa des P. Fannius Synistor in Boscoreale, Cubiculum.

Abbildung 5 aus [98], S. 23 Abb. 7:
Wandmalerei, Villa von Oplontis, Atrium.

Abbildung 6 aus [292], Taf. 46 Abb. 70:
Mattei Relief, um 120 n. Chr., Paris, Louvre.

Abbildung 7 aus [101], Taf. 9 Abb. 110:
Sesterz des Senats, 35-36 n. Chr, London, British Museum.

Abbildung 8 aus [151], Taf. 101,3:
Sarkophag, 2. Jh. n. Chr., Neapel, Nationalmuseum.

Abbildung 9 aus [21], Taf. 40:
Originaltür der Curie, Rom, S. Giovanni in Laterano.

Abbildung 10 aus [21], Taf. 41.2:
Nachbildung der originalen Bronzetür an der Curie, Rom.

Abbildung 11 aus [21], Taf. 7.2:
Bronzetür des Romulustempel, Rom.

Abbildung 12 aus [232], Abb. 414:
Aschenaltar, 50-100 n. Chr., Rom, Vatikanische Museen, Inv.-Nr. 1042.

Abbildung 13 aus [147], Taf. 70.2:
Bronzene Gittertür, Wiesbaden, Museum.

Abbildung 14 aus [343], Taf. 72 Abb. 501:
Türstein, um 175 n. Chr., Museum Afyon, Inv.-Nr. E 1462/2184.

Abbildung 15 aus [19], S. 138:
Bronzebeschläge des linken Torflügels aus Balawat, 9. Jh. v. Chr., London, British Museum.

Abbildung 16 aus [19], Farbtaf. 2:
Teil des Ishtar-Tores aus Babylon, um 570 v. Chr., Berlin, Pergamonmuseum.

Abbildung 17 aus [233], Abb. 10:
Bernwardstür, um 1015, Hildesheim.

Abbildung 18 aus [343], Taf. 35 Abb. 233:
Türstein, um 235 n. Chr., Istanbul, Sammlung Koç.

Abbildung 19 aus [141], Abb. 38b:
Sarkophag, um 230 n. Chr., Rom, Konservatorenpalast, Inv.-Nr. 1185.

Abbildung 20 aus [232], Abb. 425:
Tafel eines Elfenbeinkastens, um 300 n. Chr., London, British Museum, Inv.-Nr. 56,6-23.

www.ingramcontent.com/pod-product-compliance
Lightning Source LLC
Chambersburg PA
CBHW021934290426
44108CB00012B/831